Korff · Die Rache der alten Ägypter

Friedrich Wilhelm Korff

Die Rache der alten Ägypter

Erdbeben in der Pyramidologie

Georg Olms Verlag
Hildesheim · Zürich · New York
2021

Die Deutsche Bibliothek verzeichnet diese Publikation
in der Deutschen Nationalbibliografie; detaillierte bibliografische Daten
sind im Internet über *http://dnb.d-nb.de* abrufbar.

© Georg Olms Verlag AG, Hildesheim 2021
Gedruckt auf säurefreiem und alterungsbeständigem Papier
Umschlagentwurf: F. W. Korff, Hannover
Umschlagfoto oben: © F. W. Korff, Hannover
Umschlagfoto unten: XIR198460 © Bridgeman Images, Berlin
Druck: Hubert & Co, 37079 Göttingen
Printed in Germany
www.olms.de
Alle Rechte vorbehalten
ISBN 978-3-487-16027-6

Abb. 1: Der Wegweiser am Aufweg zeigt 92 Meter Höhe. Das Foto stammt aus dem Privatbesitz des Autors.

Proömium

Die Rache der alten Ägypter ist eigentlich eine Nachschlagkladde antiken Pyramidenbaus, die trotz typografischer Unvollkommenheit doch den Reiz des Authentischen und den Weg der Entstehung des Buches in sich trägt. An keiner Stelle bleibt es unverständlich, da jede Berechnung nachvollziehbar dem Leser vorgerechnet wird.

F. W. Korff, Anfang Juli 2021

Verehrter Kolleg[e], [l]ieber Herr Korff,

Abermals hatte ich die Freude, Ihr neues Buch „Die Rache der [alten Ägypter]" von Ihnen zu erhalten. Auch wenn ich Ihre Berechnungen nicht im Einzelnen nachrechnen kann, interessiert [mich] die ganze Frage sehr. Ich bin[,] ohne nachzurechnen[,] alle Seiten des Werkes durchgegangen. Als Laie hat man den Eindruck, Zeuge einer bedeutenden Entdeckung gewesen zu sein. Ich freue mich[,] daß Sie Ihre früheren Forschungen im Ergebnis bestätigt gefunden haben.

Axel Frhr. von Campenhausen, 11.06.2021

„Heisenberg weist in seinem Essay ‚Gedanken der antiken Naturphilosophie in der modernen Physik' darauf hin, dass diese Entdeckung einer der stärksten Impulse menschlicher Wissenschaft überhaupt gewesen sei."

Zitat aus: Peter Bamm, *Adam und der Affe*, Titelummer 1508, Deutsche Verlagsanstalt Stuttgart, Stuttgart 1969, S. 43.

Die Fortsetzung des Zitats findet man auf S. 261 im Anhang.

Friedrich Wilhelm Korff

Die Rache
der alten Ägypter

Erdbeben in der Pyramidologie

Der Weg zum Feststellen exakter Abmessung der Cheopspyramide und der von 28 ägyptischen Pyramiden geht von der Nay-Flöte aus.

Und, ohne daß er es bemerkt, von Flinders Petrie (1922), siehe hier Seite 88–90. Deshalb habe ich dem großen englischen Pyramidenforscher mein Buch gewidmet.

Hannover, im Mai 2021

F. W. Korff

Abb. 2: Painted relief depicting a flute player and a singer at a funerary banquet, from the Tomb of Nenkhefetka, Saqqarah, Old Kingdom, c.2400 BC (wall painting) © Bridgeman Images.

Für Tsungya Riebe-Yang
und
Flinders Petrie

Vorwort

Die Tabellen mit den nunmehr genauen Pyramidenabmessungen, die ich fand, sind im Buch öfters wiederholt worden, um dem Leser die Mühe zu ersparen, nach den Kapiteln 1 bis 26 blättern zu müssen. Die Fotographien sind teils meine, teils die Rainer Stadelmanns, dessen Gutachten zu meiner Arbeit im Anhang abgedruckt ist. Man konnte es schon im ersten Buch lesen. Ebenso wiederholt sind die Fotographien, die schon im zweiten Buch abgedruckt waren, als ich nach einem Besuch in Kairo die freundliche Genehmigung erhielt, sie ins Buch aufzunehmen. Sodann erfreute mich die Beurteilung Jan Assmanns auf den Klappentexten der vorausgehenden Bücher.

Die Gespräche mit Aleida und Jan Assmann über antike Musiktheorie im Wissenschaftskolleg zu Berlin 1985 und die vorausgegangenen Erinnerungen an Carl Dahlhaus' „Untersuchungen über die Entstehung der harmonischen Tonalität" (Kiel 1966) waren irgendwie schon Anlaß zu meinen drei Büchern über die ägyptischen Pyramiden.

Neben der Entdeckung der Musikalität der Pyramidenneigungen liegt mir die daraus folgende Aufdeckung und Korrektur der 28 gefälschten Pyramidenabmessungen am Herzen. Besonders wichtig und nobelpreisverdächtig ist mir die endgültige Feststellung der Länge der 4 Basiskanten der Cheopspyramide durch Flinders Petrie, der 1922 zusammen mit Ludwig Borchardt scheinbar ergebnislos die Untersuchung abbrach, obwohl Flinders Petrie schon, ohne es zu wissen, auf die Länge von 441 Ellen gekommen war. (S. S. 88–90.) Das war eine empirische Bestätigung meiner theoretischen Berechnung durch das Pascalsche Dreieck (s. S. 89), mit dessen Zahlen die Ägypter Breiten und Höhen ihrer Pyramiden einrichten konnten, ohne Meßlatten, Stricke usw. anzulegen. Dies ist der Grund, warum ich dem großen englischen Pyramidenforscher Flinders Petrie mein drittes Buch widme.

Das Aufbauprinzip der ägyptischen Pyramiden besteht in der Teilung der Zahl $1 \times 2 \times 3 \times 5 \times 7 = 210$, die ihrerseits die Basislänge des Binomialkoeffizienten des Pascalschen Dreiecks (s. S. 91) hervorbringt. Durch die Teilung von 210 entstehen Teilstrecken von Basen wie zum Beispiel bei $210 \times (2/3) = 140$ Ellen der Pyramide des Userkafs (s. S. 127) der Fall.

Da die Höhe einer Pyramide Basishalbe × Rücksprung ist und bei Userkaf $70 \times 4/3 = 93\ 1/3$ Ellen beträgt, wird aus folgendem Rücksprungsbruch durch Auskürzung von $23\ 1/3$ aus Zähler und Nenner der Rücksprung $4/3$ erreicht:

$$\frac{4 \times 23\ 1/3 = 93\ 1/3}{3 \times 23\ 1/3 = \quad 70}$$

Die Berechnung ist nicht angreifbar, weil bei Pyramiden antiker Welt, nicht nur bei Userkaf in der Übungsaufgabe Nr. 57 im *Papyrus Rhind*, die beteiligten Strecken, Proportionen und Winkel die fünf ersten Primzahlen 1, 2, 3, 5, 7 enthalten, durch die das ägyptische Meß- und Maßsystem definiert ist. (S. S. 127.)

Die Fotographien in diesem Buch sind teils eigene, teils dem Buch *Die ägyptischen Pyramiden* (1985) entlehnt, freundlich gestattet von Rainer Stadelmann, der zu meinem ersten Buch eine positive Rezension schrieb, die hier im Anhang wiederholt und abgedruckt wird.

Inhaltsverzeichnis

Einleitung

Von 1968–2004 lehrte ich Philosophie an der jetzigen Gottfried Wilhelm Leibniz Universität Hannover. Forschungsschwerpunkt war die antike Musiktheorie, zu der ich auch veröffentlichte. Zu allererst lernte ich:

> Intervalle der Musiktheorie sind zahlengleich den Proportionen der Architektur, denn „Tonverhältnisse können nach dem Distanzprinzip gemessen und nach dem Konsonanzprinzip gewertet werden. Im Distanzprinzip geht es um den exakten Abstand zweier Töne. Das Konsonanzprinzip bestimmt die Intervallwertung und damit den Sprachwert eines Tonsystems. Herleitung von Tonsystemen befassen sich daher mit der Begründung von Kon- und Dissonanzcharakter der Intervalle." (Ulrich Michels, *dtv-Atlas zu Musik*, S. 19.)

Wenn nun die Intervalle der Musik und die Proportionen der Pyramiden zahlengleich sind, z. B. ein Fensterumriß 4 quadratische Glasscheiben in der Höhe hat und 3 in der Breite, so ist das Verhältnis 4/3, eine Quarte, und der Arctg der Neigung der Geraden, gezogen von der Spitze bis zum rechten und linken Basisende ist arctg (4/3) = 53,13°. Verdoppelt man das Dreieck, so entsteht ein Pyramidenquerschnitt, den unsere Augen als angenehm klar wie die Quarte in der Musik empfinden. Nicht nur unser Ohr, sondern auch unser Auge liebt die architektonische Quarte, weil das Tonverhältnis übersichtlich, d. h. harmonisch und weit vom Geräusch entfernt ist. So haben wir die Quarte als Signal der Polizeisirene und allein acht altägyptische Pyramiden (s. hier die große Tabelle auf Seite 19) haben die Quartneigung von 53,13°.

Bei meinen Forschungen las ich 2006 den *Papyrus Rhind* und entdeckte in den Übungsaufgaben zum Pyramidenbau Nr. 9 die Quart-Pyramide des Userkafs. Da ich eine Nay-Flöte, gekauft auf dem Flohmarkt zu Kairo, besaß, kam ich auf den Gedanken, gemäß des Abstandsprinzips die Entfernung zweier Bohrlöcher (Töne c und f) im Zähler und Nenner zu multiplizieren, bis die Bruchzahl die in der Übungsaufgabe antik verbürgte Höhe und die Basis der Pyramide erreichte. Die Höhe war 93 1/3 Ellen, die Basishälfte 70 Ellen. Der Rücksprung (93 1/3) / 70 = 4/3.

$$93\ 1/3\ /\ 4 = 23\ 1/3 \qquad 70\ /\ 3 = 23\ 1/3$$

Ich tat einen Freudensprung, denn jetzt konnte ich alle 26 Pyramiden erreichen, indem ich fehlende Meßwerte durch die Struktur der Regel finden, in sie einspeisen und noch Fehlendes ergänzen konnte. Zur Hilfe kamen die in der Erde ruhenden Basislängen, die in der Liste Dieter Arnolds (*Lexikon der ägyptischen Baukunst*, S. 200) genau überliefert waren. Sie stellten das ägyptische Meß- und Maßsystem aus den fünf ersten Primzahlen (1, 2, 3, 5, 7) dar. Aus den Primzahlen 1, 2, 3, 5, 7 war auch das Ellenmaß $(1 \times 3 \times 5^2 \times 7) / 10^3 = 0{,}525$ m komponiert.

Wäre doch Ludwig Borchardt jetzt bei mir gewesen! Der Verstorbene hatte immer gesagt: „Das Grundlegende ist vielmehr stets, daß der Rücksprung bei einer Elle Steigung sich irgendwie durch das ägyptische Meß- und Maßsystem ausdrücken läßt." (Ludwig Borchardt, *Gegen die Zahlenmystik an der großen Pyramide bei Gizeh*, S. 11.) Auf dieses „Irgendwie" ist der große Ägyptologe nicht gekommen.

Der versteckte Effekt war, daß, wenn man $1 \times 2 \times 3 \times 5 \times 7$ Ellen = 210 Ellen als Ausgangszahl für sämtliche Basisabmessungen nahm, leicht den Rücksprung finden kann und daß man ihn durch das jetzt komplette Ensemble bestätigen konnte. Beispiel Userkaf:

$1 \times 2 \times 3 \times 5 \times 7 = 210$: Ausgangszahl 210 × 2/3 Ellen = 140 Ellen Basis. Siehe dazu die fünfte Spalte „Abstand 210 zur Basislänge" in der großen Tabelle, so daß man, wenn man 210 mit dem halben Rücksprung 2/3 multiplizierte, 140 Ellen bekam. Für Meidum: 210 × 46/35 = 276 Ellen Basis, für die Cheopspyramide 210 × 21/10 = 441 Ellen, 28 richtige Pyramidenbasen entstanden insgesamt somit aus 210 Ellen und warteten mit doppeltem Rücksprung (Seked) und halber Basis auf ihre Höhen, Userkaf (70 E × 4/3 = 93 1/3 E), Cheopspyramide (220,5 × 280/220,5 E = 280 E) usw.

In diese ruhige mathematische Idylle platzten auf einmal, jeweils ein Mal nach zwei Büchern, die ich schrieb, kritische Rezensionen des Ordinarius Frank Müller-Römer, der mich zwar anständig, höflich, aber ohne Grund in seine Schranken verwies, und der, als ich ihn persönlich im Foyer des Wiener Ägyptologen-Kongresses unter vier Augen ansprach, um Streit friedlich beizulegen, wortlos davon lief. Von Haus aus Ingenieur und wie ich Hobby-Ägyptologe war er aufgestiegen, Professor geworden und hatte wohl bemerkt, daß die Diskussion um die Neigungen als musikalische Intervalle zwar stimmig erschien, aber umstritten blieb, weil ein Mangel an Kenntnis antiker Musiktheorie die Münsterschen Kollegen voran in die Schwierigkeit versetzte, selber nicht darauf gekommen zu sein. Eben weil, wie schon gesagt, die nahezu gesamte Pyramiden-Zunft Voraussetzungen – nämlich Kenntnisse in antiker Musiktheorie – nicht besaß. Was er vollbrachte, war ein Husarenstück, und er fand sich am Ende mit seinem Steckenpferd vom Weg abgekommen.

Er knipste von den Pyramiden die Spitze ab, weil er meinte, daß auch die Höhen der Pyramiden runde Zahlen haben sollten. Es störte ihn nicht, daß Ludwig Borchardt 1922 heftig davor warnte.

So wurden aus 93 1/3 Höhe Userkafs   93 1/3 + 2/3   = 94 Ellen.
So wurden aus 175 5/21 Höhe Meidums   175 5/21 − 5/21   = 175 Ellen.
So wurden aus 441 auch der Basis Cheops   441 − 1   = 440 Ellen,
denn die Pyramide des Cheops war schon ganzzahlig 280 Ellen.

Ich habe in meinem Buch auf mehr als 260 Seiten die richtige von der gefälschten Liste getrennt, die hier auf der nachfolgenden Seite mit Angabe des Rücksprungs und des Neigungswinkels festgehalten ist. In der Mitte sieht man Erweiterungen und Kürzungen zu ganzen Zahlen, die Prof. Müller-Römer in seinem Buch (*Bau der Pyramiden im alten Ägypten*, 2011) vorschlägt und fälscht. Hier ist mein Buch am Ende des Vorworts bereits am Ende, denn es gibt nur die Werte aus der Regel Nr. 57 *Papyrus Rhind*. (Siehe S. 18.) Ebenso wie der Satz des Pythagoras einzig ist, seine Anwendung jedoch vielfach. Es wäre eine Anmaßung, und man machte sich zum Gespött der Welt, wenn man die Regel, daß die Höhe einer Pyramide, durch die Basishälfte geteilt, den Arctg des Böschungswinkels hervorbringt, außer Kraft setzen wollte, wie Müller-Römer es versuchte, als er die Höhe Userkafs, die einzig 93 1/3 Ellen ist, auf 94 Ellen erhöhte.

Mathematische Gesetze sind danach einzuschätzen, daß sie unumstößlich und zugleich fruchtbringend sind, wenn man sie richtig anwendet. Man macht sich mit Methoden, die einem einfallen, wenn kein Reglement zur Hand ist, nur lächerlich, wenn man mit kastrierten Pyramidenhöhen daherkommt.

Aus der Regel Nr.57 Papyrus Rhind				Müller–Römers Fälschungen zu ganzzahligen Höhen				
korrekte Höhe	korrekter RS	korrekte Neigung BW		korrekte Höhe	gefälschte Änderung	falscher Rücksprung u. Neigung RS	BW	
1. Meidum	175 5/21 E	80/63	51,78°	175 5/21 – 5/21 = 175 E		*14/11*	*51, 84°*	
2. Knickpyramide	200 E	10/9	48,01°					
3. Dahshur-Nord	200 E	20/21	43,60°	200 E	+10 = 210	5/4	51,34°	
5. Djedefre 200E	175 E	7/4	60,25°	175 – 75 = 100		175/100	/60,255°	
7. Chephren	273 1/3 E	4/3	53,13°	273 1/3 – 1/3 = 273		*14/11*	*51,84°*	
8. Mykerinus	125 E	5/4	51,34	125 + 1 = 126		*63/50*	*51,56°*	
9. Userkaf	93 1/3 E	4/3	53,13	93 1/3 + 2/3 = 94		*47,35*	*53,32°*	
10. Sahure	95 5/21 E	80/63	51,78°	95 5/21 – 5/21 = 90		*90/75*	*50,19°*	
11. Neferirkare	140 E	7/5	54,46°	140 – 1 = 139		*139/105*	*52,93°*	
12. Niuserre	95 5/21 E	80/63	51,78°	95 5/21 +– 2,762 = 98		*28/25*	*48,24°*	
13. Neferefre	83 13 E	4/3	53, 13°	83 1/3 – 1/3 = 83		*83/62,*	*53,02°*	
14. Djedkare	95 5/21 E	80/63	51,78°	95 5/21 – 5/21 = 90		80/63		
15. Unas	82,5 E	3/2	56,30	82,5 – ½ = 82		82/55	56,149°	
16. Teti + 17 Pepi I	100 E	4/3	53,13°	Teti + 17 Pepi I 100 E	4/3	53,13°		
19. Merenre	116 2/3	4/3	53,13°	116 2/3 –2/3 = 116		*116/87,5*	*53°*	
19. Pepi II Teti+17 Pepi I 100 E 4/3 53,13°								
20. Amenemhet I	112 E	7/5	54,46					
21. Sesostris I	116 2/3 E	7/6	49,4 °	116 2/3 – 2/3 = 116		*29/25*	*49,24°*	
22. Amenemhet II	112 E	7/5	54,46°					
23. Sesostris II	93 1/3 E	14/15	43,02°	93,13 – 1/3 = 93		*93/100*	*42,9°*	
24. Sesostris III	116 2/3 E	7/6	49, 4 49,24°	116 2/3 – 2/3 = 116		*116/100*		
25. Amenemhet III (Dahshur)	142 6/7 E	10/7	55°	142 6/7 – 6/7 = 142		*7/5*	*54,46°*	
26. Amenemhet III (Hawara)	114 2/7 E	8/7	48,81°	114 2/7 – 2/7 = 114	8/7	*114/100*	*48,74°*	
27. Chendjer Unbekannt								
29. Mazhguna-Süd								

Gegen die Zahlenmystik an der großen Pyramide bei Gise

Vortrag

gehalten in der Vorderasiatisch-ägyptischen Gesellschaft zu Berlin am 1. Februar 1922

Zitat aus dem Vortrag: "die Grundkanten bei den größeren Pyramiden s.hier S. 87 sind runde Zahlen, die Höhen aber brauchen nicht einmal ganzzahlig zu sein."

von

Ludwig Borchardt

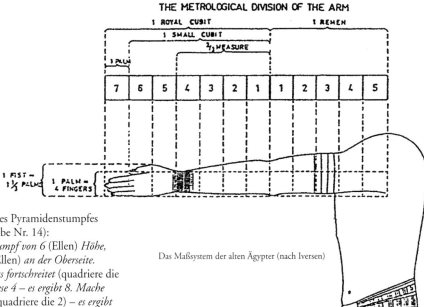

THE METROLOGICAL DIVISION OF THE ARM

Das Maßsystem der alten Ägypter (nach Iversen)

Die Aufgaben 56 bis 60 des Papyrus Rhind

Aus: Christian Tietze: „Die Pyramide"/Geschichte–Entdeckung–Faszination, Berlin 1999, S. 83

Berechnung des Volumens eines Pyramidenstumpfes
(Papyrus Moskau 4676, Aufgabe Nr. 14):
(Gegeben ist) *ein Pyramidenstumpf von 6 (Ellen) Höhe,
4 (Ellen) Grundkante und 2 (Ellen) an der Oberseite.
Dann mache diese 4 als das, was fortschreitet (quadriere die
4) – es ergibt 16. Verdoppele diese 4 – es ergibt 8. Mache
die 2 als das, was fortschreitet (quadriere die 2) – es ergibt
4. Summiere nun die 16 und die 8 und die 4 – es ergibt
28. Mache dann $\frac{1}{3}$ von 6 – es ergibt 2. Mulitpliziere 28 mit
2 – es ergibt 56. Siehe, zu ihm (dem Pyramidenstumpf)
gehören 56 Kubikellen. Du hast es richtig gefunden.*

Berechnung der Höhe einer Pyramide
(Papyrus Rhind, Aufgabe Nr. 57):
(Gegeben sei) *eine Pyramide, die Grundkante ist 140 (El-
len), $5\frac{1}{4}$ Handbreiten sind ihr Rücksprung (auf eine Höhe
von 7 Handbreiten = 1 Elle). Wie ist ihre Höhe?
(Um das auszurechnen,) teile eine Elle durch den doppelten
Rücksprung, also durch $10\frac{1}{2}$ (Handbreiten). 7 (Handbrei-
ten) geteilt duch $10\frac{1}{2}$ ist $\frac{2}{3}$. Nimm $\frac{2}{3}$ von 140, das macht
$93\frac{1}{3}$ (Ellen). Dies ist ihre Höhe.*

Aufgabe 57 in Hieratisch und Hieroglyphenschrift

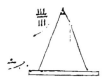

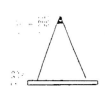

18

Nr.	Pyramide	Arnolds Liste (S. 200) Neigung	Basis	Höhe	Vom Autor korrigierte Liste (geänderte Werte kursiv)	Korrigierte Basislängen in kursiver Schrift	Korrigierte Pyramidenhöhen in kursiver Schrift	Rücksprungverhältnis: Höhe/Basishälfte	Böschungswinkel: Arcus Tangens H(b/2)	Verwendetes Ellenmaß
1.	Meidum M3	51°51'	275 (144,32)	(92)	210 × 46/35 =	276 E (144,9 m)	175/21 E (92 m)	80/63	51,78° = arctg (175 521/138) übergr. Terz	(0,525 m)
2.	Knickpyramide (Snofru) oben	54°31' / 44°30'	360 (189)	200 (105)	210 × 12/7 =	360 E (189 m)	200 E (105 m)	109	48,01° = arctg (200/180) kl. Ganzton	(0,525 m)
3.	Dahschur-Nord	45°	420 (220)	200 (105)	210 × 2/1 =	420 E (220,5 m)	200 E (105 m)	20/21	43,60° = arctg (200/210) kl. Halbton	(0,525 m)
4.	Cheops 51,84°	51°50'40'''	440 (230,36)	280 (146,50)	210 × 21/10 =	441 E (230,36 m)	280 E (146,26 m)	80/63	51,78° = arctg (280/220,5) übergr. Terz	(0,52236 m)
5.	Djedefre	60°	200 (105)	175 (92)	210 × 20/21 =	200 E (105 m)	175 E (91,875 m)	7/4	60,25° = arctg (175/100) kl. Septime	(0,525 m)
6.	Königsgrab in Zawiet el-Arjan	?	210 (110)	? drei Versionen möglich		210 E (110,25 m) / 210 E (110,25 m) / 210 E (110,25 m)	133 1/3 E (70 m) / 100 E (52,5 m) / 140 E (73,5 m)	80/63 / 20/21 / 4/3	51,78° = arctg (133 1/3/105) übergr. Terz / 43,60° = arctg (100/105) kl. Halbton / 53,13° = arctg (140/105) Quarte	(0,525 m)
7.	Chephren	53°10'	410 (215,29)	275 (143,87)	210 × 41/21 =	410 E (215,25 m)	273 1/3 E (143,5 m)	4/3	53,13° = arctg (273 1/3/205) Quarte	(0,525 m)
8.	Mykerinus	51°	200 (105,5)	125 (65,55)	210 × 20/21 =	200 E (105,5 m)	125 E (65,9375 m)	54	51,34° = arctg (125/100) gr. Terz	(0,5275 m)
9.	Userkaf	53°	140 (73,3)	94 (49)	210 × 2/3 =	140 E (73,5 m)	93 1/3 E (49 m)	4/3	53,13° = arctg (93 1/3/70) Quarte	(0,525 m)
10.	Sahure	50°45'	150 (78,5)	(50)	210 × 5/7 =	150 E (78,75 m)	95 5/21 E (50 m)	80/63	51,78° = arctg (95 521/75) übergr. Terz	(0,525 m)
11.	Neferirkare	54°30'	200 (105)	(72,8)	210 × 20/21 =	200 E (105 m)	140 E (73,5 m)	7/5	54,46° = arctg (140/100) kl. Tritonus	(0,525 m)
12.	Niuserre	52°	150 (78,90)	(50)	210 × 5/7 =	150 E (78,75 m)	95 5/21 E (50 m)	80/63	51,78° = arctg (95 521/75) übergr. Terz	(0,525 m)
13.	Neferefre	?	125 (65)	?	210 × 25/42 =	125 E (65,625 m)	83 1/3 E (43,75 m)	4/3	53,13° = arctg (83 1/3/62,5) Quarte	(0,525 m)
14.	Djedkare	52°	150 (78,90)	?	210 × 5/7 =	150 E (78,75 m)	95 5/21 E (50 m)	80/63	51,78° = arctg (95 521/75) übergr. Terz	(0,525 m)
15.	Unas	56°	110 (57,70)	(43)	210 × 11/21 =	110 E (57,75 m)	82 1/2 E (43,3125 m)	32	56,30° = arctg (82,555) Quinte	(0,525 m)
16.	Teti	?	150 (78,75)	100 (52,5)	210 × 5/7 =	150 E (78,75 m)	100 E (52,5 m)	4/3	53,13° = arctg (100/75) Quarte	(0,525 m)
17.	Pepi I.	53°	150 (78,6)	100 (52,4)	210 × 5/7 =	150 E (78,6 m)	100 E (52,4 m)	4/3	53,13° = arctg (100/75) Quarte	(0,524 m)
18.	Pepi II.	53°13'	150 (78,75)	100 (52,5)	210 × 5/7 =	150 E (78,75 m)	100 E (52,5 m)	4/3	53,13° = arctg (100/75) Quarte	(0,525 m)
19.	Merenre	?	175 (90–95)	?	210 × 5/6 =	175 E (91,875 m)	116 2/3 E (61,25 m)	4/3	53,13° = arctg (116 23/87,5) Quarte	(0,525 m)
20.	Amenemhet I.	54°	160 (84)	112 (59)	210 × 16/21 =	160 E (84 m)	112 E (58,8 m)	7/5	54,46° = arctg = (112/80) kl. Tritonus	(0,525 m)
21.	Sesostris I.	49°24'	200 (105,23)	116 (61,25)	210 × 20/21 =	200 E (105,23 m)	116 2/3 E (61,25 m)	76	49,4° = arctg (116 23/100) Kleinsterz	(0,525 m)
22.	Amenemhet II.	?	160 (84)	?	210 × 16/21 =	160 E (84 m)	112 E (58,8 m)	75	54,46° = arctg (112/80) kl. Tritonus	(0,525 m)
23.	Sesostris II.	42°35'	200 (105,88)	48,65	210 × 20/21 =	200 E (105 m)	93 1/3 E (49 m)	14/15	43,02° = arctg (93 1/3/100) kl. Halbton	(0,525 m)
24.	Sesostris III.	56°	200 (105)	(61,25)	210 × 20/21 =	200 E (105 m)	116 2/3 E (61,25 m)	76	49,4° = arctg (116 23/100) Kleistterz	(0,525 m)
25.	Amenemhet III. (Dahschur)	54–56°	200 (105)	143 (75)	210 × 20/21 =	200 E (105 m)	142 67 E (75 m)	107	55° = arctg (142 67/100) gr. Tritonus	(0,525 m)
26.	Amenemhet III. (Hawara)	48–52°	200 (101,75)	(58)	210 × 10/21 =	200 E (101,5 m)	114 27 E (58 m)	87	48,81° = arctg (114 27/100) übergr. Ganzton	(0,5075 m)
27.	Chendjer	55°	100 (52,5)	(37,35)	210 × 10/21 =	100 E (52,5 m)	71 37 E (37,5 m)	107	55° = arctg (71 37/50) gr. Tritonus	(0,525 m)
28.	Unbekannt	?	175 (92)	?	210 × 56 =	175 E (91,875 m)	116 2/3 E (61,25 m)	4/3	53,13° = arctg (116 23/87,5) Quarte	(0,525 m)
29.	Mazghuna-S	?	100 (52,5)	?	210 × 10/21 =	100 E (52,5 m)	71 37 E (37,5 m)	107	55° = arctg (71 37/50) gr. Tritonus	(0,525 m)

Kapitel 1: Finden der exakten Abmessungen der Pyramide zu Meidum auf der Nayflöte

Um die von den Ägyptern ursprünglich geplanten Abmessungen der Pyramiden von den in unserer Forschung seit etwa 1926 empirisch zwar nahe kommenden, aber letzlich falschen und sogar überfälschten Werten, z. B. denen Müller-Römers, zu unterscheiden, genügt es schon, alle Primzahlen, im Baukörper, die größer sind als 7, also 11, 13, 17, 19, 23 und noch größere auszuschließen, denn sie sind nicht teil des ägyptischen Meß- und Maß= . systems aus den fünf ersten Primzahlen, das sich auf ihr Viertel (1 Elle = 1 x 2 x 3 x5 x 7 /4 =52,5 cm) beschränkte und das, aus ca. 27 Pyramidenbasen, zusammengesetzt, nur aus diesen Zahlen bestand. Ebenso selbstverständlich war die Folge, daß dann die Rücksprünge und die Höhen ebenfalls nur aus dem Fond und Kombinationen dieser Zahlen bestanden. Daß auch die Rücksprünge in Zähler und Nenner allesamt nur die kleinen Primzahlen von 1-10 bzw. Kettenglieder der Partial – und Obertonreihe wie 21/20 = 3x7/4x5 enthielt, war ebenfalls die musikalische Konsequenz dieser Anordnung, denn wir hören Harmonien nur aus Intervallen, deren Zähler und Nenner nur die ganzen Zahlen von 1-10 enthalten: Oktave (2/1),(3/2 Quinte, (4/3) Quarte, (5/4) große Terz, (6/5) kleine Terz, (7/6) Kleinstterz, (8/7) übergroßer Ganzton, (9/8) großer Ganzton, (10/9) kleiner Ganzton.

(11/10) und weitere Intervalle (n+1)/n empfinden wir bereits als unharmonisch, als zu eng, zu schrill, und sie kommen auch in Pyramidenneigungen nicht vor.

Wie finden wir nun die große Terz 80/63 der Meidum-Pyramide mit exakter Höhe und Basishälfte auf der Nayflöte?

Ellenmaß:0,525 m.

Zu diesem Zweck suche man einen 80/63 Abstand (z.B. 26,25:20,671875 = (80/63) auf dem Umriß der Flöte auf der nächsten Seite rechts unten und multipliziere Zähler und Nenner mit dem Erweiterungsfaktor (Ef 2944/441), so erhält man die genaue Höhe (2944/441 x 26,25 = 175 5/21 Ellen (92 m) und 2944/441 x 20,671875 = 138 Ellen (42,45 m) Basishälfte.

Nota bene: Die höhere Primzahl 23, die sich im Rücksprung sowohl im Zähler wie im Nenner befindet, kürzt sich aus (175 5/21/23 = 160/21 und 138/23 = 6), so daß der Rücksprung 160/21/6 = 80/63 wird und nur die ersten 5 Primzahlen enthält.

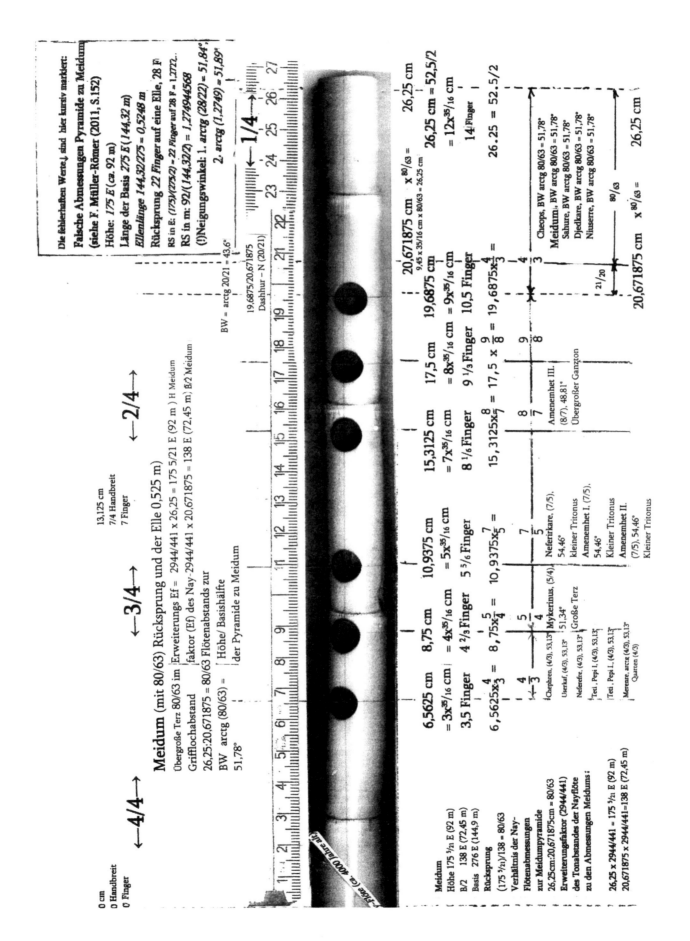

Die fehlerhaften Werte sind hier kursiv markiert:
Falsche Abmessungen Pyramide zu Meidum
(siehe F. Müller-Römer (2011, S.152)

Höhe: 175 E (ca. 92 m)

Länge der Basis 275 E (144,32 m)

Ellenlänge 144,32/275 = 0,5248 m

Rücksprung 22 Finger auf eine Elle, 28 F

RS in E: (175)/(2752) = 22 Finger auf 28 F = 1,2722..

RS in m: 92/(144,32/2) = 1,274944568

(!)Neigungswinkel: 1. arctg (28/22) = 51,84°.
2. arctg (1,2749) = 51,89°

13,125 cm
7/4 Handbreit
7 Finger

0 cm
0 Handbreit
0 Finger

← 4/4 →   ← 3/4 →   ← 2/4 →   ← 1/4 →

Meidum (mit 80/63) Rücksprung und der Elle 0,525 m)

Übergroße Terz 80/63 im Grifflochabstand
26,25:20,671875 = 80/63

BW arctg (80/63) = 51,78°

Erweiterungs Ef = 2944/441 x 26,25 = 175 5/21 E (92 m) H Meidum

faktor (Ef) des Nay 2944/441 x 20,671875 = 138 E (72,45 m) B/2 Meidum

Höhe/Basishälfte der Pyramide zu Meidum

BW = arctg 20/21 = 43,6°

19,6875/20,671875
Dashhur – N (20/21)

26,25 cm

26,25 cm = 52,5/2
= 12x³⁵/16 cm
14 Finger

26.25 = 52.5/2

26,25 cm

20,671875 cm x 80/63 =
9,45 x 35/16 x 80/63 = 26,25 cm

19,6875 cm
= 9x³⁵/16 cm
10,5 Finger

17,5 cm
= 8x³⁵/16 cm
9 ¹/³ Finger

$15,3125x\frac{8}{7} = 17,5 \times \frac{9}{8} = 19,6875x\frac{4}{3} =$

$\frac{8}{7}$ $\frac{9}{8}$ $\frac{4}{3}$

Amenemhet III.
(8/7), 48.81°
Übergroßer Ganzton

4
3

80/63

21/20

Cheops, BW arctg 80/63 = 51,78°
Meidum, BW arctg 80/63 = 51,78°
Sahure, BW arctg 80/63 = 51,78°
Djedkare, BW arctg 80/63 = 51,78°
Niuserre, BW arctg 80/63 = 51,78°

20,671875 cm x 80/63 =

26,25 cm

15,3125 cm
= 7x³⁵/16 cm
8 ¹/6 Finger

$15,3125x\frac{8}{7} =$

8
7

Neferirkare, (7/5).
54,46°
kleiner Tritonus
Amenemhet I, (7/5),
54,46°
Kleiner Tritonus
Amenemhet II.
(7/5), 54,46°
Kleiner Tritonus

10,9375 cm
= 5x³⁵/16 cm
5 ⁵/6 Finger

$10,9375x\frac{7}{5} =$

7
5

Mykerinus, (5/4),
51,34°
Große Terz

8,75 cm
= 4x³⁵/16 cm
4 ²/3 Finger

$8,75x\frac{5}{4} =$

5
4

Chephren, (4/3), 53,13°
Uerkaf, (4/3), 53,13°
Neferefre, (4/3), 53,13°
Teti, Pepi I, (4/3), 53,13°
Teti, Pepi I, (4/3), 53,13°
Menere, arctg (4/3), 53,13°
Quarten (4/3)

6,5625 cm
= 3x³⁵/16 cm
3,5 Finger

$6,5625x\frac{4}{3} =$

4
3

Meidum
Höhe 175 ⁵/21 E (92 m)
B/2   138 E (72,45 m)
Basis 276 E (144,9 m)

Rücksprung
(175 ⁵/21)/138 = 80/63
Verhältnis der Nay-
Flötenabmessungen
zur Meidumpyramide
26,25cm:20,671875cm = 80/63
Erweiterungsfaktor (2944/441)
des Tonabstandes der Nayflöte
zu den Abmessungen Meidums:

26,25 x 2944/441 = 175 ⁵/21 E (92 m)
20,671875 x 2944/441 = 138 E (72,45 m)

23

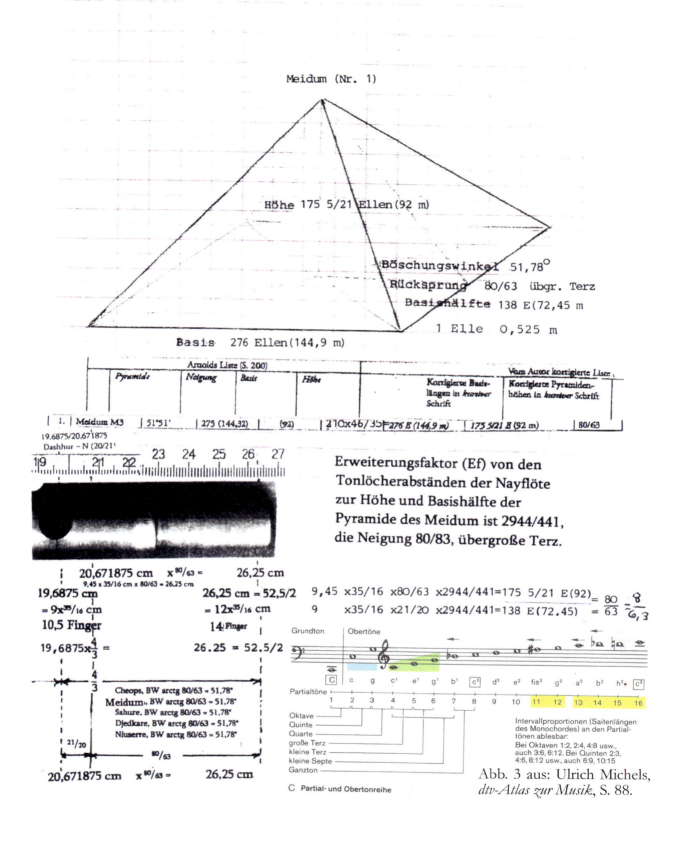

Meidum (Nr. 1)

Höhe 175 5/21 Ellen (92 m)

Böschungswinkel 51,78°

Rücksprung 80/63 übgr. Terz

Basishälfte 138 E (72,45 m

1 Elle 0,525 m

Basis 276 Ellen (144,9 m)

	Arnolds Liste (S. 200)				Vom Autor korrigierte Liste		
Pyramide	Neigung	Basis	Höhe		Korrigierte Basislängen in *kursiver* Schrift	Korrigierte Pyramidenhöhen in *kursiver* Schrift	
1. Meidum M3	51°51'	275 (144,32)	(92)	210x46/35 = *276 E (144,9 m)*	*175 5/21 E (92 m)*	80/63

19,6875/20,671875
Dashhur – N (20/21)

19 20 21 22 23 24 25 26 27

Erweiterungsfaktor (Ef) von den Tonlöcherabständen der Nayflöte zur Höhe und Basishälfte der Pyramide des Meidum ist 2944/441, die Neigung 80/83, übergroße Terz.

20,671875 cm x 80/63 = 26,25 cm
9,45 x 35/16 cm x 80/63 = 26,25 cm

19,6875 cm   26,25 cm = 52,5/2
= 9x 35/16 cm   = 12x 35/16 cm

10,5 Finger   14 Finger

19,6875 x 4/3 =   26,25 = 52,5/2

4/3

Cheops, BW arctg 80/63 = 51,78°
Meidum, BW arctg 80/63 = 51,78°
Sahure, BW arctg 80/63 = 51,78°
Djedkare, BW arctg 80/63 = 51,78°
Niuserre, BW arctg 80/63 = 51,78°

21/20   80/63

20,671875 cm   x 80/63 =   26,25 cm

9,45 x35/16 x80/63 x2944/441=175 5/21 E (92) = 80/63 = 8/6,3

9   x35/16 x21/20 x2944/441=138 E (72.45)

Grundton   Obertöne

C c g c¹ e¹ g¹ b¹ c^2 d² e² fis² g² a² b² h²• c^3

Partialtöne 1 2 3 4 5 6 7 8 9 10 11 12 13 14 15 16

Oktave
Quinte
Quarte
große Terz
kleine Terz
kleine Septe
Ganzton

C Partial- und Obertonreihe

Intervallproportionen (Saitenlängen des Monochordes) an den Partialtönen ablesbar:
Bei Oktaven 1:2, 2:4, 4:8 usw.,
auch 3:6, 6:12. Bei Quinten 2:3,
4:6, 8:12 usw., auch 6:9, 10:15

Abb. 3 aus: Ulrich Michels, *dtv-Atlas zur Musik*, S. 88.

Berechnung der Höhe der Pyramide zu Meidum Nr. 1

(Altägyptischer Text kursiv) Nach der Regel der Übungsaufgabe Nr. 57 Papyrus Rindt:

„Gegeben sei eine Pyramide, die Grundkante ist 276 Ellen (92 m).
80/63 ist ihr Rücksprung. Wie ist ihre Höhe?

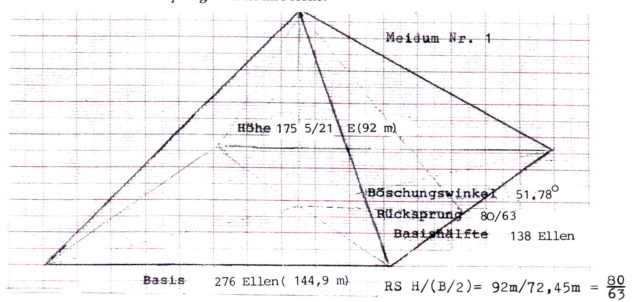

Höhe 175 5/21 E (92 m)

Meidum Nr. 1

Böschungswinkel 51,78°

Rücksprung 80/63

Basishälfte 138 Ellen

Basis 276 Ellen (144,9 m)

$$RS \ H/(B/2) = 92m/72{,}45m = \frac{80}{63}$$

Um das auszurechnen, teile den Rücksprung durch 2, erhältst du 40/63.
Nimm 40/63 von 276, das macht 40/63 x 276 = 175 5/21 Ellen(144,9 m). Dies
ist ihre Höhe.“

Ab hier: Zusatz von F.W. Korff: Du kannst auch 80/63 zu 138 geben: 80/63 x 138 = 175 5/21 E Höhe
Berechnung der ausgegrabenen Grundkantenmaße der Pyramide zu Meidum
210 x 46/35 = 276 Ellen ist die Basislänge. Die Basishälfte ist dann 138 Ellen
(72,45 m) lang. Rücksprung, wie schon gesagt, H/(B/2) ist 175 5/21/138=80/63.
Die Musikalität der Pyramide zu Meidum entsteht in einer Oktave antiker
Tonart DIATONON MALAKON 1x 8/7 x 10/9 x 21/20 x 9/8 x 8/7 x 10/9 x 21/20 = 2
Skalierung surch Boethius erhalten.

	C-Dur	
Basis 276 Ellen	c¹	276 Hz
276: 21/20	h	262 6/7
262 6/7: 10/9	a	236 4/7
236 4/7: 8/7	g	207 Der Rücksprung aus Tönen c-e
207:9/8	f	184 formt die Pyramide zu Meidum mit
184:21/20	<u>e</u>	<u>175 5/21</u> dem Intervall der übergroßen
175 5/21: 10/9	d	157 5/7 Terz (10/9 x 8/7)= (175 5/21/138)= 80/63
157 5/7: 8:7	<u>c</u>	<u>138</u>

Musikalische Intervalle sind zahlengleich den harmonischen Proportionen der Architektur

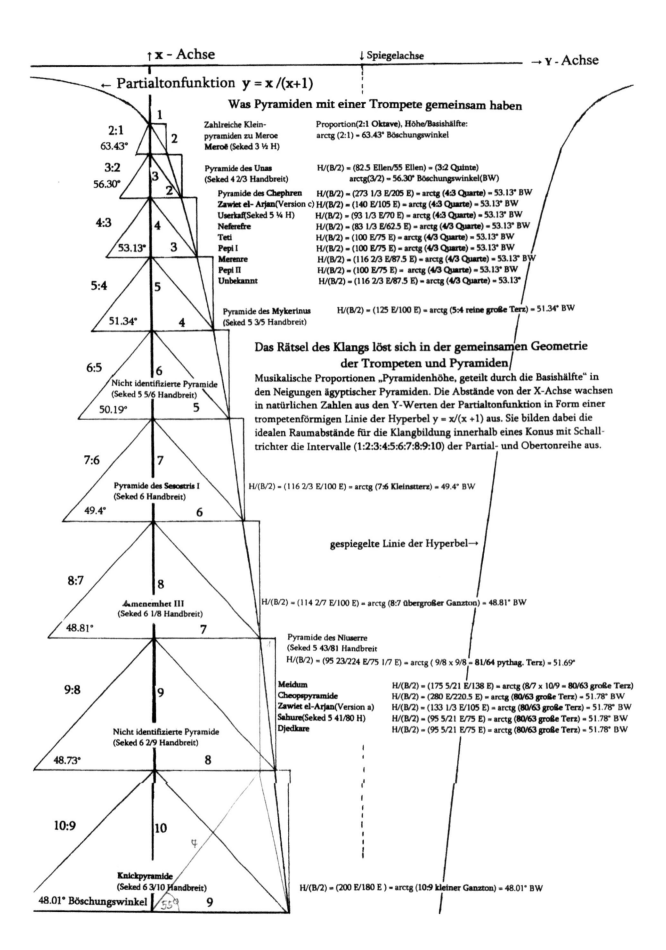

↑ **x - Achse**   ↓ Spiegelachse   → **Y - Achse**

← **Partialtonfunktion y = x /(x+1)**

Was Pyramiden mit einer Trompete gemeinsam haben

2:1 **1** **2**
63.43°

Zahlreiche Klein-
pyramiden zu Meroe
Meroë (Seked 3 ½ H)

Proportion(2:1 Oktave), Höhe/Basishälfte:
arctg (2:1) = 63.43° Böschungswinkel

3:2 **3** **2**
56.30°

Pyramide des **Unas**
(Seked 4 2/3 Handbreit)

H/(B/2) = (82.5 Ellen/55 Ellen) = (3:2 Quinte)
    arctg(3/2) = 56.30° Böschungswinkel(BW)

4:3 **4** **3**
53.13°

Pyramide des **Chephren**   H/(B/2) = (273 1/3 E/205 E) = arctg (4:3 Quarte) = 53.13° BW
Zawiet el- Arjan(Version c) H/(B/2) = (140 E/105 E) = arctg (4:3 Quarte) = 53.13° BW
Userkaf(Seked 5 ¼ H)   H/(B/2) = (93 1/3 E/70 E) = arctg (4:3 Quarte) = 53.13° BW
Neferefre   H/(B/2) = (83 1/3 E/62.5 E) = arctg (4/3 Quarte) = 53.13° BW
Teti   H/(B/2) = (100 E/75 E) = arctg (4/3 Quarte) = 53.13° BW
Pepi I   H/(B/2) = (100 E/75 E) = arctg (4/3 Quarte) = 53.13° BW
Merenre   H/(B/2) = (116 2/3 E/87.5 E) = arctg (4/3 Quarte) = 53.13° BW
Pepi II   H/(B/2) = (100 E/75 E) = arctg (4/3 Quarte) = 53.13° BW
Unbekannt   H/(B/2) = (116 2/3 E/87.5 E) = arctg (4/3 Quarte) = 53.13°

5:4 **5** **4**
51.34°

Pyramide des **Mykerinus**
(Seked 5 3/5 Handbreit)

H/(B/2) = (125 E/100 E) = arctg (5:4 reine große Terz) = 51.34° BW

Das Rätsel des Klangs löst sich in der gemeinsamen Geometrie der Trompeten und Pyramiden/

6:5 **6** **5**
50.19°

Nicht identifizierte Pyramide
(Seked 5 5/6 Handbreit)

Musikalische Proportionen „Pyramidenhöhe, geteilt durch die Basishälfte" in den Neigungen ägyptischer Pyramiden. Die Abstände von der X-Achse wachsen in natürlichen Zahlen aus den Y-Werten der Partialtonfunktion in Form einer trompetenförmigen Linie der Hyperbel y = x/(x +1) aus. Sie bilden dabei die idealen Raumabstände für die Klangbildung innerhalb eines Konus mit Schalltrichter die Intervalle (1:2:3:4:5:6:7:8:9:10) der Partial- und Obertonreihe aus.

7:6 **7** **6**
49.4°

Pyramide des **Sesostris I**
(Seked 6 Handbreit)

H/(B/2) = (116 2/3 E/100 E) = arctg (7:6 Kleinstterz) = 49.4° BW

gespiegelte Linie der Hyperbel→

8:7 **8** **7**
48.81°

Amenemhet III
(Seked 6 1/8 Handbreit)

H/(B/2) = (114 2/7 E/100 E) = arctg (8:7 übergroßer Ganzton) = 48.81° BW

Pyramide des **Niuserre**
(Seked 5 43/81 Handbreit)
H/(B/2) = (95 23/224 E/75 1/7 E) = arctg (9/8 x 9/8 = 81/64 pythag. Terz) = 51.69°

9:8 **9** **8**
48.73°

Nicht identifizierte Pyramide
(Seked 6 2/9 Handbreit)

Meidum   H/(B/2) = (175 5/21 E/138 E) = arctg (8/7 x 10/9 = 80/63 große Terz)
Cheopspyramide   H/(B/2) = (280 E/220.5 E) = arctg (80/63 große Terz) = 51.78° BW
Zawiet el-Arjan(Version a) H/(B/2) = (133 1/3 E/105 E) = arctg (80/63 große Terz) = 51.78° BW
Sahure(Seked 5 41/80 H) H/(B/2) = (95 5/21 E/75 E) = arctg (80/63 große Terz) = 51.78° BW
Djedkare   H/(B/2) = (95 5/21 E/75 E) = arctg (80/63 große Terz) = 51.78° BW

10:9 **10** **9**
48.01° Böschungswinkel

Knickpyramide
(Seked 6 3/10 Handbreit)

H/(B/2) = (200 E/180 E) = arctg (10:9 kleiner Ganzton) = 48.01° BW

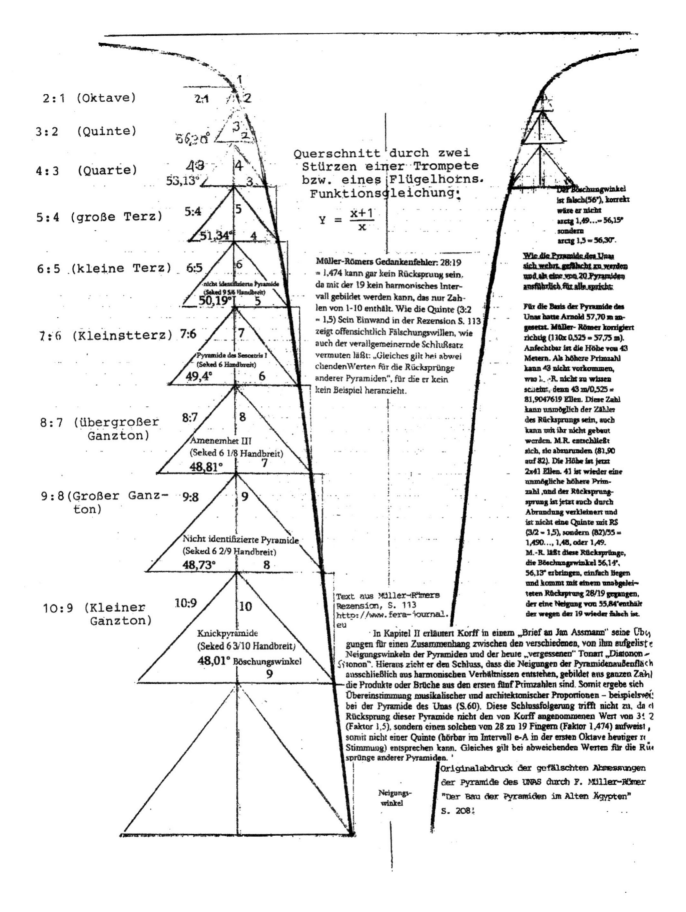

2:1 (Oktave)

3:2 (Quinte)

4:3 (Quarte)

5:4 (große Terz)

6:5 (kleine Terz)

7:6 (Kleinstterz)

8:7 (übergroßer Ganzton)

9:8 (Großer Ganzton)

10:9 (Kleiner Ganzton)

Querschnitt durch zwei
Stürzen einer Trompete
bzw. eines Flügelhorns.
Funktionsgleichung:

$$Y = \frac{x+1}{x}$$

Müller-Römers Gedankenfehler: 28:19 = 1,474 kann gar kein Rücksprung sein, da mit der 19 kein harmonisches Intervall gebildet werden kann, das nur Zahlen von 1-10 enthält. Wie die Quinte (3:2 = 1,5) Sein Einwand in der Rezension S. 113 zeigt offensichtlich Fälschungswillen, wie auch der verallgemeinerde Schlußsatz vermuten läßt: „Gleiches gilt bei abwei chenden Werten für die Rücksprünge anderer Pyramiden", für die er kein Beispiel heranzieht.

nicht identifizierte Pyramide (Seked 9 5/6 Handbreit)

Pyramide des Sesostris I (Seked 6 Handbreit)

Amenemhet III (Seked 6 1/8 Handbreit)

Nicht identifizierte Pyramide (Seked 6 2/9 Handbreit)

Knickpyramide (Seked 6 3/10 Handbreit)
Böschungswinkel

Text aus Müller-Römers Rezension, S. 113 http://www.fera-journal.eu

Neigungswinkel

Der Böschungwinkel ist falsch(56°), korrekt wäre er nicht arctg 1,49...= 56,15° sondern arctg 1,5 = 56,30°.

Wie die Pyramide des Unas sich wehrt, gefälscht zu werden und als eine von 20 Pyramiden ausführlich für alle spricht:

Für die Basis der Pyramide des Unas hatte Arnold 57,70 m angesetzt. Müller-Römer korrigiert richtig (110x 0,525 = 57,75 m). Anfechtbar ist die Höhe von 43 Metern. Als höhere Primzahl kann 43 nicht vorkommen, was M.-R. nicht zu wissen scheint, denn 43 m/0,525 = 81,9047619 Ellen. Diese Zahl kann unmöglich der Zähler des Rücksprungs sein, auch kann mit ihr nicht gebaut werden. M.R. entschließt sich, sie abzurunden (81,90 auf 82). Die Höhe ist jetzt 2x41 Ellen. 41 ist wieder eine unmögliche höhere Primzahl ,und der Rücksprung-sprung ist jetzt auch durch Abrundung verkleinert und ist nicht eine Quinte mit RS (3/2 = 1,5), sondern (82)/55 = 1,490..., 1,48, oder 1,49. M.-R. läßt diese Rücksprünge, die Böschungswinkel 56,14°, 56,13° erbringen, einfach liegen und kommt mit einem unabgelei-teten Rücksprung 28/19 gegangen, der eine Neigung von 55,84° enthält der wegen der 19 wieder falsch ist.

In Kapitel II erläutert Korff in einem „Brief an Jan Assmann" seine Übu gungen für einen Zusammenhang zwischen den verschiedenen, von ihm aufgeliste Neigungswinkeln der Pyramiden und der heute „vergessenen" Tonart „Distonon Sitonon". Hieraus zieht er den Schluss, dass die Neigungen der Pyramidenaußenfläch ausschließlich aus harmonischen Verhältnissen entstehen, gebildet aus ganzen Zahl die Produkte oder Brüche aus den ersten fünf Primzahlen sind. Somit ergebe sich Übereinstimmung musikalischer und architektonischer Proportionen – beispielswei bei der Pyramide des Unas (S.60). Diese Schlussfolgerung trifft nicht zu, da d Rücksprung dieser Pyramide nicht den von Korff angenommenen Wert von 3: 2 (Faktor 1,5), sondern einen solchen von 28 zu 19 Fingern (Faktor 1,474) aufweist , somit nicht einer Quinte (hörbar im Intervall e-A in der ersten Oktave heutiger r Stimmung) entsprechen kann. Gleiches gilt bei abweichenden Werten für die Rü sprünge anderer Pyramiden.

Originalabdruck der gefälschten Abmessungen der Pyramide des UNAS durch F. Müller-Römer „Der Bau der Pyramiden im Alten Ägypten" S. 208:

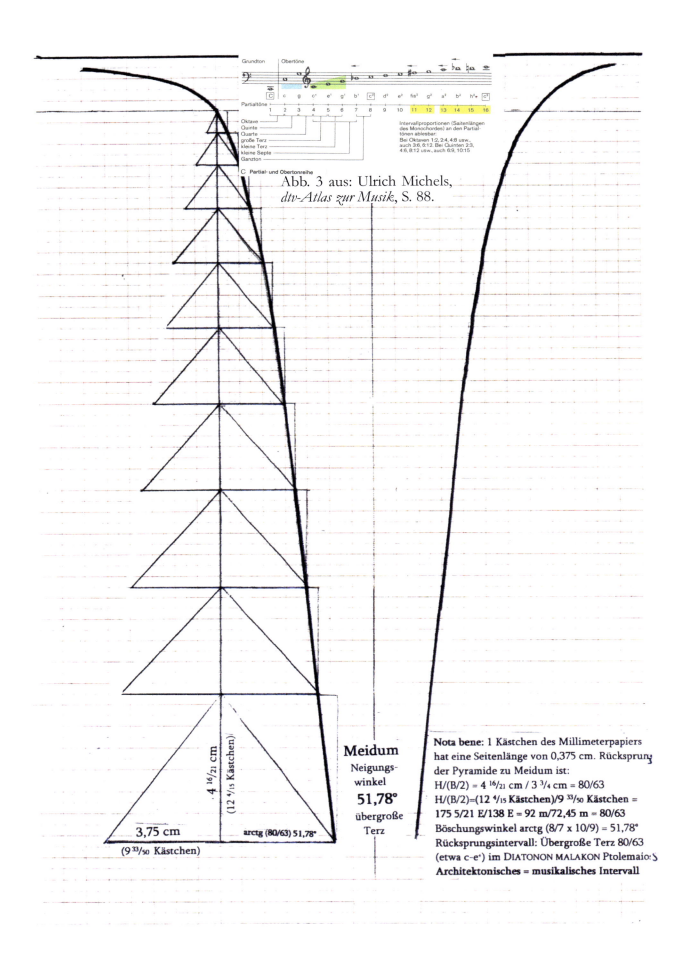

Abb. 3 aus: Ulrich Michels,
dtv-Atlas zur Musik, S. 88.

Meidum
Neigungs-
winkel
51,78°
übergroße
Terz

4 ¹⁶/₂₁ cm
(12 ⁴/₁₅ Kästchen)

3,75 cm
(9 ³³/₅₀ Kästchen)

arctg (80/63) 51,78°

Nota bene: 1 Kästchen des Millimeterpapiers
hat eine Seitenlänge von 0,375 cm. Rücksprung
der Pyramide zu Meidum ist:
H/(B/2) = 4 ¹⁶/₂₁ cm / 3 ³/₄ cm = 80/63
H/(B/2)=(12 ⁴/₁₅ Kästchen)/9 ³³/₅₀ Kästchen =
175 5/21 E/138 E = 92 m/72,45 m = 80/63
Böschungswinkel arctg (8/7 x 10/9) = 51,78°
Rücksprungintervall: Übergroße Terz 80/63
(etwa c-e¹) im DIATONON MALAKON PtolemaioꞋ
Architektonisches = musikalisches Intervall

Friedrich Wilhelm Korff

Die Rache der alten Ägypter

Die Einheit aus Musiktheorie, Geometrie und
Arithmetik im architektonischen Aufbau
der Pyramiden, zerbrochen durch
zeitgenössische Ägyptologen

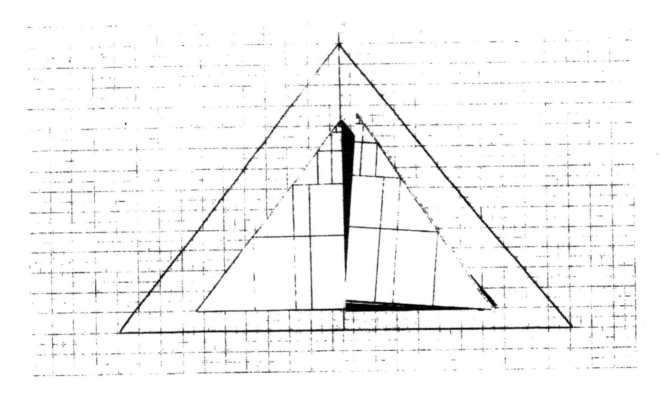

Thomas Hobbes, *Leviathan*, aus dem Englischen übertragen von Jutta Schlösser, mit einer Einführung und hrsg. von Hermann Klenner, Felix Meiner Verlag, Hamburg 1996, S. 86:

„Aber wenn es jemandes Recht auf Herrschaft oder den Interessen des Herrschenden widersprochen hätte, dass die drei Winkel eines Dreiecks zwei Winkel eines Rechtecks gleich sind, wäre diese Lehre zweifellos wenn nicht bestritten, so doch durch die Verbrennung aller Geometriebücher unterdrückt worden, soweit der davon Betroffene es gekonnt hätte."

Die Große Brechtausgabe verweist dazu auf eine zweite Stelle aus der „Rede über die Widerstandskraft der Vernunft", wo es unter Berufung auf Hobbes 1937 heißt: „Wenn der Satz, dass die Winkel eines Dreiecks zusammen gleich zwei rechten sind, den Interessen der Geschäftsleute widersprechen würde, so würden die Geschäftsleute sofort alle Lehrbücher der Geometrie verbrennen lassen."

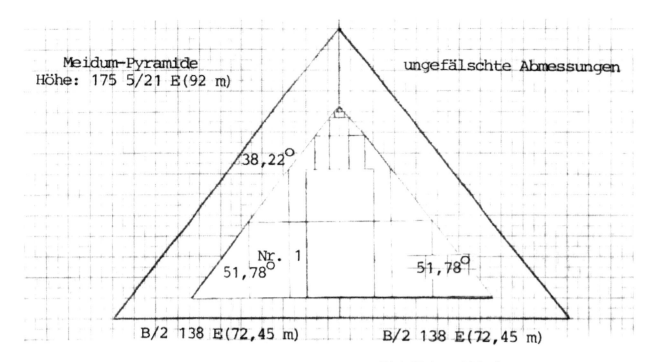

Meidum-Pyramide
Höhe: 175 5/21 E (92 m)

ungefälschte Abmessungen

38,22°

Nr. 1
51,78°   51,78°

B/2 138 E (72,45 m)   B/2 138 E (72,45 m)

			Richtige Böschungswinkel		Falsche Böschungswinkel und Rücksprünge	
Nr. 1	Meidum	80/63 übergroße Terz	51,78°	51,84°	RS (28/22)
Nr. 2	Knickpyramide	10/9 kleiner Ganzton	48,01°		
Nr. 3	Dahschur – Nord	20/21 kleiner Halbton	43,60°	45°	RS (28/28)
Nr. 4	Cheops	80/63 übergroße Terz	51,78°	51,84°	RS (28/22)
Nr. 5	Djedefre	7/4 kleiner Septime	60,25°	52°?	RS? (14/11)
Nr. 6	Königsgrab	80/63 übergroße Terz 20/21 kleiner Halbton 4/3 Quarte	51,78° 43,60° 53,13°	51,84°	RS (14/11)
Nr. 7	Chephren	4/3 Quarte	53,13°	53,13°	RS (4/3)
Nr. 8	Mykerinus	5/4 große Terz	51,34°	51,84°	RS (28/22)
Nr. 9	Userkaf	4/3 Quarte	53,13°	53,13°	RS (4/3)
Nr. 10	Sahure	80/63 übergroße Terz	51,78°	50,19°	RS (90/75)
Nr. 11	Neferirkare	7/5 kleiner Tritonus	54,46°	54° angegeben	RS (7/5)
Nr. 12	Niuserre	80/63 übergroße Terz	51,78°	50,19°	RS (6/5)
Nr. 13	Neferefre	4/3 Quarte	53,13°	53,13°?	RS (75/100)
Nr. 14	Djedkare	80/63 übergroße Terz	51,78°	50,6°	RS (28/23)
Nr. 15	Unas	3/2 Quinte	56,30°	56° angegeben	RS (28/19)
Nr. 16	Teti	4/3 Quarte	53,13°	4 RSe fehlen	
Nr. 17	Pepi I.	4/3 Quarte	53,13°	4 RSe fehlen	
Nr. 18	Pepi II.	4/3 Quarte	53,13°	4 RSe fehlen	
Nr. 19	Merenre	4/3 Quarte	53,13°	4 RSe fehlen	
Nr. 20	Amenemhet I.	7/5 kleiner Tritonus	54,46°	52,69°	RS (21/16)
Nr. 21	Sesostris I.	7/6 Kleinstterz	49,4°	49,24°	RS (29/25)
Nr. 22	Amenemhet II.	7/5 kleiner Tritonus	54,46°	55,035°	RS (143/100)
Nr. 23	Sesostris II.	14/15 kleiner Halbton	43,02°	42,92°	RS (48,825/52,5)
Nr. 24	Sesostris III.	7/6 Kleinstterz	49,4°	49,24°	RS (29/25)
Nr. 25	Amenemhet III. (Dahschur)	10/7 großer Tritonus	55°	49,24°	RS (116/100)
Nr. 26	Amenemhet III. (Hawara)	8/7 übergroßer Ganzton	48,81°	47,84°	RS (116/105)
Nr. 27	Chendjer	10/7 großer Tritonus	55°	55°	RS (100/7)/1
Nr. 28	Unbekannt	4/3 Quarte	53,13°	53,13°	RS (4/3)
Nr. 29	Mazghuna – Süd	10/7 großer Tritonus	55°	55°	(75 m)/52,5 m

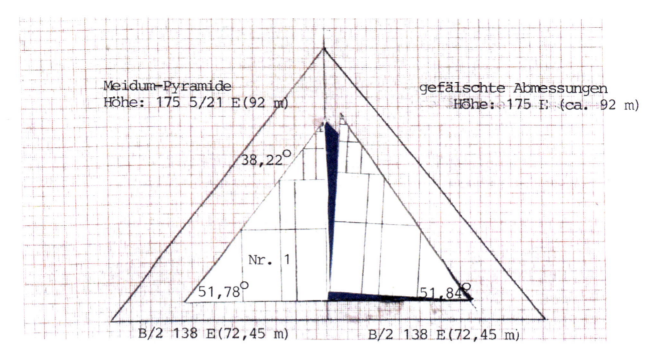

Meidum-Pyramide
Höhe: 175 5/21 E (92 m)

gefälschte Abmessungen
Höhe: 175 E (ca. 92 m)

38,22°

Nr. 1

51,78°   51,84°

B/2 138 E (72,45 m)   B/2 138 E (72,45 m)

Richtige Böschungswinkel				Falsche Böschungswinkel und Rücksprünge	
Nr. 1	Meidum	80/63 übergroße Terz	51,78°	51,84°	RS (28/22)
Nr. 2	Knickpyramide	10/9 kleiner Ganzton	48,01°		
Nr. 3	Dahschur – Nord	20/21 kleiner Halbton	43,60°	45°	RS (28/28)
Nr. 4	Cheops	80/63 übergroße Terz	51,78°	51,84°	RS (28/22)
Nr. 5	Djedefre	7/4 kleiner Septime	60,25°	52°?	RS? (14/11)
Nr. 6	Königsgrab	80/63 übergroße Terz 20/21 kleiner Halbton 4/3 Quarte	51,78° 43,60° 53,13°	51,84°	RS (14/11)
Nr. 7	Chephren	4/3 Quarte	53,13°	53,13°	RS (4/3)
Nr. 8	Mykerinus	5/4 große Terz	51,34°	51,84°	RS (28/22)
Nr. 9	Userkaf	4/3 Quarte	53,13°	53,13°	RS (4/3)
Nr. 10	Sahure	80/63 übergroße Terz	51,78°	50,19°	RS (90/75)
Nr. 11	Neferirkare	7/5 kleiner Tritonus	54,46°	54° angegeben	RS (7/5)
Nr. 12	Niuserre	80/63 übergroße Terz	51,78°	50,19°	RS (6/5)
Nr. 13	Neferefre	4/3 Quarte	53,13°	53,13°?	RS (75/100)
Nr. 14	Djedkare	80/63 übergroße Terz	51,78°	50,6°	RS (28/23)
Nr. 15	Unas	3/2 Quinte	56,30°	56° angegeben	RS (28/19)
Nr. 16	Teti	4/3 Quarte	53,13°	4 RSe fehlen	
Nr. 17	Pepi I.	4/3 Quarte	53,13°	4 RSe fehlen	
Nr. 18	Pepi II.	4/3 Quarte	53,13°	4 RSe fehlen	
Nr. 19	Merenre	4/3 Quarte	53,13°	4 RSe fehlen	
Nr. 20	Amenemhet I.	7/5 kleiner Tritonus	54,46°	52,69°	RS (21/16)
Nr. 21	Sesostris I.	7/6 Kleinstterz	49,4°	49,24°	RS (29/25)
Nr. 22	Amenemhet II.	7/5 kleiner Tritonus	54,46°	55,035°	RS (143/100)
Nr. 23	Sesostris II.	14/15 kleiner Halbton	43,02°	42,92°	RS (48,825/52,5)
Nr. 24	Sesostris III.	7/6 Kleinstterz	49,4°	49,24°	RS (29/25)
Nr. 25	Amenemhet III. (Dahschur)	10/7 großer Tritonus	55°	49,24°	RS (116/100)
Nr. 26	Amenemhet III. (Hawara)	8/7 übergroßer Ganzton	48,81°	47,84°	RS (116/105)
Nr. 27	Chendjer	10/7 großer Tritonus	55°	55°	RS (100/7)/1
Nr. 28	Unbekannt	4/3 Quarte	53,13°	53,13°	RS (4/3)
Nr. 29	Mazghuna – Süd	10/7 großer Tritonus	55°	55°	(75 m)/52,5 m

Die Winkelsumme im Dreieck beträgt 51,84° + 90° + 38,22° = 180,06°.

Eine Winkelsumme von 180,06° ist nicht möglich. Der Winkel 51,84° zeigt den Bruch.

Die im ägyptischen Meß- und Maß-system nicht vorhandene Primzahl 23 tritt in der Basis (6 × 23 = 138 E) auf und auch in der Höhe (92/23 = 4), sodaß sich die Primzahl aus Zähler und Nenner des Rücksprungs he-rauskürzt, was freilich die Fälschung nicht ändert. Die Pyramide ist mit den obengenannten Abmessungen nicht baubar, denn ihre 4 Grate tref-fen sich nicht in der Spitze des Pyra-midions.

	Arnolds Liste (S. 200)			Vom Autor korrigierte Liste (geänderte Werte kursiv)			
	Pyramide	Neigung	Basis	Höhe	Abstand 210 zur Basislänge	Korrigierte Basislängen in *kursiver* Schrift	Korrigierte Pyramiden-höhen in *kursiver* Schrift	Rücksprung-verhältnis: Höhe/Basishälfte
1.	Meidum M3	51°51'	275 (144,32)	(92)	210 × 46/35 =	*276 E (144,9 m)*	*175/21 E (92 m)*	80/63
2.	Knickpyramide (Snofru) oben	54°31' 44°30'	360 (189)	200 (105)	210 × 12/7 =	360 E *(189 m)*	200 E *(105 m)*	10/9
3.	Dahschur-Nord	45°	420 (220)	200 (105)	210 × 2/1 =	420 E *(220,5 m)*	200 E *(105 m)*	20/21
4.	Cheops 51,84°	51°50'40'''	440 (230,36)	280 (146,50)	210 × 21/10 =	*441 E (230,36 m)*	280 E *(146,26 m)*	80/63
5.	Djedefre	60°	200 (105)	175 (92)	210 × 20/21 =	200 E *(105 m)*	175 E *(91,875 m)*	7/4
6.	Königsgrab in Zawiet el-Arjan	?	210 (110)	? *drei Versionen möglich*		210 E *(110,25 m)* 210 E *(110,25 m)* 210 E *(110,25 m)*	*133 1/3 E (70 m)* *100 E (52,5 m)* *140 E (73,5 m)*	80/63 20/21 4/3
7.	Chephren	53°10'	410 (215,29)	275 (143,87)	210 × 41/21 =	410 E *(215,25 m)*	*273 1/3 E (143,5 m)*	4/3
8.	Mykerinus	51°	200 (105,5)	125 (65,55)	210 × 20/21 =	200 E *(105,5 m)*	*125 E (65,9375 m)*	5/4
9.	Userkaf	53°	140 (73,3)	94 (49)	210 × 2/3 =	140 E *(73,5 m)*	*93 1/3 E (49 m)*	4/3
10.	Sahure	50°45'	150 (78,5)	(50)	210 × 5/7 =	150 E *(78,75 m)*	*95 5/21 E (50 m)*	80/63
11.	Neferirkare	54°30'	200 (105)	(72,8)	210 × 20/21 =	200 E *(105 m)*	*140 E (73,5 m)*	7/5
12.	Niuserre	52°	150 (78,90)	(50)	210 × 5/7 =	150 E *(78,75 m)*	*95 5/21 E (50 m)*	80/63
13.	Neferefre	?	125 (65)	?	210 × 25/42 =	125 E *(65,625 m)*	*83 1/3 E (43,75 m)*	4/3
14.	Djedkare	52°	150 (78,90)	?	210 × 5/7 =	150 E *(78,75 m)*	*95 5/21 E (50 m)*	80/63
15.	Unas	56°	110 (57,70)	(43)	210 × 11/21 =	110 E *(57,75 m)*	*82 1/2 E (43,3125 m)*	3/2
16.	Teti	?	150 (78,75)	100 (52,5)	210 × 5/7 =	150 E *(78,75 m)*	100 E *(52,5 m)*	4/3
17.	Pepi I.	53°	150 (78,6)	100 (52,4)	210 × 5/7 =	150 E *(78,6 m)*	100 E *(52,4 m)*	4/3
18.	Pepi II.	53°13'	150 (78,75)	100 (52,5)	210 × 5/7 =	150 E *(78,75 m)*	100 E *(52,5 m)*	4/3
19.	Merenre	?	175 (90–95)	?	210 × 5/6 =	175 E *(91,875 m)*	*116 2/3 E (61,25 m)*	4/3
20.	Amenemhet I.	54°	160 (84)	112 (59)	210 × 16/21 =	160 E *(84 m)*	112 E *(58,8 m)*	7/5
21.	Sesostris I.	49°24'	200 (105,23)	116 (61,25)	210 × 20/21 =	200 E *(105 m)*	*116 2/3 E (61,25 m)*	7/6
22.	Amenemhet II.	?	160 (84)	?	210 × 16/21 =	160 E *(84 m)*	*112 E (58,8 m)*	7/5
23.	Sesostris II.	42°35'	200 (105,88)	48,65	210 × 20/21 =	200 E *(105 m)*	*93 1/3 E (49 m)*	14/15
24.	Sesostris III.	56°	200 (105)	(61,25)	210 × 20/21 =	200 E *(105 m)*	*116 2/3 E (61,25 m)*	7/6
25.	Amenemhet III. (Dahschur)	54–56°	200 (105)	143 (75)	210 × 20/21 =	200 E *(105 m)*	*142 6/7 E (75 m)*	10/7
26.	Amenemhet III. (Hawara)	48–52°	200 (101,75)	(58)	210 × 20/21 =	200 E *(101,5 m)*	*114 2/7 E (58 m)*	8/7
27.	Chendjer	55°	100 (52,5)	(37,35)	210 × 10/21 =	100 E *(52,5 m)*	*71 3/7 E (37,5 m)*	10/7
28.	Unbekannt	?	175 (92)	?	210 × 5/6 =	175 E *(91,875 m)*	*116 2/3 E (61,25 m)*	4/3
29.	Mazghuna-S		100 (52,5)	?	210 × 10/21 =	100 E *(52,5 m)*	*71 3/7 E (37,5 m)*	10/7

Meidum mit Böschungswinkel Cheopspyramide

Die fehlerhaften Werte ↕ sind hier kursiv markiert:

Abmessungen (s. F. W. Korff, 2008, S.18)

Höhe, Basis, Elle, Meter, RS, BW stimmen überein

Höhe: 175 5/21 E (92 m)

Länge der Basis: 276 E (144,9 m)

Ellenlänge: 144,9/276 m = 0,525 m

Rücksprung 22,05 Finger auf eine Elle,28 F

RS in E: (175 5/21)/138 = 28/22,05 = 80/63

Rücksprung in m: 92/(144,9/2) = 80/63

Neigungswinkel 51°46'46"

= Arctg(80/63) = 51,78° = Neigung der Cheopspyramide

**Falsche Abmessungen Pyramide zu Meidum
(siehe F. Müller-Römer (2011, S.152)**

Höhe: *175 E (ca.* 92 m)

Länge der Basis *275 E (144,32 m)*

Ellenlänge 144,32/275 = 0,5248 m

Rücksprung *22 Finger* auf eine Elle, 28 F

RS in E: *(175)/(275/2) = 22 Finger* auf 28 F = 1,2727...

RS in m: 92/(*144,32*/2) = 1,274944568

zwei (!)Neigungswinkel: 1. *arctg (28/22) = 51,84°*,

2. *arctg (1,2749) = 51,89°*

Die Basis-, Höhen-, Ellen- , Meter- und Rücksprungswerte u.Winkelwerte in der linken Spalte stimmen überein. Alle Ellenwerte setzen sich aus den ersten 5 Primzahlen (1,2,3,5,7) zusammen.

Die vorhandene Primzahl 23 kürzt sich aus Zähler u. Nenner des RS heraus: (92)/(144,9/2) = (4x23)/3,15x23) = 80/63

1.) Die Höhe 175 E ist falsch, 92 m richtig.

2.Die BLänge in m stimmt nicht(275x0,525 = 144,375)

2.) Die Ellenlänge 0,52380 m ist ungenau.

3.) Basislänge ist 276 E x 0,525 = 144,9 m

4.) Der RS 28/22 ~1,2727... resultiert nicht aus den Angaben 1.-3 und ist daher von F. Müller-Römer gefälscht

Die Fälschungen in ca. 14 der Korffschen Pyramidenabmessungen sind im originalen Wortlaut und der Textgestaltung Müller-Römers durch eine beglaubigte Kopie, ohne Änderung seiner Zeilen, hier nachzulesen, ebenso wortgleich als Rezension (2016) veröffentlicht (http:www.fera-journal. eu) in der „Frankfurter elektronische(n) Rundschau zur Altertumskunde" 29, S.112-117.

In dem anschließenden Kapitel I, „Das Geheimnis der Pyramidenneigungen ist entdeckt!", befasst sich der Autor eingehend mit einer Zusammenstellung der Neigungen der Pyramiden des Alten Ägypten, die Arnold veröffentlicht hat,[6] und stellt dazu fest, dass eine Anzahl der dort aufgeführten Rücksprünge nicht mit seinen entsprechenden Vorschlägen für den Bau der Pyramiden zusammenpasst. Er hat daher die Liste korrigiert (S. 7) und auf den S. 9-42 für jede Pyramide die Baudaten separat aufgeführt. Dabei werden jedoch verschiedentlich Rücksprünge genannt, die nicht den archäologisch belegten Werten bzw. nicht ganzzahligen Werten − in Fingerbreiten gemessen − entsprechen: So wird z. B. für die <u>Pyramide in Meidum und für die Cheopspyramide ein Rücksprung von 80 zu 63 (Höhe/Basishälfte) anstelle des tatsächlichen Wertes von 28 zu 22 (Verhältnis 4:3) Fingern aufgeführt.</u>[7] Auch die angegebenen Werte für die Rücksprünge der Roten Pyramide in Dahschur Nord (Snofru) (20 zu 21 anstelle von 28 zu 28 Fingern) sowie der Pyramiden des Mykerinos (5 zu 4 anstelle von 28 zu 22 Fingern), Sahure (80 zu 63 anstelle von 28 zu 23 Fingern), Neferirkare (7 zu 5 anstelle von 28 zu 21 Fingern), Niuserre (81 zu 64 anstelle von 28 zu 22 Fingern), Djedkare Asosi (80 zu 63 anstelle von 28 zu 22 Fingern), Unas (3 zu 2 anstelle von 28 zu 19 Fingern), Sesostris III. (7 zu 6 anstelle von 28 zu 19 Fingern), Amenemhet III. (Dahschur) (10 zu 7 anstelle von 28 zu 20 Fingern) und Amenemhet III. (Hawara) (8 zu 7 anstelle von 28 zu 24 Fingern) treffen nicht zu. Weiterhin wird von Korff die Basislänge der Cheopspyramide von (gemessenen) 440 Ellen auf 441 Ellen durch eine Anpassung des Ellenmaßes erhöht (S. 7). In weiteren Tabellen auf S. 8 und S. 43ff. stellt Korff die Rücksprünge in Zusammenhang mit Intervallen antiker Tonarten (Diatonon Malakon).

: Hervorhebung von F.W.Korff „28 zu 22" ist kein „(Verhältnis 4:3)", denn
4:3 - 1,33333
28:22 - 1,2727...

Abb. 4 aus: Stadelmann (1997): Tafel 19 Dahschur/Süd. Blick vom sog. Taltempel des Snofru im Wüstental nach SW auf die Knickpyramide.

Kapitel 2, Nr. 2 Knickpyramide

Berechnung der Höhe der Knickpyramide Nr. 2

Nach der Regel gemäß der Übungsaufgabe Nr. 57 im Papyrus Rhind:

Gegeben sei eine Pyramide, die Grundkante ist 360 Ellen (189 m).
10/9 ist ihr Rücksprung. Wie ist ihre Höhe?
Um das auszurechnen, teile den Rücksprung durch 2, so erhältst du 10/18.
Nimm 10/18 von 360, das macht 360 x 10/18 = 200 Ellen (105) m. Dies ist
ihre Höhe.

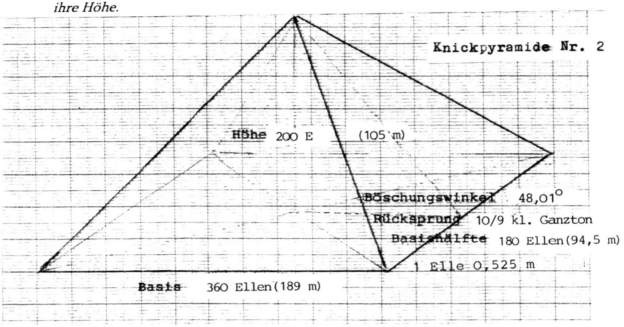

Knickpyramide Nr. 2

Höhe 200 E (105 m)

Böschungswinkel 48,01°
Rücksprung 10/9 kl. Ganzton
Basishälfte 180 Ellen (94,5 m)
1 Elle 0,525 m

Basis 360 Ellen (189 m)

Um das auszurechnen, teile den Rücksprung durch 2, so erhältst du 10/18.
Nimm 10/18 von 360, das macht 360 x 10/18 = 200 Ellen (105) m. Dies ist
ihre Höhe.

Ab hier: Zusatz von F.W. Korff: du kannst auch 10/9 zu 180 nehmen: = 200 Ellen Höhe.
Berechnung der ausgegrabenen Grundkantenmaße der Knickpyramide
210 x 12/7 = 360 Ellen ist die Basislänge. Die Basishälfte ist dann 180 Ellen
(94,5 m) lang. Der Rücksprung ist, wie schon gesagt, H/(B/2),(200/180)
Die Musikalität der Knickpyramide entsteht durch eine Oktave antiker
Tonart: DIATONON MALAKON (1 x 21/20 x 10/9 x 8/7 x 9/8 x 21/20/ x 10/9 x 8/7 x 10/9 = 2)
Skalierung durch Boethius(2:1) erhalten. 1   1,05 ,   1,166.. 4/3.   3/2   1,575.   1,75   10/9   = 2

C-Dur

Basis 360 Ellen	c¹	360 Hz	
360:8/7	h	315	
315: 10/9	a	283,5	Der Rücksprung aus Tönen d-c
283,5: 21/20	g	270	formt die Knickpyramide mit dem
270: 9/8	f	240	Intervall eines kleinen Ganztons (200/180).
240: 8/7	e	210	In Metern gemessen (105 m/94,5m = 10/9).
210: 10/9	d	189	BW arctg (10/9) = 48,01°
189 :21/20	c	180	
180 x 10/9	d	200	

Musikalische Intervalle sind zahlengleich den harmonischen Proportionen der Architektur

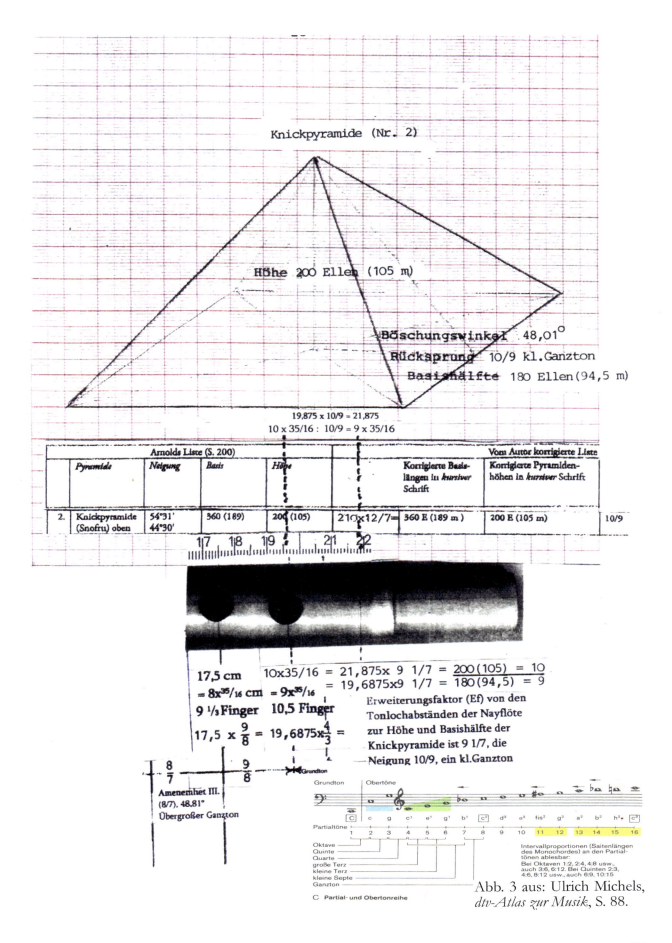

Knickpyramide (Nr. 2)

Höhe 200 Ellen (105 m)

Böschungswinkel 48,01°

Rücksprung 10/9 kl.Ganzton

Basishälfte 180 Ellen (94,5 m)

19,875 × 10/9 = 21,875

10 × 35/16 : 10/9 = 9 × 35/16

		Arnolds Liste (S. 200)				Vom Autor korrigierte Liste		
	Pyramide	Neigung	Basis	Höhe		Korrigierte Basislängen in *kursiver* Schrift	Korrigierte Pyramidenhöhen in *kursiver* Schrift	
2.	Knickpyramide (Snofru) oben	54°31' 44°30'	360 (189)	200 (105)	210×12/7=	360 E (189 m)	200 E (105 m)	10/9

17,5 cm $= 8\times^{35}/_{16}$ cm

9 ⅓ Finger

$17,5 \times \frac{9}{8} = $

$\frac{8}{7}$

Amenemhet III. (8/7), 48,81° Übergroßer Ganzton

$10\times35/16 = 21,875\times 9\,1/7$ $= 9\times^{35}/_{16}$

10,5 Finger

$19,6875\times\frac{4}{3} =$

$\frac{9}{8}$

Grundton

$= \frac{200\,(105)}{180\,(94,5)} = \frac{10}{9}$

$= 19,6875\times9\,1/7$

Erweiterungsfaktor (Ef) von den Tonlochabständen der Nayflöte zur Höhe und Basishälfte der Knickpyramide ist 9 1/7, die Neigung 10/9, ein kl.Ganzton

Abb. 3 aus: Ulrich Michels, *dtv-Atlas zur Musik*, S. 88.

Abb. 5 aus: Stadelmann (1997): Tafel 29 Dahschur/Nord. Grabpyramide des Snofru. Die Spitze der Pyramide, das Pyramidion, wurde zerschlagen im Schutt der Ostseite gefunden. Die Steinräuber des Mittelalters hatten verborgene Schätze darin vermutet. Es ist das einzige Pyramidion des Alten Reiches, das bisher gefunden worden ist. Es besteht aus einem Block feinsten Turakalksteins und hat keine Inschriften. Die rötliche Verfärbung ist die natürliche Patina des Steins. Möglicherweise war die Spitze mit einem feinen Metallblech bedeckt. Die vier Seiten des Pyramidions weisen verschiedene Böschungswinkel auf. Dies zeigt uns, daß zwangsläufig auftretende Meßfehler gegen die Spitze zu ausgeglichen werden mußten.

Nr.	Pyramide	Arnolds Liste (S. 200)			Vom Autor korrigierte Liste (geänderte Werte kursiv)		Rücksprungverhältnis: Höhe/Basishälfte	Böschungswinkel: Arcus Tangens H/(b/2)	Verwendetes Ellenmaß
		Neigung	Basis	Höhe	Korrigierte Basislängen in *kursiver* Schrift	Korrigierte Pyramidenhöhen in *kursiver* Schrift			
1.	Meidum M3	51°51'	275 (144,32)	(92)	*276 E (144,9 m)* = 210 × 46/35	*175 5/21 E (92 m)*	80/63	51,78° = arctg (175 5/21/138) übergr. Terz	(0,525 m)
2.	Knickpyramide (Snofru) oben	54°31' / 44°30'	360 (189)	200 (105)	360 E (189 m) = 210 × 12/7	200 E (105 m)	10/9	48,01° = arctg (200/180) kl. Ganzton	(0,525 m)
3.	Dahschur-Nord	45°	420 (220)	200 (105)	420 E (220,5 m) = 210 × 2/1	200 E (105 m)	20/21	43,60° = arctg (200/210) kl. Halbton	(0,525 m)
4.	Cheops 51,84°	51°50'40'''	440 (230,36)	280 (146,50)	*441 E (230,36 m)* = 210 × 21/10	*280 E (146,26 m)*	80/63	51,78° = arctg (280/220,5) übergr. Terz	(0,52236 m)
5.	Djedefre	60°	200 (105)	175 (92)	200 E (105 m) = 210 × 20/21	*175 E (91,875 m)*	7/4	60,25° = arctg (175/100) kl. Septime	(0,525 m)
6.	Königsgrab in Zawiet el-Arjan	? *drei Versionen möglich*	210 (110)	?	*210 E (110,25 m)* / *210 E (110,25 m)* / *210 E (110,25 m)*	*133 1/3 E (70 m)* / *100 E (52,5 m)* / *140 E (73,5 m)*	80/63 / 20/21 / 4/3	51,78° = arctg (133 1/3/105) übergr. Terz / 43,60° = arctg (100/105) kl. Halbton / 53,13° = arctg (140/105) Quarte	(0,525 m)
7.	Chephren	53°10'	410 (215,29)	275 (143,87)	*410 E (215,25 m)* = 210 × 41/21	*273 1/3 E (143,5 m)*	4/3	53,13° = arctg (273 1/3/205) Quarte	(0,525 m)
8.	Mykerinus	51°	200 (105,5)	125 (65,55)	200 E (105,5 m) = 210 × 20/21	*125 E (65,935 m)*	5/4	51,34° = arctg (125/100) gr. Terz	(0,5275 m)
9.	Userkaf	53°	140 (73,3)	94 (49)	140 E (73,5 m) = 210 × 2/3	*93 1/3 E (49 m)*	4/3	53,13° = arctg (93 1/3/70) Quarte	(0,525 m)
10.	Sahure	50°45'	150 (78,5)	(50)	150 E (78,75 m) = 210 × 5/7	*95 5/21 E (50 m)*	80/63	51,78° = arctg (95 5/21/75) übergr. Terz	(0,525 m)
11.	Neferirkare	54°30'	200 (105)	(72,8)	200 E (105 m) = 210 × 20/21	*140 E (73,5 m)*	7/5	54,46° = arctg (140/100) kl. Tritonus	(0,525 m)
12.	Niuserre	52°	150 (78,90)	(50)	150 E (78,75 m) = 210 × 5/7	*95 5/21 E (50 m)*	80/63	51,78° = arctg (95 5/21/75) übergr. Terz	(0,525 m)
13.	Neferefre	?	125 (65)	?	125 E (65,625 m) = 210 × 25/42	*83 1/3 E (43,75 m)*	4/3	53,13° = arctg (83 1/3/62,5) Quarte	(0,525 m)
14.	Djedkare	52°	150 (78,90)	?	150 E (78,75 m) = 210 × 5/7	*95 5/21 E (50 m)*	80/63	51,78° = arctg (95 5/21/75) übergr. Terz	(0,525 m)
15.	Unas	56°	110 (57,70)	(43)	110 E (57,75 m) = 210 × 11/21	*82 1/2 E (43,3125 m)*	3/2	56,30° = arctg (82,5/55) Quinte	(0,525 m)
16.	Teti	?	150 (78,75)	100 (52,5)	150 E (78,75 m) = 210 × 5/7	100 E (52,5 m)	4/3	53,13° = arctg (100/75) Quarte	(0,525 m)
17.	Pepi I.	53°	150 (78,6)	100 (52,4)	150 E (78,6 m) = 210 × 5/7	100 E (52,4 m)	4/3	53,13° = arctg (100/75) Quarte	(0,524 m)
18.	Pepi II.	53°13'	150 (78,75)	100 (52,5)	150 E (78,75 m) = 210 × 5/7	100 E (52,5 m)	4/3	53,13° = arctg (100/75) Quarte	(0,525 m)
19.	Merenre	?	175 (90–95)	?	*175 E (91,875 m)* = 210 × 5/6	*116 2/3 E (61,25 m)*	4/3	53,13° = arctg (116 2/3/87,5) Quarte	(0,525 m)
20.	Amenemhet I.	54°	160 (84)	112 (59)	160 E (84 m) = 210 × 16/21	*112 E (58,8 m)*	7/5	54,46° = arctg (112/80) = (112/80) kl. Tritonus	(0,525 m)
21.	Sesostris I.	49°24'	200 (105,23)	116 (61,25)	200 E (105 m) = 210 × 20/21	*116 2/3 E (61,25 m)*	7/6	49,4° = arctg (116 2/3/100) Kleistterz	(0,525 m)
22.	Amenemhet II.	?	160 (84)	?	160 E (84 m) = 210 × 16/21	*112 E (58,8 m)*	7/5	54,46° = arctg (112/80) kl. Tritonus	(0,525 m)
23.	Sesostris II.	42°35'	200 (105,88)	48,65	200 E (105 m) = 210 × 20/21	*93 1/3 E (49 m)*	14/15	43,02° = arctg (93 1/3/100) kl. Halbton	(0,525 m)
24.	Sesostris III.	56°	200 (105)	(61,25)	200 E (105 m) = 210 × 20/21	*116 2/3 E (61,25 m)*	7/6	49,4° = arctg (116 2/3/100) Kleistterz	(0,525 m)
25.	Amenemhet III. (Dahschur)	54–56°	200 (105)	143 (75)	200 E (105 m) = 210 × 20/21	*142 6/7 E (75 m)*	10/7	55° = arctg (142 6/7/100) gr. Tritonus	(0,525 m)
26.	Amenemhet III. (Hawara)	48–52°	200 (101,75)	(58)	200 E (101,5 m) = 210 × 20/21	*114 2/7 E (58 m)*	8/7	48,81° = arctg (114 2/7/100) übergr. Ganzton	(0,5075 m)
27.	Chendjer	55°	100 (52,5)	(37,35)	100 E (52,5 m) = 210 × 10/21	*71 3/7 E (37,5 m)*	10/7	55° = arctg (71 3/7/50) gr. Tritonus	(0,525 m)
28.	Unbekannt	?	175 (92)	?	*175 E (91,875 m)* = 210 × 5/6	*116 2/3 E (61,25 m)*	4/3	53,13° = arctg (116 2/3/87,5) Quarte	(0,525 m)
29.	Mazghuna-S		100 (52,5)	?	100 E (52,5 m) = 210 × 10/21	*71 3/7 E (37,5 m)*	10/7	55° = arctg (71 3/7/50) gr. Tritonus	(0,525 m)

		Arnolds Liste (S. 200)			Vom Autor korrigierte Liste (geänderte Werte kursiv)			
	Pyramide	Neigung	Basis	Höhe	Abstand 210 zur Basislänge	Korrigierte Basislängen in *kursiver* Schrift	Korrigierte Pyramidenhöhen in *kursiver* Schrift	Rücksprungverhältnis: Höhe/Basishälfte
1.	Meidum M3	51°51'	275 (144,32)	(92)	210 × 46/35 =	*276 E (144,9 m)*	*175/21 E* (92 m)	80/63
2.	Knickpyramide (Snofru) oben	54°31' 44°30'	360 (189)	200 (105)	210 × 12/7 =	360 E (189 m)	200 E (105 m)	10/9
3.	Dahschur-Nord	45°	420 (220)	200 (105)	210 × 2/1 =	420 E *(220,5 m)*	200 E (105 m)	20/21
4.	Cheops 51,84°	51°50'40'''	440 (230,36)	280 (146,50)	210 × 21/10 =	*441 E* (230,36 m)	280 E (146,26 m)	80/63
5.	Djedefre	60°	200 (105)	175 (92)	210 × 20/21 =	200 E (105 m)	175 E *(91,875 m)*	7/4
6.	Königsgrab in Zawiet el-Arjan	?	210 (110)	? *drei Versionen möglich*		210 E *(110,25 m)* 210 E *(110,25 m)* 210 E *(110,25 m)*	*133 1/3 E (70 m)* *100 E (52,5 m)* *140 E (73,5 m)*	80/63 20/21 4/3
7.	Chephren	53°10'	410 (215,29)	275 (143,87)	210 × 41/21 =	410 E *(215,25 m)*	*273 1/3 E (143,5 m)*	4/3
8.	Mykerinus	51°	200 (105,5)	125 (65,55)	210 × 20/21 =	200 E (105,5 m)	125 E *(65,9375 m)*	5/4
9.	Userkaf	53°	140 (73,3)	94 (49)	210 × 2/3 =	140 E *(73,5 m)*	*93 1/3 E (49 m)*	4/3
10.	Sahure	50°45'	150 (78,5)	(50)	210 × 5/7 =	150 E (78,75 m)	*95 5/21 E (50 m)*	80/63
11.	Neferirkare	54°30'	200 (105)	(72,8)	210 × 20/21 =	200 E (105 m)	*140 E (73,5 m)*	7/5
12.	Niuserre	52°	150 (78,90)	(50)	210 × 5/7 =	150 E *(78,75 m)*	*95 5/21 E (50 m)*	80/63
13.	Neferefre	?	125 (65)	?	210 × 25/42 =	125 E *(65,625 m)*	*83 1/3 E (43,75 m)*	4/3
14.	Djedkare	52°	150 (78,90)	?	210 × 5/7 =	150 E *(78,75 m)*	*95 5/21 E (50 m)*	80/63
15.	Unas	56°	110 (57,70)	(43)	210 × 11/21 =	110 E *(57,75 m)*	*82 ½ E (43,3125 m)*	3/2
16.	Teti	?	150 (78,75)	100 (52,5)	210 × 5/7 =	150 E (78,75 m)	100 E (52,5 m)	4/3
17.	Pepi I.	53°	150 (78,6)	100 (52,4)	210 × 5/7 =	150 E (78,6 m)	100 E (52,4 m)	4/3
18.	Pepi II.	53°13'	150 (78,75)	100 (52,5)	210 × 5/7 =	150 E (78,75 m)	100 E (52,5 m)	4/3
19.	Merenre	?	175 (90–95)	?	210 × 5/6 =	175 E *(91,875 m)*	*116 2/3 E (61,25 m)*	4/3
20.	Amenemhet I.	54°	160 (84)	112 (59)	210 × 16/21 =	160 E (84 m)	112 E *(58,8 m)*	7/5
21.	Sesostris I.	49°24'	200 (105,23)	116 (61,25)	210 × 20/21 =	200 E *(105 m)*	*116 2/3 E (61,25 m)*	7/6
22.	Amenemhet II.	?	160 (84)	?	210 × 16/21 =	160 E (84 m)	*112 E (58,8 m)*	7/5
23.	Sesostris II.	42°35'	200 (105,88)	48,65	210 × 20/21 =	200 E *(105 m)*	93 1/3 E (49 m)	14/15
24.	Sesostris III.	56°	200 (105)	(61,25)	210 × 20/21 =	200 E (105 m)	*116 2/3 E (61,25 m)*	7/6
25.	Amenemhet III. (Dahschur)	54–56°	200 (105)	143 (75)	210 × 20/21 =	200 E (105 m)	*142 6/7 E (75 m)*	10/7
26.	Amenemhet III. (Hawara)	48–52°	200 (101,75)	(58)	210 × 20/21 =	200 E *(101,5 m)*	*114 2/7 E (58 m)*	8/7
27.	Chendjer	55°	100 (52,5)	(37,35)	210 × 10/21 =	100 E (52,5 m)	*71 3/7 E (37,5 m)*	10/7
28.	Unbekannt	?	175 (92)	?	210 × 5/6 =	175 E *(91,875 m)*	*116 2/3 E (61,25 m)*	4/3
29.	Mazghuna-S		100 (52,5)	?	210 × 10/21 =	100 E (52,5 m)	*71 3/7 E (37,5 m)*	10/7

Kapitel 3 Finden der exakten Abmessungen der Pyramide Dahshur-Nord auf der Nayflöte

Um die von den Ägyptern ursprünglich geplanten Abmessungen der Pyramiden von den in unserer Forschung seit etwa 1926 empirisch zwar nahe kommenden, aber letzlich falschen und sogar überfälschten Werten z. B. denen Müller-Römers zu unterscheiden, genügt es schon, alle Primzahlen, im Baukörper, die größer sind als 7, also 11, 13, 17, 19, 23 und noch größere auszuschließen, denn sie sind nicht teil des ägyptischen Meß- und Maß= . systems aus den fünf ersten Primzahlen, das sich auf ihr Viertel (1 Elle = 1 x 2 x 3 x5 x 7 /4 =52,5 cm) beschränkte und das aus ca. 27 Pyramidenbasen, zusammengesetzt nur aus diesen Zahlen, bestand. Ebenso selbstverständlich war die Folge, daß dann die Rücksprünge und die Höhen ebenfalls nur aus dem Fond und Kombinationen dieser Zahlen bestanden. Daß auch die Rücksprünge in Zähler und Nenner allesamt nur die kleinen Primzahlen von 1-10 bzw. Kettenglieder der Partial – und Obertonreihe wie 21/20 = 3x7/4x5 enthielt, war ebenfalls die musikalische Konsequenz dieser Anordnung, denn wir hören Harmonien nur aus Intervallen, deren Zähler und Nenner nur die ganzen Zahlen von 1-10 enthalten: Oktave (2/1),(3/2 Quinte, (4/3) Quarte, (5/4) große Terz, (6/5) kleine Terz, (7/6) Kleinstterz, (8/7) übergroßer Ganzton, (9/8) großer Ganzton, (10/9) kleiner Ganzton.

(11/10) und weitere Intervalle (n+1)/n empfinden wir bereits als unharmonisch, als zu eng, zu schrill, und sie kommen auch in Pyramidenneigungen nicht vor.

Wie finden wir nun den Halbton 20/21 der roten Pyramide mit exakter Höhe und Basishälfte auf der Nayflöte?

Ellenmaß:0,525 m.

Zu diesem Zweck suche man einen 20/21 Abstand (z.B. 19, 6875:20,671875) auf dem Umriß der Flöte auf der nächsten Seite rechts unten und multipliziere Zähler und Nenner mit dem Erweiterungsfaktor (Ef 10 10/63) x 10,9375) , so erhält man die genaue Höhe (10 10/63 x 19,6875 Ellen = 200 Ellen (105 m) und 10 10/63 x 20,671875 = 210 Ellen (110,25 m)Basishälfte.

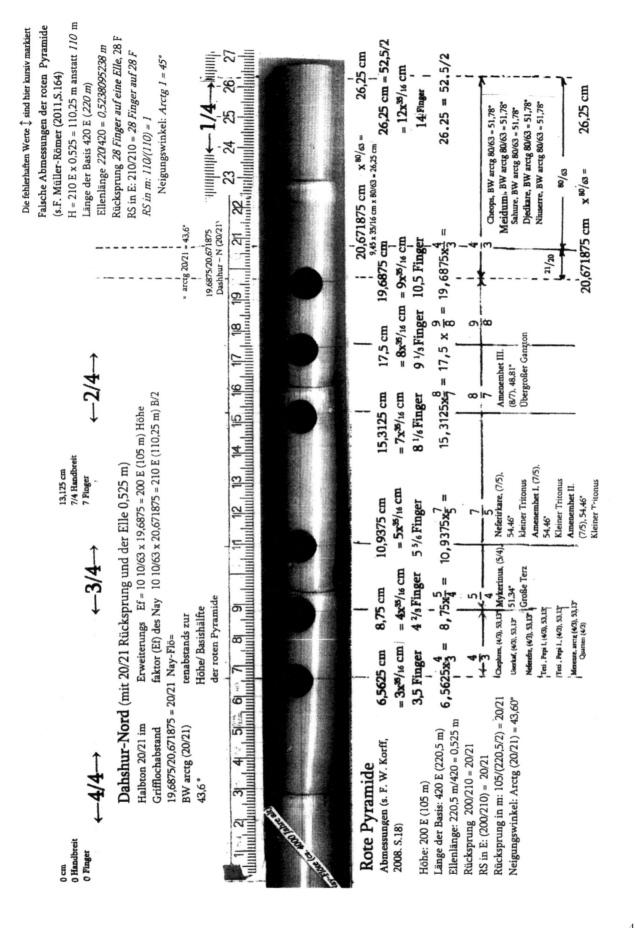

Die fehlerhaften Werte ↕ sind hier kursiv markiert

Falsche Abmessungen der roten Pyramide
(s.F. Müller-Römer (2011,S.164)

$H = 210 E \times 0,525 = 110,25$ m anstatt *110* m
Länge der Basis 420 E (*220 m*)
Ellenlänge $220/420 = 0,5238095238$ m
Rücksprung *28 Finger auf eine Elle, 28 F*
RS in E: $210/210 = 28$ *Finger auf 28 F*
RS in m: $110/(110) = 1$
Neigungswinkel: Arctg 1 = 45°

0 cm
0 Handbreit
0 Finger

13,125 cm
7/4 Handbreit
7 Finger

←1/4→
←2/4→
←3/4→
←4/4→

Dahshur-Nord (mit 20/21 Rücksprung und der Elle 0,525 m)

Halbton 20/21 im
Grifflochabstand
$19,6875/20,671875 = 20/21$
BW arctg (20/21)
43,6°

Erweiterungs $Ef = 10\,10/63 \times 19,6875 = 200$ E (105 m) Höhe
faktor (Ef) des Nay $10\,10/63 \times 20,671875 = 210$ E (110,25 m) B/2
Nay-Flö-
tenabstands zur
Höhe/ Basishälfte
der roten Pyramide

= arctg 20/21 = 43,6°
19,6875/20,671875
Dashhur – N (20/21)

$20,671875$ cm $\times\frac{80}{63} =$
$9,45 \times 35/16$ cm $\times 80/63 = 26,25$ cm

26,25 cm = 52,5/2
$\times\frac{80}{63}$
$26,25$ cm $= 12x^{35}/_{16}$ cm
$= 12x^{35}/_{16}$ cm
14 Finger
$26.25 = 52.5/2$

19,6875 cm
$= 9x^{35}/_{16}$ cm
10,5 Finger
$19,6875x\frac{4}{3} =$
$\frac{4}{3}$
$20,671875$ cm $\times\frac{80}{63} =$
26,25 cm

17,5 cm
$= 8x^{35}/_{16}$ cm
9 ⅓ Finger
$17,5 \times \frac{9}{8} = 19,6875$
$\frac{9}{8}$
$\frac{9}{8}$
$\frac{8}{7}$
Amenemhet III.
(8/7), 48,81°
Übergroßer Ganzton

15,3125 cm
$= 7x^{35}/_{16}$ cm
8 ⅙ Finger
$15,3125x\frac{8}{7} = 17,5$
$\frac{8}{7}$
$\frac{7}{5}$
Neferirkare, (7/5),
54,46°
kleiner Tritonus
Amenemhet I. (7/5).
54,46°
Kleiner Tritonus
Amenemhet II.
(7/5), 54,46°
Kleiner T-titonus

10,9375 cm
$= 5x^{35}/_{16}$ cm
5 ⅚ Finger
$10,9375x\frac{7}{5} =$
$\frac{7}{5}$
$\frac{7}{5}$
Mykerinus, (5/4)
51,34°
Große Terz

8,75 cm
$= 4x^{35}/_{16}$ cm
4 ⅔ Finger
$8,75x\frac{5}{4} =$
$\frac{5}{4}$
$\frac{5}{4}$
Chephren, (4/3), 53,13°
Überfall (4/3), 53,13°
Nefeefre, (4/3), 53,13°
Teti . Pepi I, (4/3), 53,13°
Teti . Pepi I, (4/3), 53,13°
Mererure, arctg (4/3), 53,13°
Quanten (4/3)

6,5625 cm
$= 3x^{35}/_{16}$ cm
3,5 Finger
$6,5625x\frac{4}{3} =$
$\frac{4}{3}$
$\frac{4}{3}$

Cheops, BW arctg 80/63 = 51,78°
Meidum, BW arctg 80/63 = 51,78°
Sahure, BW arctg 80/63 = 51,78°
Djedkare, BW arctg 80/63 = 51,78°
Niuserre, BW arctg 80/63 = 51,78°
80/63
21/20
$20,671875$ cm $\times\frac{80}{63} =$
26,25 cm

Rote Pyramide

Abmessungen (s. F. W. Korff,
2008. S.18)

Höhe: 200 E (105 m)
Länge der Basis: 420 E (220,5 m)
Ellenlänge: 220,5 m/420 = 0,525 m
Rücksprung 200/210 = 20/21
RS in E: (200/210) = 20/21
Rücksprung in m: 105/(220,5/2) = 20/21
Neigungswinkel: Arctg (20/21) = 43,60°

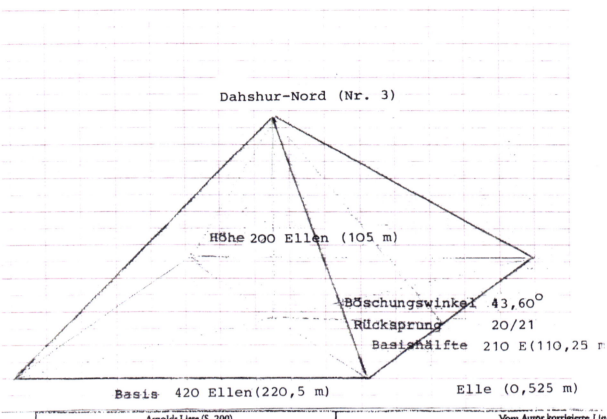

Dahshur–Nord (Nr. 3)

Höhe 200 Ellen (105 m)

Böschungswinkel 43,60°

Rücksprung 20/21

Basishälfte 210 E(110,25 m)

Basis 420 Ellen(220,5 m)

Elle (0,525 m)

	Arnolds Liste (S. 200)					Vom Autor korrigierte Liste	
Pyramide	Neigung	Basis	Höhe		Korrigierte Basislängen in *kursiver* Schrift	Korrigierte Pyramidenhöhen in *kursiver* Schrift	
3. Dahschur-Nord (Snofru)	45°	420 (220)	200 (105)	210x 2/1=	420 E (220,5 m)	200 E (105 m)	20/2.

19.6875/20.671875
Dahshur – N (20/21)

19   21   22   23   24

20,671875 cm   x 80/63 =
9,45 x 35/16 cm x 80/63 = 26,25 cm

19,6875 cm

= 9x 35/16 cm

10,5 Finger

19,6875x 4/3 =

4/3

4/3

Cheops, BW arctg 80/63
Meidum, BW arctg 80/63
Sahure, BW arctg 80/63
Djedkare, BW arctg 80/63
Niuserre, BW arctg 80/63

21/20

80/63

Erweiterungsfaktor (Ef = 10 10/63) von den Tonlochabständen der Nayflöte zur Höhe (200 E) u.Basishälfte (210 E) der Pyramide Dahshur-Nord. Die Neigung ist arctg (20/21)=43,60°. Rücksprung ist unterteilig ein kleiner Halbton, c-h.

9,45x35/16 = 20,671875 x 10 10/63 = 200

9x35/16 = 19,6875 x 10 1o/63 = 210

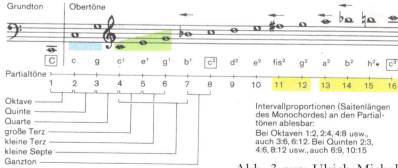

Grundton   Obertöne

| C | c | g | c¹ | e¹ | g¹ | b¹ | c² | d² | e² | fis² | g² | a² | b² | h²• | c³ |

Partialtöne
1 2 3 4 5 6 7 8 9 10 11 12 13 14 15 16

Oktave
Quinte
Quarte
große Terz
kleine Terz
kleine Septe
Ganzton

C Partial- und Obertonreihe

Intervallproportionen (Saitenlängen des Monochordes) an den Partialtönen ablesbar:
Bei Oktaven 1:2, 2:4, 4:8 usw., auch 3:6, 6:12. Bei Quinten 2:3, 4:6, 8:12 usw., auch 6:9, 10:15

Abb. 3 aus: Ulrich Michels, *dtv-Atlas zur Musik*, S. 88.

Berechnung der Höhe der Pyramide- Dahshur- Nord Nr.3

Nach der Regel gemäß der Übungsaufgabe Nr. 57 im Papyrus Rhind:

Gegeben sei eine Pyramide, die Grundkante ist 420 Ellen (220,5 m).
20/21 ist ihr Rücksprung. Wie ist ihre Höhe?
Um das auszurechnen, teile den Rücksprung durch 2, so erhältst du 10/21.
Nimm 10/21 von 420, das macht 420 x 10/21 = 200 Ellen (105) m. Dies ist
ihre Höhe.

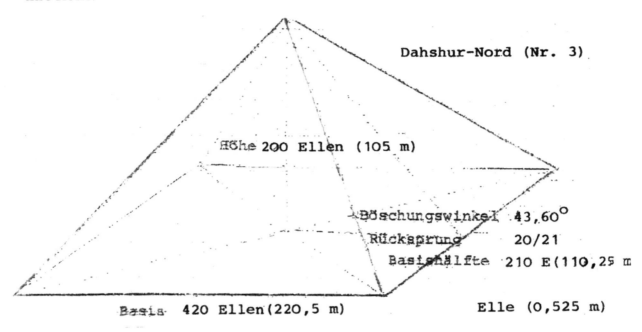

Dahshur-Nord (Nr. 3)

Höhe 200 Ellen (105 m)

Böschungswinkel 43,60°
Rücksprung   20/21
Basishälfte 210 E(110,25 m

Basis 420 Ellen(220,5 m)   Elle (0,525 m)

Ab hier: Zusatz von F.W. Korff: du kannst auch 20/21 von 210 nehmen: = 200 Ellen Höhe.

Berechnung der ausgegrabenen Grundkantenmaße der Pyramide Dahshur-N.
210 x 2/1 = 420 Ellen ist die Basislänge. Die Basishälfte ist dann 210 Ellen
(110,25 m) lang. Der Rücksprung ist, wie schon gesagt, H/(B/2),(20/21).

Die Musikalität der roten Pyramide entsteht in einer Oktave antiker Tonart:

DIATONON MALAKON   (1 x 21/20 x 10/9 x 8/7 x 9/8x 21/20/ x 10/9 x 8/7 x 10/9 = 2)

Skalierung durch Boethius erhalten(2:1) Rücksprung in m: 105 m/ 110,25 m = 20/21

	C-Dur		
Basis 420 Ellen	c^1	420 Hz	
420: 8/7	b	367,5	
367,5: 10/9	a	330,75	Der Rücksprung aus Tönen c-H
330,75: 21/20	g	315	formt die rote Pyramide
315: 9/8	f	280	mit dem Intervall Kleiner Halbton
280: 8/7	e	245	200/210 = 20/21
245: 10/9	d	220,5	BW arctg (20/21) = 43,60°
220,5 :21/20	c	210	
210: 21/20	H	200	

Musikalische Intervalle sind zahlengleich den harmonischen Proportionen der Architektur

Abb. 6: Dahschur – Nord. Das Foto stammt aus dem Privatbesitz des Autors.

Höhe 200 Ellen ((105 m), Basis 420 Ellen (220,5 m), 210 Stufen à durchschnittlich 20/21 Ellen (0,5 m), Rücksprung 20/21, der Rücksprung ist ein unterteiliges Halbtonintervall im Diatzon malakon, Böschungswinkel arctg 20/21 = 43,6°.

		Arnolds Liste (S. 200)			Vom Autor korrigierte Liste (geänderte Werte kursiv)			
	Pyramide	Neigung	Basis	Höhe	Abstand 210 zur Basislänge	Korrigierte Basislängen in *kursiver* Schrift	Korrigierte Pyramiden-höhen in *kursiver* Schrift	Rücksprung-verhältnis: Höhe/Basishälfte
1.	Meidum M3	51°51'	275 (144,32)	(92)	210 × 46/35 =	*276 E (144,9 m)*	*175/21 E (92 m)*	80/63
2.	Knickpyramide (Snofru) oben	54°31' 44°30'	360 (189)	200 (105)	210 × 12/7 =	360 E *(189 m)*	200 E (105 m)	10/9
3.	Dahschur-Nord	45°	420 (220)	200 (105)	210 × 2/1 =	420 E *(220,5 m)*	200 E (105 m)	20/21
4.	Cheops 51,84°	51°50'40'''	440 (230,36)	280 (146,50)	210 × 21/10 =	*441 E (230,36 m)*	280 E *(146,26 m)*	80/63
5.	Djedfre	60°	200 (105)	175 (92)	210 × 20/21 =	200 E (105 m)	175 E *(91,875 m)*	7/4
6.	Königsgrab in Zawiet el-Arjan	?	210 (110)	? *drei Versionen möglich*		210 E *(110,25 m)* 210 E *(110,25 m)* 210 E *(110,25 m)*	*133 1/3 E (70 m)* *100 E (52,5 m)* *140 E (73,5 m)*	80/63 20/21 4/3
7.	Chephren	53°10'	410 (215,29)	275 (143,87)	210 × 41/21 =	410 E *(215,25 m)*	*273 1/3 E (143,5 m)*	4/3
8.	Mykerinus	51°	200 (105,5)	125 (65,55)	210 × 20/21 =	200 E (105,5 m)	125 E *(65,9375 m)*	5/4
9.	Userkaf	53°	140 (73,3)	94 (49)	210 × 2/3 =	140 E *(73,5 m)*	*93 1/3 E (49 m)*	4/3
10.	Sahure	50°45'	150 (78,5)	(50)	210 × 5/7 =	150 E *(78,75 m)*	*95 5/21 E (50 m)*	80/63
11.	Neferirkare	54°30'	200 (105)	(72,8)	210 × 20/21 =	200 E (105 m)	140 E *(73,5 m)*	7/5
12.	Niuserre	52°	150 (78,90)	(50)	210 × 5/7 =	150 E *(78,75 m)*	*95 5/21 E (50 m)*	80/63
13.	Neferefre	?	125 (65)	?	210 × 25/42 =	125 E *(65,625 m)*	*83 1/3 E (43,75 m)*	4/3
14.	Djedkare	52°	150 (78,90)	?	210 × 5/7 =	150 E *(78,75 m)*	*95 5/21 E (50 m)*	80/63
15.	Unas	56°	110 (57,70)	(43)	210 × 11/21 =	110 E *(57,75 m)*	*82 ½ E (43,3125 m)*	3/2
16.	Teti	?	150 (78,75)	100 (52,5)	210 × 5/7 =	150 E *(78,75 m)*	100 E (52,5 m)	4/3
17.	Pepi I.	53°	150 (78,6)	100 (52,4)	210 × 5/7 =	150 E (78,6 m)	100 E (52,4 m)	4/3
18.	Pepi II.	53°13'	150 (78,75)	100 (52,5)	210 × 5/7 =	150 E *(78,75 m)*	100 E (52,5 m)	4/3
19.	Merenre	?	175 (90–95)	?	210 × 5/6 =	175 E *(91,875 m)*	*116 2/3 E (61,25 m)*	4/3
20.	Amenemhet I.	54°	160 (84)	112 (59)	210 × 16/21 =	160 E (84 m)	112 E *(58,8 m)*	7/5
21.	Sesostris I.	49°24'	200 (105,23)	116 (61,25)	210 × 20/21 =	200 E *(105 m)*	116 2/3 E *(61,25 m)*	7/6
22.	Amenemhet II.	?	160 (84)	?	210 × 16/21 =	160 E (84 m)	*112 E (58,8 m)*	7/5
23.	Sesostris II.	42°35'	200 (105,88)	48,65	210 × 20/21 =	200 E *(105 m)*	*93 1/3 E (49 m)*	14/15
24.	Sesostris III.	56°	200 (105)	(61,25)	210 × 20/21 =	200 E (105 m)	*116 2/3 E (61,25 m)*	7/6
25.	Amenemhet III. (Dahschur)	54–56°	200 (105)	143 (75)	210 × 20/21 =	200 E (105 m)	*142 6/7 E (75 m)*	10/7
26.	Amenemhet III. (Hawara)	48–52°	200 (101,75)	(58)	210 × 20/21 =	200 E *(101,5 m)*	*114 2/7 E (58 m)*	8/7
27.	Chendjer	55°	100 (52,5)	(37,35)	210 × 10/21 =	100 E (52,5 m)	*71 3/7 E (37,5 m)*	10/7
28.	Unbekannt	?	175 (92)	?	210 × 5/6 =	175 E *(91,875 m)*	*116 2/3 E (61,25 m)*	4/3
29.	Mazghuna-S		100 (52,5)	?	210 × 10/21 =	100 E (52,5 m)	*71 3/7 E (37,5 m)*	10/7

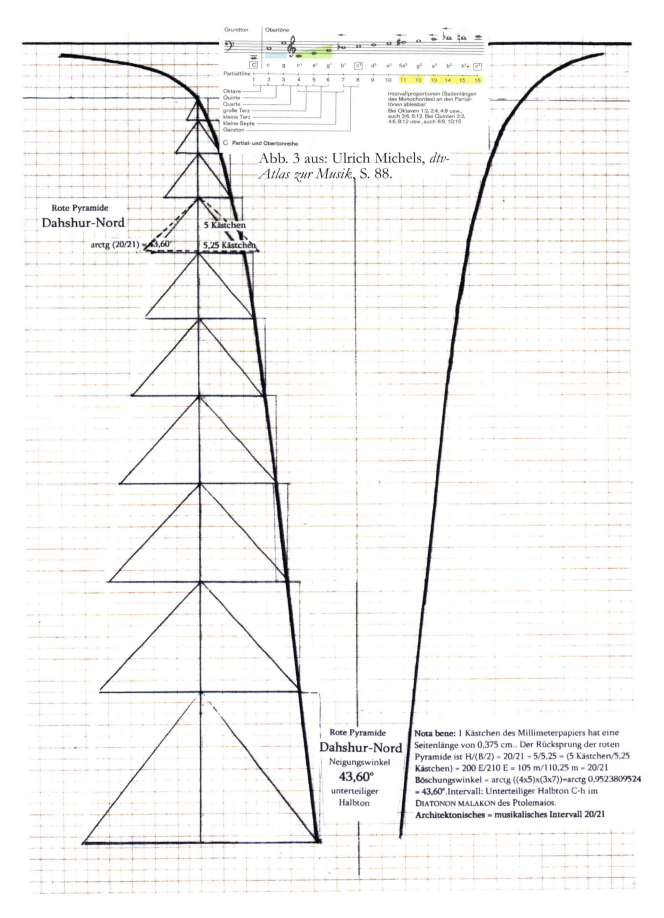

Grundton   Obertöne

C c g c¹ e¹ g¹ b¹ c² d² e² fis² g² a² b² h²♭ c³

Partialtöne
1 2 3 4 5 6 7 8 9 10 11 12 13 14 15 16

Oktave
Quinte
Quarte
große Terz
kleine Terz
kleine Septe
Ganzton

Intervallproportionen (Saitenlängen
des Monochordes) an den Partialtönen ablesbar:
Bei Oktaven 1:2, 2:4, 4:8 usw.,
auch 3:6, 6:12. Bei Quinten 2:3,
4:6, 8:12 usw., auch 6:9, 10:15

C Partial- und Obertonreihe

Abb. 3 aus: Ulrich Michels, *dtv-Atlas zur Musik*, S. 88.

Rote Pyramide
Dahshur-Nord

arctg (20/21) = 43,60°

5 Kästchen

5,25 Kästchen

Rote Pyramide
Dahshur-Nord
Neigungswinkel
43,60°
unterteiliger
Halbton

Nota bene: 1 Kästchen des Millimeterpapiers hat eine Seitenlänge von 0,375 cm.. Der Rücksprung der roten Pyramide ist H/(B/2) = 20/21 = 5/5,25 = (5 Kästchen/5,25 Kästchen) = 200 E/210 E = 105 m/110,25 m = 20/21 Böschungswinkel = arctg ((4x5)x(3x7))=arctg 0,9523809524 = 43,60°.Intervall: Unterteiliger Halbton C-h im DIATONON MALAKON des Ptolemaios.
Architektonisches = musikalisches Intervall 20/21

47

Abb. 7 aus: Stadelmann (1997): Tafel 31 Dahshur/Nord. Blick von Osten auf die Rote Pyramide und die Ausgrabungen des Deutschen Archäologischen Instituts Kairo an der Ostseite. Die Schuttmassen, die vom Abbau der Kalksteinverkleidung im Mittelalter herrühren, reichen an den Pyramidenflanken bis zu 17 Meter hoch und bedeckten die Fundamentreste des Totentempels.

Aus: F.W. Korff, Der Klang der Pyramiden, Olms Verlag, Hildesheim - Zürich - New York 2008, S. 168.

Dreifache Volumenberechnung Dashur-Nord

Pyramidenabmessungen: Höhe 200 Ellen (105 m), Basis 420 Ellen (220,5 m), Ellenmaß (1 E = 0,525 m), Rücksprung $\frac{20}{21}$, Seked 7 $\frac{7}{20}$ Handbreit, Böschungswinkel arctg $\frac{20}{21}$ = 43,6°.

Berechnung des Volumens:

1. nach heutiger Formel „$\frac{1}{3}$ **Höhe x Basiskantenlänge²**": $\frac{1}{3}$ x 200 x 420² = **11 760 000 E³**
2. antike Formel aus Dreieckszahlen „Vol. **Pyramidion x Stufenzahl³**": $\frac{80}{63}$ x 210³ = **11 760 000 E³**
3. antike Volumenberechnung aus Pyramidenzahlen (l, 4, 10, 20, 35, 56, 84) und ihren Summen (1, 5, 15, 35, 70, 126, 210). Das Gesamtvolumen enthält nur Produkte aus den ersten fünf Primzahlen (1, 2, 3, 5, 7), also: 1 x 2⁷ x 3 x 5⁴ x 7² = **11 760 000 E³** [1 701 708,75 m³]

Die Summe aus sechs Stumpf- und einem Pyramidionvolumen ergibt das Gesamtvolumen:

Vol.Stumpf f) 420 E² Grundfläche,	252 E² Deckfläche,	80 E Höhe	$\frac{1}{3}$ x 80 x (420² + 420 x 252 + 252²)	9 219 840 E³
(e) 252	,140	,53 $\frac{1}{3}$	$\frac{1}{3}$ x 53 $\frac{1}{3}$ x (252² + 252 x 140 + 140²) =	2 104 604 $\frac{4}{9}$
(d) 140	,70	,33 $\frac{1}{3}$	$\frac{1}{3}$ x 33 $\frac{1}{3}$ x (140² + 140 x 70 + 70²) =	381 111 $\frac{1}{9}$
(c) 70	,30	,19 $\frac{1}{21}$	$\frac{1}{3}$ x 19 $\frac{1}{21}$ x (70² + 70 x 30 + 30²) =	50 158,73016
(b) 30	,10	,9 $\frac{11}{21}$	$\frac{1}{3}$ x 9 $\frac{11}{21}$ x (30² + 30 x 10 + 10²) =	4126,984127
(a) 10	,2	,3 $\frac{17}{21}$	$\frac{1}{3}$ x 3 $\frac{17}{21}$ x (10² + 10 x 2 + 2²) =	157,4603175
Vol.Pyramidion 1,		$\frac{20}{21}$	$\frac{1}{3}$ x $\frac{20}{21}$ x 2² = $\frac{80}{63}$ =	1,26984127
Höhe Pyramidion + 6 Stumpfhöhen:		**200 E**	**Vol. [1 701 708,75 m³]** =	**11 760 000 E³**

Raummaße eines Pyramidions sind allgemein: $\frac{1}{3}$ x $(\frac{\text{Pyramidenhöhe}}{\text{Stufenzahl}})$ x $(\frac{\text{Pyramidenbasis}}{\text{Stufenzahl}})^2$.

Das Volumen des Pyramidions von Dashur-Nord ist: $\frac{1}{3}$ x $(\frac{200}{210})$ x $(\frac{420}{210})^2$ = $\frac{80}{63}$ E³

Der Rücksprung der Cheopspyramide ist: $\frac{(280/210)}{(441/420)}$ = $\frac{80}{63}$

Die Cheopspyramide ist also der Pyramide zu Dashur zahlenverwandt, sowohl in der Stufenzahl, die nur die ersten fünf Primzahlen (1 x 2 x 3 x 5 x 7 = 210) enthält, wie in den Gesamtvolumina beider Pramiden (Vol. der Cheopspyramide 18 151 560 E³ = 1 x 2³ x 3³ x 5 x 7⁵; Vol. Dashur-N 11 760 000 E³ = 1 x 2⁷ x 3 x 5⁴ x 7² E³), die ebenfalls nur die ersten fünf Primzahlen enthalten. **Wie aus den Zahlen aller anderen ägyptischen Pyramiden folgt auch aus den Zahlen Dashurs zwingend, dass die 11 nicht Bestandteil der Cheopspyramidenzahlen sein kann.**

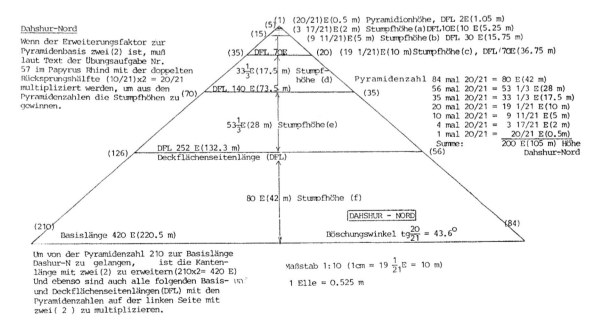

Rote Pyramide Dahshur-N.

Abmessungen (s. F. W. Korff, 2008, S.18)

Höhe: 200 E (105 m)
Länge der Basis: 420 E (220,5 m)
Ellenlänge: 220,5 m/420 = 0,525 m
Rücksprung 200/210 = 20/21
RS in E: (200/210) = 20/21
Rücksprung in m: 105/(220,5/2) = 20/21
Neigungswinkel: Arctg (20/21) = 43,60°

Die Basis-, Höhen-, Ellen-, Meter- und
Rücksprungswerte u.Winkelwerte in der
linken Spalte stimmen überein. Alle
Ellenwerte setzen sich aus den
ersten 5 Primzahlen (1,2,3,5,7) zusammen.

Falsche Abmessungen der roten Pyramide
(s.F. Müller-Römer (2011,S.164)

H = 210 E x 0,525 = 110,25 m anstatt *110* m
Länge der Basis 420 E (*220 m*)
Ellenlänge *220*/420 = *0,5238095238 m*
Rücksprung *28 Finger auf eine Elle*, 28 F
RS in E: 210/210 = *28 Finger auf 28 F*
RS in m: 110/(110) = 1
Neigungswinkel: *Arctg 1 = 45°*

1.) Die Höhe ist falsch. Die 11 in 110 m
kommt als höhere Primzahl nicht vor.
2.) Die Ellenlänge 0,52380 m ist ungenau.
3.) Basislänge ist 420 m x 0,525 = 220,5 m
4.) Der RS 28/28 resultiert nicht aus den
Angaben 1.-3 und ist daher von
F. Müller-Römer gefälscht

Die Fälschungen in ca. 14 der Korffschen Pyramidenabmessungen sind im originalen
Wortlaut und der Textgestaltung Müller-Römers durch eine beglaubigte Kopie, ohne
Änderung seiner Zeilen, hier nachzulesen, ebenso wortgleich als Rezension (2016)
veröffentlicht (http:www.fera-journal. eu) in der „Frankfurter elektronische(n) Rundschau zur
Altertumskunde" 29, S.112-117:

In dem anschließenden Kapitel I, „Das Geheimnis der Pyramidenneigungen ist
entdeckt!", befasst sich der Autor eingehend mit einer Zusammenstellung der Neigungen der Pyramiden des Alten Ägypten, die Arnold veröffentlicht hat,[6] und stellt
dazu fest, dass eine Anzahl der dort aufgeführten Rücksprünge nicht mit seinen entsprechenden Vorschlägen für den Bau der Pyramiden zusammenpasst. Er hat daher
die Liste korrigiert (S. 7) und auf den S. 9-42 für jede Pyramide die Baudaten separat
aufgeführt. Dabei werden jedoch verschiedentlich Rücksprünge genannt, die nicht den
archäologisch belegten Werten bzw. nicht ganzzahligen Werten – in Fingerbreiten
gemessen – entsprechen: So wird z. B. für die Pyramide in Meidum und für die
Cheopspyramide ein Rücksprung von 80 zu 63 (Höhe/Basishälfte) anstelle des tatsächlichen Wertes von 28 zu 22 (Verhältnis 4:3) Fingern aufgeführt.[7] Auch die angegebenen Werte für die Rücksprünge der Roten Pyramide in Dahschur Nord (Snofru)
(20 zu 21 anstelle von 28 zu 28 Fingern) sowie der Pyramiden des Mykerinos (5 zu 4
anstelle von 28 zu 22 Fingern), Sahure (80 zu 63 anstelle von 28 zu 23 Fingern),
Neferirkare (7 zu 5 anstelle von 28 zu 21 Fingern), Niuserre (81 zu 64 anstelle von 28
zu 22 Fingern), Djedkare Asosi (80 zu 63 anstelle von 28 zu 22 Fingern), Unas (3 zu 2
anstelle von 28 zu 19 Fingern), Sesostris III. (7 zu 6 anstelle von 28 zu 19 Fingern),
Amenemhet III. (Dahschur) (10 zu 7 anstelle von 28 zu 20 Fingern) und Amenemhet
III. (Hawara) (8 zu 7 anstelle von 28 zu 24 Fingern) treffen nicht zu. Weiterhin wird
von Korff die Basislänge der Cheopspyramide von (gemessenen) 440 Ellen auf 441
Ellen durch eine Anpassung des Ellenmaßes erhöht (S. 7). In weiteren Tabellen auf
S. 8 und S. 43ff. stellt Korff die Rücksprünge in Zusammenhang mit Intervallen anti-
ker Tonarten (Diatonon Malakon)."

Hervorhebung
von F.W. Korff

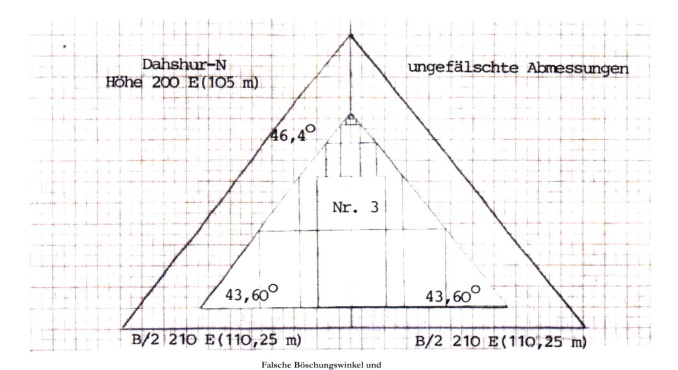

Dahshur-N
Höhe 200 E (105 m)

ungefälschte Abmessungen

46,4°

Nr. 3

43,60°   43,60°

B/2 210 E (110,25 m)   B/2 210 E (110,25 m)

Die Winkelsumme im Dreieck beträgt 43,60° + 90° + 46,4° = 180°. Die Pyramide ist mit den obengenannten Abmessungen baubar, denn ihre 4 Grate treffen sich in der Spitze des Pyramidions.

Richtige Böschungswinkel				Falsche Böschungswinkel und Rücksprünge	
Nr. 1	Meidum	80/63 übergroße Terz	51,78°	51,84°	RS (28/22)
Nr. 2	Knickpyramide	10/9 kleiner Ganzton	48,01°		
Nr. 3	Dahshur – Nord	20/21 kleiner Halbton	43,60°	45°	RS (28/28)
Nr. 4	Cheops	80/63 übergroße Terz	51,78°	51,84°	RS (28/22)
Nr. 5	Djedefre	7/4 kleiner Septime	60,25°	52°?	RS? (14/11)
Nr. 6	Königsgrab	80/63 übergroße Terz 20/21 kleiner Halbton 4/3 Quarte	51,78° 43,60° 53,13°	51,84°	RS (14/11)
Nr. 7	Chephren	4/3 Quarte	53,13°	53,13°	RS (4/3)
Nr. 8	Mykerinus	5/4 große Terz	51,34°	51,84°	RS (28/22)
Nr. 9	Userkaf	4/3 Quarte	53,13°	53,13°	RS (4/3)
Nr. 10	Sahure	80/63 übergroße Terz	51,78°	50,19°	RS (90/75)
Nr. 11	Neferirkare	7/5 kleiner Tritonus	54,46°	54° angegeben	RS (7/5)
Nr. 12	Niuserre	80/63 übergroße Terz	51,78°	50,19°	RS (6/5)
Nr. 13	Neferefre	4/3 Quarte	53,13°	53,13°?	RS (75/100)
Nr. 14	Djedkare	80/63 übergroße Terz	51,78°	50,6°	RS (28/23)
Nr. 15	Unas	3/2 Quinte	56,30°	56° angegeben	RS (28/19)
Nr. 16	Teti	4/3 Quarte	53,13°	4 RSe fehlen	
Nr. 17	Pepi I.	4/3 Quarte	53,13°	4 RSe fehlen	
Nr. 18	Pepi II.	4/3 Quarte	53,13°	4 RSe fehlen	
Nr. 19	Merenre	4/3 Quarte	53,13°	4 RSe fehlen	
Nr. 20	Amenemhet I.	7/5 kleiner Tritonus	54,46°	52,69°	RS (21/16)
Nr. 21	Sesostris I.	7/6 Kleinstterz	49,4°	49,24°	RS (29/25)
Nr. 22	Amenemhet II.	7/5 kleiner Tritonus	54,46°	55,035°	RS (143/100)
Nr. 23	Sesostris II.	14/15 kleiner Halbton	43,02°	42,92°	RS (48,825/52,5)
Nr. 24	Sesostris III.	7/6 Kleinstterz	49,4°	49,24°	RS (29/25)
Nr. 25	Amenemhet III. (Dahschur)	10/7 großer Tritonus	55°	49,24°	RS (116/100)
Nr. 26	Amenemhet III. (Hawara)	8/7 übergroßer Ganzton	48,81°	47,84°	RS (116/105)
Nr. 27	Chendjer	10/7 großer Tritonus	55°	55°	RS (100/7)/1
Nr. 28	Unbekannt	4/3 Quarte	53,13°	53,13°	RS (4/3)
Nr. 29	Mazghuna – Süd	10/7 großer Tritonus	55°	55°	(75 m)/52,5 m

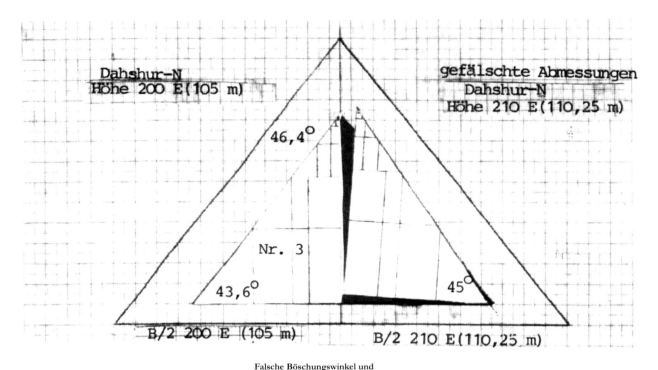

Richtige Böschungswinkel				Falsche Böschungswinkel und Rücksprünge	
Nr. 1	Meidum	80/63 übergroße Terz	51,78°	51,84°	RS (28/22)
Nr. 2	Knickpyramide	10/9 kleiner Ganzton	48,01°		
Nr. 3	Dahschur – Nord	20/21 kleiner Halbton	43,60°	45°	RS (28/28)
Nr. 4	Cheops	80/63 übergroße Terz	51,78°	51,84°	RS (28/22)
Nr. 5	Djedefre	7/4 kleiner Septime	60,25°	52°?	RS? (14/11)
Nr. 6	Königsgrab	80/63 übergroße Terz 20/21 kleiner Halbton 4/3 Quarte	51,78° 43,60° 53,13°	51,84°	RS (14/11)
Nr. 7	Chephren	4/3 Quarte	53,13°	53,13°	RS (4/3)
Nr. 8	Mykerinus	5/4 große Terz	51,34°	51,84°	RS (28/22)
Nr. 9	Userkaf	4/3 Quarte	53,13°	53,13°	RS (4/3)
Nr. 10	Sahure	80/63 übergroße Terz	51,78°	50,19°	RS (90/75)
Nr. 11	Neferirkare	7/5 kleiner Tritonus	54,46°	54° angegeben	RS (7/5)
Nr. 12	Niuserre	80/63 übergroße Terz	51,78°	50,19°	RS (6/5)
Nr. 13	Neferefre	4/3 Quarte	53,13°	53,13°?	RS (75/100)
Nr. 14	Djedkare	80/63 übergroße Terz	51,78°	50,6°	RS (28/23)
Nr. 15	Unas	3/2 Quinte	56,30°	56° angegeben	RS (28/19)
Nr. 16	Teti	4/3 Quarte	53,13°	4 RSe fehlen	
Nr. 17	Pepi I.	4/3 Quarte	53,13°	4 RSe fehlen	
Nr. 18	Pepi II.	4/3 Quarte	53,13°	4 RSe fehlen	
Nr. 19	Merenre	4/3 Quarte	53,13°	4 RSe fehlen	
Nr. 20	Amenemhet I.	7/5 kleiner Tritonus	54,46°	52,69°	RS (21/16)
Nr. 21	Sesostris I.	7/6 Kleinstterz	49,4°	49,24°	RS (29/25)
Nr. 22	Amenemhet II.	7/5 kleiner Tritonus	54,46°	55,035°	RS (143/100)
Nr. 23	Sesostris II.	14/15 kleiner Halbton	43,02°	42,92°	RS (48,825/52,5)
Nr. 24	Sesostris III.	7/6 Kleinstterz	49,4°	49,24°	RS (29/25)
Nr. 25	Amenemhet III. (Dahschur)	10/7 großer Tritonus	55°	49,24°	RS (116/100)
Nr. 26	Amenemhet III. (Hawara)	8/7 übergroßer Ganzton	48,81°	47,84°	RS (116/105)
Nr. 27	Chendjer	10/7 großer Tritonus	55°	55°	RS (100/7)/1
Nr. 28	Unbekannt	4/3 Quarte	53,13°	53,13°	RS (4/3)
Nr. 29	Mazghuna – Süd	10/7 großer Tritonus	55°	55°	(75 m)/52,5 m

Die Winkelsumme im Dreieck 45° + 90° + 46,4° = 181,4° ist nicht möglich. Der Winkel 45° zeigt den Bruch. Die Pyramide ist mit den obengenannten Abmessungen nicht baubar, denn ihre 4 Grate treffen sich nicht in der Spitze des Pyramidions.

Nota bene: Die Höhe von Dahschur – Nord ist nicht 210 Ellen, sondern 200 Ellen, wie auch bei Arnold (*Lexikon der ägyptischen Baukunst*, S. 200) angegeben. Dahschur – Nord erfüllt damit ein uraltes pythagoräisches Tripel $20^2 + 21^2 = 29^2$, um die Böschungslänge 29^2 Ellen zu erhalten.

Musikalisch ist 21/20 das Intervall des Halbtons im *Diaton malakon* des Ptolemaios (8/7 × 10/9). S. Nay-Flöten-Kap: Quarte (4/3) / Halbton (20/21) = übergroße Terz 80/63 der Cheopspyramide.

Kapitel 4, Nr. 4 Cheopspyramide

Kapitel 4 Finden der exakten Abmessungen der Cheopspyramide auf der Nayflöte

Um die von den Ägyptern ursprünglich geplanten Abmessungen der Pyramiden von den in unserer Forschung seit etwa 1926 empirisch zwar nahe kommenden, aber letzlich falschen und sogar überfälschten Werten z. B. denen Müller-Römers zu unterscheiden, genügt es schon, alle Primzahlen, im Baukörper, die größer sind als 7, also 11, 13, 17, 19, 23 und noch größere auszuschließen, denn sie sind nicht teil des ägyptischen Meß- und Maß= . systems aus den fünf ersten Primzahlen, das sich auf ihr Viertel (1 Elle = 1 x 2 x 3 x5 x 7 /4 =52,5 cm) beschränkte und das aus ca. 27 Pyramidenbasen, zusammengesetzt nur aus diesen Zahlen, bestand. Ebenso selbstverständlich war die Folge, daß dann die Rücksprünge und die Höhen ebenfalls nur aus dem Fond und Kombinationen dieser Zahlen bestanden. Daß auch die Rücksprünge in Zähler und Nenner allesamt nur die kleinen Primzahlen von 1-10 bzw. Kettenglieder der Partial – und Obertonreihe wie 21/20 = 3x7/4x5 enthielt, war ebenfalls die musikalische Konsequenz dieser Anordnung, denn wir hören Harmonien nur aus Intervallen, deren Zähler und Nenner nur die ganzen Zahlen von 1-10 enthalten: Oktave (2/1),(3/2 Quinte, (4/3) Quarte, (5/4) große Terz, (6/5) kleine Terz, (7/6) Kleinstterz, (8/7) übergroßer Ganzton, (9/8) großer Ganzton, (10/9) kleiner Ganzton.

(11/10) und weitere Intervalle (n+1)/n empfinden wir bereits als unharmonisch, als zu eng, zu schrill, und sie kommen auch in Pyramidenneigungen nicht vor.

Wie finden wir nun die übergroße Terz 80/63 der Cheopspyramide mit exakter Höhe und Basishälfte auf der Nayflöte?

Ellenmaß:0,52236 m.

Zu diesem Zweck suche man einen 80/63 Abstand (z.B. 26,25:20,671875 = (4/3)/(21/20) = 80/63 auf dem Umriß der Flöte auf der nächsten Seite oben und multipliziere Zähler und Nenner mit dem Erweiterungsfaktor (Ef 10 2/3) x 26/25), so erhält man die genaue Höhe (10 2/3 x 26,25 = 280 Ellen (146,2608 m) und 10 2/3 x 20,671875 = 220,5 Ellen (115,18038 m).

Falsche Abmessungen der Cheopspyramide
(s. F. Müller-Römer (2011. S. 168)
Höhe 280 E (*146,6 m*)
Länge der Basis: *440* E (*230,34 m*)
Rücksprung in Ellen: *280/220= 1,2727...*
Rücksprung in m: *146,6/115.17=1,27290*
Rücksprung *22 Finger auf eine Elle, 28 F*
1.Neigungswinkel bei RS: *1,27... = 51,84°*
2. Neigungswinkel bei S: *1,27290= 51,85°*

←— 1/4 →
←— 2/4 →
←— 3/4 →
←— 4/4 →

0 cm
0 Handbreit
0 Finger

13,125 cm
7/4 Handbreit
7 Finger

Cheopspyramide (mit 80/63 Rücksprung und der Elle 0,52236 m)

Übergroße Terz (80/63 im Grifflochabstand
Erweiterungsfaktor (Ef) des 80/63 Nay-Flö =
$Ef = 10\,2/3 \times 26,25 = 280$ Ellen (146,2608 m) Höhe
$10\,2/3 \times 20,671875 = 220,5$ Ellen (115,18038 m)

$26,25 : 20,671875 = 80/63$
$BW° = \mathrm{arctg}\,(80/63) =$
$51,78°$, Elle 0,52236 m
tenabstands zur Höhe/ Basishälfte der Cheopspyramide

Ef in Primzahlen: $10\,2/3 = 2^5/3$

$BW = \mathrm{arctg}\,20/21 = 43,6°$
$19,6875/20,671875$
(Dashhur – N (20/21)

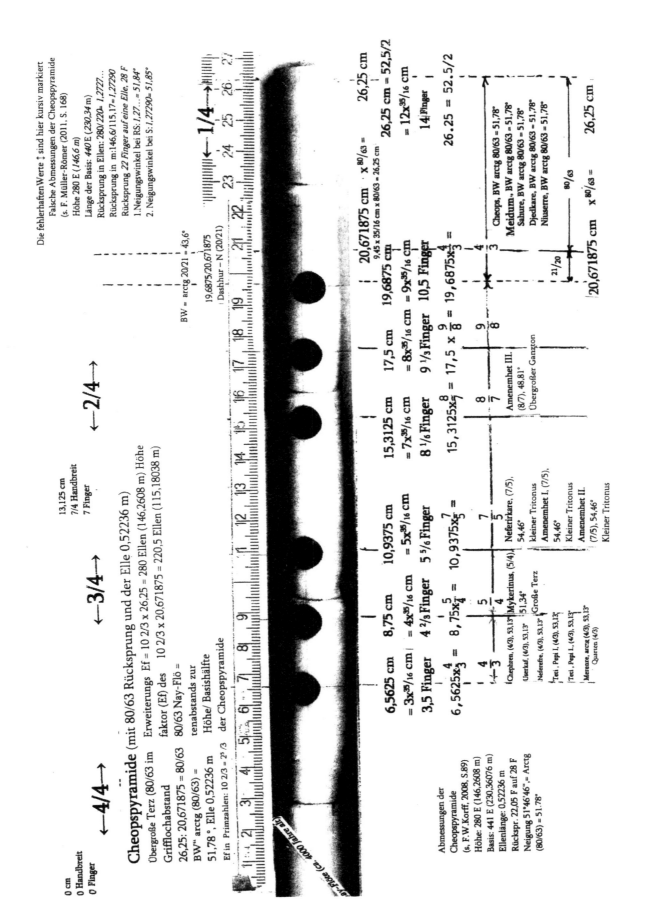

Abmessungen der Cheopspyramide
(s. F.W.Korff, 2008, S.89)
Höhe: 280 E (146.2608 m)
Basis: 441 E (230,36076 m)
Ellenlänge: 0,52236 m
Rückspr. 22,05 F auf 28 F
Neigung 51°46'46", = Arctg
$(80/63) = 51,78°$

6,5625 cm	8,75 cm	10,9375 cm	15,3125 cm	17,5 cm	19,6875 cm	20,671875 cm
$=3x^{35}/_{16}$ cm	$=4x^{35}/_{16}$ cm	$=5x^{35}/_{16}$ cm	$=7x^{35}/_{16}$ cm	$=8x^{35}/_{16}$ cm	$=9x^{35}/_{16}$ cm	$9,45 x^{35}/_{16}$ cm × 80/63 = 26,25 cm
3,5 Finger	4 2/3 Finger	5 5/6 Finger	8 1/6 Finger	9 1/3 Finger	10,5 Finger	

$6,5625 x \tfrac{4}{3} = 8,75 x \tfrac{5}{4} = 10,9375 x \tfrac{7}{5} = 15,3125 x \tfrac{8}{7} = 17,5 x \tfrac{9}{8} = 19,6875 x \tfrac{4}{3} = 20,671875$ cm $\cdot x^{80}/_{63} = 26,25$ cm

$\tfrac{4}{3}$ → Chephren, (4/3), 53,13°
Überkuf (4/3), 53,13°
Neferefre, (4/3), 53,13°
Teti, Pepi I, (4/3), 53,13°
Teti, Pepi I, (4/3), 53,13°
Merenre, arctg (4/3), 53,13° Quarten (4/3)

$\tfrac{5}{4}$ → Mykerinus, (5/4), 51,34° Große Terz

$\tfrac{7}{5}$ → Neferirkare, (7/5), 54,46° kleiner Tritonus
Amenemhet I, (7/5), 54,46° Kleiner Tritonus
Amenemhet II. (7/5), 54,46° Kleiner Tritonus

$\tfrac{8}{7}$ → Amenemhet III. (8/7), 48,81° Übergroßer Ganzton

$\tfrac{9}{8}$

$\tfrac{21}{20}$ $\tfrac{80}{63}$

26,25 cm
$26,25$ cm $= 52,5/2.$
$= 12x^{35}/_{16}$ cm
14 Finger
$26.25 = 52.5/2$

Cheops, BW arctg 80/63 = 51,78°
Meidum, BW arctg 80/63 = 51,78°
Sahure, BW arctg 80/63 = 51,78°
Djedkare, BW arctg 80/63 = 51,78°
Niuserre, BW arctg 80/63 = 51,78°

$20,671875$ cm $x^{80}/_{63} = 26,25$ cm

55

	Pyramide	Arnolds Liste (S. 200)			Vom Autor korrigierte Liste (geänderte Werte kursiv)			Rücksprungverhältnis: Höhe:Basishälfte	Böschungswinkel: Arcus Tangens H/(b:2)	Verwendetes Ellenmaß
		Neigung	Basis	Höhe		Korrigierte Basislängen in *kursiver* Schrift	Korrigierte Pyramiden-höhen in *kursiver* Schrift			
1.	Meidum M3	51°51'	275 (144,32)	(92)	210 × 46:35 =	*276 E (144,9 m)*	*175/21 E (92 m)*	80:63	51,78° = arctg (175 5:21/138) übergr. Terz	(0,525 m)
2.	Knickpyramide (Snofru) oben	54°31' / 44°30'	360 (189)	200 (105)	210 × 12:7 =	360 E (189 m)	200 E (105 m)	10:9	48,01° = arctg (200:180) kl. Ganzton	(0,525 m)
3.	Dahschur-Nord	45°	420 (220)	200 (105)	210 × 2:1 =	420 E (220,5 m)	200 E (105 m)	20:21	43,60° = arctg (200:210) kl. Halbton	(0,525 m)
4.	Cheops 51,84°	51°50'40'''	440 (230,36)	280 (146,50)	210 × 21:10 =	*441 E (230,36 m)*	280 E (146,26 m)	80:63	51,78° = arctg (280:220,5) übergr. Terz	(0,52236 m)
5.	Djedefre	60°	200 (105)	175 (92)	210 × 20:21 =	200 E (105 m)	175 E (91,875 m)	7:4	60,25° = arctg (175:100) kl. Septime	(0,525 m)
6.	Königsgrab in Zawiet el-Arjan	?	210 (110)	? *drei Versionen möglich*		*210 E (110,25 m)* *210 E (110,25 m)* *210 E (110,25 m)*	*133 1/3 E (70 m)* *100 E (52,5 m)* *140 E (73,5 m)*	80:63 20:21 4:3	51,78° = arctg (133 1/3:105) übergr. Terz 43,60° = arctg (100:105) kl. Halbton 53,13° = arctg (140:105) Quarte	(0,525 m)
7.	Chephren	53°10'	410 (215,29)	275 (143,87)	210 × 41:21 =	410 E (215,25 m)	273 1/3 E (143,5 m)	4:3	53,13° = arctg (273 1/3:205) Quarte	(0,525 m)
8.	Mykerinus	51°	200 (105,5)	125 (65,55)	210 × 20:21 =	200 E (105,5 m)	125 E (65,9375 m)	5:4	51,34° = arctg (125:100) gr. Terz	(0,5275 m)
9.	Userkaf	53°	140 (73,3)	94 (49)	210 × 2:3 =	140 E (73,5 m)	93 1/3 E (49 m)	4:3	53,13° = arctg (93 1/3:70) Quarte	(0,525 m)
10.	Sahure	50°45'	150 (78,5)	(50)	210 × 5:7 =	150 E (78,75 m)	95 5:21 E (50 m)	80:63	51,78° = arctg (95 5:21/75) übergr. Terz	(0,525 m)
11.	Neferirkare	54°30'	200 (105)	(72,8)	210 × 20:21 =	200 E (105 m)	140 E (73,5 m)	7:5	54,46° = arctg (140:100) kl. Tritonus	(0,525 m)
12.	Niuserre	52°	150 (78,90)	(50)	210 × 5:7 =	150 E (78,75 m)	95 5:21 E (50 m)	80:63	51,78° = arctg (95 5:21/75) übergr. Terz	(0,525 m)
13.	Neferefre	?	125 (65)	?	210 × 25:42 =	125 E (65,625 m)	83 1/3 E (43,75 m)	4:3	53,13° = arctg (83 1/3:62,5) Quarte	(0,525 m)
14.	Djedkare	52°	150 (78,90)	?	210 × 5:7 =	150 E (78,75 m)	95 5:21 E (50 m)	80:63	51,78° = arctg (95 5:21/75) übergr. Terz	(0,525 m)
15.	Unas	56°	110 (57,70)	(43)	210 × 11:21 =	110 E (57,75 m)	82 ½ E (43,3125 m)	3:2	56,30° = arctg (82,5:55) Quinte	(0,525 m)
16.	Teti	?	150 (78,75)	100 (52,5)	210 × 5:7 =	150 E (78,75 m)	100 E (52,5 m)	4:3	53,13° = arctg (100:75) Quarte	(0,525 m)
17.	Pepi I.	53°	150 (78,6)	100 (52,4)	210 × 5:7 =	150 E (78,6 m)	100 E (52,4 m)	4:3	53,13° = arctg (100:75) Quarte	(0,524 m)
18.	Pepi II.	53°13'	150 (78,75)	100 (52,5)	210 × 5:7 =	150 E (78,75 m)	100 E (52,5 m)	4:3	53,13° = arctg (100:75) Quarte	(0,525 m)
19.	Merenre	?	175 (90–95)	?	210 × 5:6 =	175 E (91,875 m)	116 2:3 E (61,25 m)	4:3	53,13° = arctg (116 2:3/87,5) Quarte	(0,525 m)
20.	Amenemhet I.	54°	160 (84)	112 (59)	210 × 16:21 =	160 E (84 m)	112 E (58,8 m)	7:5	54,46° = (11280) kl. Tritonus	(0,525 m)
21.	Sesostris I.	49°24'	200 (105,23)	116 (61,25)	210 × 20:21 =	200 E (105 m)	116 2:3 E (61,25 m)	7:6	49,4° = arctg (116 2:3/100) Kleinsterz	(0,525 m)
22.	Amenemhet II.	?	160 (84)	?	210 × 16:21 =	160 E (84 m)	112 E (58,8 m)	7:5	54,46° = (11280) kl. Tritonus	(0,525 m)
23.	Sesostris II.	42°35'	200 (105,88)	48,65	210 × 20:21 =	200 E (105 m)	93 1/3 E (49 m)	14:15	43,02° = arctg (93 1/3/100) kl. Halbton	(0,525 m)
24.	Sesostris III.	56°	200 (105)	(61,25)	210 × 20:21 =	200 E (105 m)	116 2:3 E (61,25 m)	7:6	49,4° = arctg (116 2:3/100) Kleinsterz	(0,525 m)
25.	Amenemhet III. (Dahschur)	54–56°	200 (105)	143 (75)	210 × 20:21 =	200 E (105 m)	142 6:7 E (75 m)	10:7	55° = arctg (142 6:7/100) gr. Tritonus	(0,525 m)
26.	Amenemhet III. (Hawara)	48–52°	200 (101,75)	(58)	210 × 20:21 =	*200 E (101,5 m)*	*114 27 E (58 m)*	8:7	48,81° = arctg (114 27/100) übergr. Ganzton	(0,5075 m)
27.	Chendjer	55°	100 (52,5)	(37,35)	210 × 10:21 =	100 E (52,5 m)	71 3:7 E (37,5 m)	10:7	55° = arctg (71 3:7/50) gr. Tritonus	(0,525 m)
28.	Unbekannt	?	175 (92)	?	210 × 5:6 =	*175 E (91,875 m)*	116 2:3 E (61,25 m)	4:3	53,13° = arctg (116 2:3/87,5) Quarte	(0,525 m)
29.	Mazghuna-S	?	100 (52,5)	?	210 × 10:21 =	100 E (52,5 m)	71 3:7 E (37,5 m)	10:7	55° = arctg (71 3:7/50) gr. Tritonus	(0,525 m)

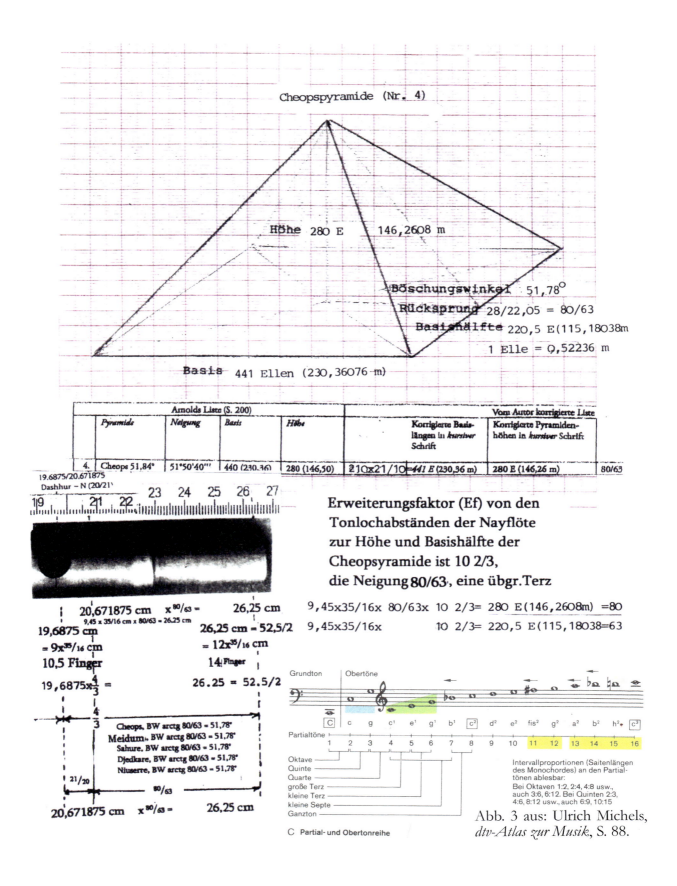

Cheopspyramide (Nr. 4)

Höhe 280 E 146,2608 m

Böschungswinkel 51,78°

Rücksprung 28/22,05 = 80/63

Basishälfte 220,5 E(115,18038m)

1 Elle = 0,52236 m

Basis 441 Ellen (230,36076 m)

	Arnolds Liste (S. 200)				Vom Autor korrigierte Liste	
	Pyramide	*Neigung*	*Basis*	*Höhe*	Korrigierte Basis-längen in *kursiver* Schrift	Korrigierte Pyramiden-höhen in *kursiver* Schrift
4.	Cheops 51,84°	51°50'40'''	440 (230,36)	280 (146,50)	210x21/10=*441 E* (230,36 m)	280 E (146,26 m)	80/63

19.6875/20.671875
Dashhur – N (20/21)

19 21 22 23 24 25 26 27

Erweiterungsfaktor (Ef) von den
Tonlochabständen der Nayflöte
zur Höhe und Basishälfte der
Cheopsyramide ist 10 2/3,
die Neigung 80/63, eine übgr.Terz

20,671875 cm x 80/63 = 26,25 cm

9,45 x 35/16 cm x 80/63 = 26.25 cm

19,6875 cm

= 9x 35/16 cm

10,5 Finger

26,25 cm = 52,5/2

= 12x 35/16 cm

14 Finger

19,6875x 4/3 =

26.25 = 52.5/2

9,45x35/16x 80/63x 10 2/3= 280 E(146,2608m) =80

9,45x35/16x 10 2/3= 220,5 E(115,18038=63

4/3

Cheops, BW arctg 80/63 = 51,78°
Meidum, BW arctg 80/63 = 51,78°
Sahure, BW arctg 80/63 = 51,78°
Djedkare, BW arctg 80/63 = 51,78°
Niuserre, BW arctg 80/63 = 51,78°

21/20

80/63

20,671875 cm x 80/63 = 26,25 cm

Grundton Obertöne

C c g c¹ e¹ g¹ b¹ c² d² e² fis² g² a² b² h²♭ c³

Partialtöne

1 2 3 4 5 6 7 8 9 10 11 12 13 14 15 16

Oktave
Quinte
Quarte
große Terz
kleine Terz
kleine Septe
Ganzton

C Partial- und Obertonreihe

Intervallproportionen (Saitenlängen
des Monochordes) an den Partialtönen ablesbar:
Bei Oktaven 1:2, 2:4, 4:8 usw.,
auch 3:6, 6:12. Bei Quinten 2:3,
4:6, 8:12 usw., auch 6:9, 10:15

Abb. 3 aus: Ulrich Michels,
dtv-Atlas zur Musik, S. 88.

Berechnung der Höhe der Cheopspyramide Nr. 4

(Altägyptischer Text kursiv): Nach der Regel der Übungsaufgabe Nr. 57 Papyrus Rhind:

Gegeben sei eine Pyramide, die Grundkante ist 441 Ellen (230,36076 m.)
80/63 ist ihr Rücksprung. Wie ist ihre Höhe?
Um das auszurechnen, teile den Rücksprung durch 2, so erhältst du 40/63.
Nimm 40/63 von 441, das macht 40/63 x 441 = 280 Ellen (146,2608 m). Dies ist
ihre Höhe

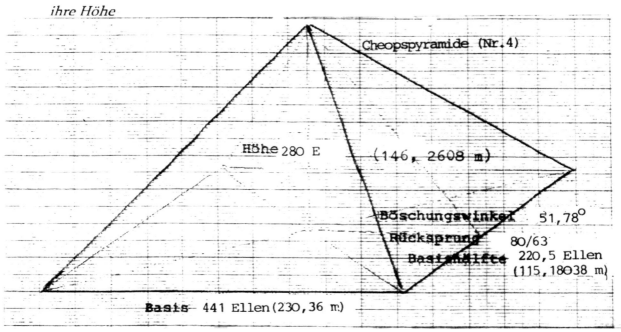

Ab hier: Zusatz von F.W. Korff: du kannst auch 80/63 mit 220,5 multiplizieren: = 280 Ellen Höhe.

Berechnung der ausgegrabenen Grundkantenmaße der Cheopspyramide
210 x 21/10 = 441 Ellen ist die Basislänge. Die Basishälfte ist dann 220,5 Ellen
(115,18038 m) lang. Der Rücksprung ist, wie schon gesagt, H/(B/2),(80/63).

Die Musikalität der Cheopspyramide entsteht in einer Oktave antiker Tonart:

DIATONON MALAKON   (1 x 21/20 x 10/9 x 8/7 x 9/8 x 21/20/ x 10/9 x 8/7 x 10/9 = 2)

Skalierung durch Boethius erhalten(2:1) Nr.1, Nr.10 ,Nr.12, Nr. 14 besitzen auch den Böschungswinkel 51.78°.
Die verwendete Elle ist 230,36076/441 = 0,52236 m lang.

A- Dur

Basis 441 Ellen	a¹	441 Hz	
441: 8/7	gis	420	
420: 10/9	fis	378	Der Rücksprung aus Tönen cis⁺-a
378: 8/7	e	330,75	formt die Cheopspyramide
330,75: 9/8	d	294	mit dem Intervall übergroße Terz
294: 21/20	cis'	280	28/22,05 = 80/63
280/10/9	h	252	BW arctg (280/220,5) = 51,78°
252 8/7	a	220,5	

Musikalische Intervalle sind zahlengleich den harmonischen Proportionen der Architektur

Folge natürlicher Zahlen 1,2,3,4,5,6,7,8,9,10
↓1 Erste Summe dieser Zahlen (Dreieckszahlen)
3 ↓1 Zweite Summe der Zahlen (Pyramidenzahlen)
6 4 +↓1 3.s.(P.Stumpfhöhen)1x4/3 E=H1 Pyramidion 0,69648 m
10 10 +5   4x 4/3 E = H2 = 5 1/3 E Stumpf (a) = 2,78592 m
15 20 +15   10x 4/3 E = H3 = 13 1/3 E Stumpf (b) = 6,9648 m
21 35 +35   20x 4/3 E = H4= 26 2/3 E Stumpf (c) 13,9296 m
28 56 +70   35x 4/3 E = H5 = 46 2/3 E Stumpf (d) = 24,3768 m
36 84 +126   56x 4/3 E = H6 = 74 2/3 E Stumpf (e) = 39,00288 m
45 120 +210   84x 4/3 E = H7 = 112 E Stumpf (f) = 58,50432 m
S. der 7 Stumpfhöhen: (1+4+10+20+35+56+84 = 210); 210 x 4/3 = 280 E; H1...H7 = (146,2608 m)

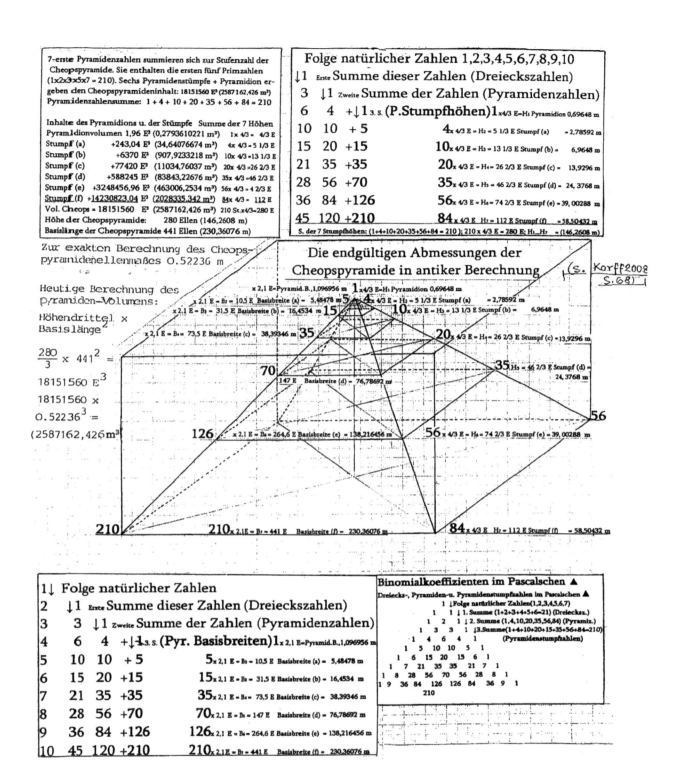

Zur exakten Berechnung des Cheops-pyramideellenmaßes 0.52236 m

Heutige Berechnung des Pyramiden-Volumens:

Höhendrittel x Basislänge²

$$\frac{280}{3} \times 441^2 =$$

18151560 E³

18151560 x 0.52236³ =

(2587162,426 m³

Die endgültigen Abmessungen der Cheopspyramide in antiker Berechnung (s. Korff 2008 S.68)

x 2,1 E=Pyramid.B.,1,096956 m 1 x4/3 E=H1 Pyramidion 0,69648 m
x 2,1 E = B2 = 10,5 E Basisbreite (a) = 5,48478 m 5 4 4/3 E = H2 = 5 1/3 E Stumpf (a) = 2,78592 m
x 2,1 E = B3 = 31,5 E Basisbreite (b) = 16,4534 m 15 10 4/3 E = H3 = 13 1/3 E Stumpf (b) = 6,9648 m
x 2,1 E = B4 = 73,5 E Basisbreite (c) = 38,39346 m 35 20 4/3 E = H4 = 26 2/3 E Stumpf (c) =13,9296 m
 70 35 H5 = 46 2/3 E Stumpf (d) = 24,3768 m
147 E Basisbreite (d) = 76,78692 m
 126 x 2,1 E = B6 = 264,6 E Basisbreite (e) = 138,216456 m 56
 56 x 4/3 E = H4 = 74 2/3 E Stumpf (e) = 39,00288 m
210 210 x 2,1E = B7 = 441 E Basisbreite (f) = 230,36076 m 84 x 4/3 E = H7 = 112 E Stumpf (f) = 58,50432 m

1↓ Folge natürlicher Zahlen
2 ↓1 Erste Summe dieser Zahlen (Dreieckszahlen)
3 3 ↓1 Zweite Summe der Zahlen (Pyramidenzahlen)
4 6 4 +↓1 3.s. (Pyr. Basisbreiten)1x2,1 E=Pyramid.B.,1,096956 m
5 10 10 +5   5x 2,1 E = B2 = 10,5 E Basisbreite (a) = 5,48478 m
6 15 20 +15   15x 2,1 E = B3 = 31,5 E Basisbreite (b) = 16,4534 m
7 21 35 +35   35x 2,1 E = B4 = 73,5 E Basisbreite (c) = 38,39346 m
8 28 56 +70   70x 2,1 E = B5 = 147 E Basisbreite (d) = 76,78692 m
9 36 84 +126   126x 2,1 E = B6 = 264,6 E Basisbreite (e) = 138,216456 m
10 45 120 +210   210x 2,1E = B7 = 441 E Basisbreite (f) = 230,36076 m

Binomialkoeffizienten im Pascalschen ▲
Dreiecks-, Pyramiden-u. Pyramidenstumpfzahlen im Pascalschen ▲

```
            1   ↓Folge natürlicher Zahlen(1,2,3,4,5,6,7)
          1   1 ↓1. Summe (1+2+3+4+5+6=21) (Dreiecksz.)
        1   2   1 ↓2. Summe (1,4,10,20,35,56,84) (Pyramiz.)
      1   3   3   1 ↓3.Summe(1+4+10+20+15+35+56+84=210)
                        (Pyramidenstumpfzahlen)
    1   4   6   4   1
   1   5  10  10   5   1
  1   6  15  20  15   6   1
 1  7  21  35  35  21  7  1
1  8  28 56 70 56 28  8  1
1 9 36 84 126 126 84 36 9 1
    210
```

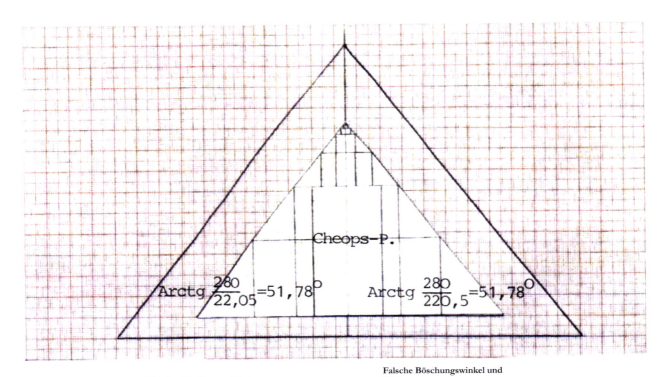

Cheops-P.

$$\text{Arctg}\,\frac{280}{22{,}05}=51{,}78^{\circ}$$

$$\text{Arctg}\,\frac{280}{220{,}5}=51{,}78^{\circ}$$

		Richtige Böschungswinkel		Falsche Böschungswinkel und Rücksprünge	
Nr. 1	Meidum	80/63 übergroße Terz	51,78°	51,84°	RS (28/22)
Nr. 2	Knickpyramide	10/9 kleiner Ganzton	48,01°		
Nr. 3	Dahschur – Nord	20/21 kleiner Halbton	43,60°	45°	RS (28/28)
Nr. 4	Cheops	80/63 übergroße Terz	51,78°	51,84°	RS (28/22)
Nr. 5	Djedefre	7/4 kleiner Septime	60,25°	52°?	RS? (14/11)
Nr. 6	Königsgrab	80/63 übergroße Terz 20/21 kleiner Halbton 4/3 Quarte	51,78° 43,60° 53,13°	51,84°	RS (14/11)
Nr. 7	Chephren	4/3 Quarte	53,13°	53,13°	RS (4/3)
Nr. 8	Mykerinus	5/4 große Terz	51,34°	51,84°	RS (28/22)
Nr. 9	Userkaf	4/3 Quarte	53,13°	53,13°	RS (4/3)
Nr. 10	Sahure	80/63 übergroße Terz	51,78°	50,19°	RS (90/75)
Nr. 11	Neferirkare	7/5 kleiner Tritonus	54,46°	54° angegeben	RS (7/5)
Nr. 12	Niuserre	80/63 übergroße Terz	51,78°	50,19°	RS (6/5)
Nr. 13	Neferefre	4/3 Quarte	53,13°	53,13°?	RS (75/100)
Nr. 14	Djedkare	80/63 übergroße Terz	51,78°	50,6°	RS (28/23)
Nr. 15	Unas	3/2 Quinte	56,30°	56° angegeben	RS (28/19)
Nr. 16	Teti	4/3 Quarte	53,13°	4 RSe fehlen	
Nr. 17	Pepi I.	4/3 Quarte	53,13°	4 RSe fehlen	
Nr. 18	Pepi II.	4/3 Quarte	53,13°	4 RSe fehlen	
Nr. 19	Merenre	4/3 Quarte	53,13°	4 RSe fehlen	
Nr. 20	Amenemhet I.	7/5 kleiner Tritonus	54,46°	52,69°	RS (21/16)
Nr. 21	Sesostris I.	7/6 Kleinstterz	49,4°	49,24°	RS (29/25)
Nr. 22	Amenemhet II.	7/5 kleiner Tritonus	54,46°	55,035°	RS (143/100)
Nr. 23	Sesostris II.	14/15 kleiner Halbton	43,02°	42,92°	RS (48,825/52,5)
Nr. 24	Sesostris III.	7/6 Kleinstterz	49,4°	49,24°	RS (29/25)
Nr. 25	Amenemhet III. (Dahschur)	10/7 großer Tritonus	55°	49,24°	RS (116/100)
Nr. 26	Amenemhet III. (Hawara)	8/7 übergroßer Ganzton	48,81°	47,84°	RS (116/105)
Nr. 27	Chendjer	10/7 großer Tritonus	55°	55°	RS (100/7)/1
Nr. 28	Unbekannt	4/3 Quarte	53,13°	53,13°	RS (4/3)
Nr. 29	Mazghuna – Süd	10/7 großer Tritonus	55°	55°	(75 m)/52,5 m

60

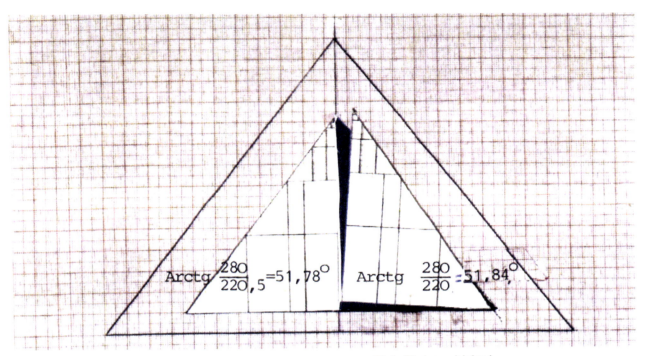

$$\text{Arctg}\ \frac{280}{220,5}=51,78°\qquad\text{Arctg}\ \frac{280}{220}=51,84°$$

		Richtige Böschungswinkel			Falsche Böschungswinkel und Rücksprünge	
Nr. 1	Meidum	80/63 übergroße Terz	51,78°		51,84°	RS (28/22)
Nr. 2	Knickpyramide	10/9 kleiner Ganzton	48,01°			
Nr. 3	Dahschur – Nord	20/21 kleiner Halbton	43,60°		45°	RS (28/28)
Nr. 4	Cheops	80/63 übergroße Terz	51,78°		51,84°	RS (28/22)
Nr. 5	Djedefre	7/4 kleiner Septime	60,25°		52°?	RS? (14/11)
Nr. 6	Königsgrab	80/63 übergroße Terz 20/21 kleiner Halbton 4/3 Quarte	51,78° 43,60° 53,13°		51,84°	RS (14/11)
Nr. 7	Chephren	4/3 Quarte	53,13°		53,13°	RS (4/3)
Nr. 8	Mykerinus	5/4 große Terz	51,34°		51,84°	RS (28/22)
Nr. 9	Userkaf	4/3 Quarte	53,13°		53,13°	RS (4/3)
Nr. 10	Sahure	80/63 übergroße Terz	51,78°		50,19°	RS (90/75)
Nr. 11	Neferirkare	7/5 kleiner Tritonus	54,46°		54° angegeben	RS (7/5)
Nr. 12	Niuserre	80/63 übergroße Terz	51,78°		50,19°	RS (6/5)
Nr. 13	Neferefre	4/3 Quarte	53,13°		53,13°?	RS (75/100)
Nr. 14	Djedkare	80/63 übergroße Terz	51,78°		50,6°	RS (28/23)
Nr. 15	Unas	3/2 Quinte	56,30°		56° angegeben	RS (28/19)
Nr. 16	Teti	4/3 Quarte	53,13°		4 RSe fehlen	
Nr. 17	Pepi I.	4/3 Quarte	53,13°		4 RSe fehlen	
Nr. 18	Pepi II.	4/3 Quarte	53,13°		4 RSe fehlen	
Nr. 19	Merenre	4/3 Quarte	53,13°		4 RSe fehlen	
Nr. 20	Amenemhet I.	7/5 kleiner Tritonus	54,46°		52,69°	RS (21/16)
Nr. 21	Sesostris I.	7/6 Kleinstterz	49,4°		49,24°	RS (29/25)
Nr. 22	Amenemhet II.	7/5 kleiner Tritonus	54,46°		55,035°	RS (143/100)
Nr. 23	Sesostris II.	14/15 kleiner Halbton	43,02°		42,92°	RS (48,825/52,5)
Nr. 24	Sesostris III.	7/6 Kleinstterz	49,4°		49,24°	RS (29/25)
Nr. 25	Amenemhet III. (Dahschur)	10/7 großer Tritonus	55°		49,24°	RS (116/100)
Nr. 26	Amenemhet III. (Hawara)	8/7 übergroßer Ganzton	48,81°		47,84°	RS (116/105)
Nr. 27	Chendjer	10/7 großer Tritonus	55°		55°	RS (100/7)/1
Nr. 28	Unbekannt	4/3 Quarte	53,13°		53,13°	RS (4/3)
Nr. 29	Mazghuna – Süd	10/7 großer Tritonus	55°		55°	(75 m)/52,5 m

		Arnolds Liste (S. 200)			Vom Autor korrigierte Liste (geänderte Werte kursiv)			
	Pyramide	Neigung	Basis	Höhe	Abstand 210 zur Basislänge	Korrigierte Basislängen in kursiver Schrift	Korrigierte Pyramiden-höhen in kursiver Schrift	Rücksprung-verhältnis: Höhe/Basishälfte
1.	Meidum M3	51°51'	275 (144,32)	(92)	210 × 46/35 =	276 E (144,9 m)	175/21 E (92 m)	80/63
2.	Knickpyramide (Snofru) oben	54°31' 44°30'	360 (189)	200 (105)	210 × 12/7 =	360 E (189 m)	200 E (105 m)	10/9
3.	Dahschur-Nord	45°	420 (220)	200 (105)	210 × 2/1 =	420 E (220,5 m)	200 E (105 m)	20/21
4.	Cheops 51,84°	51°50'40'''	440 (230,36)	280 (146,50)	210 × 21/10 =	441 E (230,36 m)	280 E (146,26 m)	80/63
5.	Djedefre	60°	200 (105)	175 (92)	210 × 20/21 =	200 E (105 m)	175 E (91,875 m)	7/4
6.	Königsgrab in Zawiet el-Arjan	?	210 (110)	? drei Versionen möglich		210 E (110,25 m) 210 E (110,25 m) 210 E (110,25 m)	133 1/3 E (70 m) 100 E (52,5 m) 140 E (73,5 m)	80/63 20/21 4/3
7.	Chephren	53°10'	410 (215,29)	275 (143,87)	210 × 41/21 =	410 E (215,25 m)	273 1/3 E (143,5 m)	4/3
8.	Mykerinus	51°	200 (105,5)	125 (65,55)	210 × 20/21 =	200 E (105,5 m)	125 E (65,9375 m)	5/4
9.	Userkaf	53°	140 (73,3)	94 (49)	210 × 2/3 =	140 E (73,5 m)	93 1/3 E (49 m)	4/3
10.	Sahure	50°45'	150 (78,5)	(50)	210 × 5/7 =	150 E (78,75 m)	95 5/21 E (50 m)	80/63
11.	Neferirkare	54°30'	200 (105)	(72,8)	210 × 20/21 =	200 E (105 m)	140 E (73,5 m)	7/5
12.	Niuserre	52°	150 (78,90)	(50)	210 × 5/7 =	150 E (78,75 m)	95 5/21 E (50 m)	80/63
13.	Neferefre	?	125 (65)	?	210 × 25/42 =	125 E (65,625 m)	83 1/3 E (43,75 m)	4/3
14.	Djedkare	52°	150 (78,90)	?	210 × 5/7 =	150 E (78,75 m)	95 5/21 E (50 m)	80/63
15.	Unas	56°	110 (57,70)	(43)	210 × 11/21 =	110 E (57,75 m)	82 ½ E (43,3125 m)	3/2
16.	Teti	?	150 (78,75)	100 (52,5)	210 × 5/7 =	150 E (78,75 m)	100 E (52,5 m)	4/3
17.	Pepi I.	53°	150 (78,6)	100 (52,4)	210 × 5/7 =	150 E (78,6 m)	100 E (52,4 m)	4/3
18.	Pepi II.	53°13'	150 (78,75)	100 (52,5)	210 × 5/7 =	150 E (78,75 m)	100 E (52,5 m)	4/3
19.	Merenre	?	175 (90–95)	?	210 × 5/6 =	175 E (91,875 m)	116 2/3 E (61,25 m)	4/3
20.	Amenemhet I.	54°	160 (84)	112 (59)	210 × 16/21 =	160 E (84 m)	112 E (58,8 m)	7/5
21.	Sesostris I.	49°24'	200 (105,23)	116 (61,25)	210 × 20/21 =	200 E (105 m)	116 2/3 E (61,25 m)	7/6
22.	Amenemhet II.	?	160 (84)	?	210 × 16/21 =	160 E (84 m)	112 E (58,8 m)	7/5
23.	Sesostris II.	42°35'	200 (105,88)	48,65	210 × 20/21 =	200 E (105 m)	93 1/3 E (49 m)	14/15
24.	Sesostris III.	56°	200 (105)	(61,25)	210 × 20/21 =	200 E (105 m)	116 2/3 E (61,25 m)	7/6
25.	Amenemhet III. (Dahschur)	54–56°	200 (105)	143 (75)	210 × 20/21 =	200 E (105 m)	142 6/7 E (75 m)	10/7
26.	Amenemhet III. (Hawara)	48–52°	200 (101,75)	(58)	210 × 20/21 =	200 E (101,5 m)	114 2/7 E (58 m)	8/7
27.	Chendjer	55°	100 (52,5)	(37,35)	210 × 10/21 =	100 E (52,5 m)	71 3/7 E (37,5 m)	10/7
28.	Unbekannt	?	175 (92)	?	210 × 5/6 =	175 E (91,875 m)	116 2/3 E (61,25 m)	4/3
29.	Mazghuna-S		100 (52,5)	?	210 × 10/21 =	100 E (52,5 m)	71 3/7 E (37,5 m)	10/7

Arnolds Liste (S. 200) — **Vom Autor korrigierte Liste (geänderte Werte kursiv)**

	Pyramide	Neigung	Basis	Höhe	Korrigierte Basislängen in *kursiver* Schrift	Korrigierte Pyramidenhöhen in *kursiver* Schrift	Rücksprungverhältnis: Höhe/Basishälfte	Böschungswinkel: Arcus Tangens H/(b/2)	Verwendetes Ellenmaß
1.	Meidum M3	51°51'	275 (144,32)	(92)	210 × 46/35 = 276 E (144,9 m)	175 5/21 E (92 m)	80/63	51,78° = arctg (175 5/21/138) übergr. Terz	(0,525 m)
2.	Knickpyramide (Snofru) oben	54°31' / 44°30'	360 (189)	200 (105)	210 × 12/7 = 360 E (189 m)	200 E (105 m)	10/9	48,01° = arctg (200/180) kl. Ganzton	(0,525 m)
3.	Dahschur-Nord	45°	420 (220)	200 (105)	210 × 2/1 = 420 E (220,5 m)	200 E (105 m)	20/21	43,60° = arctg (200/210) kl. Halbton	(0,525 m)
4.	Cheops 51,84°	51°50'40'''	440 (230,36)	280 (146,50)	210 × 21/10 = 441 E (230,36 m)	280 E (146,26 m)	80/63	51,78° = arctg (280/220,5) übergr. Terz	(0,52236 m)
5.	Djedefre	60°	200 (105)	175 (92)	210 × 20/21 = 200 E (105 m)	175 E (91,875 m)	7/4	60,25° = arctg (175/100) kl. Septime	(0,525 m)
6.	Königsgrab in Zawiet el-Arjan	?	210 (110)	? *drei Versionen möglich*	210 E (110,25 m); 210 E (110,25 m); 210 E (110,25 m)	133 1/3 E (70 m); 100 E (52,5 m); 140 E (73,5 m)	80/63; 20/21; 4/3	51,78° = arctg (133 1/3/105) übergr. Terz; 43,60° = arctg (100/105) kl. Halbton; 53,13° = arctg (140/105) Quarte	(0,525 m)
7.	Chephren	53°10'	410 (215,29)	275 (143,87)	210 × 41/21 = 410 E (215,25 m)	273 1/3 E (143,5 m)	4/3	53,13° = arctg (273 1/3/205) Quarte	(0,525 m)
8.	Mykerinus	51°	200 (105,5)	125 (65,55)	210 × 20/21 = 200 E (105,5 m)	125 E (65,9375 m)	5/4	51,34° = arctg (125/100) gr. Terz	(0,5275 m)
9.	Userkaf	53°	140 (73,3)	94 (49)	210 × 2/3 = 140 E (73,5 m)	93 1/3 E (49 m)	4/3	53,13° = arctg (93 1/3/70) Quarte	(0,525 m)
10.	Sahure	50°45'	150 (78,5)	(50)	210 × 5/7 = 150 E (78,75 m)	95 5/21 E (50 m)	80/63	51,78° = arctg (95 5/21/75) übergr. Terz	(0,525 m)
11.	Neferirkare	54°30'	200 (105)	(72,8)	210 × 20/21 = 200 E (105 m)	140 E (73,5 m)	7/5	54,46° = arctg (140/100) kl. Tritonus	(0,525 m)
12.	Niuserre	52°	150 (78,90)	(50)	210 × 5/7 = 150 E (78,75 m)	95 5/21 E (50 m)	80/63	51,78° = arctg (95 5/21/75) übergr. Terz	(0,525 m)
13.	Neferefre	?	125 (65)	?	210 × 25/42 = 125 E (65,625 m)	83 1/3 E (43,75 m)	4/3	53,13° = arctg (83 1/3/62,5) Quarte	(0,525 m)
14.	Djedkare	52°	150 (78,90)	?	210 × 5/7 = 150 E (78,75 m)	95 5/21 E (50 m)	80/63	51,78° = arctg (95 5/21/75) übergr. Terz	(0,525 m)
15.	Unas	56°	110 (57,70)	(43)	210 × 11/21 = 110 E (57,75 m)	82 1/2 E (43,3125 m)	3/2	56,30° = arctg (82,5/55) Quinte	(0,525 m)
16.	Teti	?	150 (78,75)	100 (52,5)	210 × 5/7 = 150 E (78,75 m)	100 E (52,5 m)	4/3	53,13° = arctg (100/75) Quarte	(0,525 m)
17.	Pepi I.	53°	150 (78,6)	100 (52,4)	210 × 5/7 = 150 E (78,6 m)	100 E (52,4 m)	4/3	53,13° = arctg (100/75) Quarte	(0,524 m)
18.	Pepi II.	53°13'	150 (78,75)	100 (52,5)	210 × 5/7 = 150 E (78,75 m)	100 E (52,5 m)	4/3	53,13° = arctg (100/75) Quarte	(0,525 m)
19.	Merenre	?	175 (90–95)	?	210 × 5/6 = 175 E (91,875 m)	116 2/3 E (61,25 m)	4/3	53,13° = arctg (116 2/3/87,5) Quarte	(0,525 m)
20.	Amenemhet I.	54°	160 (84)	112 (59)	210 × 16/21 = 160 E (84 m)	112 E (58,8 m)	7/5	54,46° = arctg (112/80) kl. Tritonus	(0,525 m)
21.	Sesostris I.	49°24'	200 (105,23)	116 (61,25)	210 × 20/21 = 200 E (105 m)	116 2/3 E (61,25 m)	7/6	49,4° = arctg (116 23/100) Kleinsterz	(0,525 m)
22.	Amenemhet II.	?	160 (84)	?	210 × 16/21 = 160 E (84 m)	112 E (58,8 m)	7/5	54,46° = arctg (112/80) kl. Tritonus	(0,525 m)
23.	Sesostris II.	42°35'	200 (105,88)	48,65	210 × 20/21 = 200 E (105 m)	93 1/3 E (49 m)	14/15	43,02° = arctg (93 1/3/100) kl. Halbton	(0,525 m)
24.	Sesostris III.	56°	200 (105)	(61,25)	210 × 20/21 = 200 E (105 m)	116 2/3 E (61,25 m)	7/6	49,4° = arctg (116 23/100) Kleisterz	(0,525 m)
25.	Amenemhet III. (Dahschur)	54–56°	200 (105)	143 (75)	210 × 20/21 = 200 E (105 m)	142 6/7 E (75 m)	10/7	55° = arctg (142 6/7/100) gr. Tritonus	(0,525 m)
26.	Amenemhet III. (Hawara)	48–52°	200 (101,75)	(58)	210 × 10/21 = 200 E (101,5 m)	114 27 E (58 m)	8/7	48,81° = arctg (114 27/100) übergr. Ganzton	(0,5075 m)
27.	Chendjer	55°	100 (52,5)	(37,35)	210 × 10/21 = 100 E (52,5 m)	71 37 E (37,5 m)	10/7	55° = arctg (71 37/50) gr. Tritonus	(0,525 m)
28.	Unbekannt	?	175 (92)	?	210 × 5/6 = 175 E (91,875 m)	116 2/3 E (61,25 m)	4/3	53,13° = arctg (116 23/87,5) Quarte	(0,525 m)
29.	Mazghuna-S	?	100 (52,5)	?	210 × 10/21 = 100 E (52,5 m)	71 37 E (37,5 m)	10/7	55° = arctg (71 37/50) gr. Tritonus	(0,525 m)

Cheopspyramide

Abmessungen (s. F. W. Korff, 2008, S.18)

Höhe: 280 E (146,2608 m)
Länge der Basis: 441 E (230,36076 m)
Ellenlänge: 230,36076 m/441 = 0,52236 m
Rücksprung 22,05 Finger auf eine Elle, 28 F
Neigungswinkel 51°46'46", = Arctg
(80/63) = 51,78°

Die Basis-, Höhen-, Ellen-, Meter- und
Rücksprungswerte u. Winkelwerte in der
linken Spalte stimmen überein. Alle
Ellenwerte setzen sich aus den
ersten 5 Primzahlen (1,2,3,5,7) zusammen.

Die fehlerhaften Werte ↓ sind hier kursiv markiert

Falsche Abmessungen Cheopspyramide
(s. F. Müller-Römer (2011, S. 168)
Höhe 280 E (*146,6 m*)
Länge der Basis: *440* E (*230,34* m)
Rücksprung in Ellen: 280/*220*= *1,2727*...
Rücksprung in m:146,6/115,17=*1,27290*
Rücksprung *22 Finger auf eine Elle, 28 F*
1. Neigungswinkel bei RS:*1,27*... = *51,84°*
2. Neigungswinkel bei S: *1,27290*= *51,85°*
Die Pyramide des Cheops kann nur mit
einem Winkel 51,78°, nicht aber mit
zwei falschen Neigungswinkeln F.
Müller-Römers gebaut werden!

1.) Die Basis in m ist falsch. Die 11 in 440 E
kommt als höhere Primzahl nicht vor.
2.) zwei Neigungswinkel ebenfalls nicht
3.) Die Zahl 22 im RS E kommt nicht vor
4.) Der RS 28/22 resultiert nicht aus den
Angaben 1.-3. und ist daher von
F. Müller-Römer gefälscht

Die Fälschungen in ca. 14 der Korffschen Pyramidenabmessungen sind im originalen
Wortlaut und der Textgestaltung Müller-Römers durch eine beglaubigte Kopie, ohne
Änderung seiner Zeilen, hier nachzulesen, ebenso wortgleich als Rezension (2016)
veröffentlicht (http:www.fera-journal.eu) in der „Frankfurter elektronische(n) Rundschau zur
Altertumskunde" 29, S.112-117.

In dem anschließenden Kapitel I, „Das Geheimnis der Pyramidenneigungen ist
entdeckt!", befasst sich der Autor eingehend mit einer Zusammenstellung der Neigungen der Pyramiden des Alten Ägypten, die Arnold veröffentlicht hat,[6] und stellt
dazu fest, dass eine Anzahl der dort aufgeführten Rücksprünge nicht mit seinen entsprechenden Vorschlägen für den Bau der Pyramiden zusammenpasst. Er hat daher
die Liste korrigiert (S. 7) und auf den S. 9-42 für jede Pyramide die Baudaten separat
aufgeführt. Dabei werden jedoch verschiedentlich Rücksprünge genannt, die nicht den
archäologisch belegten Werten bzw. nicht ganzzahligen Werten – in Fingerbreiten
gemessen – entsprechen: So wird z. B. für die Pyramide in Meidum und für die
Cheopspyramide ein Rücksprung von 80 zu 63 (Höhe/Basishälfte) anstelle des tatsächlichen Wertes von 28 zu 22 (Verhältnis 4:3) Fingern aufgeführt.[7] Auch die angegebenen Werte für die Rücksprünge der Roten Pyramide in Dahschur Nord (Snofru)
(20 zu 21 anstelle von 28 zu 28 Fingern) sowie der Pyramiden des Mykerinos (5 zu 4
anstelle von 28 zu 22 Fingern), Sahure (80 zu 63 anstelle von 28 zu 23 Fingern),
Neferirkare (7 zu 5 anstelle von 28 zu 21 Fingern), Niuserre (81 zu 64 anstelle von 28
zu 22 Fingern), Djedkare Asosi (80 zu 63 anstelle von 28 zu 22 Fingern), Unas (3 zu 2
anstelle von 28 zu 19 Fingern), Sesostris III. (7 zu 6 anstelle von 28 zu 19 Fingern),
Amenemhet III. (Dahschur) (10 zu 7 anstelle von 28 zu 20 Fingern) und Amenemhet
III. (Hawara) (8 zu 7 anstelle von 28 zu 24 Fingern) treffen nicht zu. Weiterhin wird
von Korff die Basislänge der Cheopspyramide von (gemessenen) 440 Ellen auf 441
Ellen durch eine Anpassung des Ellenmaßes erhöht (S. 7). In weiteren Tabellen auf
S. 8 und S. 43ff. stellt Korff die Rücksprünge in Zusammenhang mit Intervallen anti-
ker Tonarten (Diatonon Malakon).

Hervorhebung
von F.W.Korff
„28 zu 22" ist kein
„(Verhältnis 4:3)",
denn
4:3 = 1,33333
28:22 = 1,2727...

Aus: F.W. Korff, Der Klang der Pyramiden, Olms Verlag, Hildesheim - Zürich - New York 2008, S. 12.

Rasterhöhe 35 cm
Normsteinhöhe $\frac{35}{2}$ = 17,5 cm
Normsteinbreite 10 cm
Normsteintiefe 10 cm
Rücksprung $(\frac{17,5}{5})$ = 3,5 = $\frac{7}{2}$
Böschungswinkel arctg 3,5 = 74,05 °

Pyramiden-Vertikalriß von Begrawiya (Sudan) im alten Kulturzentrum von Meroë, wahrscheinlich um 50 v. Chr. entstanden. Er wurde 1979 von F. B. Hinkel entdeckt.

Abb. 8 aus: Stadelmann (1997): Tafel 48 Abu Rowasch. Ausschachtung und unterste Lagen des Kernmauerwerks der Pyramiden des Djedefre. Im letzten Jahrhundert stand die niemals vollendete Pyramide noch mehrere Meter hoch an. Moderner Steinraub und heute der Abbau des Kalksteins von Abu
Rowasch zur Zementgewinnung haben den nur ungenügend ausgegrabenen Pyramidenbezirk schlimm
verwüstet.

Kapitel 5, Nr. 5 Djedefre

Berechnung der Höhe der Pyramide des Djedefre Nr. 5

(Altägyptischer Text kursiv) Nach der Regel der Übungsaufgabe Nr. 57 Papyrus Rhind:

Gegeben sei eine Pyramide, die Grundkante ist 200 Ellen (105 m).
7/4 ist ihr Rücksprung. Wie ist ihre Höhe?

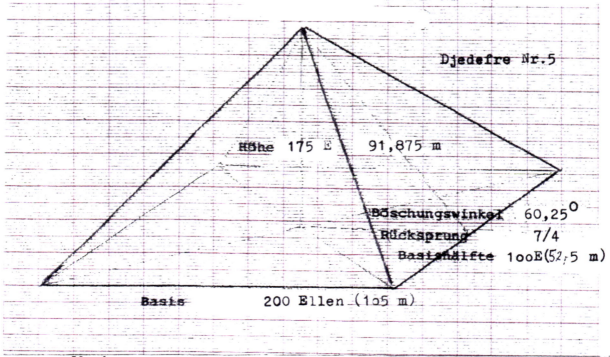

Höhe 175 E   91,875 m

Djedefre Nr.5

Böschungswinkel 60,25°
Rücksprung   7/4
Basishälfte   1ooE(52,5 m)

Basis   200 Ellen (105 m)

Um das auszurechnen, teile den Rücksprung durch 2, so erhältst du 7/8.
Nimm 7/8 von 200, das macht x 7/8 = 175 Ellen (91,875) m. Dies ist ihre
Höhe.

Ab hier: Zusatz von F.W. Korff: du kannst auch 7/4 von 100 nehmen: = 175 Ellen Höhe.
Berechnung der ausgegrabenen Grundkantenmaße der Djedefrepyramide
210 x 20/21 = 200 Ellen ist die Basislänge. Die Basishälfte ist dann 100 Ellen
(52,5 m) lang. Der Rücksprung ist, wie schon gesagt, H/(B/2),(7/4).
Die Musikalität der Djedefrepyramide entsteht in einer Oktave antiker
Tonart: DIATONON MALAKON (1 x 21/20 x 10/9 x 8/7 x 9/8 x 21/20 x 10/9 x 8/7 x 10/9 = 2)
Skalierung durch Boethius erhalten(2:1) Die verwendete Elle ist 0,525 m lang.

Basis 200 Ellen	C-Dur		
	c¹	200 Hz	
200: 8/7	b	175	
175: 10/9	a	157,5	Der Rücksprung aus Tönen b-c
157,5: 21/20	g	150	formt die Djedefrepyramide
150: 9/8	f	133 1/3	mit dem Intervall kleine Septime
133 1/3: 8/7	e	116 2/3	175/100 = 7/4
116 2/3: 10/9	d	105	BW arctg (7/4) = 60,25°
105 :21/20	c	100	

Musikalische Intervalle sind zahlengleich den harmonischen Proportionen der Architektur

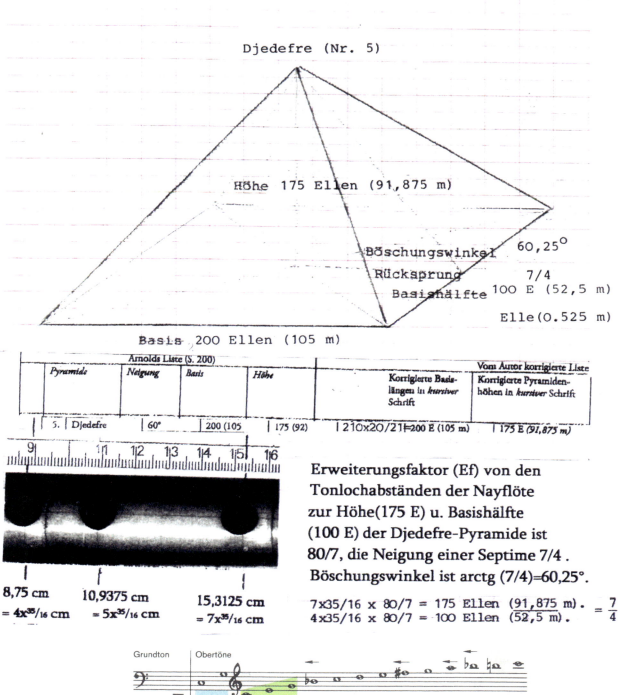

Djedefre (Nr. 5)

Höhe 175 Ellen (91,875 m)

Böschungswinkel 60,25°
Rücksprung 7/4
Basishälfte 100 E (52,5 m)
Elle (0.525 m)
Basis 200 Ellen (105 m)

	Pyramide	Neigung	Basis	Höhe		Korrigierte Basis-längen in *kursiver* Schrift	Korrigierte Pyramiden-höhen in *kursiver* Schrift
	Arnolds Liste (S. 200)						Vom Autor korrigierte Liste
5.	Djedefre	60°	200 (105)	175 (92)		210x20/21=200 E (105 m)	175 E (*91,875 m*)

8,75 cm = 4x³⁵/₁₆ cm

10,9375 cm = 5x³⁵/₁₆ cm

15,3125 cm = 7x³⁵/₁₆ cm

Erweiterungsfaktor (Ef) von den Tonlochabständen der Nayflöte zur Höhe (175 E) u. Basishälfte (100 E) der Djedefre-Pyramide ist 80/7, die Neigung einer Septime 7/4. Böschungswinkel ist arctg (7/4)=60,25°.

$$7 \times 35/16 \times 80/7 = 175 \text{ Ellen } (91,875 \text{ m}).$$
$$4 \times 35/16 \times 80/7 = 100 \text{ Ellen } (52,5 \text{ m}). = \frac{7}{4}$$

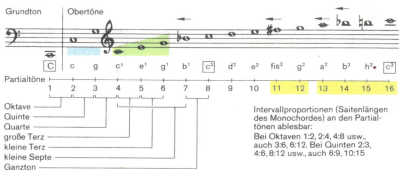

Grundton | Obertöne

C c g c¹ e¹ g¹ b¹ c² d² e² fis² g² a² b² h²• c³

Partialtöne
1 2 3 4 5 6 7 8 9 10 11 12 13 14 15 16

Oktave
Quinte
Quarte
große Terz
kleine Terz
kleine Septe
Ganzton

Intervallproportionen (Saitenlängen des Monochordes) an den Partial-tönen ablesbar:
Bei Oktaven 1:2, 2:4, 4:8 usw., auch 3:6, 6:12. Bei Quinten 2:3, 4:6, 8:12 usw., auch 6:9, 10:15

C Partial- und Obertonreihe

Abb. 3 aus: Ulrich Michels, *dtv-Atlas zur Musik*, S. 88.

69

Nr.		Arnolds Liste (S. 200)			Vom Autor korrigierte Liste (geänderte Werte kursiv)				
	Pyramide	Neigung	Basis	Höhe	Korrigierte Basislängen in *kursiver* Schrift	Korrigierte Pyramidenhöhen in *kursiver* Schrift	Rücksprungverhältnis: Höhe/Basishälfte	Böschungswinkel: Arcus Tangens H/(b/2)	Verwendetes Ellenmaß
1.	Meidum M3	51°51'	275 (144,32)	(92)	276 E (144,9 m) = 210 × 46/35 =	*175 21 E (92 m)*	80/63	51,78° = arctg (175 521/138) übergr. Terz	(0,525 m)
2.	Knickpyramide (Snofru) oben	54°31' / 44°30'	360 (189)	200 (105)	360 E (189 m) = 210 × 12/7 =	200 E (105 m)	10/9	48,01° = arctg (200/180) kl. Ganzton	(0,525 m)
3.	Dahschur-Nord	45°	420 (220)	200 (105)	420 E (220,5 m) = 210 × 2/1 =	200 E (105 m)	20/21	43,60° = arctg (200/210) kl. Halbton	(0,525 m)
4.	Cheops 51,84°	51°50'40'''	440 (230,36)	280 (146,50)	441 E (230,36 m) = 210 × 21/10 =	280 E (146,26 m)	80/63	51,78° = arctg (280/220,5) übergr. Terz	(0,52236 m)
5.	Djedefre	60°	200 (105)	175 (92)	200 E (105 m) = 210 × 20/21 =	175 E (91,875 m)	7/4	60,25° = arctg (175/100) kl. Septime	(0,525 m)
6.	Königsgrab in Zawiet el-Arjan	?	210 (110)	? drei Versionen möglich		*133 1/3 E (70 m)* / *100 E (52,5 m)* / *140 E (73,5 m)*	80/63 / 20/21 / 4/3	51,78° = arctg (133 1/3/105) übergr. Terz / 43,60° = arctg (100/105) kl. Halbton / 53,13° = arctg (140/105) Quarte	(0,525 m)
7.	Chephren	53°10'	410 (215,29)	275 (143,87)	410 E (215,25 m) = 210 × 41/21 =	*273 1/3 E (143,5 m)*	4/3	53,13° = arctg (273 1/3205) Quarte	(0,525 m)
8.	Mykerinus	51°	200 (105,5)	125 (65,55)	200 E (105,5 m) = 210 × 20/21 =	125 E (65,9375 m)	5/4	51,34° = arctg (125/100) gr. Terz	(0,5275 m)
9.	Userkaf	53°	140 (73,3)	94 (49)	140 E (73,5 m) = 210 × 2/3 =	93 1/3 E (49 m)	4/3	53,13° = arctg (93 13/70) Quarte	(0,525 m)
10.	Sahure	50°45'	150 (78,5)	(50)	150 E (78,75 m) = 210 × 5/7 =	95 5/21 E (50 m)	80/63	51,78° = arctg (95 521/75) übergr. Terz	(0,525 m)
11.	Neferirkare	54°30'	200 (105)	(72,8)	200 E (105 m) = 210 × 20/21 =	140 E (73,5 m)	7/5	54,46° = arctg (140/100) kl. Tritonus	(0,525 m)
12.	Niuserre	52°	150 (78,90)	(50)	150 E (78,75 m) = 210 × 5/7 =	95 5/21 E (50 m)	80/63	51,78° = arctg (95 521/75) übergr. Terz	(0,525 m)
13.	Neferefre	?	125 (65)	?	125 E (65,625 m) = 210 × 25/42 =	83 1/3 E (43,75 m)	4/3	53,13° = arctg (83 13/62,5) Quarte	(0,525 m)
14.	Djedkare	52°	150 (78,90)	?	150 E (78,75 m) = 210 × 5/7 =	95 5/21 E (50 m)	80/63	51,78° = arctg (95 521/75) übergr. Terz	(0,525 m)
15.	Unas	56°	110 (57,70)	(43)	110 E (57,75 m) = 210 × 11/21 =	82 ½ E (43,3125 m)	3/2	56,30° = arctg (82,555) Quinte	(0,525 m)
16.	Teti	?	150 (78,75)	100 (52,5)	150 E (78,75 m) = 210 × 5/7 =	100 E (52,5 m)	4/3	53,13° = arctg (100/75) Quarte	(0,525 m)
17.	Pepi I.	53°	150 (78,6)	100 (52,4)	150 E (78,6 m) = 210 × 5/7 =	100 E (52,4 m)	4/3	53,13° = arctg (100/75) Quarte	(0,524 m)
18.	Pepi II.	53°13'	150 (78,75)	100 (52,5)	150 E (78,75 m) = 210 × 5/7 =	100 E (52,5 m)	4/3	53,13° = arctg (100/75) Quarte	(0,525 m)
19.	Merenre	?	175 (90–95)	?	175 E (91,875 m) = 210 × 5/6 =	*116 2/3 E (61,25 m)*	4/3	53,13° = arctg (116 2/387,5) Quarte	(0,525 m)
20.	Amenemhet I.	54°	160 (84)	112 (59)	160 E (84 m) = 210 × 16/21 =	112 E (58,8 m)	7/5	54,46° = arctg = (112/80) kl. Tritonus	(0,525 m)
21.	Sesostris I.	49°24'	200 (105,23)	116 (61,25)	200 E (105 m) = 210 × 20/21 =	116 2/3 E (61,25 m)	7/6	49,4° = arctg (116 2/3100) Kleinsterz	(0,525 m)
22.	Amenemhet II.	?	160 (84)	?	160 E (84 m) = 210 × 16/21 =	*112 E (58,8 m)*	7/5	54,46° = arctg (11280) kl. Tritonus	(0,525 m)
23.	Sesostris II.	42°35'	200 (105,88)	48,65	200 E (105 m) = 210 × 20/21 =	93 1/3 E (49 m)	14/15	43,02° = arctg (93 13/100) kl. Halbton	(0,525 m)
24.	Sesostris III.	56°	200 (105)	(61,25)	200 E (105 m) = 210 × 20/21 =	116 2/3 E (61,25 m)	7/6	49,4° = arctg (116 2/3100) Kleinsterz	(0,525 m)
25.	Amenemhet III. (Dahschur)	54–56°	200 (105)	143 (75)	200 E (105 m) = 210 × 20/21 =	142 6/7 E (75 m)	10/7	55° = arctg (142 67/100) gr. Tritonus	(0,525 m)
26.	Amenemhet III. (Hawara)	48–52°	200 (101,75)	(58)	200 E (101,5 m) = 210 × 20/21 =	114 27 E (58 m)	8/7	48,81° = arctg (114 27/100) übergr. Ganzton	(0,5075 m)
27.	Chendjer	55°	100 (52,5)	(37,35)	100 E (52,5 m) = 210 × 10/21 =	71 3/7 E (37,5 m)	10/7	55° = arctg (71 37/50) gr. Tritonus	(0,525 m)
28.	Unbekannt	?	175 (92)	?	175 E (91,875 m) = 210 × 5/6 =	*116 2/3 E (61,25 m)*	4/3	53,13° = arctg (116 2/387,5) Quarte	(0,525 m)
29.	Mazghuna-S	?	100 (52,5)	?	100 E (52,5 m) = 210 × 10/21 =	*71 3/7 E (37,5 m)*	10/7	55° = arctg (71 37/50) gr. Tritonus	(0,525 m)

Djedefre

Abmessungen (s. F. W. Korff, 2008, S.18)

Höhe:175 E (91,875 m)
Länge der Basis: 200 E (105 m)
Ellenlänge: 105 m/200 = 0,525 m
Rücksprung: (175)/100 =7/4 kleine Septe
RS in E: (175/100 E) /100) = 7/4
Rücksprung in m: 91,875 m/(105 m/2) =7/4
Neigungswinkel: Arctg (7/4) = 60,26°

**Falsche Abmessungen Djedefre
(s.F. Müller-Römer (2011, S.181)**

Höhe: E ? (66 m)
Länge der Basis: 203 E (106,2 m)
Ellenlänge: 106,2 m/200 = 0,531 m
Rücksprung: 66 /106,2/2 = 1,2429
RS in E: 125 E (H = Mykerinos/100 = 5/4 = 1,4
  RS in m: 66 m/(106/2 m) = 1,2429
Neigungswinkel: Arctg 1,2429 = 51,18°
Von F. M.-R. angebener Winkel: 52°

**Kommentar v F.W.Korff zu falschen Angaben
über die Pyramide des Djedefre**

F. M.-R. hat es unterlassen; meine in E u.m
stimmigen Abmessungen zu kritisieren, weil
seine durch sieben Kollegen unterstützte
Abmessungen Djedefres einander widersprechen u. der Vergleich der Höhe Djedefres (91,875 m) als „höhengleich" mit der
Höhe Mykerinus(66 m) absurd ist, da
zwar Mykerinus' Höhe125 Ellen
(65,9375 m) ist, aber die Neigung
Djedefres bei Arnold(s.S.200) mit 60° eine
Höhe von 92 m hervorbringt. Überdies
kann die 11 in 66 m als höhere Primzahl
nicht vorkommen.Die Ellenlänge stimmt
nicht. 106,2 m /0,531 ist zwar 200, aber die
verbauteElle ist 0,525 m und 0,525x200 =
205 m. Die Basen sind ganzzahlig,106,2 m
m kann nicht sein, denn die Basis enthält
die Primzahl 59. 106,2 = 2x9x59/2x5!

**Das Fehlen einer stimmigen Theorie der
Neigungen begünstigt Fälschungen.** Da die
empirisch überlieferten Meßdaten schon oft fehlerhaft sind undweil, wenn höhere Primzahlen
als1,2,3,4,5,7 entstehen, Fälscher mit Recht annehmen, daß keine harmonischen Rücksprungproportionen in der
Nähe vermutet werden können, haben sie damit ein freies Spiel der Zahlenwahl, besonders bei Pyramidenruinen,
so daß eine Fälschung nicht bemerkt werden kann , wenn z. B. überlieferte Zahlen, die in einer
musiktheoretischen Herleitung korrekt sind, gegen andere in der Nähe liegende ausgetauscht werden. Also statt
441 Ellen der Cheopspyramidenbasis 440 Ellen, (8x5x11). Eine Methode, solcher Fälschung auf die Spur zu
kommen, ist die Überprüfung der Umrechnung von Ellen zu Meter über das Ellenmaß 0,525 m und umgekehrt. Ist
eine ganzzahlige Umrechnung nicht möglich, liegt eine Fälschung vor, denn mit falschen Zahlen oder mit
nullstelligen hätte man nicht bauen können, ohne daß bald sichtbar Baufehler hervorgetreten wären. Es sind
jedoch in Ägypten keine sichtbaren Baufehler aufgetreten, die auf Planungsfehler zurückzuführen und damit
monokausal zu deuten wären. Wenn jedoch höhere Primzahlen in der Höhe *und* Basis des Rücksprungs
vorkommen und sich deshalb bei Erhaltung des Rücksprungs herauskürzen, ist der Baufortschritt unproblema-
tisch. Steckt die 11 nur im Nenner des Rücksprungs, wie bei der Cheopspyramide der Fall (280 E/220 E), liegt ein
überlieferter Meßfehler vor, der der Pyramide nicht geschadet hat, weil es nicht aufgefallen ist, daß 441 Ellen
(3x3x7x7) verbaut wurden. Wer aber weiß, wie es sicherlich dem Ingenieur Frank Müller-Römer bekannt ist, daß
das ägyptische Meßsystem (1 Elle = 0,525 m) nur die Auswahl aus den ersten fünf Primzahlen (3x5x5x7/2x5)
enthält und die 11 in ihm nicht vorkommt, hätte sie auch im Zähler (280 Ellen) des Cheopspyramidenrücksprungs
auftreten müssen, und sie hätte sich dann herausgekürzt.Die 11 war schon in der Antike in keinem der
Rücksprünge enthalten. Wenn aber doch, dann kürzte sie sich aus Zähler und Nenner heraus, wie es beim
Rücksprung der Unaspyramide zu sehen ist und ebenso bei der 41 in Zähler und Nenner der Chephrenpyramide.
Mein Rezensent fälschte mit dem unmöglichen Rücksprung 28 Finger zu 22 Finger nicht nur eine ganze Reihe von
Pyramiden, sondern auch die Pyramiden, die er mit mehreren Rücksprüngen gleichzeitig errechnete und die
dubios waren. Sie bekamen dann ohne mathematisch plausible Herleitung gleichsam wie ein Schuß ins Blaue den
gefälschten Rücksprung 28/22 eingesetzt. Die Existenz dieser Manipulation beweisen hier die nächsten Seiten.

**Ausweglose Rettungsversuche dieser Daten
Djedefres durch F.M.-R. Er schreibt dazu:**

„Als Nachfolger des Cheops errichtete dessen Sohn Djedefre
seine Pyramide etwa 8 km nördlich von Gisa in Abu Roasch
auf einem exponierten Hügel. Mit einer Basislänge der Aus-
senverkleidung von 200 E[612] und einem Neigungswinkel von
60° [613] hatte diePyramide in etwa die Größe der Pyramide des
Mykerinos gehabt. Aufgrund neuerer Untersuchungen[614] werden die Basislängen mit 202 E/106,2 m[615], der Neigungswinkel
mit 52° und die berechnete Höhe mit 66 m angegeben." (a.a.O.
s. 181)

609 Jánosi, Königinnen, S.78.

610 Hawass, Kultpyramide.

611 Valloggia, Egyptian Archaeology.

612 Maragioglio V, p.32 und Addenda, TAV.2.

613 Maragioglio V, p.12.

614 Valloggia, Egyptian Archaeology.

615 Ein derart »ungerades« Maß für die Basis ist jedoch sehr ungewöhnlich.

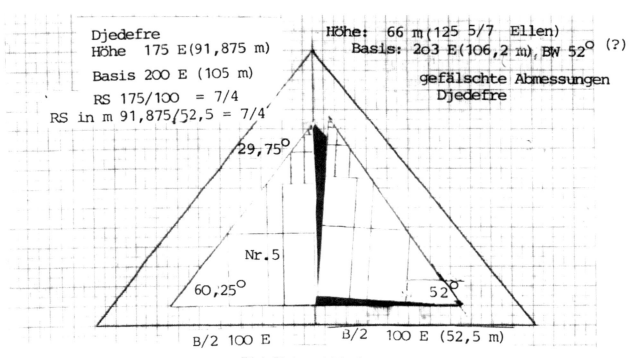

Djedefre
Höhe 175 E (91,875 m)
Basis 200 E (105 m)
RS 175/100 = 7/4
RS in m 91,875/52,5 = 7/4

Höhe: 66 m (125 5/7 Ellen)
Basis: 2o3 E (106,2 m), BW 52° (?)
gefälschte Abmessungen
Djedefre

29,75°

Nr. 5

60,25°   52°

B/2 100 E   B/2 100 E (52,5 m)

Richtige Böschungswinkel

				Falsche Böschungswinkel und Rücksprünge	
Nr. 1	Meidum	80/63 übergroße Terz	51,78°	51,84°	RS (28/22)
Nr. 2	Knickpyramide	10/9 kleiner Ganzton	48,01°		
Nr. 3	Dahschur – Nord	20/21 kleiner Halbton	43,60°	45°	RS (28/28)
Nr. 4	Cheops	80/63 übergroße Terz	51,78°	51,84°	RS (28/22)
Nr. 5	Djedefre	7/4 kleiner Septime	60,25°	52°?	RS? (14/11)
Nr. 6	Königsgrab	80/63 übergroße Terz 20/21 kleiner Halbton 4/3 Quarte	51,78° 43,60° 53,13°	51,84°	RS (14/11)
Nr. 7	Chephren	4/3 Quarte	53,13°	53,13°	RS (4/3)
Nr. 8	Mykerinus	5/4 große Terz	51,34°	51,84°	RS (28/22)
Nr. 9	Userkaf	4/3 Quarte	53,13°	53,13°	RS (4/3)
Nr. 10	Sahure	80/63 übergroße Terz	51,78°	50,19°	RS (90/75)
Nr. 11	Neferirkare	7/5 kleiner Tritonus	54,46°	54° angegeben	RS (7/5)
Nr. 12	Niuserre	80/63 übergroße Terz	51,78°	50,19°	RS (6/5)
Nr. 13	Neferefre	4/3 Quarte	53,13°	53,13°?	RS (75/100)
Nr. 14	Djedkare	80/63 übergroße Terz	51,78°	50,6°	RS (28/23)
Nr. 15	Unas	3/2 Quinte	56,30°	56° angegeben	RS (28/19)
Nr. 16	Teti	4/3 Quarte	53,13°	4 RSe fehlen	
Nr. 17	Pepi I.	4/3 Quarte	53,13°	4 RSe fehlen	
Nr. 18	Pepi II.	4/3 Quarte	53,13°	4 RSe fehlen	
Nr. 19	Merenre	4/3 Quarte	53,13°	4 RSe fehlen	
Nr. 20	Amenemhet I.	7/5 kleiner Tritonus	54,46°	52,69°	RS (21/16)
Nr. 21	Sesostris I.	7/6 Kleinstterz	49,4°	49,24°	RS (29/25)
Nr. 22	Amenemhet II.	7/5 kleiner Tritonus	54,46°	55,035°	RS (143/100)
Nr. 23	Sesostris II.	14/15 kleiner Halbton	43,02°	42,92°	RS (48,825/52,5)
Nr. 24	Sesostris III.	7/6 Kleinstterz	49,4°	49,24°	RS (29/25)
Nr. 25	Amenemhet III. (Dahschur)	10/7 großer Tritonus	55°	49,24°	RS (116/100)
Nr. 26	Amenemhet III. (Hawara)	8/7 übergroßer Ganzton	48,81°	47,84°	RS (116/105)
Nr. 27	Chendjer	10/7 großer Tritonus	55°	55°	RS (100/7)/1
Nr. 28	Unbekannt	4/3 Quarte	53,13°	53,13°	RS (4/3)
Nr. 29	Mazghuna – Süd	10/7 großer Tritonus	55°	55°	(75 m)/52,5 m

Die Winkelsumme im Dreieck beträgt 52° + 90° + 29,75° = 171,75°.

Eine Winkelsumme von 171,75° ist nicht möglich. Der Winkel 52° zeigt den Bruch. Die im ägyptischen Meß- und Maßsystem nicht vorhandene Primzahl 52 tritt in der rechten Basishälfte (52 = $2^2 \times 13$) auf. Die Pyramide ist mit den obengenannten Abmessungen nicht baubar, denn ihre 4 Grate treffen sich nicht in der Spitze des Pyramidions.

Abb. 9 aus: Stadelmann (1997): Tafel 53 Zawiet el Arian. Große Aushebung und Grabschacht für eine Pyramide der 4. Dynastie. Der Schachtboden war mit Granit- und Kalksteinblöcken ausgelegt, in die ein ovaler Basaltsarkophag vertieft war.

Kapitel 6

Kapitel 6, Nr. 6, fällt aus, da das Königsgrab in Zawiet el Arjan nicht gebaut wurde. Es existiert die Baugrube mit der Länge 210 E, 110 m.

Stattdessen ist das Kapitel 6 dem Andenken an Sir William Matthew Flinders Petrie gewidmet.

Der englische Ägyptologe Flinders Petrie verhalf mir, F. W. Korff, empirisch über die richtige Basis-länge des Pascalschen Dreiecks (441 Ellen) und über die richtige Elle (0,52236 m) der Cheopspyramide die richtigen Längen der vier Grundkanten zu finden (441 E × 0,52236 m = 230, 36076 m). Alle diese Werte sind in der Forschung nicht aufgetaucht. 230,36 m gilt nur als durchschnittlich. Für diese Leistung hätte Petrie posthum den Nobelpreis verdient, zumal ich jetzt hier mit Hilfe der Übungsaufgabe Nr. 57 im *Papyrus Rhind* 28 Rücksprünge als musikalische Intervalle identifizieren konnte, die auch mit Punkt und Komma in den neuen Zahlen stecken. Der Beweis der Richtigkeit folgt nach drei Seiten.

THE HARMONIC SERIES 1 - 64 above "A0" (overtone row)

notated using the Extended Helmholtz-Ellis JI Pitch Notation
microtonal accidentals designed by Marc Sabat and Wolfgang von Schweinitz, 2004

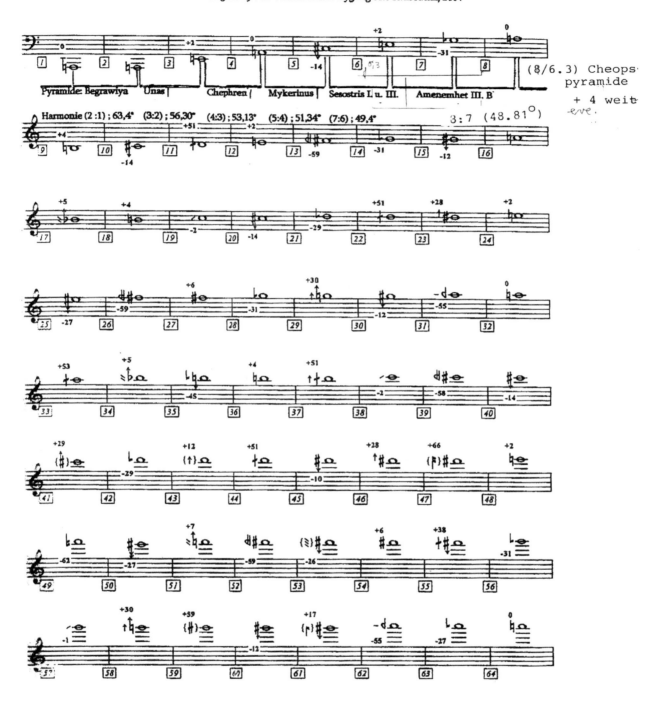

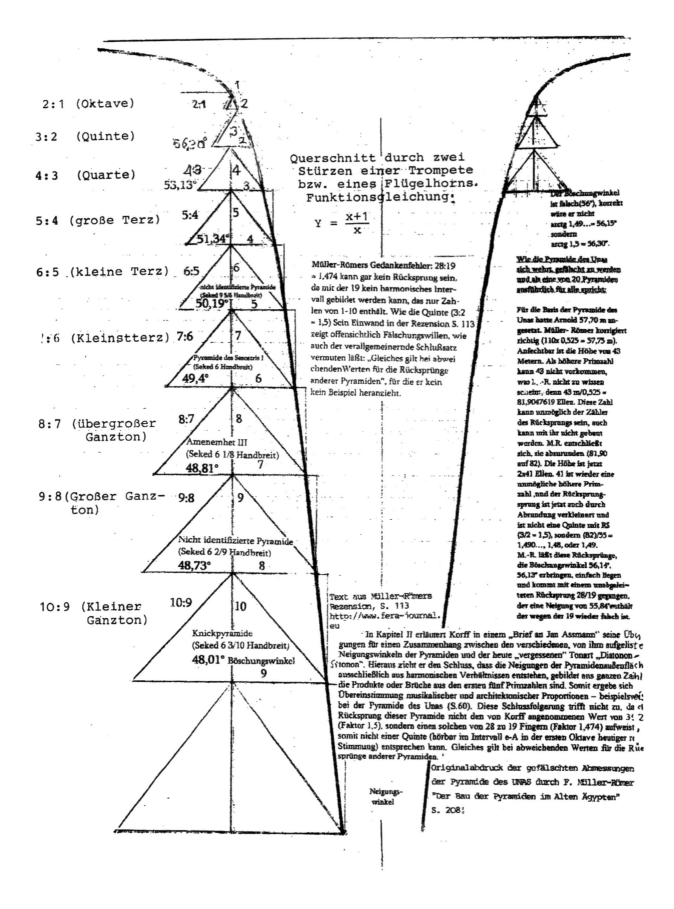

2:1 (Oktave)

3:2 (Quinte)

4:3 (Quarte)

5:4 (große Terz)

6:5 (kleine Terz)

7:6 (Kleinstterz)

8:7 (übergroßer Ganzton)

9:8 (Großer Ganzton)

10:9 (Kleiner Ganzton)

562d°
53,13°
51,34°

Querschnitt durch zwei Stürzen einer Trompete bzw. eines Flügelhorns. Funktionsgleichung:

$$Y = \frac{x+1}{x}$$

Müller-Römers Gedankenfehler: 28:19 = 1,474 kann gar kein Rücksprung sein, da mit der 19 kein harmonisches Intervall gebildet werden kann, das nur Zahlen von 1-10 enthält. Wie die Quinte (3:2 = 1,5) Sein Einwand in der Rezension S. 113 zeigt offensichtlich Fälschungswillen, wie auch der verallgemeinernde Schlußsatz vermuten läßt: „Gleiches gilt bei abweichenden Werten für die Rücksprünge anderer Pyramiden", für die er kein Beispiel heranzieht.

nicht identifizierte Pyramide (Seked 9 5/6 Handbreit)
50,19°

Pyramide des Sesostris I (Seked 6 Handbreit)
49,4°

Amenemhet III (Seked 6 1/8 Handbreit)
48,81°

Nicht identifizierte Pyramide (Seked 6 2/9 Handbreit)
48,73°

Knickpyramide (Seked 6 3/10 Handbreit)
48,01° Böschungswinkel

Der Böschungwinkel ist falsch(56°), korrekt wäre er nicht arctg 1,49... = 56,15° sondern arctg 1,5 = 56,30°.

Wie die Pyramide des Unas sich wehrt, gefälscht zu werden und als eine von 20 Pyramiden ausführlich für alle spricht:

Für die Basis der Pyramide des Unas hatte Arnold 57,70 m angesetzt. Müller-Römer korrigiert richtig (110x 0,525 = 57,75 m). Anfechtbar ist die Höhe von 43 Metern. Als höhere Primzahl kann 43 nicht vorkommen, wie M.-R. nicht zu wissen scheint, denn 43 m/0,525 = 81,9047619 Ellen. Diese Zahl kann unmöglich der Zähler des Rücksprungs sein, auch kann mit ihr nicht gebaut werden. M.R. entschließt sich, sie abzurunden (81,90 auf 82). Die Höhe ist jetzt 2x41 Ellen. 41 ist wieder eine unmögliche höhere Primzahl, und der Rücksprungsprung ist jetzt auch durch Abrundung verkleinert und ist nicht eine Quinte mit RS (3/2 = 1,5), sondern (82)/55 = 1,490..., 1,48, oder 1,49. M.-R. läßt diese Rücksprünge, die Böschungswinkel 56,14°, 56,13° erbringen, einfach liegen und kommt mit einem unabgeleiteten Rücksprung 28/19 gegangen, der eine Neigung von 55,84° enthält der wegen der 19 wieder falsch ist.

Text aus Müller-Römers Rezension, S. 113
http://www.fera-journal.eu

Neigungswinkel

In Kapitel II erläutert Korff in einem „Brief an Jan Assmann" seine Überlegungen für einen Zusammenhang zwischen den verschiedenen, von ihm aufgelisteten Neigungswinkeln der Pyramiden und der heute „vergessenen" Tonart „Diatonon-Sitonon". Hieraus zieht er den Schluss, dass die Neigungen der Pyramidenaußenfläche ausschließlich aus harmonischen Verhältnissen entstehen, gebildet aus ganzen Zahl die Produkte oder Brüche aus den ersten fünf Primzahlen sind. Somit ergebe sich Übereinstimmung musikalischer und architektonischer Proportionen – beispielsweise bei der Pyramide des Unas (S.60). Diese Schlussfolgerung trifft nicht zu, da der Rücksprung dieser Pyramide nicht den von Korff angenommenen Wert von 3:2 (Faktor 1,5), sondern einen solchen von 28 zu 19 Fingern (Faktor 1,474) aufweist, somit nicht einer Quinte (hörbar im Intervall e-A in der ersten Oktave heutiger Stimmung) entsprechen kann. Gleiches gilt bei abweichenden Werten für die Rücksprünge anderer Pyramiden.

Originalabdruck der gefälschten Abmessungen der Pyramide des UNAS durch F. Müller-Römer „Der Bau der Pyramiden im Alten Ägypten" S. 208!

Aus: F.W. Korff, Der Klang der Pyramiden, Olms Verlag, Hildesheim - Zürich - New York 2008, S. 148.

Ptolemaios' Liste antiker Tonarten

DIDYMOS (1. Jahrhundert n. Chr.)

Diatonon $\quad \frac{9}{8} \times \frac{10}{9} \times \frac{16}{15} = \frac{4}{3}$

Chroma $\quad \frac{6}{5} \times \frac{25}{24} \times \frac{16}{15} = \frac{4}{3}$

Enharmonion $\quad \frac{5}{4} \times \frac{31}{30} \times \frac{32}{31} = \frac{4}{3}$

> In dieser Fotokopie der Seite 35 habe ich aus den Auflistungen Martin Vogels Cent-Berechnungen und sechs Tonarten des späteren Aristotelesschülers Aristoxenos von Tarent fortgelassen, dafür aber die jeder Tonart zugehörigen Pyramiden in kleiner Schrift gekennzeichnet (FWK).

PLATON ("Timaios" 35a ff.), 1.Hälfte 4. Jahrhundert v. Chr., und später

ERATOSTHENES (3./2. Jahrhundert v. Chr.)

Diatonon $\quad \frac{9}{8} \times \frac{9}{8} \times \frac{256}{243} = \frac{4}{3}$ — Eine Pyramide enthält den Rücksprung aus PLATONs u. ERATOSTHENEs DIATONON: 12.Niuserre

Chroma $\quad \frac{6}{5} \times \frac{19}{18} \times \frac{20}{19} = \frac{4}{3}$

Enharmonion $\quad \frac{19}{15} \times \frac{39}{38} \times \frac{40}{39} = \frac{4}{3}$

PTOLEMAIOS (2. Jahrhundert n. Chr.)

Diatonon Homalon $\quad \frac{10}{9} \times \frac{11}{10} \times \frac{12}{11} = \frac{4}{3}$

Diatonon Syntonon $\quad \frac{10}{9} \times \frac{9}{8} \times \frac{16}{15} = \frac{4}{3}$ — 8 Pyramiden enthalten Rücksprünge aus Intervallen des DIATONON SYNTONON: 7.Chephren, 2.Mykerinus, 13.Neferefre, 15.Unas, 16.Teti, 17.Pepi I., 19.Pepi II. 28.Unbekannt

Diatonon Malakon $\quad \frac{8}{7} \times \frac{10}{9} \times \frac{21}{20} = \frac{4}{3}$ — 17 Pyramiden enthalten Rücksprünge aus Intervallen des DIATONON MALAKON: 1. Meidum. 2.Knickpyramide, 3.Dahshur-N, 4.Cheops, 5.Djedefre, 6.Königsgrab in Zawiet(Versionen a,b,c), 10.Sahure, 11.Neferirkare, 14.Djedkare, 18.Merenre, 20. Amenemhet I.,22. Amenemhet II., 25.Amenemhet III.(Dahshur), 26.Amenemhet III.(Hawara), 27.Chendjer, 28.Unbekannt, 29.Mazghuna-Süd.

Chroma Syntonon $\quad \frac{7}{6} \times \frac{12}{11} \times \frac{22}{21} = \frac{4}{3}$ — Bei der Cheopspyramide wäre eine große Terz ($\frac{7}{6} \times \frac{12}{11} = \frac{14}{11}$) im CHROMA SYNTONON möglich. Sie ist jedoch praktisch unwahrscheinlich, weil die bislang angenommene Basiskante von

Chroma Malakon $\quad \frac{6}{5} \times \frac{15}{14} \times \frac{28}{27} = \frac{4}{3}$ — 440 Ellen Länge eines unbekannten Ellenmaßes durch 441 Ellen eines bekannten Ellenmaßes von 0.5229 Meter ersetzt werden muß, das Flinders Petrie und Ludwig Borchardt

Enharmonion $\quad \frac{5}{4} \times \frac{24}{23} \times \frac{46}{45} = \frac{4}{3}$ — in der verlassenen, sogenannten "Königin-Kammer" entdeckten. Das Rücksprungverhältnis ändert sich also von der großen Terz im CHROMA SYNTONON ($\frac{14}{11}$) auf eine nunmehr anzunehmende große Terz ($\frac{8}{7} \times \frac{10}{9} = \frac{80}{63}$) im DIATONON MALAKON, einer Tonart, aus deren Intervallen allein Rücksprünge von 17 Pyramiden in Ägypten gebildet wurden. Und davon haben vier Pyramiden, 1.Meidum, 6.Königsgrab in Zawiet el Arjan(Version a), 10.Sahure und 14.Djedkare, den gleichen Böschungswinkel der Cheopsyramide! Der bisherige Böschungswinkel sinkt daher von tg($\frac{14}{11}$)= 51.84° auf tg($\frac{80}{63}$)= 51.78°.

ARCHYTAS (1. Hälfte des 4. Jahrhunderts v. Chr.)

Diatonon $\quad \frac{9}{8} \times \frac{8}{7} \times \frac{28}{27} = \frac{4}{3}$ — 3 Pyramiden enthalten Rücksprünge aus den Intervallen des DIATONON des ARCHYTAS: 21.Sesostris I., 23.Sesostris II., 24.Sesostris III.

Chroma $\quad \frac{32}{27} \times \frac{243}{224} \times \frac{28}{27} = \frac{4}{3}$

Enharmonion $\quad \frac{5}{4} \times \frac{36}{35} \times \frac{28}{27} = \frac{4}{3}$

aus:

> Martin Vogel
> **Die Enharmonik der Griechen**
>
> 1.Teil: Tonsystem und Notation
>
> Im Verlag der Gesellschaft zur Förderung der systematischen Musikwissenschaft e.V.
> Düsseldorf 1963 S.35

„Zahlenspielereien"

Die Vielzahl der Stimmungen wurde in der modernen Forschung als ein „fürchterliches Chaos" empfunden[1]. So konnte es denn nicht ausbleiben, daß sich die ablehnende Haltung, die man der Enharmonik gegenüber einnahm, samt allen Vorurteilen auf die antiken Chroai übertrug. Riemann hielt sie für „Rechenkunststücke", bei denen es wenig Wert habe, sich mit ihnen ausführlich zu befassen[2]. Für v. Hornbostel handelte es sich hierbei ebenfalls um eine „rein mathematische Spekulation", die nur beweise, daß die griechische Theorie „schon frühzeitig jeden Zusammenhang mit der Praxis verloren hatte"[3].

Fortlage nannte die Chroai „bloße Schulexperimente mit dem von Pythagoras erfundenen Kanon oder Monochord". Er hielt es für ausgemacht, „daß solche Versuche der Natur der Sache gemäß keine andere Bedeutung haben konnten, als bloße theoretische Speculationen zu erzeugen, welche innerhalb der Schulen der Philosophen unaufhörliche Dispüte erregten, während die praktischen Musiker fortfuhren, ihre Instrumente nach dem Wohlklange des natürlichen Gehörs zu stimmen"[4]. Fortlages Meinung steht in Widerspruch zur antiken Überlieferung. Ptolemaios bezieht sich bei Besprechung der Tetrachordteilungen ausdrücklich auf die Einstimmungen, die in der musikalischen Praxis seiner Zeit angewandt wurden.

„Freie Wahl der Stimmung"

In neuerer Zeit bildete sich die Meinung heraus, daß es dem Künstler freigestanden habe, nach Gutdünken und Belieben eine passende Stimmung auszuwählen[5]. Auch diese Ansicht wird durch die Hinweise, die Ptolemaios zu den Kithara- und Lyrastimmungen seiner Zeit gibt, widerlegt.

[1] So Düring bei Besprechung der chromatischen Tetrachordteilungen, in: *Ptolemaios und Porphyrios*, 255. Bei Bouasse (*Cordes et membranes*, 369) heißt es: *„On en vint à une indétermination théorique qui constitue le plus beau gâchis du monde. Un humoriste a pu écrire très raisonnablement: 'On dirait, à suivre les nombres que nous donnent les musiciens grecs, que leur musique a été particulièrement constituée pour des sourds' "*.

[2] H. Riemann, *Die Musik des Altertums*, 237.

[3] E. M. v. Hornbostel, *Musikalische Tonsysteme*, in: *Handbuch der Physik*, hrsg. H. Geiger und Karl Scheel, Band 8, Berlin 1927, 440f; Hornbostels Meinung wurde von A. Kreichgauer (*Ueber Maßbestimmungen freier Intonationen*, phil. Diss. Berlin 1932, 141) fast wörtlich übernommen. Vgl. ferner I. Henderson, in: *The New Oxford History of Music* 1, 1957, 342: *„When ancient theorists measured intervals — whether by ratios or by units — they did so for no practical purpose, but because numerical formulation was expected of an exact science"*.

[4] C. Fortlage, *Griechische Musik*, 192.

[5] J. Handschin, *Der Toncharakter*, 65: *„Ich glaube kaum, daß wir der Annahme ausweichen können, es sei damals dem ausführenden Künstler überlassen gewesen, welche „Chroa" er im Rahmen des gegebenen Tongeschlechts für den Vortrag einer Melodie wählen wollte"*.

		Arnolds Liste (S. 200)			Vom Autor korrigierte Liste (geänderte Werte kursiv)			
	Pyramide	*Neigung*	*Basis*	*Höhe*	Abstand 210 zur Basislänge	Korrigierte Basislängen in *kursiver* Schrift	Korrigierte Pyramiden-höhen in *kursiver* Schrift	Rücksprung-verhältnis: Höhe/Basishälfte
1.	Meidum M3	51°51'	275 (144,32)	(92)	210 × 46/35 =	*276 E (144,9 m)*	*175/21 E (92 m)*	80/63
2.	Knickpyramide (Snofru) oben	54°31' 44°30'	360 (189)	200 (105)	210 × 12/7 =	360 E (189 m)	200 E (105 m)	10/9
3.	Dahschur-Nord	45°	420 (220)	200 (105)	210 × 2/1 =	420 E *(220,5 m)*	200 E (105 m)	20/21
4.	Cheops 51,84°	51°50'40'''	440 (230,36)	280 (146,50)	210 × 21/10 =	*441 E* (230,36 m)	280 E (146,26 m)	80/63
5.	Djedefre	60°	200 (105)	175 (92)	210 × 20/21 =	200 E (105 m)	175 E *(91,875 m)*	7/4
6.	Königsgrab in Zawiet el-Arjan	?	210 (110)	? *drei Versionen möglich*		210 E *(110,25 m)* 210 E *(110,25 m)* 210 E *(110,25 m)*	*133 1/3 E (70 m)* *100 E (52,5 m)* *140 E (73,5 m)*	80/63 20/21 4/3
7.	Chephren	53°10'	410 (215,29)	275 (143,87)	210 × 41/21 =	410 E *(215,25 m)*	*273 1/3 E (143,5 m)*	4/3
8.	Mykerinus	51°	200 (105,5)	125 (65,55)	210 × 20/21 =	200 E (105,5 m)	*125 E (65,9375 m)*	5/4
9.	Userkaf	53°	140 (73,3)	94 (49)	210 × 2/3 =	140 E *(73,5 m)*	*93 1/3 E (49 m)*	4/3
10.	Sahure	50°45'	150 (78,5)	(50)	210 × 5/7 =	150 E *(78,75 m)*	*95 5/21 E (50 m)*	80/63
11.	Neferirkare	54°30'	200 (105)	(72,8)	210 × 20/21 =	200 E (105 m)	*140 E (73,5 m)*	7/5
12.	Niuserre	52°	150 (78,90)	(50)	210 × 5/7 =	150 E *(78,75 m)*	*95 5/21 E (50 m)*	80/63
13.	Neferefre	?	125 (65)	?	210 × 25/42 =	125 E *(65,625 m)*	*83 1/3 E (43,75 m)*	4/3
14.	Djedkare	52°	150 (78,90)	?	210 × 5/7 =	150 E *(78,75 m)*	*95 5/21 E (50 m)*	80/63
15.	Unas	56°	110 (57,70)	(43)	210 × 11/21 =	110 E *(57,75 m)*	*82 ½ E (43,3125 m)*	3/2
16.	Teti	?	150 (78,75)	100 (52,5)	210 × 5/7 =	150 E (78,75 m)	100 E (52,5 m)	4/3
17.	Pepi I.	53°	150 (78,6)	100 (52,4)	210 × 5/7 =	150 E (78,6 m)	100 E (52,4 m)	4/3
18.	Pepi II.	53°13'	150 (78,75)	100 (52,5)	210 × 5/7 =	150 E (78,75 m)	100 E (52,5 m)	4/3
19.	Merenre	?	175 (90–95)	?	210 × 5/6 =	175 E *(91,875 m)*	*116 2/3 E (61,25 m)*	4/3
20.	Amenemhet I.	54°	160 (84)	112 (59)	210 × 16/21 =	160 E (84 m)	112 E *(58,8 m)*	7/5
21.	Sesostris I.	49°24'	200 (105,23)	116 (61,25)	210 × 20/21 =	200 E *(105 m)*	*116 2/3 E (61,25 m)*	7/6
22.	Amenemhet II.	?	160 (84)	?	210 × 16/21 =	160 E (84 m)	*112 E (58,8 m)*	7/5
23.	Sesostris II.	42°35'	200 (105,88)	48,65	210 × 20/21 =	200 E *(105 m)*	93 1/3 E (49 m)	14/15
24.	Sesostris III.	56°	200 (105)	(61,25)	210 × 20/21 =	200 E (105 m)	*116 2/3 E (61,25 m)*	7/6
25.	Amenemhet III. (Dahschur)	54–56°	200 (105)	143 (75)	210 × 20/21 =	200 E (105 m)	*142 6/7 E (75 m)*	10/7
26.	Amenemhet III. (Hawara)	48–52°	200 (101,75)	(58)	210 × 20/21 =	200 E *(101,5 m)*	*114 2/7 E (58 m)*	8/7
27.	Chendjer	55°	100 (52,5)	(37,35)	210 × 10/21 =	100 E (52,5 m)	*71 3/7 E (37,5 m)*	10/7
28.	Unbekannt	?	175 (92)	?	210 × 5/6 =	175 E *(91,875 m)*	*116 2/3 E (61,25 m)*	4/3
29.	Mazghuna-S		100 (52,5)	?	210 × 10/21 =	100 E (52,5 m)	*71 3/7 E (37,5 m)*	10/7

Der Satz Müller-Römers »... hat bisher keine einleuchtende und zufrieden stellende Erklärung gefunden« ist äußerst verfänglich. Hier leugnet er die Verwendung der Primzahlen größer als 7, aber im Rest des Buches benutzt er sie.

Zitiert aus:

Frank Müller-Römer, Der Bau der Pyramiden im Alten Ägypten, Herbert Utz Verlag GmbH, München 2011, S. 224.

„Die Fragestellung, warum die Pyramiden im AR und im MR mit wechselnden Neigungswinkeln zwischen 28 Finger auf eine Elle bei der Roten Pyramide und 21 bzw. 22 Finger auf eine Elle bei den vielen Pyramiden des AR hin bis zu 18 Fingern auf eine Elle bei den Pyramiden des MR gebaut wurden, hat bisher keine einleuchtende und zufrieden stellende Erklärung gefunden.

Der Philosoph und Schriftsteller Korff[68] stellt in seinem Buch »Der Klang der Pyramiden«[69] die Behauptung auf, dass im Alten Ägypten die mathematischen und musiktheoretischen Kenntnisse und Erfahrungen des alten Griechenland zur Zeit Platons bekannt waren und dem Pyramidenbau zugrunde lagen. So seien die Rücksprünge (Neigungswinkel) der Pyramiden auf altägyptische Tonabstände zurückzuführen.

Dieser Hypothese kann mit Blick auf die archäologischen Belege aus der Zeit des AR und des MR nicht zugestimmt werden."

Böschungswinkel: Arcus Tangens $H/(b/2)$	Verwendetes Ellenmaß	
$51,78° = $ arctg$(175\ 5/21/138)$ kl. Ganzton	(0,525 m)	28/22 = 1,2727
$48,01° = $ arctg$(200/180)$ kl. Ganzton	(0,525 m)	28/22 = 1,2727
$43,60° = $ arctg$(200/210)$ kl. Halbton	(0,525 m)	28/28 = 1 / 28/22 = 1,2727
$51,78° = $ arctg$(280/220,5)$ übgr. Terz	(0,2236 m)	
$50,25° = $ arctg$(175/100)$ kl. Septime	(0,525 m)	
$51,78° = $ arctg$(133\ 1/3/105)$ übgr. Terz	(0,525 m)	
$43,60° = $ arctg$(100/105)$ kl. Halbton	(0,525 m)	
$53,13° = $ arctg$(140/105)$ Quarte	(0,525 m)	
$53°48' = $ arctg$(273\ 1/3/205)$ Quarte	(0,525 m)	28/22 = 1,2727
$51,34° = $ arctg$(125/100)$ gr.Terz	(0,5275 m)	
$53,13° = $ arctg$(93\ 1/3/70)$ Quarte	(0,525 m)	
$51,78° = $ arctg$(95\ 5/21/75)$ üb.Terz	(0,525 m)	28/23 = 1,21739
$46° = $ arctg$(140/100)$ kl.Tritonus	(0,525 m)	
$51,78° = $ arctg$(95\ 5/21/75)$ üb.Terz	(0,525 m)	28/22 = 1,2727
$53,13° = $ arctg$(83\ 1/3/62,5)$ Quarte	(0,525 m)	
$51,78° = $ arctg$(95\ 5/21/75)$ üb.Terz	(0,525 m)	28/22 = 1,2727
$56,30° = $ arctg$(82,5/55)$ Quinte	(0,525 m)	28/19 = 1,4736
$53,13° = $ arctg$(100/75)$ Quarte	(0,525 m)	
$53,13° = $ arctg$(100/75)$ Quarte	(0,524 m)	
$53,13° = $ arctg$(100/75)$ Quarte	(0,525 m)	
$53,13° = $ arctg$(116\ 2/3/87,5)$ Quarte	(0,525 m)	
$54,46° = $ arctg$(112/80)$ kl. Tritonus	(0,525 m)	
$49°23'5'' = $ arctg$(116\ 2/3/100)$ Kleinstterz	(0,525 m)	
$54,46° = $ arctg$(112/80)$	(0,525 m)	
$43,02° = $ arctg$(93\ 1/3/100)$ kl.Halbton	(0,525 m)	
$49,4° = $ arctg$(116\ 2/3/100)$	(0,525 m)	28/19
$55° = $ arctg$(142\ 6/7/100)$ gr.Tritonus	(0,525 m)	
$43,81° = $ arctg$(114\ 2/7/100)$ übgr. Ganzton	(0,5075 m)	
$55° = $ arctg$(71\ 3/7/50)$ gr.Tritonus	(0,525 m)	
$53,13° = $ arctg$(116\ 2/3/87,5)$ Quarte	(0,525 m)	
$55° = $ arctg$(71\ 3/7/50)$ gr. Tritonus	(0,525 m)	

#	Pyramide	Arnolds Liste (S. 200)			Vom Autor korrigierte Liste (geänderte Werte kursiv)				
		Neigung	Basis	Höhe	Korrigierte Basislängen in *kursiver* Schrift	Korrigierte Pyramidenhöhen in *kursiver* Schrift	Rücksprungverhältnis: Höhe/Basishälfte	Böschungswinkel: Arcus Tangens H/(b:2)	Verwendetes Ellenmaß
1.	Meidum M3	51°51'	275 (144,32)	(92)	210 × 46/35 = *276 E (144,9 m)*	*175/21 E (92 m)*	80/63	51,78° = arctg (175 521/138) übergr. Terz	(0,525 m)
2.	Knickpyramide (Snofru) oben	54°31' / 44°30'	360 (189)	200 (105)	210 × 12/7 = *360 E (189 m)*	200 E (105 m)	10/9	48,01° = arctg (200/180) kl. Ganzton	(0,525 m)
3.	Dahschur-Nord	45°	420 (220)	200 (105)	210 × 2/1 = *420 E (220,5 m)*	200 E (105 m)	20/21	43,60° = arctg (200/210) kl. Halbton	(0,525 m)
4.	Cheops 51,84°	51°50'40'''	440 (230,36)	280 (146,50)	210 × 21/10 = *441 E (230,36 m)*	280 E (146,26 m)	80/63	51,78° = arctg (280/220,5) übergr. Terz	(0,52236 m)
5.	Djedefre	60°	200 (105)	175 (92)	210 × 20/21 = 200 E (105 m)	175 E (91,875 m)	7/4	60,25° = arctg (175/100) kl. Septime	(0,525 m)
6.	Königsgrab in Zawiet el-Arjan	? *drei Versionen möglich*	210 (110)	?	*210 (110,25 m)* / *210 (110,25 m)* / *210 (110,25 m)*	*133 1/3 E (70 m)* / *100 E (52,5 m)* / *140 E (73,5 m)*	80/63 / 20/21 / 4/3	51,78° = arctg (133 1/3/105) übergr. Terz / 43,60° = arctg (100/105) kl. Halbton / 53,13° = arctg (140/105) Quarte	(0,525 m)
7.	Chephren	53°10'	410 (215,29)	275 (143,87)	210 × 41/21 = *410 E (215,25 m)*	*273 1/3 E (143,5 m)*	4/3	53,13° = arctg (273 1/3/205) Quarte	(0,525 m)
8.	Mykerinus	51°	200 (105,5)	125 (65,55)	210 × 20/21 = 200 E (105,5 m)	125 E (65,9375 m)	5/4	51,34° = arctg (125/100) gr. Terz	(0,5275 m)
9.	Userkaf	53°	140 (73,3)	94 (49)	210 × 2/3 = 140 E (73,5 m)	93 1/3 E (49 m)	4/3	53,13° = arctg (93 1/3/70) Quarte	(0,525 m)
10.	Sahure	50°45'	150 (78,5)	(50)	210 × 5/7 = *150 E (78,75 m)*	95 5/21 E (50 m)	80/63	51,78° = arctg (95 521/75) übergr. Terz	(0,525 m)
11.	Neferirkare	54°30'	200 (105)	(72,8)	210 × 20/21 = 200 E (105 m)	140 E (73,5 m)	7/5	54,46° = arctg (140/100) kl. Tritonus	(0,525 m)
12.	Niuserre	52°	150 (78,90)	(50)	210 × 5/7 = *150 E (78,75 m)*	95 5/21 E (50 m)	80/63	51,78° = arctg (95 521/75) übergr. Terz	(0,525 m)
13.	Neferefre	?	125 (65)	?	210 × 25/42 = *125 E (65,625 m)*	83 1/3 E (43,75 m)	4/3	53,13° = arctg (83 1/3/62,5) Quarte	(0,525 m)
14.	Djedkare	52°	150 (78,90)	?	210 × 5/7 = *150 E (78,75 m)*	95 5/21 E (50 m)	80/63	51,78° = arctg (95 521/75) übergr. Terz	(0,525 m)
15.	Unas	56°	110 (57,70)	(43)	210 × 11/21 = *110 E (57,75 m)*	82 ½ E (43,3125 m)	3/2	56,30° = arctg (82,555) Quinte	(0,525 m)
16.	Teti	?	150 (78,75)	100 (52,5)	210 × 5/7 = *150 E (78,75 m)*	100 E (52,5 m)	4/3	53,13° = arctg (100/75) Quarte	(0,525 m)
17.	Pepi I.	53°	150 (78,6)	100 (52,4)	210 × 5/7 = *150 E (78,6 m)*	100 E (52,4 m)	4/3	53,13° = arctg (100/75) Quarte	(0,524 m)
18.	Pepi II.	53°13'	150 (78,75)	100 (52,5)	210 × 5/7 = *150 E (78,75 m)*	100 E (52,5 m)	4/3	53,13° = arctg (100/75) Quarte	(0,525 m)
19.	Merenre	?	175 (90–95)	?	210 × 5/6 = *175 E (91,875 m)*	116 2/3 E (61,25 m)	4/3	53,13° = arctg (116 2/387,5) Quarte	(0,525 m)
20.	Amenemhet I.	54°	160 (84)	112 (59)	210 × 16/21 = *160 E (84 m)*	112 E (58,8 m)	7/5	54,46° = arctg = (112/80) kl. Tritonus	(0,525 m)
21.	Sesostris I.	49°24'	200 (105,23)	116 (61,25)	210 × 20/21 = 200 E (105 m)	116 2/3 E (61,25 m)	7/6	49,4° = arctg (116 2/3/100) Kleinsterz	(0,525 m)
22.	Amenemhet II.	?	160 (84)	?	210 × 16/21 = *160 E (84 m)*	112 E (58,8 m)	7/5	54,46° = arctg (112/80) kl. Tritonus	(0,525 m)
23.	Sesostris II.	42°35'	200 (105,88)	48,65	210 × 20/21 = 200 E (105 m)	93 1/3 E (49 m)	14/15	43,02° = arctg (93 1/3/100) kl. Halbton	(0,525 m)
24.	Sesostris III.	56°	200 (105)	(61,25)	210 × 20/21 = 200 E (105 m)	116 2/3 E (61,25 m)	7/6	49,4° = arctg (116 2/3/100) Kleinsterz	(0,525 m)
25.	Amenemhet III. (Dahschur)	54–56°	200 (105)	143 (75)	210 × 20/21 = 200 E (105 m)	142 6/7 E (75 m)	10/7	55° = arctg (142 6/7/100) gr. Tritonus	(0,525 m)
26.	Amenemhet III. (Hawara)	48–52°	200 (101,75)	(58)	210 × 20/21 = *200 E (101,5 m)*	*114 2/7 E (58 m)*	8/7	48,81° = arctg (114 2/7/100) übergr. Ganzton	(0,5075 m)
27.	Chendjer	55°	100 (52,5)	(37,35)	210 × 10/21 = 100 E (52,5 m)	71 3/7 E (37,5 m)	10/7	55° = arctg (71 3/7/50) gr. Tritonus	(0,525 m)
28.	Unbekannt	?	175 (92)	?	210 × 5/6 = *175 E (91,875 m)*	116 2/3 E (61,25 m)	4/3	53,13° = arctg (116 2/387,5) Quarte	(0,525 m)
29.	Mazghuna-S	?	100 (52,5)	?	210 × 10/21 = 100 E (52,5 m)	71 3/7 E (37,5 m)	10/7	55° = arctg (71 3/7/50) gr. Tritonus	(0,525 m)

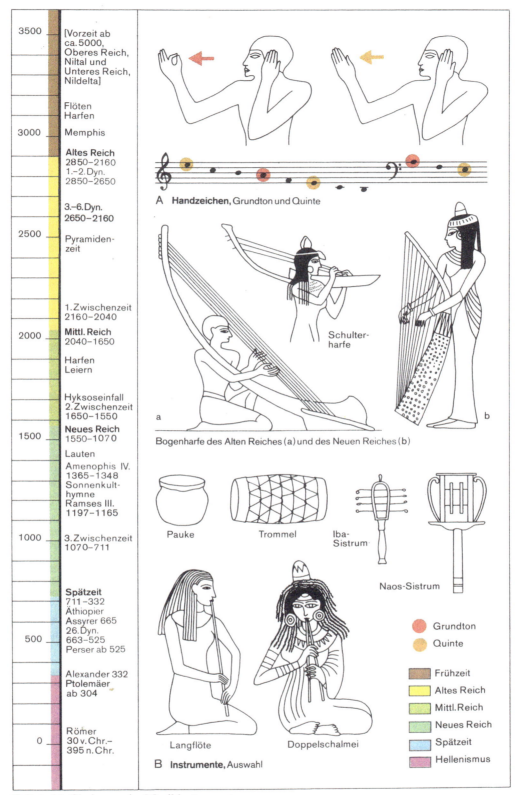

A Handzeichen, Grundton und Quinte

Schulterharfe

Bogenharfe des Alten Reiches (a) und des Neuen Reiches (b)

Pauke   Trommel   Iba-Sistrum

Naos-Sistrum

● Grundton
● Quinte

■ Frühzeit
■ Altes Reich
■ Mittl. Reich
■ Neues Reich
■ Spätzeit
■ Hellenismus

Langflöte   Doppelschalmei

B Instrumente, Auswahl

Zeitleiste:

3500 — [Vorzeit ab ca. 5000, Oberes Reich, Niltal und Unteres Reich, Nildelta]

Flöten Harfen

3000 — Memphis

Altes Reich 2850–2160
1.–2. Dyn. 2850–2650

3.–6. Dyn. 2650–2160

2500 — Pyramidenzeit

1. Zwischenzeit 2160–2040

2000 — **Mittl. Reich** 2040–1650

Harfen Leiern

Hyksoseinfall 2. Zwischenzeit 1650–1550

Neues Reich 1550–1070

1500 — Lauten
Amenophis IV. 1365–1348
Sonnenkulthymne
Ramses III. 1197–1165

1000 — 3. Zwischenzeit 1070–711

Spätzeit 711–332
Äthiopier
Assyrer 665
26. Dyn. 663–525
Perser ab 525

500 —

Alexander 332
Ptolemäer ab 304

Römer 30 v.Chr.–395 n.Chr.

0 —

Zeitstrahl, Cheironomie, Musikinstrumente

Abb. 10 aus: Ulrich Michels, *dtv-Atlas zur Musik*, Tafeln und Texte, Band 1 Systematischer Teil, Historischer Teil: Von den Anfängen bis zur Renaissance, 16. Auflage, München 1995, S. 164.

Das Land am Nil gehört zum ältesten Siedlungsgebiet der Erde. Der instrumentale Urbesitz ist reichlich nachgewiesen: gefüllte Hohlkörper als *Rasseln, Schwirrhölzer, Gefäßpfeifen* aus Muscheln und Ton u. a. m. In der Zeit der ersten Blüte der Stadt Memphis um 3000 v. Chr. und der Gründung des *Alten Reiches,* hat die Musik sich bereits aus ihren magisch-kultischen Anfängen heraus zu einer Kunst entwickelt, die im Tempel, am Hofe und im Volke unterschiedlich ausgeübt wurde. Instrumente noch aus dem 4. Jts. v. Chr. sind **Langflöte** und **Harfe,** letztere im Altertum eine Art *Nationalinstr.* der Ägypter. Die Grabkammern mit ihrem Bilderschmuck, den Hieroglyphen und den erhaltenen Instr. als Grabbeigaben lassen Rückschlüsse auf das Musikleben zu.

Altes Reich (2850–2160 v. Chr.)
Als **Saiteninstrument** diente die große und auf dem Boden stehende **Bogenharfe** (Abb. B). Der einteilige Saitenhalter erinnert noch an den älteren *Musikbogen* (vgl. S. 34). Er läuft in einen breiten, schaufelförmigen Resonator aus, der oft mit unheilabwehrenden Götteraugen bemalt ist (vgl. griech. Leiern, S. 172). Die 6–8 Saiten wurden unten an einem Stimmstock befestigt (gemeinsames Umstimmen aller Saiten? Ist noch heute für die Harfe typisch). In den Bildern sieht man die Harfe als Begleitinstr. mit Sängern, Flötenspielern usw. zusammen, einmal auch als Orchester mit 7 Harfen.
Als **Blasinstrumente** finden sich die alte **Langflöte,** die **Doppelschalmei** und die **Trompete.** Die Langflöte ist ein 100–120 cm langes Bambusrohr mit 4–6 Grifflöchern und ohne Mundstück (Abb. B). Sie existiert noch heute als *Nay* und *Uffata* in der Kunst- bzw. Volksmusik Ägyptens. Die Doppelschalmei, mit gekreuzter Handhaltung gespielt, lebt in der heutigen *Zummarah* Ägyptens fort. Die Röhren waren gleichlang (Abb. B). Vielleicht blies man die gleiche Melodie doppelt mit geringen Schwebungen (heutige Praxis), oder es handelte sich um Heterophonie bzw. Bordunpraxis. – Trompeten dienten im Totenkult.
Als **Schlaginstrumente** kamen hinzu: **Handpauken, Trommeln** (Abb. B), **Klappern, Klapperstöcke** und im Isiskult die **Sistren** (*Isisklapper*). Es gab **Berufsmusiker,** deren Namen z. T. überliefert sind (der älteste: KHUFU-ANCH, Sänger und Flötist am Hofe, 3. Jts. v. Chr.).
Das **Tonsystem** scheint pentatonisch oder heptatonisch gewesen zu sein, wie man aus der Saitenzahl der Harfen und aus Vermessung der Grifflochabstände der Flöten und Schalmeien entnimmt. Eine Notenschrift gab es nicht, jedoch entwickelten die Ägypter die älteste bekannte **Cheironomie:** bestimmte Handzeichen und Armstellungen bezeichneten bestimmte Töne (Abb. A, nach HICKMANN). Auf zahlreichen Darstellungen finden

sich »Dirigenten«, die solche Handzeichen Sängern, Flötisten, Harfenisten usw. geben.

Mittleres Reich (2040–1650 v. Chr.)
Es kommen neue Instr. hinzu, vor allem die **Leier** aus dem kleinasiat. Raum und neue **Trommelarten** (mit Lederriemen bespannt wie afrikan. Röhrentrommeln, Abb. B). Neben das ältere **Iba-Sistrum** in Hufeisenform tritt nun das **Naos-Sistrum** in stilisierter Tempelsilhouette (Abb. B).

Neues Reich (1550–1070 v. Chr.)
Die Harfe entwickelt schon im Mittleren Reich neue Formen, die nun auf Abbildungen des Neuen Reiches erscheinen. Hierzu gehört die saitenreiche (8–16, meist 10–12) **Standharfe** mit gebogenem Schallkasten mit Blattornamenten und die kleinere bootsförmige 3– 5saitige **Schulterharfe,** beide meist in Frauenhand (Abb. B). Noch kleiner waren die späteren, sichelförmigen **Handharfen,** die auch auf Tisch oder Ständer gestellt wurden (*Sängerharfen*). Zum anderen gab es mannshohe, gewölbte **Riesenharfen,** bes. zur Zeit RAMSES' III., die meist von Priestern gespielt wurden. Dazu kommt aus Vorderasien die kleinere **Winkelharfe** (assyr., vgl. S. 160) und neue **Leierformen.** Importiert wird nun auch die **Laute.** Sie erscheint in Ägypten in drei Formen: als Langhalslaute (vgl. S. 160), als Rebabtyp und gitarrenartig.
Als Blasinstrumente sind die **Doppeloboen** neu, an Schlaginstrumenten **Handtrommeln** in neuer Form und **Becken.**
Vermessung der Bundabstände auf den Lauten sowie der Grifflöcher der neuen Oboen zeigen, daß die *Tonabstände enger* werden. Hier entwickelt sich also das halbtonstufige System der Spätantike.
Erhalten ist *Liebeslyrik* und der Text einer *Sonnenhymne* aus der Zeit des AMENOPHIS IV. (ECHNATON).

Die Spätzeit (711–332 v. Chr.)
und die **Zeit der Ptolemäer** bringt die im Mittelmeerraum und Kleinasien bekannten Instr. auch nach Ägypten. Neu sind **große Trommeln, Gefäßtrommeln** nach Art der heutigen arab. *Darabukken* (ähnl. Abb. B) und **Gabelbecken,** ferner einige Blasinstr.
Je stärker ausländ. Instrumente, Musiker und fremdes Musikdenken das Land überschwemmen, desto stärker machen sich restaurative Tendenzen bemerkbar. Die alte Musik steht für hohes Ethos und ist wichtiger Erziehungsfaktor. Auf diesen ägypt. Konservativismus berufen sich die klass. griech. Schriftsteller wie HERODOT und PLATO in ihrem Musikdenken.
Aus hellenist. Zeit stammt die erste Orgel, die **Hydraulis** des KTESIBIOS aus Alexandria (3. Jh. v. Chr., vgl. S. 178) und eines der frühesten (christl.) Notendenkmäler, der Hymnus aus Oxyrhynchos (3. Jh. n. Chr., vgl. S. 180).

Seite aus: Ulrich Michels, *dtv-Atlas zur Musik*, Tafeln und Texte, Band 1 Systematischer Teil, Historischer Teil: Von den Anfängen bis zur Renaissance, 16. Auflage, München 1995, S. 165.

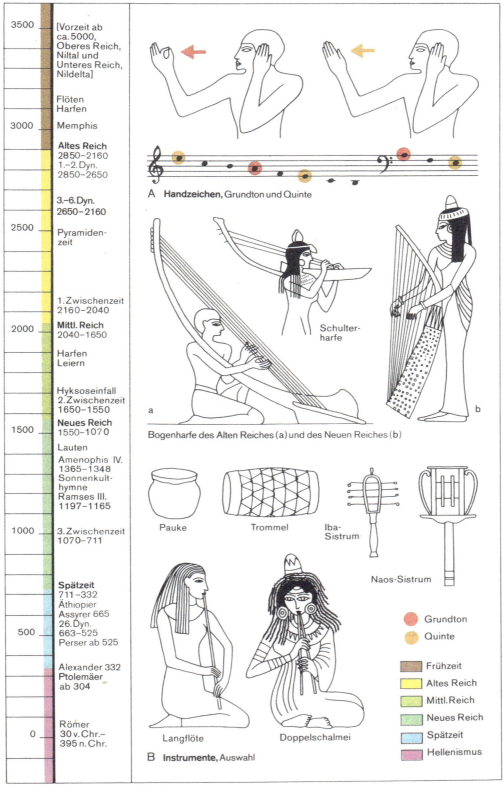

Zeitstrahl, Cheironomie, Musikinstrumente

Abb. 10 aus: Ulrich Michels, *dtv-Atlas zur Musik*, Tafeln und Texte, Band 1 Systematischer Teil, Historischer Teil: Von den Anfängen bis zur Renaissance, 16. Auflage, München 1995, S. 164.

Es entstehen mit einem Schlag ehemals richtige,
jetzt 10 neue gefälschte Pyramidenabmessungen.
Frank Müller-Römer wird nicht vergessen haben,
daß diesePyramiden mit dem Rücksprung 22 bis
18 Finger im ersten Teil dieser Studie von Nr. 1-
Nr.5 als richtige gegen meine angeblich falsche von
ihm ausgetauscht wurden. Dabei übersah er
Ludwig BorchardtsWarnung, daß nur kleine
Zahlen von1-10 für die Bildung der Rücksprünge
in Ellen in Frage kommen können (S. hier S. 1.
Ich halte dagegen, daß meine Tabelle, die die Inter-
Valle der Tonarten von der Antike bis zur Gegen-
wart in Ellen <u>und</u> Meter mathematisch exakt aus-
rechnete, stimmen,während die Rücksprung - und
Pyramidenberechnungen Müller-Römers an beiden
Stellen im Buch <u>sämtlich falsch</u> sind.
Auch Platon, den Müller-Römer als frühen Kalfaktor
meiner Thesen in der Musiktheorie ansah,
beschwichtigte   contre ceur(?) mit einem hier
nebenstehenden Text zu einer Zeit,
in der der Philosoph gar nicht gelebt, geschweige
denn gewirkt haben konnte. Im Text, längst vor
der Korffschen Rezension geschrieben, leugnete Müller-
Römer Rücksprünge in platonischer Einheit der „drei
Wissensgebiete" in Ägypten nicht, betonte sie sogar!

„ Platon, griechischer Philosoph im 4.Jh.v.
Chr, befaßte sich mit
dem Zusammenhang zwischen
Mathematik und Musiktheorie ,den
er *desmos* - das Band - nannte. In
seinen 'Nomoi' führte er dazu
aus, daß die drei Wissensgebiete
Arithmetik, Geometrie und Musiktheorie miteinamder als eine Einheit
verbunden seien. Platon hielt sich
einige Monate in Heliopolis auf
und sprach von den mathematischen
Kenntnissen im damaligen
Ägypten voller Hochachtung"
Frank Müller - Römer, (a.a.0.,S. 141)

86

Kapitel (6a)
Linke Spalte aus L. Borchardts Text a.a.0. S.11 ff.

„Das Grundlegende ist vielmehr stets, daß der
Rücksprung bei einer Elle Steigung sich irgendwie durch das ägyptische Maßsystem ausdrücken läßt

KOMMENTAR VON F.W. KORFF
Bemerkung von Ludwig Borchardt
über das ägyptische Maßsystem ist
richtig. Ich werde sie sogleich aufzeigen.

Damit hat der Ägypter eine sehr große Mannig-
faltigkeit erreicht. Er kann Böschungen voraus
bestimmen, bei denen der Rücksprung ganze
Handbreiten und deren Bruchteile sein soll, aber
er kann auch noch weitergehen und Handbreiten,
Finger und deren Bruchteile zur Bestimmung
benutzen. Allerdings ist er in der Wahl der Bruchteile
beschränkt, denn er kennt nur Einheitsbrüche,
d.h. Brüche mit dem Zähler 1 , wie z.B 1 /27,

**Gegen die Zahlenmyſtik
an der großen Pyramide
bei Giſe**

Vortrag 1922
gehalten in der Vorderaſiatiſch-ägyptiſchen Geſellſchaft
zu Berlin am 1. Februar 1922

von

Ludwig Borchardt

1/3, ¼ usw., die er aber auch zusammensetzen
kann z.B. ¼ + 1/8, unser 3/8. Daneben gebraucht
er noch als einzige Brüche, die nicht Einheitsbrüche sind: 2/3 und ¾, d.h die Einheit weniger
einem Einheitsbruch, 1-1/3, 1-1/4. Es sind also

Borchardts Vorführung der Bruchrechnung
aus dem alten Ägypten ist unnötig, bis auf
auf die Quarte 4/3, d.h. die Einheit minus
einem Einheitsbruch(1-1/3) u. auf (1-1/4),
Quinte 5/4, das sind Intervalle, die aus der
Funktionsgleichung $Y= (x+1)/x$ Partial –
u. Obertonreihe stammen. So ist 4/3
Chephrens Rücksprung u. weiterer
weiterer 9 (!) Pyramiden, 5/4 ist Rücksprung der Mykerinus-Pyramide.

weitere recht viele Teilungsmöglichkeiten,
die ihm zuGebote stehen, und daß er davon zur
Erzielungvon kleinen Winkelunterschieden Gebrauch
macht, sahen wir an der Aufgabe Nr. 56 oben, in
der der Rücksprung bis auf die Kleinigkeit von
1/25 H – 3 mm genau ausgerechnet wird.

Die Zahlen in den Aufgaben lehren uns noch
einiges mehr, was für die Beurteilung der Pyra-
midentheorien zu wissen ganz nützlich sein kann:
Die Grundkanten bei den größeren Pyramiden
sind runde Zahlen, die Höhen aber brauchen
nicht einmal ganzzahlig sein.
Ich schließe daraus weiter, daß für die alten Bau-
meister das eigentlich Bestimmende an einer Pyramide die Grundkante und der Böschungsrück-
sprung waren, alles andere, wie Höhe, Kantenwinkel
usw.,ergab sich von selbst und war daher für den
Entwurf unwesentlich.
Man mußte wohl die Höhe ausrechnen können, um
vielleicht bei Materialberechnungen zu benutzen,
aber nachmessen konnte sie niemand." S.11

Mit dem Zähler der Böschungs-
rücksprünge und den Erweiterungs-
faktoren der Bohrlochabstände der
Nayflöte multipliziert, ergab sich die
Höhe von selbst u. war unwesentlich.
Die Regel der Berechnungen
gewann man aus der Übungsaufgabe
Nr. 9 (Userkaf, Pap. Rindt Nr.57)

„**Das Grundlegende** ist vielmehr stets, daß der Rücksprung bei einer Elle Steigung sich
irgendwie durch das ägyptische Maßsystem ausdrücken läßt." Ludwig Borchardt a.a.O. S.11
Auf dieses „Irgendwie" ist der große Ägyptologe nicht gekommen. Ich bin froh, zu helfen:

Das „Irgendwie" der 29 noch fehlenden Höhen löst die Übungsaufgabe Nr. 57 im Papyrus Rindt (s. die folgenden Kapitel):

Die folgenden Zeilen richten sich an die englischen Ägyptologen

Hätte Euer Pyramidenforscher *Flinders Petrie* nicht ab 1882 so intensiv geforscht, gäbe es ab1922 weder eine exakte Kantenlänge der Cheopspyramide, noch den Rücksprung 80/63, die Elle 0,52236 m und sich anschließende exakte Abmessungen fünf weiterer Pyramiden (Nr.1 Meidum, Nr. 5 Königsgrab, Sahure Nr. 10, Nr. 12 Niuserre und Nr 14 Djedkare), allesamt mit gleichem Rücksprung 80/63. Ohne Petrie, wie man gleich sieht, hätte ich ihre Maße nicht bestätigen können.Denn Aufschluß über diesen Zusammenhang giebt sogar die herkömmliche Zahl 440 Ellen für die Basis der Cheopspyramide. Zwar nimmt sie auch Müller-Römer an, jedoch ist sie nicht möglich, weil sie die Elf im Rücksprung-Nenner enthält(14/11). Die 11 kommt im ägyptischen Meß-und Maßsystem aus fünf ersten Primzahlen 1,2,3,5,7 nicht vor. Sie muß jetzt ihren Platz zugunsten der Zahl 441 = (3x7) x (3x7) räumen.

Es geschieht ein Wunder

Dies geht triftig aus aus dem folgenden, schon anzititierten Text L. Borchardts(a.a.0. S.19,20) hervor. Petries Genauigkeit und Borchardts wohlwollender Überzeugungskraft halber mache ich eine Kopie aus dem Original-Text. Borchardt schreibt dort: „1882 ermittelte P e t r i e an den übrigen drei Seiten tief im Schutt auch kurze Stücke davon oder wenigstens ihre Standspuren. Er hat dann je einen der so ermittelten Punkte der Grundkante an jeder Seite in seine trigonometrische Vermessung des Pyramidenfeldes mit aufgenommen, allerdings nicht als Hauptdreieckspunkte, sondern als sekundäre, was die Fehlermöglich-keiten erhöht hat. Aber selbsr selbst wenn diese vier Punkte ganz genau festgelegt hätten, ständen wir immer noch vor einer ungelösten oder vielmehr unlösbaren Frage. Wir hätten nämlich durch diese vier Punkte die vier Seiten des Quadrats der Grundfläche zu legen, falls diese Grundfläche eine g e n a u e s Quadrat war, was sicher nicht der Fall gewesen ist. Ein wirklich genaues Ergebnis werden wir also so nicht erhalten und konnte also auch P e t r i e bei seinen damaligen Messungen und Verechnungen nicht bekommen. Seine Werte für die vier Seiten, die zwischen 230,320 und 230, 365 m mit dem Durchschnittswerte 230,348 mliegen, können also nur als die besten bisher erreichten Näherungswerte gelten." 19–20)

Mir ist unbekannt, wie Petrie zu der Basiskantenlänge kam, aber ich habe sie aus der antiken Angabe (441Ellen) , dh. aus dem fünf ersten Primzahlen 1x2x3x5x7 = 210 Ellen Basislänge und Begrenzung von 10 Reihen des Pascalschen Dreieck mit der Hochzahl $(a + b)^{10}$ gewonnen und im ersten Buch „Der Klang der Pyramiden" S. 68 abgeleitet und dargelegt, daß als Elle nur 0,52236 m für die Pyramiden mit Cheopsrücksprung 80/63 in Frage kommt.
Mir ist jetzt über Borchards Lob und dann über Petrie klar geworden; daß sein empirischer Wert für die Basis auch der theoretische und der einzig richtige ist. Was Borchardt hinderte, den Basiswert 441 Ellen für alle vier Seiten anzunehmen war seine Unkenntnis des Pascal-schen Dreiecks, das sich nur aus dem Primzahlzahlprodukten von 1-7 zusammensetzt und dessen Basislänge das Produkt 1x2x3x5x7 = 210 ist, als 420 Ellen in Dahshur-N. , in Meidum und ubique verbaut.

Warum ist die empirisch gemessene Basis Petries (441 Ellen für alle 4 Seiten) die richtige?
Beide Forscher, sowohl Borchardt wie Petrie hatten zwei Näherungswerte, die auf zwei verschiedene Meßmethoden zurückgingen. Borchardt kreuzte Diagonalen wie man nach Tischlermanier eine quadratische Platte macht und fand den Kreuzungspunkt leicht verschoben in der Grundfläche ein wenig aus der Mitte

Beweis der Richtigkeit

Die einfachste Lösung ist immer die beste, so auch beim Pyramidenaufbau. Um die Kanten gerade zu halten, brauchten die Ägypter bloß die natürlichen Zahlen von 1 bis 7 zu addieren, so bekamen sie die Dreieckszahlen 1, 3, 6, 10, 15, 21, 28. Addierten sie diese Zahlen wiederum, so bekamen sie die Pyramidenzahlen 1, 4, 10, 20, 35, 56, 84. Und auch diese ergaben addiert die Pyramidenstumpfzahlen 1, 5, 15, 35, 70, 126, 210.

Gleichungen des Binoms $(a + b)^n$, ausgerechnet bis $n = 10$, ergeben als Beiwerte zu a^n u. b^n die Binomialkoeffizienten, altägyptische Dreiecks-, Pyramiden-, Pyramidenstumpfzahlen:

$(a +b)^0 = 1 \rightarrow$ 1. arithmetische Reihe mit der Folge von Einsen

$(a +b)^1 = 1a^1 b^0 + 1a^0b^1 \rightarrow$ 2. arithmetische Reihe mit der Folge **natürlicher Zahlen**

$(a +b)^2 = 1a^2 b^0 + 2a^1b^1 + 1a^0b^2 \rightarrow$ 3. a. R.: Summen natürlicher Zahlen (**Dreieckszahlen**)

$(a +b)^3 = 1a^3 b^0 + 3a^2b^1 + 3a^1b^2 + 1a^0b^3 \rightarrow$ 4. a. R.: Summe dieser Summen (**Pyramidenzahlen**)

$(a +b)^4 = 1a^4 b^0 + 4a^3b^1 + 6a^2b^2 + 4a^1b^3 + 1a^0b^4 \rightarrow$ 5.R.Dreifache Summe (**Pyramidenstumpfzahlen**)

$(a +b)^5 = 1a^5 b^0 + 5a^4b^1 + 10a^3b^2 + 10a^2b^3 + 5a^1b^4 + 1a^0b^5 \rightarrow$ **Pascalsches Dreieck** [nach B. Pascal], die in Form eines gleichschenkligen Dreiecks angeordneten Binomialkoeffizienten

$(a +b)^6 = 1a^6 b^0 + 6a^5b^1 + 15a^4b^2 + 20a^3b^3 + 15a^2b^4 + 6a^1b^5 + 1 a^0b^6$

$(a +b)^7 = 1a^7 b^0 + 7a^6b^1 + 21a^5b^2 + 35a^4b^3 + 35a^3b^4 + 7a^2b^5 + 1 a^0b^7$

$(a +b)^8 = 1a^8b^0 + 8a^7b^1 + 28a^6b^2 + 56a^5b^3 + 70a^4b^4 + 8a^3b^5 + 1 a^0b^8$

$(a +b)^9 = 1a^9b^0 + 9a^8b^1 + 36a^7b^2 + \underline{84a^6b^3} + \underline{126a^5b^4} + 9a^4b^5 + 1 a^0b^9$

$(a +b)^{10} = 1a^{10}b^0 + 10a^9b^1 + 45a^8b^2 + 120a^7b^3 + \underline{210a^6b^4} + 10a^5b^5 + 1 a^0b^{10}$

```
            1
          1   1
        1   2   1
      1   3   3   1
    1   4   6   4   1
  1   5   10  10  5   1
```

Im Pascalschen Dreieck sind genaue Maße der Cheopspyramide enthalten:

LINIE

Berechnung mit Binomialkoeffizienten des Pascalschen ▲

126 E + 84 E = 210 E

> Jede Zahl dieser Anordnung ist die Summe der unmittelbar rechts und links darüber stehenden Zahlen (z. B. 10 = 4 + 6 oder 5 = 4 + 1): in der n-ten Zeile stehen jeweils die Koeffizienten des Polynoms $(a + b)^{n-1}$ (l binomischer Lehrsatz).

Transponiere ich die Gleichung um eine Quarte (4/3),
so erhalte ich 126 x 4/3 E+ 84 x 4/3 E= 210 x 4/3 E = 280 E

168 E + 112 E = 280 E   **280 Ellen à 0,52236 m**

= 146,2608 m Höhe Cheopspyramide

Transponiere ich die erste Gleichung um 2,1 E,
so erhalte ich 126 x 2,1 E + 84 E x 2,1 = 210 x 2,1 E = 441 E,

264,6 E + 176,4 E = 441 E   **441 Ellen à 0,52236 m**

= 230,36076 m Basislänge

FLÄCHE

▲ 28 ▲↓↓
▲▼▲ 21 ▼↓
▲▼▲▼▲
▲▼▲▼▲▼▲
▲▼▲▼▲▼▲▼▲
▲▼▲▼▲▼▲▼▲▼▲
▲▼▲▼▲▼▲▼▲▼▲▼▲

Ist die Zahl 28 ▲ + 21 ▼, so füllen 49 x 1260 = 61740 Stück den gesamten Pyramidenquerschnitt mosaikartig auf

Pyramiden- und Pyramidionquerschnittsfläche:
Multipliziere ich die erste Gleichung mit 210
126E x 210 + 84 E x 210 = $210^2 E^2 = 44100 E^2$
    $26460 E^2 + 17640 E^2 = 210^2 E^2 = 44100 E^2$
Wenn die Dreiecksfläche 7/5 bzw.1,4 E^2 groß ist,
Beträgt die Zahl der Dreiecke (▲) 61740 Stück

Die Pyramidenquerschnittsfläche ist
ist B/2 x H, 441/2 E x 280 E = $61740 E^2$
Die Pyramidionquerschnittsfläche
$61740 E^2/44100 E^2 = 7/5 E^2$ oder 1,4 E^2
Die altägyptische Formel für die
Pyramidenquerschnittsfläche ist:
Größe der PQF x Stufenzahl^2, also
bei der Cheopspyramide ein Mosaik
aus 7/5 x 210^2 Dreiecksflächen

RAUM

Pyramiden- und Pyramidionrauminhalt
Multipliziere ich die Flächen $210^2 E^2$ u. 7/5 E^2 mit
210 E u. 7/5, erhalte ich 210^3 x $(7/5)^2$ =18151560 E^3
    = 9261000 x(49/25) E^3 = 18151560 E^3

Der Pyramidenrauminhalt ist H/3 x B^2
= 18151560 E^3. RS 80/63, BW 51,78°,
verwendete Elle 0,52236 m.

Die heutig geläufige Formel H/3 x B^2 findet sich schon im Papyrus Rhind.
Die Ägypter fanden analog der Flächenberechung, welche die Formel hatte:
„Pyramidionquerschnittsfläche x Stufenzahl ^{2}", für den Rauminhalt der Pyramide in der
Formel „Pyramidioninhalt mal Stufenzahl^3."

ein wenig aus der Mitte, Petrie steckte zwei rechte Winkel zusammen, von denen einer wohl oder beide nicht stimmten. „Aus den Werten für die vier Seiten, die zwischen 230,320 und 230,365 m liegen", können also nur als die besten bisher erreichten Näherungswerte gelten", sagte dazu Ludwig Borchardt.(a.a.O., S. 20) Ich überprüfte sie alle. Als ich 230,365 m durch 441 teilte,

erhielt ich:

$$230,365 \text{ m} / 441 = \mathbf{0,5223}696145 \text{ m}$$

Ich schrie so laut ich konnte „Petrie hats getroffen" ein ganzes Treppenhaus zusammen-
Die neue Basislänge der Cheopspyramide ist 441 Ellen (230,36076 m)

Bei der Berechnung der Höhe der Cheopspyramide (Nr. 4) nach der Regel der Übungs-
aufgabe Nr. 57 Papyrus Rindt, hier 29 Mal, ist die Elle der Cheopspyramide mit 0,52236 m festgestellt worden:
Höhe 280 Ellen x 0,2236 m = 146,2608 m
Basis 441 E x 0,52236 m = 230,3607 m
So ist die Basiskante nicht nur theoretisch, sondern auch empirisch durch Petrie bestätigt!
Die genauen Abmessungen von 29 Pyramiden.

Nr. 1 Meidum ist der Abstand 210 E
von der Basis 210 E des Pascalschen
Dreiecks (210 E = 1x2x3x5x7, den
Zahlen des ägptischen Meß- und Maß-
Systems, die Borchardt suchte. (S. vorige-
Seite, 3..Spalte,es gilt für alle
Pyramiden, hier für Nr 1 - Nr. 29)

210 x 46/35 = 276 E Basislänge Meidums(Nr.1)
Die Basishälfte ist 138 E. Der vorgegebene
Rücksprung ist 28/22,05 = 80/63: Also ist
138 Ellen x 80/63 = 175 5/21 E Höhe(92 m)
Böschungwinkel arctg(80/63) = 51,78° übergr. Terz

210 x 12/7 = 360 E Basis Knickpyramide(Nr. 2)
Die Basishälfte ist 180 E. Der vorgegebene Rück-
sprung ist 10/9. 180 x 10/9 = 200 E Höhe (105 m)
Böschungswinkel arctg(10/9) = 48,01° kl. Ganzton

210 x 2/1 = 420 E. Basis Dahshur-Nord(Nr 3)
die Basishälfte ist 210 E. Der vorgegebene Rücksprung ist 20/21, 210 x 20/21 = 200 E Höhe(105 m)
Böschungswinkel arctg (20/21) = 43,60° kl. Halbton

210 x 21/10 = *441E.* Cheops(Nr. 4) 1E = 0,52236 m
die Basishälfte 220,5 E. Der vorgegebene Rücksprung (80/63) x 220,5 = 280 E Höhe(146,2608 m)
Böschungswinkel arctg (80/63) = 51,78° übergr. Terz

210 x 20/21 = 200 E, Djedefre(Nr. 5)
die Basishälfte ist 220. E. Der vorgegebene Rücksprung ist 7/4. 100 x 7/4 = 175 E Höhe(91,875 m)
Böschungswinkel arctg(7/4) 60,25° kl. Septime

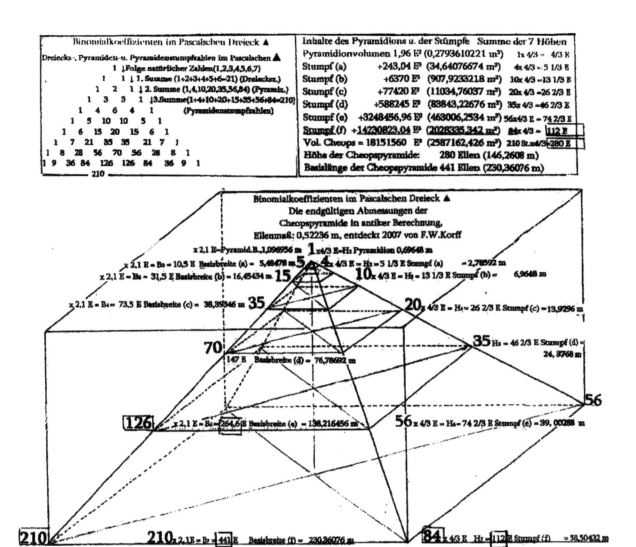

Binomialkoeffizienten im Pascalschen Dreieck ▲
Dreiecks-, Pyramiden-u. Pyramidenstumpfzahlen im Pascalschen ▲
1 ↓Folge natürlicher Zahlen(1,2,3,4,5,6,7)
1 1 ↓ 1. Summe (1+2+3+4+5+6=21) (Dreieckszz.)
1 2 1 ↓ 2. Summe (1,4,10,20,35,56,84) (Pyramiz.)
1 3 3 1 ↓3.Summe(1+4+10+20+15+35+56+84=210)
1 4 6 4 1 (Pyramidenstumpfzahlen)
1 5 10 10 5 1
1 6 15 20 15 6 1
1 7 21 35 35 21 7 1
1 8 28 56 70 56 28 8 1
1 9 36 84 126 126 84 36 9 1
210

Inhalte des Pyramidions u. der Stümpfe		Summe der 7 Höhen
Pyramidionvolumen 1,96 E³ (0,2793610221 m³)		1x 4/3 = 4/3 E
Stumpf (a)	+243,04 E³ (34,64076674 m³)	4x 4/3 = 5 1/3 E
Stumpf (b)	+6370 E³ (907,9233218 m³)	10x 4/3 =13 1/3 E
Stumpf (c)	+77420 E³ (11034,76037 m³)	20x 4/3 =26 2/3 E
Stumpf (d)	+588245 E³ (83843,22676 m³)	35x 4/3 =46 2/3 E
Stumpf (e)	+3248456,96 E³ (463006,2534 m³)	56x4/3 = 74 2/3 E
Stumpf (f)	+14230823,04 E³ (2028335,342 m²)	84x 4/3 = 112 E
Vol. Cheops = 18151560 E³ (2587162,426 m³)		210 St.x4/3=280 E
Höhe der Cheopspyramide:	280 Ellen (146,2608 m)	
Basislänge der Cheopspyramide 441 Ellen (230,36076 m)		

Berechnung mit Binomialkoeffizienten des Pascalschen ▲

$$\boxed{126}\,E + \boxed{84}\,E = \boxed{210}\,E$$

Transponiere ich die Gleichung um eine Quarte (4/3),
so erhalte ich 126 x 4/3 E+ 84 x 4/3= 210 x 4/3 E = 280 E

$$\boxed{168}\,E + \boxed{112}\,E = \boxed{280}\,E$$

=

Transponiere ich die erste Gleichung um 2,1 E,
so erhalte ich 126 x 2,1 E + 84 E x 2,1 = 210 x 2,1 E = 441 E,

$$\boxed{264,6}\,E + \boxed{176,4}\,E = \boxed{441}\,E$$

Die Zahlen in Kästchen sind Koordinaten, links für die Basis, rechts
für die Stumpfhöhen, mit denen man die Cheopspyramide und alle
anderen Pyramiden so hätte bauen können, daß „jede Zahl die Summe
der unmittelbar rechts und links darüber stehende Zahlen ist",
womit auch die Koeffizienten des Polynoms in der n-nten Zeile
(a+b) [n-1] bilden, so, daß sich die vier Grate in der Spitze des
Pyramidion hätte treffen könne ohne daß eine aufwendige
Vermessung von Stufe zu Stufe nötig geworden wäre.

210 x 41/21 = 410 E. Chephren(Nr. 7)
die Basishälfte ist 205 E. Der vorgegebene Rücksprung ist 4/3, 205 x 4/3 = 273 1/3 E Höhe (143.5 m)
Böschungswinkel arctg(4/3) = 53,13° Quarte

210 x 20/21 = 200 E Mykerinus(Nr. 8).
die Basishälfte ist 100 E. Der vorgegebene Rücksprung ist 5/4, 100 x 5/4 = 125 E. Höhe 125 E.(65,9375 m),
(1 E = 0,5275 m) Böschungsw. arctg(5/4) = 51,34° gr. Terz

210 x 2/3 = 140 E Userkaf(Nr. 9)
die Basishälfte ist 70 E. Der vorgegebene Rücksprung ist 4/3, 70 x 4/3 = 93 1/3 E. Höhe E.(49 m)
Böschungswinkel arctg(4/3) = 53,13° Quarte

210 x 5/7 = 150 E. Sahure (Nr. 10)
die Basishälfte ist 75 E. Der vorgegebene Rücksprung ist 80/63, 75x80/63 = 95 5/21E. Höhe .(50 m)
Böschungswinkel arctg (80/63) = 51,78° übergroße. Terz

210 x 20/21 = 200 E, Neferirkare(Nr. 11)
die Basishälfte ist 100 E. Der vorgegebene Rücksprung ist 7/5, 100 x 7/5 = 140 E. Höhe E.(73,5 m)
Böschungswinkel arctg (7/5) = 54,46° kl. Tritonus

210 x 5/7. = 150 E, Niuserre(Nr. 12)
die Basishälfte ist 75 E. Der vorgegebene Rücksprung ist 80/63 E. 75 x 80/63 = Höhe 95 5/21 E.(50 m)
Böschungswinkel arctg (80/63) = 51,78 ° übergroße Terz

210 x 25/42 E ist 125 E, Neferefre(Nr. 13)
die Basishälfte ist 62,5 E, Der vorgegebene Rücksprung ist 4/3, 62,5 x 4/3 = 83 1/3 E. Höhe 43,75 m)
Böschungswinkel arctg(4/3) = 53,13° Quarte

210 x 5/7 = 150 E. Djedkare(Nr. 14)
die Basishälfte ist 75 E, Der vorgegebene Rücksprung ist 80/63. 75 x 80/63 = 95 5/21 E. Höhe(50 m)
Böschungswinkel arctg (80/63) = 51,78° übergroße Terz

210 x 11/21 = 110 E Unas(Nr. 15)
die Basishälfte ist 55 E, Der vorgegebene Rücksprung ist 3/2. 55 x 3/2 = 82, 5 E. Höhe(43,125 m)
Böschungswinkel arctg (3/2) = 56,30° Quinte

210 x 5/7 = 150 E. Teti (Nr. 16)
die Basishälfte 75 E, Der vorgegebene Rücksprung ist 4/3 x 75 = 100 E. Höhe(52,5 m)
Böschungswinkel arctg (4/3) = 53,13° Quarte

210 x 5/7 = 150 E, <u>Pepi I (Nr. 17)</u>
die Basishälfte 75 E. Der vorgegebene Rücksprung ist 4/3 x 75 = 100 E. Höhe(52,5 m)
Böschungswinkel arctg (4/3) = 53,13° Quarte

210 x 5/7 = 150 E, <u>Pepi II. (Nr.18)</u>
die Basishälfte 75 E. Der vorgegebene Rücksprung ist 4/3 x 75 = 100 E. Höhe(52,5 m)
Böschungswinkel arctg (4/3) = 53,13°Quarte

210 x 5/6 = 175 E, <u>Merenre (Nr. 19)</u>
die Basishälfte 87,5 E. Der vorgegebene Rücksprung ist 4/3 x 87,5 = 116 2/3 E. Höhe(61,25 m)
Böschungwinkel arctg (4/3) = 53,13°Quarte

210 x 16/21 = 160 E, <u>Amenemhet I (Nr. 20)</u>
die Basishälfte = 80 E. Der vorgegebene Rücksprung ist 7/5 x 80 = 112 E. Höhe(58,8 m)
Böschungswinkel arctg (7/5) = 54,46° kl. Tritonus

210 x 20/21 = 200 E, <u>Sesostris I.(Nr. 21)</u>
die Basishälfte 100 E. Der vorgegebene Rücksprung ist 7/6 x 100 E. Höhe 116 2/3 E.(61,25 m)
Böschungswinkel arctg (7/6) =49,4° Kleinstterz

210 x 16/21 = 160 E, <u>Amenemhet II (Nr. 22)</u>
die Basishälfte 80 E. Der vorgegebene Rücksprung ist 7/5 x 80 = 112 E Höhe(58,8 m)
Böschungwinkel arctg(7/5) = 54,46° kl.Tritonus

210 x 20/21 = 200 E, <u>Sesostris II.(Nr.23)</u>
die Basishälfte 100 E. Der vorgegebene Rücksprung ist 14/15 x 100 = 93 1/3 Höhe E.(49 m)
Böschungswinkel arctg (14/15) = 43,02° kl. Halbton

210 x 20/21 = 200 E, <u>Sesostris III. (Nr. 24)</u>
die Basishälfte 100 E, Der vorgegebene Rücksprung ist 7/6 x 100 = 116 2/3 E.Höhe(61,25 m)
Böschungswinkel arctg (7/6) = 49,4° Kleinstterz

210 x 20/21 = 200 E, <u>Amenh. Dahshur III.(Nr. 25)</u>
die Basishälfte 100 E.Der vorgegebene Rück-
Sprung ist 10/7 x 100 = 142 6/7 E. Höhe (75 m)
Böschungswinkel arctg (10/7) = 55°großer Tritonus

210 x 20/21 = 200 E,<u>Amenh.Hawara III.(Nr. 26)</u>
die Basishälfte 100 E. Der vorgegebene Rücksprung ist 8/7 x 100 = 114 2/7 E. Höhe(58 m),
bei 1 Elle = 0,5075 m Böschungswinkel arctg
arctg (8/7 = 48,81° Übergroßer Ganzton

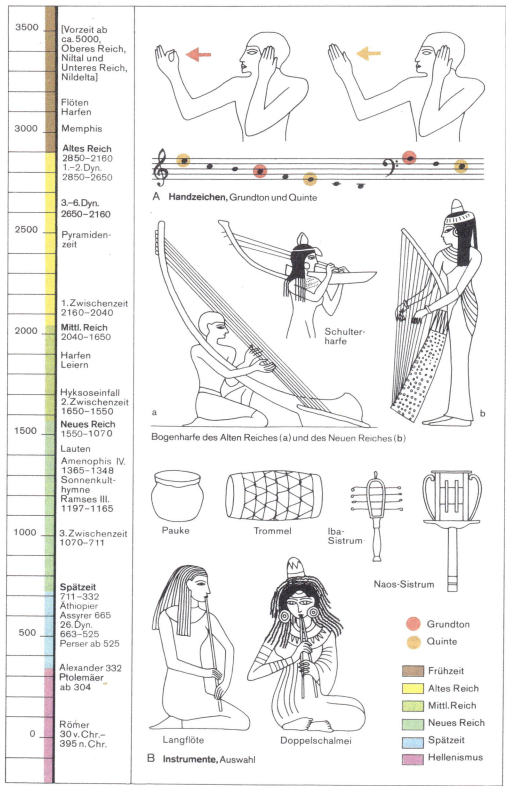

3500	[Vorzeit ab ca. 5000, Oberes Reich, Niltal und Unteres Reich, Nildelta]
	Flöten Harfen
3000	Memphis
	Altes Reich 2850–2160 1.–2. Dyn. 2850–2650
	3.–6. Dyn. 2650–2160
2500	Pyramiden- zeit
	1. Zwischenzeit 2160–2040
2000	**Mittl. Reich** 2040–1650
	Harfen Leiern
	Hyksoseinfall 2. Zwischenzeit 1650–1550
1500	**Neues Reich** 1550–1070
	Lauten Amenophis IV. 1365–1348 Sonnenkult- hymne Ramses III. 1197–1165
1000	3. Zwischenzeit 1070–711
	Spätzeit 711–332 Äthiopier Assyrer 665 26. Dyn. 663–525 Perser ab 525
500	
	Alexander 332 Ptolemäer ab 304
0	Römer 30 v. Chr.– 395 n. Chr.

A **Handzeichen,** Grundton und Quinte

Schulter- harfe

Bogenharfe des Alten Reiches (a) und des Neuen Reiches (b)

Pauke Trommel Iba- Sistrum

Naos-Sistrum

Langflöte Doppelschalmei

B **Instrumente,** Auswahl

● Grundton
● Quinte

Frühzeit
Altes Reich
Mittl. Reich
Neues Reich
Spätzeit
Hellenismus

Zeitstrahl, Cheironomie, Musikinstrumente

Abb. 10 aus: Ulrich Michels, *dtv-Atlas zur Musik*, Tafeln und Texte, Band 1 Systematischer Teil, Historischer Teil: Von den Anfängen bis zur Renaissance, 16. Auflage, München 1995, S. 164.

210 x 10/21 = 100 E,Chendjer(Nr. 27)
die Basishälfte 50 E. Der vorgegebene Rücksprung ist 10/7 x 50 = 71 3/7 E. Höhe(37,5 m)
Böschungswinkel arctg (10/7) = 55° großer Ganzton

210 x 5/6 = 175 E, Unbekannt(Nr. 28)
die Basishälfte 87,5E. Der vorgegebene Rücksprung ist 4/3 x 87,5 = 116 2/3 E.Höhe (61,25 m)
Böschungswinkel (4/3) = 53,13° Quarte

210 x 10/21 = 100 E,Mazghuna- Süd(Nr. 29)
die Basishälfte 50 E.Der vorgegebene Rücksprung ist 10/7x 50 = 71 3/7 E. Höhe(37,5 m)
Böschungswinkel (10/7) = 55° großer Tritonus

Abermalige Täuschung durch Frank Müller-Römer

Es ist mir angesichts der Reputation der deutschen Ägyptologie peinlich, mitzuteilen, daß
ein risikohafter Geisteszustand Prof. Ing. Frank Müller-Römer befähigt, inzwischen anzunehmen, daß die mathematischen und musiktheoretischen Kenntnisse und Erfahrungen des
AR und MR nicht in Ägypten, sondern in Griechenland entstanden und erwachsen seien, so
daß wir sie seit 3500 Jahren den Griechen und Platon (427-347 v Chr.) verdanken, - den
Griechen also und Platon? Aristoteles, daraufhin befragt, ist da anderer Meinung, denn er
schreibt(Met.1 981 b23) "daß die mathematischen Wissenschaften in Ägypten entstanden,
denn dort gestattete man dem Priesterstand Muße zu pflegen" Ich wiederhole:
Frank Müller schreibt auf S. 224 seines Pyramidenbuchs: „Der Philosoph und Schriftsteller
Korff stellt in seinem Buch `Der Klang der Pyramiden` die Behauptung auf, daß im alten
Ägypten die mathematischen und musiktheoretischen Kenntnisse und Erfahrungen des alten
Griechenland zur Zeit Platons bekannt waren und dem Pyramidenbau zugrunde lagen.So
seien die Rücksprünge (Neigungswinkel) der Pyramiden auf altägyptische Tonabstände
zurückzuführen.Dieser Hypothese kann mit Blick auf die archäologischen Belege aus der Zeit
des AR und des MR nicht zugestimmt werden.
Was sollten das für Belege aus dem AR u. MR sein? Ein Blick in ein Sachbuch lehrt anderes:
Cheops starb im Jahr 2520 v.Chr. und Platon lebte 427-347 v. Chr.,vor 2137 Jahren . Ich
wüßte nicht, ob es im Jahr 2520 v. Chr.schon in Ägypten Pyramiden und altgriechische
Theorien gab. Ein Blick in die „Nomoi", Gesetze VII, 819 klärt die Situation , da F. Müller
schon im Jahr 2006 , S. 115 in meinem ersten Buch „Der Klang der Pyramiden" mehr als
deutlich genug als schockierenden Kernsatz sah. Ich wiederhole die griechische Begründung
Platons durch den Athener Eudoxos hier auf der nächsten Seite:
Platons Lob der ägyptischen Mathematik und seine Herabsetzung der griechischen:
„Die Ägypter befreien bei den Messungen vor allem, was Länge und Fläche und räumliche
Ausdehnung besitzt, von einer lächerlichen und schimpflichen Unwissenheit , welche
diesbezüglich allen Menschen von Natur innewohnt.(Es handelt sich um die Entdeckung der
Inkommensurabilität von Strecken)und damit um die Irrationalität von Zahlen, die Platon
tief beindruckte, „Nomoi" VII, 820 a ff., Aber Wurzelwerte der Pyramidenböschungslängen,
hatten die.Ägypter durch Quadrierung bereits im Griff .Sie konnten Wurzeln aus Quadraten
ziehen und hatten dafür eine Hieroglyphe „Das was da hindurchgeht." Das erklärt
auch die neun Pyramiden mit Quartrücksprung, z.B. Chephren (205/3 + 273 1/3)/4 =341 2/3/5
Kleinias: Welche und was für eine meinst du? 205/3 = 3 x 68 333 + 4 x 68,3333 = 5x 68,333,
Gemäß $3^2 + 4^2 = 5^2 = 9 + 16 = 25$.
Der Athener: Mein lieber Kleinias. Auch ich selbst habe erst ganz spät von unserer
Einstellung zu diesen Dingen gehört und mich,und darüber gewundert, und sie schien mir
nicht von Menschen, **sondern eher die einer Herde von Schweinen zu sein und ich habe
mich nicht bloß für mich selber geschämt, sondern für alle Hellenen. 819 e."**

Kurze ZUSAMMENFASSUNG

Motto der kurzen Zusammenfassung:

Platons Bewunderung der ägyptischen Mathematik und seine Scham über die hellenische
Text aus: Platon, Werke in acht Bänden, Griechisch und Deutsch, Achter Band, Zweiter Teil, Gesetze VII,
hrsg. v. Gunther Eigler, bearbeitet von Klaus Schöpsdau, griechischer Text v. Auguste Dies und Joseph Souilhé, dt. Übersetzung von Klaus Schöpsdau und Hieronymus Müller, wbg Darmstadt 1977.

ΑΘ. Τοσάδε τοίνυν ἑκάστων χρὴ φάναι μανθάνειν δεῖν
b τοὺς ἐλευθέρους, ὅσα καὶ πάμπολυς ἐν Αἰγύπτῳ παίδων
ὄχλος ἅμα γράμμασι μανθάνει. Πρῶτον μὲν γὰρ περὶ λογι-
σμοὺς ἀτεχνῶς παισὶν ἐξηυρημένα μαθήματα μετὰ παιδιᾶς
τε καὶ ἡδονῆς μανθάνειν, μήλων τέ τινων διανομαὶ καὶ
στεφάνων πλείοσιν ἅμα καὶ ἐλάττοσιν ἁρμοττόντων ἀριθμῶν
τῶν αὐτῶν, καὶ πυκτῶν καὶ παλαιστῶν ἐφεδρείας τε καὶ
συλλήξεως ἐν μέρει καὶ ἐφεξῆς καὶ ὡς πεφύκασι γίγνεσθαι.
Καὶ δὴ καὶ παίζοντες, φιάλας ἅμα χρυσοῦ καὶ χαλκοῦ καὶ
c ἀργύρου καὶ τοιούτων τινῶν ἄλλων κεραννύντες, οἱ δὲ καὶ
ὅλας πως διαδιδόντες, ὅπερ εἶπον, εἰς παιδιὰν ἐναρμότ-
τοντες τὰς τῶν ἀναγκαίων ἀριθμῶν χρήσεις, ὠφελοῦσι
τοὺς μανθάνοντας εἴς τε τὰς τῶν στρατοπέδων τάξεις καὶ
ἀγωγὰς καὶ στρατείας καὶ εἰς οἰκονομίας αὖ, καὶ πάντως

χρησιμωτέρους αὐτοὺς αὑτοῖς καὶ ἐγρηγορότας μᾶλλον τοὺς
ἀνθρώπους ἀπεργάζονται· μετὰ δὲ ταῦτα ἐν ταῖς μετρήσε-
d σιν, ὅσα ἔχει μήκη καὶ πλάτη καὶ βάθη, περὶ ἅπαντα ταῦτα
ἐνοῦσάν τινα φύσει γελοίαν τε καὶ αἰσχρὰν ἄγνοιαν ἐν τοῖς
ἀνθρώποις πᾶσιν, ταύτης ἀπαλλάττουσιν.
ΚΛ. Ποίαν δὴ καὶ τίνα λέγεις ταύτην;
ΑΘ. Ὦ φίλε Κλεινία, παντάπασί γε μὴν καὶ αὐτὸς
ἀκούσας ὀψέ ποτε τὸ περὶ ταῦτα ἡμῶν πάθος ἐθαύμασα,
καὶ ἔδοξέ μοι τοῦτο οὐκ ἀνθρώπινον ἀλλὰ ὑηνῶν τινων εἶναι
μᾶλλον θρεμμάτων, ἠσχύνθην τε οὐχ ὑπὲρ ἐμαυτοῦ μόνον,
e ἀλλὰ καὶ ὑπὲρ ἁπάντων τῶν Ἑλλήνων.
ΚΛ. Τοῦ πέρι; λέγ' ὅ τι καὶ φῄς, ὦ ξένε.
ΑΘ. Λέγω δή· μᾶλλον δὲ ἐρωτῶν σοι δείξω. Καί μοι
σμικρὸν ἀπόκριναι· γιγνώσκεις που μῆκος;
ΚΛ. Τί μήν;
ΑΘ. Τί δέ; πλάτος;
ΚΛ. Πάντως.
ΑΘ. Ἦ καὶ ταῦτα ὅτι δύ' ἐστόν, καὶ τρίτον τούτων βάθος;
ΚΛ. Πῶς γὰρ οὔ;
ΑΘ. Ἆρ' οὖν οὐ δοκεῖ σοι ταῦτα εἶναι πάντα μετρητὰ
πρὸς ἄλληλα;
ΚΛ. Ναί.
ΑΘ. Μῆκός τε οἶμαι πρὸς μῆκος, καὶ πλάτος πρὸς
820 a πλάτος, καὶ βάθος ὡσαύτως δυνατὸν εἶναι μετρεῖν φύσει.
ΚΛ. Σφόδρα γε.

3.4.4.1 Arithmetik: Die ägyptische Praxis

Der Athener: So viel also, müssen wir verlangen, haben die Freien von jedem Fach zu lernen, wie auch in Ägypten b eine sehr große Zahl von Kindern neben dem Schreiben und Lesen davon lernt. Zunächst hat man im Rechnen für die ganz kleinen Kinder Lernverfahren erfunden, damit sie im Spiel und mit Vergnügen lernen; so das Verteilen von Äpfeln und Kränzen, wobei dieselbe Anzahl sowohl für mehr als auch für weniger *Empfänger* paßt, und das Einteilen von Faustkämpfern und Ringern im Wechsel von Pausieren und Paarung und in fortlaufender Folge und wie es sich sonst naturgemäß ergibt. Ein weiteres Spiel besteht darin, daß *die Lehrer* Schalen aus Gold, Bronze, Silber und irgendwelchen andern Metallen dieser Art c untereinander mischen oder andermal ganze Gruppen *aus einem einzigen Material* auf bestimmte Weise verteilen; und indem sie, wie gesagt, die Anwendung der unentbehrlichen Rechenoperationen in die Form des Spiels kleiden, geben sie den Schülern eine Hilfe für die Aufstellung, die Führung und den Aufmarsch von Heeren und für die Hausverwaltung und machen überhaupt

die Menschen sich selbst immer nützlicher und aufgeweckter.[104]

3.4.4.2 Geometrie: Die Inkommensurabilität

Sodann befreien sie bei den Messungen von allem, was Länge und Fläche und räumliche Ausdehnung besitzt,[105] von d einer lächerlichen und schimpflichen Unwissenheit, welche diesbezüglich allen Menschen von Natur innewohnt.

Kleinias: Welche und was für eine meinst du denn damit?
Der Athener: Mein lieber Kleinias, auch ich selbst habe erst ganz spät von unserer Einstellung zu diesen Dingen gehört und mich darüber gewundert, und sie schien mir nicht die von Menschen, sondern eher die einer Herde von Schweinen zu sein, und ich habe mich nicht bloß für mich selbst geschämt, sondern auch für alle Hellenen.   e
Kleinias: Weshalb denn? So sag doch, was du meinst, Fremder.
Der Athener: So sag ich's denn oder vielmehr, ich will es dir durch Fragen klarmachen. Antworte mir kurz: du weißt doch, was eine Strecke ist?
Kleinias: Freilich.
Der Athener: Und weiter: was eine Fläche?
Kleinias: Gewiß.
Der Athener: Und doch auch, daß das zweierlei ist, das dritte davon aber die räumliche Ausdehnung.
Kleinias: Sicher.
Der Athener: Meinst du nun nicht, daß das alles gegeneinander meßbar ist?
Kleinias: Ja.
Der Athener: Daß also Strecke gegen Strecke, denke ich, Fläche gegen Fläche und ebenso der Rauminhalt sich ganz natürlich 820 a messen läßt.
Kleinias: Vollkommen.
Der Athener: Wenn sich aber einiges weder 'vollkommen' noch annähernd gegeneinander messen läßt, sondern das eine wohl, das andere aber nicht, du es jedoch von allen annimmst, wie, meinst du, mag es da in dieser Beziehung um dich stehen?

Kurze Zwischenbemerkung über Platon in Ägypten
Zunächst ;Was sollten das für Belege sein, von denen Müller Römer spricht?

Hier zunächst Bemerkungen zu Platons möglicher Rolle in einem Szenario des Mittleren Reichs. Da er der Landessprache nicht kundig war, wäre Platon in einem fremdem Land von einem Priester, der Leiter der Pyramidenaufsicht in Gizeh war, ohne Referenz nicht vorgelassen worden, oder wenn doch, wie damals unter aktiven Priestern üblich, hätte man ihn des Raubs- oder Spionageversuchs verdächtigt und ihn versklavt oder auf der Stelle umgebracht.

Da er aber ein mathematisierender Philosoph und unter Einfluß des Pythagoras war, galt er als harmloser Irrer, als Tourist, der dem griechischen Mathematiker Eudoxos, einem Kollegen Platons aus Athen, der dort lebte, einen Besuch machte. Ungleich Herodot oder Diodor interessierte Platon sich nicht für Handwerker (Banausoi) und für ihr Tagewerk an und in den Pyramiden. In seinem Gesamtwerk fällt kein einziges Wort über das Wunder der Architektur, aber die Geometrie der posthumen „Nomoi" ließ er das später benannte Doppel-Feuer des platonischen Elements neben Kosmos, Erde, Wasser, Luft gelten.

Wie Diogenes Laertios berichtet (III 3-6), nannte Platon alle Agypter „Ärzte", weil sie Erkrankte mit Meerwasser heilten und war voller Lob für ihre Staatsführung. Sein mathematisches und musiktheoretisches Wissen holte er sich nicht aus Ägypten - mit einer Ausnahme der 80x63- oblongen Zahl 5040 =7! aus dem Pacalschen Dreieck und dem Rücksprung und Böschungswinkel der Cheopspyramide, arctg (80/63) = 51,78°(S."Der Klang der Pyramiden", S.10, 11 und aus drei pythagoräischen Büchern des Philolaos aus Sizilien, der ein Schüler des Musiktheoretikers Aristarch von Tarent war und dem wir drei Tongeschlechter verdanken, das chromatische, das enharmonische und das diatonische, das leicht verändert noch heute gültig ist. Dieses leitete Platon fehlerlos in „Timaios 35" ab. Dorthin stellte er auch die „Harmonie der Sphären"und übernahm die Tonteilung der Oktave des Pythagoras. Wenig (vielleicht überhaupt nicht) bekannt ist der Inhalt einer Bezeichnung, die Platon in die Philosophie eingeführt haben soll. (Diogenes Laertius III, 24-25) „oblonge Zahl", die ein Rechteck bezeichnet, deren Längen und Breiten, sich wie (n+1)/n, wie ein harmonisches Intervall, sich verhalten. Dies der einzige Hinweis, in dem praktisch die griechische Akustik mit ägyptischen Flöten und Musikinstrumentenbau übereinstimmt,-weil aus dem oblongen Abstand zweier Bohrlöcher geblasen reine Intervalle erklingen;. (2:1 Oktave, 3:2 Quinte, 4:3 Quarte, 5:4 Quinte usw.)

Über Demokrit (um 430 v. Chr. griechischer Philosoph) berichten bei Diogenes Laërtius mehrere Quellen, hauptsächlich aber Antistenes in den „Philosophenfolgen", Demokrit sei nach Ägypten gereist, „um von den Priestern in der Geometrie unterwiesen zu werden." (Op. zit. 9. Buch, 7. Kapitel, S. 177.)

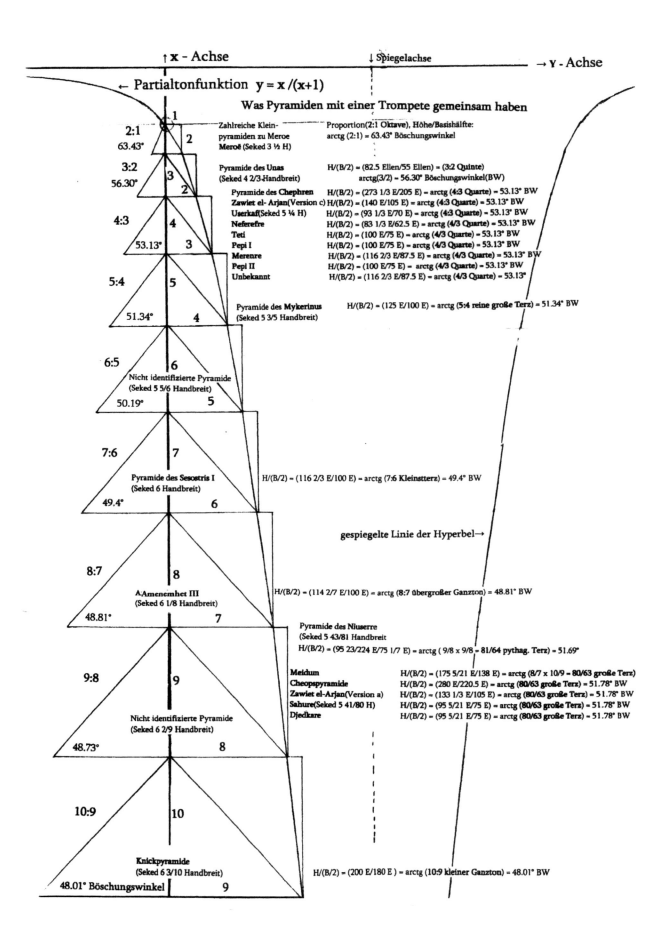

↑ **x - Achse**   ↓ Spiegelachse   → **Y - Achse**

← **Partialtonfunktion y = x /(x+1)**

Was Pyramiden mit einer Trompete gemeinsam haben

2:1
63.43°

1
2

Zahlreiche Klein-
pyramiden zu Meroe
Meroë (Seked 3 ½ H)

Proportion(2:1 Oktave), Höhe/Basishälfte:
arctg (2:1) = 63.43° Böschungswinkel

3:2
56.30°

3
2

Pyramide des **Unas**
(Seked 4 2/3-Handbreit)

H/(B/2) = (82.5 Ellen/55 Ellen) = (3:2 Quinte)
arctg(3/2) = 56.30° Böschungswinkel(BW)

4:3
53.13°

4
3

Pyramide des **Chephren**   H/(B/2) = (273 1/3 E/205 E) = arctg (4:3 Quarte) = 53.13° BW
Zawiet el- Arjan(Version c) H/(B/2) = (140 E/105 E) = arctg (4:3 Quarte) = 53.13° BW
Userkaf(Seked 5 ¼ H)   H/(B/2) = (93 1/3 E/70 E) = arctg (4:3 Quarte) = 53.13° BW
Neferefre   H/(B/2) = (83 1/3 E/62.5 E) = arctg (4/3 Quarte) = 53.13° BW
Teti   H/(B/2) = (100 E/75 E) = arctg (4/3 Quarte) = 53.13° BW
Pepi I   H/(B/2) = (100 E/75 E) = arctg (4/3 Quarte) = 53.13° BW
Merenre   H/(B/2) = (116 2/3 E/87.5 E) = arctg (4/3 Quarte) = 53.13° BW
Pepi II   H/(B/2) = (100 E/75 E) = arctg (4/3 Quarte) = 53.13° BW
Unbekannt   H/(B/2) = (116 2/3 E/87.5 E) = arctg (4/3 Quarte) = 53.13°

5:4
51.34°

5
4

Pyramide des **Mykerinus**
(Seked 5 3/5 Handbreit)

H/(B/2) = (125 E/100 E) = arctg (5:4 reine große Terz) = 51.34° BW

6:5
50.19°

6
5

Nicht identifizierte Pyramide
(Seked 5 5/6 Handbreit)

7:6
49.4°

7
6

Pyramide des **Sesostris I**
(Seked 6 Handbreit)

H/(B/2) = (116 2/3 E/100 E) = arctg (7:6 Kleinstterz) = 49.4° BW

gespiegelte Linie der Hyperbel→

8:7
48.81°

8
7

A-Amenemhet III
(Seked 6 1/8 Handbreit)

H/(B/2) = (114 2/7 E/100 E) = arctg (8:7 übergroßer Ganzton) = 48.81° BW

Pyramide des **Niuserre**
(Seked 5 43/81 Handbreit
H/(B/2) = (95 23/224 E/75 1/7 E) = arctg (9/8 x 9/8 = 81/64 pythag. Terz) = 51.69°

Meidum   H/(B/2) = (175 5/21 E/138 E) = arctg (8/7 x 10/9 = 80/63 große Terz)
Cheopspyramide   H/(B/2) = (280 E/220.5 E) = arctg (80/63 große Terz) = 51.78° BW
Zawiet el-Arjan(Version a) H/(B/2) = (133 1/3 E/105 E) = arctg (80/63 große Terz) = 51.78° BW
Sahure(Seked 5 41/80 H) H/(B/2) = (95 5/21 E/75 E) = arctg (80/63 große Terz) = 51.78° BW
Djedkare   H/(B/2) = (95 5/21 E/75 E) = arctg (80/63 große Terz) = 51.78° BW

9:8
48.73°

9
8

Nicht identifizierte Pyramide
(Seked 6 2/9 Handbreit)

10:9
48.01° Böschungswinkel

10
9

Knickpyramide
(Seked 6 3/10 Handbreit)

H/(B/2) = (200 E/180 E) = arctg (10:9 kleiner Ganzton) = 48.01° BW

Kapitel 7, Nr. 7 Chephren

Finden der exakten Abmessungen Chephrens auf der Nayflöte

Um die von den Ägyptern ursprünglich geplanten Abmessungen der Pyramiden von den in unserer Forschung seit etwa 1926 empirisch zwar nahe kommenden, aber letzlich falschen und sogar überfälschten Werten z. B. denen Müller-Römers zu unterscheiden, genügt es schon, alle Primzahlen, im Baukörper, die größer sind als 7, also 11, 13, 17, 19, 23 und noch größere auszuschließen, denn sie sind nicht teil des ägyptischen Meß- und Maß= . systems aus den fünf ersten Primzahlen, das sich auf ihr Viertel (1 Elle = 1 x 2 x 3 x5 x 7 /4 =52,5 cm) beschränkte und das aus ca. 27 Pyramidenbasen, zusammengesetzt nur aus diesen Zahlen, bestand. Ebenso selbstverständlich war die Folge, daß dann die Rücksprünge und die Höhen ebenfalls nur aus dem Fond und Kombinationen dieser Zahlen bestanden. Daß auch die Rücksprünge in Zähler und Nenner allesamt nur die kleinen Primzahlen von 1-10 bzw. Kettenglieder der Partial – und Obertonreihe wie 21/20 = 3x7/4x5 enthielt, war ebenfalls die musikalische Konsequenz dieser Anordnung, denn wir hören Harmonien nur aus Intervallen, deren Zähler und Nenner nur die ganzen Zahlen von 1-10 enthalten: Oktave (2/1),(3/2 Quinte, (4/3) Quarte, (5/4) große Terz, (6/5) kleine Terz, (7/6) Kleinstterz, (8/7) übergroßer Ganzton, (9/8) großer Ganzton, (10/9) kleiner Ganzton.

(11/10) und weitere Intervalle (n+1)/n empfinden wir bereits als unharmonisch, als zu eng, zu schrill, und sie kommen auch in Pyramidenneigungen nicht vor.

Wie finden wir nun die Quarte(4/3) Chephrens mit exakter Höhe und Basishälfte auf der Nayflöte?

Zu diesem Zweck suche man einen 4/3 Abstand (z.B. 4x 35/16 zu 3x 35/16 = 8,75 cm: 6,5625 = 4/3 auf dem Umriß der Flöte auf der nächsten Seite oben und multipliziere Zähler und Nenner mit dem Erweiterungsfaktor (Ef 31 5/21), so erhält man die genaue Höhe (31 5/21 x 8,75 = 273 1/3 Ellen (143,5 m) und 31 5/21 x 6,5625 = 205 Ellen (107,625 m)

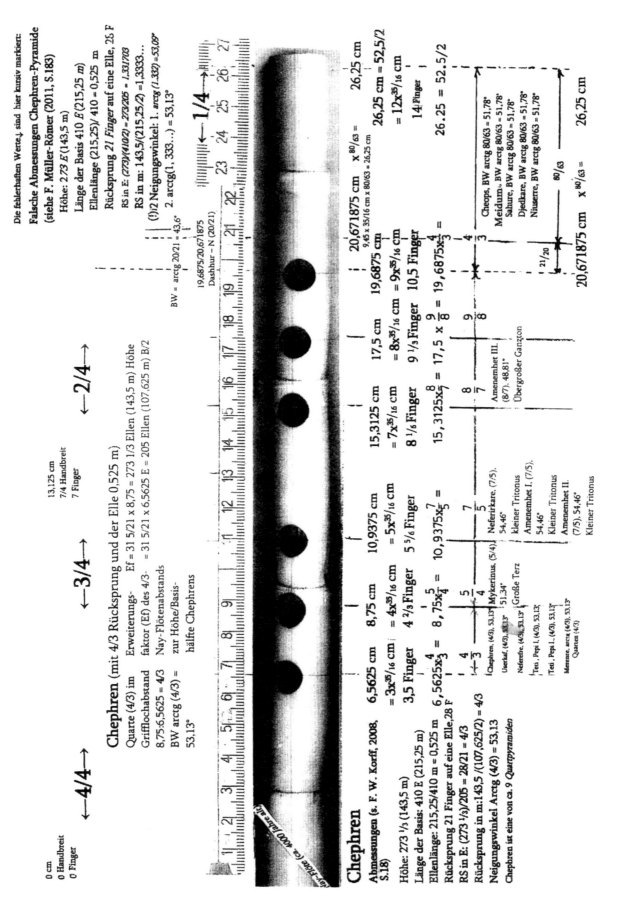

Die fehlerhaften Werte, sind hier kursiv markiert:

Falsche Abmessungen Chephren-Pyramide
(siehe F. Müller-Römer (2011, S.183)

Höhe: 273 E (143,5 m)

Länge der Basis 410 B (215,25 m)

Ellenlänge (215,25)/ 410 = 0,525 m

Rücksprung 21 Finger auf eine Elle, 28 F

RS in E: *(273)(410/2) = 273/205 = 1,331703*

RS in m: 143,5/(215,25/2) =1,3333...

(!)2 Neigungswinkel: 1. *arctg (1,332) =53,09°*

2. arctg(1, 333...) = 53,13°

13,125 cm
7/4 Handbreit
7 Finger

0 cm
0 Handbreit
0 Finger

←4/4→   ←3/4→   ←2/4→   ←1/4→

Chephren (mit 4/3 Rücksprung und der Elle 0,525 m)

Quarte (4/3) im   Erweiterungs-   Ef = 31 5/21 x 8,75 = 273 1/3 Ellen (143,5 m) Höhe
Grifflochabstand   faktor (Ef) des 4/3-   = 31 5/21 x 6,5625 E = 205 Ellen (107.625 m) B/2
8,75:6,5625 = 4/3   Nay-Flötenabstands
BW arctg (4/3) =   zur Höhe/Basis-
53,13°   hälfte Chephrens

BW = arctg 20/21 =43,6°

19,6875/20,671875
Dashhur – N (20/21)

20,671875 cm   x 80/63 =   26,25 cm
9,45 x 35/16 cm x 80/63 = 26,25 cm

19,6875 cm   26,25 cm = 52,5/2
=9x35/16 cm   =12x35/16 Finger
10,5 Finger   14 Finger
19,6875x 4/3 =   26.25 = 52.5/2
4/3

17,5 cm
=8x35/16 cm
9 1/3 Finger
15,3125x 8/7 = 17,5 x 9/8 = 19,6875x 4/3 =
9/8
Amenemhet III.
(8/7), 48,81°
Übergroßer Ganzton

15,3125 cm
=7x35/16 cm
8 1/6 Finger
15,3125x 8/7 =
8/7

10,9375 cm
=5x35/16 cm
5 5/6 Finger
10,9375x 7/5 =
7/5
Neferirkare, (7/5).
54,46°
kleiner Tritonus
Amenemhet I, (7/5),
54,46°
Kleiner Tritonus
Amenemhet II
(7/5), 54,46°
Kleiner Tritonus

8,75 cm
=4x35/16 cm
4 2/3 Finger
8,75x 5/4 =
5/4
Mykerinus, (5/4).
51,34°
Große Terz

6,5625 cm
=3x35/16 cm
3,5 Finger
6,5625x 4/3 =
4/3
Chephren, (4/3), 53,13°
Userkaf, (4/3), 53,13°
Neferefre, (4/3), 53,13°
Teti, Pepi I, (4/3), 53,13°
Teti, Pepi I, (4/3), 53,13°
Menerre, arctg (4/3), 53,13°
Quarten (4/3)

1←4/3→

Cheops, BW arctg 80/63 = 51,78°
Meidum, BW arctg 80/63 = 51,78°
Sahure, BW arctg 80/63 = 51,78°
Djedkare, BW arctg 80/63 = 51,78°
Niuserre, BW arctg 80/63 = 51,78°

20,671875 cm   x 80/63 =   26,25 cm
80/63
21/20
26,25 cm

Chephren

Abmessungen (s. F. W. Korff, 2008, S.18)

Höhe: 273 1/3 (143,5 m)

Länge der Basis: 410 E (215,25 m)

Ellenlänge: 215,25/410 m = 0,525 m

Rücksprung 21 Finger auf eine Elle, 28 F

RS in E: (273 1/3)/205 = 28/21 = 4/3

Rücksprung in m:143,5 /((107,625/2) = 4/3

Neigungswinkel Arctg (4/3) = 53.13

Chephren ist eine von ca. 9 *Quarzpyramiden*

Berechnung der Höhe der Pyramide des Chephren Nr.7

(Altägyptischer Text kursiv), Nach der Regel der Übungsaufgabe Nr. 57 Papyrus Rhind:
Gegeben sei eine Pyramide, die Grundkante ist 410 Ellen (215,25 m).
4/3 ist ihr Rücksprung. Wie ist ihre Höhe?

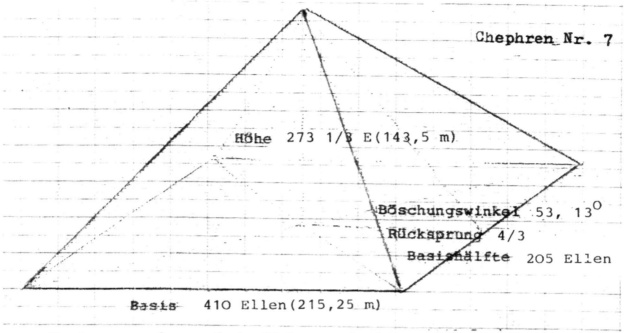

Höhe 273 1/3 E(143,5 m)

Chephren Nr. 7

Böschungswinkel 53, 13°
Rücksprung 4/3
Basishälfte 205 Ellen

Basis 410 Ellen(215,25 m)

Um das auszurechnen, teile den Rücksprung durch 2, so erhältst du 2/3.
Nimm 2/3 von 410, das macht 410 x 2/3 = 273 13 Ellen (143,5) m. Dies ist
ihre Höhe.

Ab hier: Zusatz von F.W. Korff: du kannst auch 4/3 von 205 nehmen: = 273 1/3 Ellen Höhe.
Berechnung der ausgegrabenen Grundkantenmaße der Chephrenpyramide
210 x 41/21 = 410 Ellen ist die Basislänge. Die Basishälfte ist dann 205 Ellen
(107,625 m) lang. Der Rücksprung ist, wie schon gesagt, H/(B/2) ist (4/3).
Die Musikalität der Pyramide entsteht in einer Oktave antiker
Tonart: DIATONON SYNTONON(1 x 9/8 x 10/9 x 16/15 x 9/8 x 9/8 x 10/9 x 16/15 = 2
Skalierung durch Boethius 1/(2:1)

	C-Dur		
Basishälfte 205 Ellen	c¹	205 Hz oder	5x41 Hz
205 x 9/8:	d	230,625	5,625 x41
230,625 x 10/9	e	256,25	6,25 x41
256,25 x 16/15	f	273 1/3	6 2/3 x 41
273 1/3 x 9/8	g	307,5	7,5 x 41
307,75 x 10/9	a	341 2/3	8 1/3 x 41
341 2/3 x 9/8	h	384,375	9,375 x 41
384, 375 x16/15	c	410 Basis	10 x 41 Hz

Musikalische Intervalle sind zahlengleich den harmonischen Proportionen der Architektur

Ausführung des Bauplans CHEPHRENS 7 Höhen
aus 6 Stümpfen + Pyramidionhöhe 0,683333 m.
Verwendete Elle ist 0,525 m. Die Höhen der
Pyramidenstümpfe berechnen sich aus der
Summe der 7 Binomialkoeffizienten
1+4+10+20+35+56+84 = 210, multipliziert mit der
Höhe des Pyramidions 82/63 E(0,683333 m)
Von 82/63 Ellen bis 210x 82/63 = 273 1/3 E
(243,5 m) Pyramidenhöhe Chephrens

.

	Stumpfbreiten
1 x 82/63 = 1,301587302 Ellen(0,683333 m)	1 x 41/21 = 1, 1,05 Ellen (0, 5 m)
+4 x 82/63 = 5,206349206 Ellen(2,73333 m)	5 x 41/21 = 9,761904762 E(5,125 m)
+110 x 82/63 = 13,01587302 Ellen(6,8 3333 m)	15 x 41/21 = 29 2/7 E (15,375 m
+20 x 82/63 = 26,03174603 Ellen(13,6666 m)	35 x 41/21 = 68 1/3 E (35,875 m)
+35 x 82/63 = 45 5/9 Ellen(23,916666 m)	70 x 41/21 = 136 2/3 E (71,75 m)
+56 x 82/63 = 72 8/9 Ellen(38,26666 m)	126 x 41/21 = 246 Ellen(129,15 m)
+84 x 82/63 = 109 1/3 Ellen(57,4 m)	210 x 41/21 = 410 Ellen(215,25 m)
=210 x82/63= 273 1/3 Ellen(143,5 m)	

Bei der Pyramide des Chephren entsteht wieder der Nachweis, daß höhere Primzahlen
als 7 im ägptischen Meß- und Maßsystem nicht vorkommen Die Primzahl 41, die in
der Höhe 273 1/3 Ellen und in der Basishälfte von (215, 25 m) steckt, kürzt sich bei der
Bildung des Rücksprungs (4/3), einer Quarte, wieder heraus.

In Ellen: 273 1/3 / 205 = 41x6 2/3 / 41 x 5 = 6 2/3 / 5 = 4/3

In Metern: 3,5 /2,625 = 4/3

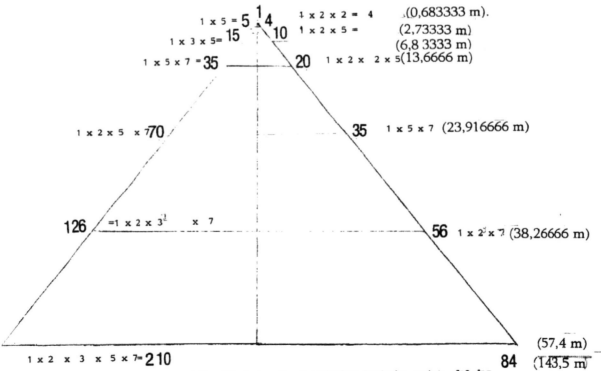

Die Zerlegung der Binomialkoeffizienten des Pascalschen Dreiecks zeigt, daß das
ägyptische Meß- und Maßsystem und die Abmessungen der Pyramiden nur aus den ersten
fünf Primzahlen (1,2,3,5,7) bestehen.

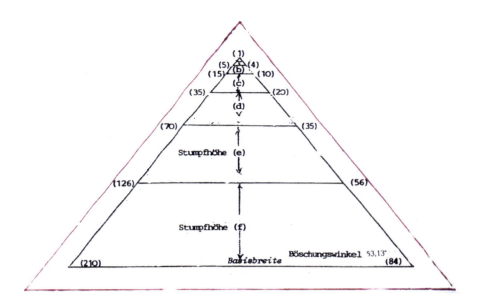

Aus strategischen Gründen gab Napoleon 1807 den Auftrag, die ägyptischen Pyramiden in Stichen festzuhalten.

Abb. 11: „Pyramides de Memphis". Rare Book Division, The New York Public Library. „Pyramides de Memphis. Vue de la seconde pyramide, prise du côté du levant." The New York Public Library Digital Collections. 1822. https://digitalcollections.nypl.org/items/510d47e0-20a6-a3d9-e040-e00a18064a99.

		Arnolds Liste (S. 200)			Vom Autor korrigierte Liste (geänderte Werte kursiv)			
	Pyramide	*Neigung*	*Basis*	*Höhe*	Abstand 210 zur Basislänge	Korrigierte Basislängen in *kursiver* Schrift	Korrigierte Pyramidenhöhen in *kursiver* Schrift	Rücksprungverhältnis: Höhe/Basishälfte
1.	Meidum M3	51°51'	275 (144,32)	(92)	210 × 46/35 =	*276 E (144,9 m)*	*175/21 E (92 m)*	80/63
2.	Knickpyramide (Snofru) oben	54°31' 44°30'	360 (189)	200 (105)	210 × 12/7 =	360 E (189 m)	200 E (105 m)	10/9
3.	Dahschur-Nord	45°	420 (220)	200 (105)	210 × 2/1 =	420 E *(220,5 m)*	200 E (105 m)	20/21
4.	Cheops 51,84°	51°50'40'''	440 (230,36)	280 (146,50)	210 × 21/10 =	*441 E (230,36 m)*	280 E (146,26 m)	80/63
5.	Djedefre	60°	200 (105)	175 (92)	210 × 20/21 =	200 E (105 m)	175 E *(91,875 m)*	7/4
6.	Königsgrab in Zawiet el-Arjan	?	210 (110)	? *drei Versionen möglich*		210 E *(110,25 m)* 210 E *(110,25 m)* 210 E *(110,25 m)*	*133 1/3 E (70 m)* *100 E (52,5 m)* *140 E (73,5 m)*	80/63 20/21 4/3
7.	Chephren	53°10'	410 (215,29)	275 (143,87)	210 × 41/21 =	410 E *(215,25 m)*	*273 1/3 E (143,5 m)*	4/3
8.	Mykerinus	51°	200 (105,5)	125 (65,55)	210 × 20/21 =	200 E (105,5 m)	*125 E (65,9375 m)*	5/4
9.	Userkaf	53°	140 (73,3)	94 (49)	210 × 2/3 =	140 E *(73,5 m)*	*93 1/3 E (49 m)*	4/3
10.	Sahure	50°45'	150 (78,5)	(50)	210 × 5/7 =	150 E *(78,75 m)*	*95 5/21 E (50 m)*	80/63
11.	Neferirkare	54°30'	200 (105)	(72,8)	210 × 20/21 =	200 E (105 m)	*140 E (73,5 m)*	7/5
12.	Niuserre	52°	150 (78,90)	(50)	210 × 5/7 =	150 E *(78,75 m)*	*95 5/21 E (50 m)*	80/63
13.	Neferefre	?	125 (65)	?	210 × 25/42 =	125 E *(65,625 m)*	*83 1/3 E (43,75 m)*	4/3
14.	Djedkare	52°	150 (78,90)	?	210 × 5/7 =	150 E *(78,75 m)*	*95 5/21 E (50 m)*	80/63
15.	Unas	56°	110 (57,70)	(43)	210 × 11/21 =	110 E *(57,75 m)*	*82 ½ E (43,3125 m)*	3/2
16.	Teti	?	150 (78,75)	100 (52,5)	210 × 5/7 =	150 E *(78,75 m)*	100 E (52,5 m)	4/3
17.	Pepi I.	53°	150 (78,6)	100 (52,4)	210 × 5/7 =	150 E (78,6 m)	100 E (52,4 m)	4/3
18.	Pepi II.	53°13'	150 (78,75)	100 (52,5)	210 × 5/7 =	150 E (78,75 m)	100 E (52,5 m)	4/3
19.	Merenre	?	175 (90–95)	?	210 × 5/6 =	175 E *(91,875 m)*	*116 2/3 E (61,25 m)*	4/3
20.	Amenemhet I.	54°	160 (84)	112 (59)	210 × 16/21 =	160 E (84 m)	112 E *(58,8 m)*	7/5
21.	Sesostris I.	49°24'	200 (105,23)	116 (61,25)	210 × 20/21 =	200 E *(105 m)*	*116 2/3 E (61,25 m)*	7/6
22.	Amenemhet II.	?	160 (84)	?	210 × 16/21 =	160 E (84 m)	*112 E (58,8 m)*	7/5
23.	Sesostris II.	42°35'	200 (105,88)	48,65	210 × 20/21 =	200 E *(105 m)*	*93 1/3 E (49 m)*	14/15
24.	Sesostris III.	56°	200 (105)	(61,25)	210 × 20/21 =	200 E (105 m)	*116 2/3 E (61,25 m)*	7/6
25.	Amenemhet III. (Dahschur)	54–56°	200 (105)	143 (75)	210 × 20/21 =	200 E (105 m)	*142 6/7 E (75 m)*	10/7
26.	Amenemhet III. (Hawara)	48–52°	200 (101,75)	(58)	210 × 20/21 =	200 E *(101,5 m)*	*114 2/7 E (58 m)*	8/7
27.	Chendjer	55°	100 (52,5)	(37,35)	210 × 10/21 =	100 E (52,5 m)	*71 3/7 E (37,5 m)*	10/7
28.	Unbekannt	?	175 (92)	?	210 × 5/6 =	175 E *(91,875 m)*	*116 2/3 E (61,25 m)*	4/3
29.	Mazghuna-S		100 (52,5)	?	210 × 10/21 =	100 E (52,5 m)	*71 3/7 E (37,5 m)*	10/7

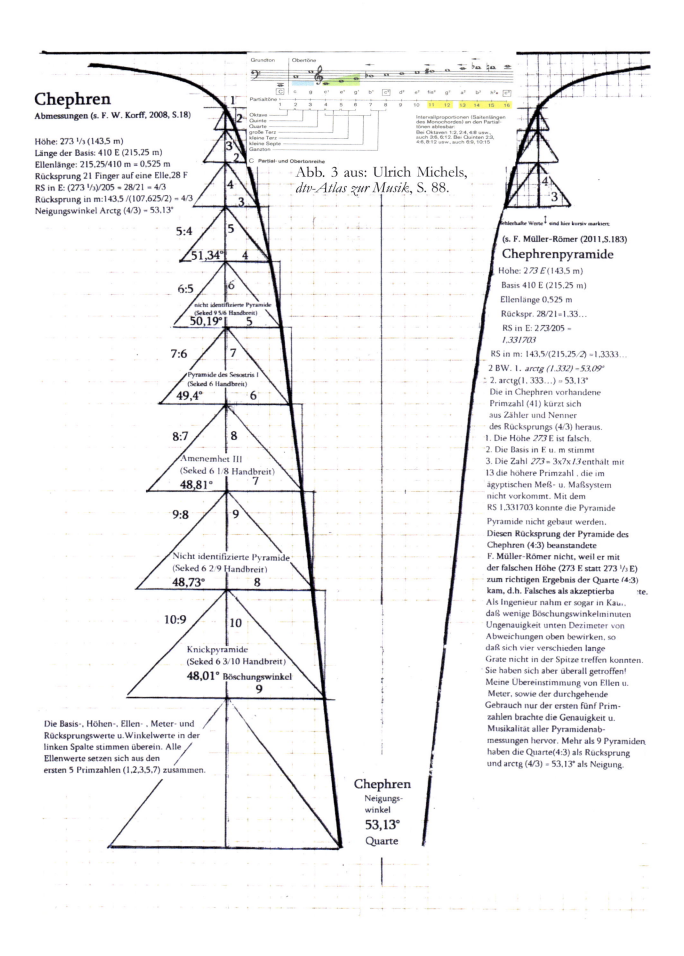

Chephren

Abmessungen (s. F. W. Korff, 2008, S.18)

Höhe: 273 ⅓ (143,5 m)
Länge der Basis: 410 E (215,25 m)
Ellenlänge: 215,25/410 m = 0,525 m
Rücksprung 21 Finger auf eine Elle,28 F
RS in E: (273 ⅓)/205 = 28/21 = 4/3
Rücksprung in m:143,5 /(107,625/2) = 4/3
Neigungswinkel Arctg (4/3) = 53,13°

Grundton   Obertöne

Partialtöne

Intervallproportionen (Saitenlängen
des Monochordes) an den Partialtönen ablesbar:
Bei Oktaven 1:2, 2:4, 4:8 usw.,
auch 3:6, 6:12. Bei Quinten 2:3,
4:6, 8:12 usw., auch 6:9, 10:15

C Partial- und Obertonreihe

Oktave
Quinte
Quarte
große Terz
kleine Terz
kleine Septe
Ganzton

Abb. 3 aus: Ulrich Michels,
dtv-Atlas zur Musik, S. 88.

5:4

51,34°

6:5

nicht identifizierte Pyramide
(Seked 9 5/6 Handbreit)
50,19°

7:6

Pyramide des Sesostris I
(Seked 6 Handbreit)
49,4°

8:7

Amenemhet III
(Seked 6 1/8 Handbreit)
48,81°

9:8

Nicht identifizierte Pyramide
(Seked 6 2/9 Handbreit)
48,73°

10:9

Knickpyramide
(Seked 6 3/10 Handbreit)
48,01° Böschungswinkel

Die Basis-, Höhen-, Ellen- , Meter- und
Rücksprungswerte u.Winkelwerte in der
linken Spalte stimmen überein. Alle
Ellenwerte setzen sich aus den
ersten 5 Primzahlen (1,2,3,5,7) zusammen.

Chephren
Neigungs-
winkel
53,13°
Quarte

Fehlerhafte Werte↓sind hier kursiv markiert.

(s. F. Müller-Römer (2011,S.183)

Chephrenpyramide

Höhe: 2*73 E* (143,5 m)

Basis 410 E (215,25 m)

Ellenlänge 0,525 m

Rückspr. 28/21=1,33...

RS in E: 2*73*/205 =
1,331703

RS in m: 143,5/(215,25/2) =1,3333...

2 BW. 1. *arctg (1,332) =53,09°*

2. arctg(1,333...) = 53,13°
Die in Chephren vorhandene
Primzahl (41) kürzt sich
aus Zähler und Nenner
des Rücksprungs (4/3) heraus.
1. Die Höhe *273* E ist falsch.
2. Die Basis in E u. m stimmt
3. Die Zahl *273* = 3x7x*13* enthält mit
13 die höhere Primzahl , die im
ägyptischen Meß- u. Maßsystem
nicht vorkommt. Mit dem
RS 1,331703 konnte die Pyramide
Pyramide nicht gebaut werden.
Diesen Rücksprung der Pyramide des
Chephren (4:3) beanstandete
F. Müller-Römer nicht, weil er mit
der falschen Höhe (273 E statt 273 ⅓ E)
zum richtigen Ergebnis der Quarte (4:3)
kam, d.h. Falsches als akzeptierba   te.
Als Ingenieur nahm er sogar in Kau..
daß wenige Böschungswinkelminuten
Ungenauigkeit unten Dezimeter von
Abweichungen oben bewirken, so
daß sich vier verschieden lange
Grate nicht in der Spitze treffen konnten.
Sie haben sich aber überall getroffen!
Meine Übereinstimmung von Ellen u.
Meter, sowie der durchgehende
Gebrauch nur der ersten fünf Primzahlen brachte die Genauigkeit u.
Musikalität aller Pyramidenab-
messungen hervor. Mehr als 9 Pyramiden
haben die Quarte(4:3) als Rücksprung
und arctg (4/3) = 53,13° als Neigung.

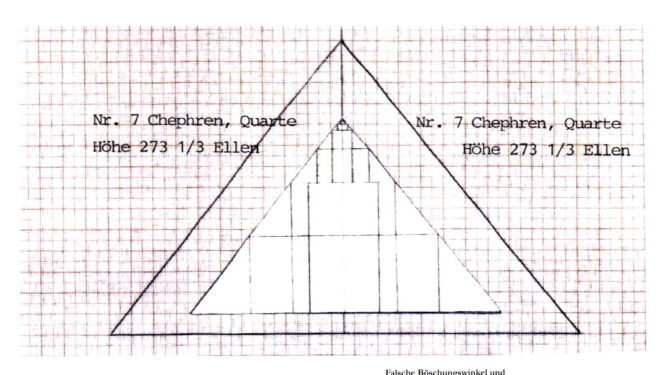

Nr. 7 Chephren, Quarte
Höhe 273 1/3 Ellen

Richtige Böschungswinkel				Falsche Böschungswinkel und Rücksprünge	
Nr. 1	Meidum	80/63 übergroße Terz	51,78°	51,84°	RS (28/22)
Nr. 2	Knickpyramide	10/9 kleiner Ganzton	48,01°		
Nr. 3	Dahschur – Nord	20/21 kleiner Halbton	43,60°	45°	RS (28/28)
Nr. 4	Cheops	80/63 übergroße Terz	51,78°	51,84°	RS (28/22)
Nr. 5	Djedefre	7/4 kleiner Septime	60,25°	52°?	RS? (14/11)
Nr. 6	Königsgrab	80/63 übergroße Terz 20/21 kleiner Halbton 4/3 Quarte	51,78° 43,60° 53,13°	51,84°	RS (14/11)
Nr. 7	Chephren	4/3 Quarte	53,13°	53,13°	RS (4/3)
Nr. 8	Mykerinus	5/4 große Terz	51,34°	51,84°	RS (28/22)
Nr. 9	Userkaf	4/3 Quarte	53,13°	53,13°	RS (4/3)
Nr. 10	Sahure	80/63 übergroße Terz	51,78°	50,19°	RS (90/75)
Nr. 11	Neferirkare	7/5 kleiner Tritonus	54,46°	54° angegeben	RS (7/5)
Nr. 12	Niuserre	80/63 übergroße Terz	51,78°	50,19°	RS (6/5)
Nr. 13	Neferefre	4/3 Quarte	53,13°	53,13°?	RS (75/100)
Nr. 14	Djedkare	80/63 übergroße Terz	51,78°	50,6°	RS (28/23)
Nr. 15	Unas	3/2 Quinte	56,30°	56° angegeben	RS (28/19)
Nr. 16	Teti	4/3 Quarte	53,13°	4 RSe fehlen	
Nr. 17	Pepi I.	4/3 Quarte	53,13°	4 RSe fehlen	
Nr. 18	Pepi II.	4/3 Quarte	53,13°	4 RSe fehlen	
Nr. 19	Merenre	4/3 Quarte	53,13°	4 RSe fehlen	
Nr. 20	Amenemhet I.	7/5 kleiner Tritonus	54,46°	52,69°	RS (21/16)
Nr. 21	Sesostris I.	7/6 Kleinstterz	49,4°	49,24°	RS (29/25)
Nr. 22	Amenemhet II.	7/5 kleiner Tritonus	54,46°	55,035°	RS (143/100)
Nr. 23	Sesostris II.	14/15 kleiner Halbton	43,02°	42,92°	RS (48,825/52,5)
Nr. 24	Sesostris III.	7/6 Kleinstterz	49,4°	49,24°	RS (29/25)
Nr. 25	Amenemhet III. (Dahschur)	10/7 großer Tritonus	55°	49,24°	RS (116/100)
Nr. 26	Amenemhet III. (Hawara)	8/7 übergroßer Ganzton	48,81°	47,84°	RS (116/105)
Nr. 27	Chendjer	10/7 großer Tritonus	55°	55°	RS (100/7)/1
Nr. 28	Unbekannt	4/3 Quarte	53,13°	53,13°	RS (4/3)
Nr. 29	Mazghuna – Süd	10/7 großer Tritonus	55°	55°	(75 m)/52,5 m

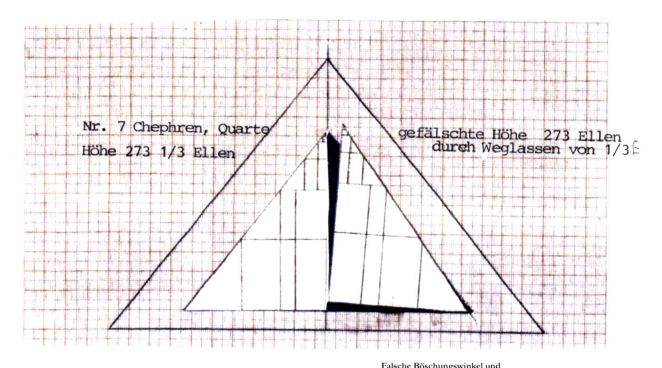

Nr. 7 Chephren, Quarte
Höhe 273 1/3 Ellen

gefälschte Höhe 273 Ellen
durch Weglassen von 1/3 E

Richtige Böschungswinkel				Falsche Böschungswinkel und Rücksprünge	
Nr. 1	Meidum	80/63 übergroße Terz	51,78°	51,84°	RS (28/22)
Nr. 2	Knickpyramide	10/9 kleiner Ganzton	48,01°		
Nr. 3	Dahschur – Nord	20/21 kleiner Halbton	43,60°	45°	RS (28/28)
Nr. 4	Cheops	80/63 übergroße Terz	51,78°	51,84°	RS (28/22)
Nr. 5	Djedefre	7/4 kleiner Septime	60,25°	52°?	RS? (14/11)
Nr. 6	Königsgrab	80/63 übergroße Terz 20/21 kleiner Halbton 4/3 Quarte	51,78° 43,60° 53,13°	51,84°	RS (14/11)
Nr. 7	Chephren	4/3 Quarte	53,13°	53,13°	RS (4/3)
Nr. 8	Mykerinus	5/4 große Terz	51,34°	51,84°	RS (28/22)
Nr. 9	Userkaf	4/3 Quarte	53,13°	53,13°	RS (4/3)
Nr. 10	Sahure	80/63 übergroße Terz	51,78°	50,19°	RS (90/75)
Nr. 11	Neferirkare	7/5 kleiner Tritonus	54,46°	54° angegeben	RS (7/5)
Nr. 12	Niuserre	80/63 übergroße Terz	51,78°	50,19°	RS (6/5)
Nr. 13	Neferefre	4/3 Quarte	53,13°	53,13°?	RS (75/100)
Nr. 14	Djedkare	80/63 übergroße Terz	51,78°	50,6°	RS (28/23)
Nr. 15	Unas	3/2 Quinte	56,30°	56° angegeben	RS (28/19)
Nr. 16	Teti	4/3 Quarte	53,13°	4 RSe fehlen	
Nr. 17	Pepi I.	4/3 Quarte	53,13°	4 RSe fehlen	
Nr. 18	Pepi II.	4/3 Quarte	53,13°	4 RSe fehlen	
Nr. 19	Merenre	4/3 Quarte	53,13°	4 RSe fehlen	
Nr. 20	Amenemhet I.	7/5 kleiner Tritonus	54,46°	52,69°	RS (21/16)
Nr. 21	Sesostris I.	7/6 Kleinstterz	49,4°	49,24°	RS (29/25)
Nr. 22	Amenemhet II.	7/5 kleiner Tritonus	54,46°	55,035°	RS (143/100)
Nr. 23	Sesostris II.	14/15 kleiner Halbton	43,02°	42,92°	RS (48,825/52,5)
Nr. 24	Sesostris III.	7/6 Kleinstterz	49,4°	49,24°	RS (29/25)
Nr. 25	Amenemhet III. (Dahschur)	10/7 großer Tritonus	55°	49,24°	RS (116/100)
Nr. 26	Amenemhet III. (Hawara)	8/7 übergroßer Ganzton	48,81°	47,84°	RS (116/105)
Nr. 27	Chendjer	10/7 großer Tritonus	55°	55°	RS (100/7)/1
Nr. 28	Unbekannt	4/3 Quarte	53,13°	53,13°	RS (4/3)
Nr. 29	Mazghuna – Süd	10/7 großer Tritonus	55°	55°	(75 m)/52,5 m

108

Chephren

Abmessungen (s. F. W. Korff, 2008, S.18)

Höhe: 273 ⅓ (143,5 m)
Länge der Basis: 410 E (215,25 m)
Ellenlänge: 215,25/410 m = 0,525 m
Rücksprung 21 Finger auf eine Elle,28 F
RS in E: (273 ⅓)/205 = 28/21 = 4/3
Rücksprung in m:143,5 /(107,625/2) = 4/3
Neigungswinkel Arctg (4/3) = 53,13
Chephren ist eine von ca. 9 *Quartpyramiden*

Die Basis-, Höhen-, Ellen-, Meter- und
Rücksprungswerte u.Winkelwerte in der
linken Spalte stimmen überein. Alle
Ellenwerte setzen sich aus den
ersten 5 Primzahlen (1,2,3,5,7) zusammen.

Die fehlerhaften Werte ↓ sind hier kursiv markiert:
Falsche Abmessungen Chephren-Pyramide
(siehe F. Müller-Römer (2011, S.183)
Höhe: 2 *73 E* (143,5 m)
Länge der Basis 410 *E* (215,25 *m*)
Ellenlänge (215,25)/ 410 = 0,525 m
Rücksprung *21 Finger* auf eine Elle, 28 F
RS in E: *(273)/(410/2) = 273/205 = 1,331703*
RS in m: 143,5/(215,25/2) =1,3333…
2 Neigungswinkel: 1. *arctg (1.332) =53,09°*
2. arctg(1, 333…) = 53,13°

1. Die Höhe *273 E* ist falsch.
2. Die Basislängen in E u. m stimmen
3. Die Zahl 273 = 3x7x13 enthält mit
   13 eine höhere Primzahl , die im
   ägyptischen Meß- u. Maßsystem
   nicht vorkommt. Mit dem zugehörigen
   Böschungswinkel konnte die
   Pyramide nicht gebaut werden.
   (Den Rücksprung der Pyramide des
   Chephren (4:3) beanstandete
   F. Müller-Römer nicht, weil er trotz
   der falschen Höhe (273 E, statt 273 ⅓ E)
   zum richtigen Ergebnis der Quarte (4:3)
   kam, d.h. Falsches richtig fälschte.)

Die Fälschungen in ca. 14 der Korffschen Pyramidenabmessungen sind im originalen
Wortlaut und der Textgestaltung Müller-Römers durch eine beglaubigte Kopie, ohne
Änderung seiner Zeilen, hier nachzulesen, ebenso wortgleich als Rezension (2016)
veröffentlicht (http:www.fera-journal. eu) in der „Frankfurter elektronische(n) Rundschau zur
Altertumskunde" 29, S.112-117.

In dem anschließenden Kapitel I, „Das Geheimnis der Pyramidenneigungen ist
entdeckt!", befasst sich der Autor eingehend mit einer Zusammenstellung der Neigungen der Pyramiden des Alten Ägypten, die Arnold veröffentlicht hat,[6] und stellt
dazu fest, dass eine Anzahl der dort aufgeführten Rücksprünge nicht mit seinen entsprechenden Vorschlägen für den Bau der Pyramiden zusammenpasst. Er hat daher
die Liste korrigiert (S. 7) und auf den S. 9-42 für jede Pyramide die Baudaten separat
aufgeführt. Dabei werden jedoch verschiedentlich Rücksprünge genannt, die nicht den
archäologisch belegten Werten bzw. nicht ganzzahligen Werten – in Fingerbreiten
gemessen – entsprechen: So wird z. B. für die Pyramide in Meidum und für die
Cheopspyramide ein Rücksprung von 80 zu 63 (Höhe/Basishälfte) anstelle des tatsächlichen Wertes von 28 zu 22 (Verhältnis 4:3) Fingern aufgeführt.[7] Auch die angegebenen Werte für die Rücksprünge der Roten Pyramide in Dahschur Nord (Snofru)
(20 zu 21 anstelle von 28 zu 28 Fingern) sowie der Pyramiden des Mykerinos (5 zu 4
anstelle von 28 zu 22 Fingern), Sahure (80 zu 63 anstelle von 28 zu 23 Fingern),
Neferirkare (7 zu 5 anstelle von 28 zu 21 Fingern), Niuserre (81 zu 64 anstelle von 28
zu 22 Fingern), Djedkare Asosi (80 zu 63 anstelle von 28 zu 22 Fingern), Unas (3 zu 2
anstelle von 28 zu 19 Fingern), Sesostris III. (7 zu 6 anstelle von 28 zu 19 Fingern),
Amenemhet III. (Dahschur) (10 zu 7 anstelle von 28 zu 20 Fingern) und Amenemhet
III. (Hawara) (8 zu 7 anstelle von 28 zu 24 Fingern) treffen nicht zu. Weiterhin wird
von Korff die Basislänge der Cheopspyramide von (gemessenen) 440 Ellen auf 441
Ellen durch eine Anpassung des Ellenmaßes erhöht (S. 7). In weiteren Tabellen auf
S. 8 und S. 43ff. stellt Korff die Rücksprünge in Zusammenhang mit Intervallen anti-
ker Tonarten (Diatonon Malakon).

Kapitel 8, Nr. 8 Mykerinus

Nr.		Arnolds Liste (S. 200)			Vom Autor korrigierte Liste (geänderte Werte kursiv)					Verwendetes Ellenmaß
	Pyramide	Neigung	Basis	Höhe		Korrigierte Basislängen in *kursiver* Schrift	Korrigierte Pyramiden- höhen in *kursiver* Schrift	Rücksprungverhältnis: Höhe/Basishälfte	Böschungswinkel: Arcus Tangens H/(b2)	
1.	Meidum M3	51°51'	275 (144,32)	(92)	210 × 46/35 =	*276 E (144,9 m)*	*175/21 E (92 m)*	80/63	51,78° = arctg (175 521/138) übergr. Terz	(0,525 m)
2.	Knickpyramide (Snofru) oben	54°31' / 44°30'	360 (189)	200 (105)	210 × 127 =	360 E (189 m)	200 E (105 m)	109	48,01° = arctg (200/180) kl. Ganzton	(0,525 m)
3.	Dahschur-Nord	45°	420 (220)	200 (105)	210 × 21 =	420 E (220,5 m)	200 E (105 m)	20/21	43,60° = arctg (200/210) kl. Halbton	(0,525 m)
4.	Cheops 51,84°	51°50'40'''	440 (230,36)	280 (146,50)	210 × 21/10 =	441 E (230,36 m)	280 E (146,26 m)	80/63	51,78° = arctg (280/220,5) übergr. Terz	(0,52236 m)
5.	Djedefre	60°	200 (105)	175 (92)	210 × 20/21 =	200 E (105 m)	*175 E (91,875 m)*	7/4	60,25° = arctg (175/100) kl. Septime	(0,525 m)
6.	Königsgrab in Zawiet el-Arjan	? *drei Versionen möglich*	210 (110)	?		210 E (110,25 m) 210 E (110,25 m) 210 E (110,25 m)	133 1/3 E (70 m) 100 E (52,5 m) 140 E (73,5 m)	80/63 2021 43	51,78° = arctg (133 1/3/105) übergr. Terz 43,60° = arctg (100/105) kl. Halbton 53,13° = arctg (140/105) Quarte	(0,525 m)
7.	Chephren	53°10'	410 (215,29)	275 (143,87)	210 × 41/21 =	410 E (215,25 m)	273 1/3 E (143,5 m)	43	53,13° = arctg (273 1/3/205) Quarte	(0,525 m)
8.	Mykerinus	51°	200 (105,55)	125 (65,55)	210 × 20/21 =	200 E (105,5 m)	*125 E (65,9375 m)*	54	51,34° = arctg (125100) gr. Terz	(0,5275 m)
9.	Userkaf	53°	140 (73,3)	94 (49)	210 × 23 =	140 E (73,5 m)	93 1/3 E (49 m)	43	53,13° = arctg (93 13/70) Quarte	(0,525 m)
10.	Sahure	50°45'	150 (78,5)	(50)	210 × 57 =	*150 E (78,75 m)*	*95 521 E (50 m)*	80/63	51,78° = arctg (95 521/75) übergr. Terz	(0,525 m)
11.	Neferirkare	54°30'	200 (105)	(72,8)	210 × 20/21 =	200 E (105 m)	*140 E (73,5 m)*	75	54,46° = arctg (140/100) kl. Tritonus	(0,525 m)
12.	Niuserre	52°	150 (78,90)	(50)	210 × 57 =	150 E (78,75 m)	95 521 E (50 m)	80/63	51,78° = arctg (95 521/75) übergr. Terz	(0,525 m)
13.	Neferefre	?	125 (65)	?	210 × 25/42 =	125 E (65,625 m)	83 1/3 E (43,75 m)	43	53,13° = arctg (83 1/3/62,5) Quarte	(0,525 m)
14.	Djedkare	52°	150 (78,90)	?	210 × 57 =	150 E (78,75 m)	95 521 E (50 m)	80/63	51,78° = arctg (95 521/75) übergr. Terz	(0,525 m)
15.	Unas	56°	110 (57,70)	(43)	210 × 11/21 =	110 E (57,75 m)	82 ½ E (43,3125 m)	32	56,30° = arctg (82,555) Quinte	(0,525 m)
16.	Teti	?	150 (78,75)	100 (52,5)	210 × 57 =	150 E (78,75 m)	100 E (52,5 m)	43	53,13° = arctg (100/75) Quarte	(0,525 m)
17.	Pepi I.	53°	150 (78,6)	100 (52,4)	210 × 57 =	150 E (78,6 m)	100 E (52,4 m)	43	53,13° = arctg (100/75) Quarte	(0,524 m)
18.	Pepi II.	53°13'	150 (78,75)	100 (52,5)	210 × 57 =	150 E (78,75 m)	100 E (52,5 m)	43	53,13° = arctg (100/75) Quarte	(0,525 m)
19.	Merenre	?	175 (90–95)	?	210 × 56 =	*175 E (91,875 m)*	116 23 E (61,25 m)	43	53,13° = arctg (116 23/87,5) Quarte	(0,525 m)
20.	Amenemhet I.	54°	160 (84)	112 (59)	210 × 16/21 =	160 E (84 m)	112 E (58,8 m)	75	54,46° = arctg = (112/80) kl. Tritonus	(0,525 m)
21.	Sesostris I.	49°24'	200 (105,23)	116 (61,25)	210 × 20/21 =	200 E (105 m)	116 23 E (61,25 m)	76	49,4° = arctg (116 23/100) Kleinsterz	(0,525 m)
22.	Amenemhet II.	?	160 (84)	?	210 × 16/21 =	160 E (84 m)	112 E (58,8 m)	75	54,46° = arctg (112/80) kl. Tritonus	(0,525 m)
23.	Sesostris II.	42°35'	200 (105,88)	48,65	210 × 20/21 =	200 E (105 m)	93 1/3 E (49 m)	1415	43,02° = arctg (93 13/100) kl. Halbton	(0,525 m)
24.	Sesostris III.	56°	200 (105)	(61,25)	210 × 20/21 =	200 E (105 m)	116 23 E (61,25 m)	76	49,4° = arctg (116 23/100) Kleistterz	(0,525 m)
25.	Amenemhet III. (Dahschur)	54–56°	200 (105)	143 (75)	210 × 20/21 =	200 E (105 m)	142 67 E (75 m)	107	55° = arctg (142 67/100) gr. Tritonus	(0,525 m)
26.	Amenemhet III. (Hawara)	48–52°	200 (101,75)	(58)	210 × 20/21 =	200 E (101,5 m)	114 27 E (58 m)	87	48,81° = arctg (114 27/100) übergr. Ganzton	(0,5075 m)
27.	Chendjer	55°	100 (52,5)	(37,35)	210 × 10/21 =	100 E (52,5 m)	*71 3/7 E (37,5 m)*	107	55° = arctg (71 3/7/50) gr. Tritonus	(0,525 m)
28.	Unbekannt	?	175 (92)	?	210 × 56 =	*175 E (91,875 m)*	116 23 E (61,25 m)	43	53,13° = arctg (116 23/87,5) Quarte	(0,525 m)
29.	Mazghuna-S		100 (52,5)	?	210 × 10/21 =	100 E (52,5 m)	*71 3/7 E (37,5 m)*	107	55° = arctg (71 3/7/50) gr. Tritonus	(0,525 m)

		Arnolds Liste (S. 200)			Vom Autor korrigierte Liste (geänderte Werte kursiv)			
	Pyramide	*Neigung*	*Basis*	*Höhe*	Abstand 210 zur Basislänge	Korrigierte Basislängen in *kursiver* Schrift	Korrigierte Pyramidenhöhen in *kursiver* Schrift	Rücksprung-verhältnis: Höhe/Basishälfte
1.	Meidum M3	51°51'	275 (144,32)	(92)	210 × 46/35 =	*276 E (144,9 m)*	*175/21 E (92 m)*	80/63
2.	Knickpyramide (Snofru) oben	54°31' 44°30'	360 (189)	200 (105)	210 × 12/7 =	360 E (189 m)	200 E (105 m)	10/9
3.	Dahschur-Nord	45°	420 (220)	200 (105)	210 × 2/1 =	420 E *(220,5 m)*	200 E (105 m)	20/21
4.	Cheops 51,84°	51°50'40'''	440 (230,36)	280 (146,50)	210 × 21/10 =	*441 E (230,36 m)*	280 E (146,26 m)	80/63
5.	Djedefre	60°	200 (105)	175 (92)	210 × 20/21 =	200 E (105 m)	175 E *(91,875 m)*	7/4
6.	Königsgrab in Zawiet el-Arjan	?	210 (110)	? *drei Versionen möglich*		210 E *(110,25 m)* 210 E *(110,25 m)* 210 E *(110,25 m)*	*133 1/3 E (70 m)* *100 E (52,5 m)* *140 E (73,5 m)*	80/63 20/21 4/3
7.	Chephren	53°10'	410 (215,29)	275 (143,87)	210 × 41/21 =	410 E *(215,25 m)*	*273 1/3 E (143,5 m)*	4/3
8.	Mykerinus	51°	200 (105,5)	125 (65,55)	210 × 20/21 =	200 E (105 m)	125 E *(65,9375 m)*	5/4
9.	Userkaf	53°	140 (73,3)	94 (49)	210 × 2/3 =	140 E *(73,5 m)*	*93 1/3 E (49 m)*	4/3
10.	Sahure	50°45'	150 (78,5)	(50)	210 × 5/7 =	150 E *(78,75 m)*	*95 5/21 E (50 m)*	80/63
11.	Neferirkare	54°30'	200 (105)	(72,8)	210 × 20/21 =	200 E (105 m)	*140 E (73,5 m)*	7/5
12.	Niuserre	52°	150 (78,90)	(50)	210 × 5/7 =	150 E *(78,75 m)*	*95 5/21 E (50 m)*	80/63
13.	Neferefre	?	125 (65)	?	210 × 25/42 =	125 E *(65,625 m)*	*83 1/3 E (43,75 m)*	4/3
14.	Djedkare	52°	150 (78,90)	?	210 × 5/7 =	150 E *(78,75 m)*	*95 5/21 E (50 m)*	80/63
15.	Unas	56°	110 (57,70)	(43)	210 × 11/21 =	110 E *(57,75 m)*	*82 ½ E (43,3125 m)*	3/2
16.	Teti	?	150 (78,75)	100 (52,5)	210 × 5/7 =	150 E (78,75 m)	100 E (52,5 m)	4/3
17.	Pepi I.	53°	150 (78,6)	100 (52,4)	210 × 5/7 =	150 E (78,6 m)	100 E (52,4 m)	4/3
18.	Pepi II.	53°13'	150 (78,75)	100 (52,5)	210 × 5/7 =	150 E (78,75 m)	100 E (52,5 m)	4/3
19.	Merenre	?	175 (90—95)	?	210 × 5/6 =	175 E *(91,875 m)*	*116 2/3 E (61,25 m)*	4/3
20.	Amenemhet I.	54°	160 (84)	112 (59)	210 × 16/21 =	160 E (84 m)	112 E *(58,8 m)*	7/5
21.	Sesostris I.	49°24'	200 (105,23)	116 (61,25)	210 × 20/21 =	200 E *(105 m)*	*116 2/3 E (61,25 m)*	7/6
22.	Amenemhet II.	?	160 (84)	?	210 × 16/21 =	160 E (84 m)	*112 E (58,8 m)*	7/5
23.	Sesostris II.	42°35'	200 (105,88)	48,65	210 × 20/21 =	200 E *(105 m)*	*93 1/3 E (49 m)*	14/15
24.	Sesostris III.	56°	200 (105)	(61,25)	210 × 20/21 =	200 E (105 m)	*116 2/3 E (61,25 m)*	7/6
25.	Amenemhet III. (Dahschur)	54—56°	200 (105)	143 (75)	210 × 20/21 =	200 E (105 m)	*142 6/7 E (75 m)*	10/7
26.	Amenemhet III. (Hawara)	48—52°	200 (101,75)	(58)	210 × 20/21 =	200 E *(101,5 m)*	*114 2/7 E (58 m)*	8/7
27.	Chendjer	55°	100 (52,5)	(37,35)	210 × 10/21 =	100 E (52,5 m)	*71 3/7 E (37,5 m)*	10/7
28.	Unbekannt	?	175 (92)	?	210 × 5/6 =	175 E *(91,875 m)*	*116 2/3 E (61,25 m)*	4/3
29.	Mazghuna-S		100 (52,5)	?	210 × 10/21 =	100 E (52,5 m)	*71 3/7 E (37,5 m)*	10/7

Finden der exakten Abmessungen der Mykerinuspyramide auf der Nayflöte

Um die von den Ägyptern ursprünglich geplanten Abmessungen der Pyramiden von den in unserer Forschung seit etwa 1926 empirisch zwar nahe kommenden, aber letzlich falschen und sogar überfälschten Werten z. B. denen Müller-Römers zu unterscheiden, genügt es schon, alle Primzahlen, im Baukörper, die größer sind als 7, also 11, 13, 17, 19, 23 und noch größere auszuschließen, denn sie sind nicht teil des ägyptischen Meß- und Maß= . systems aus den fünf ersten Primzahlen, das sich auf ihr Viertel (1 Elle = 1 x 2 x 3 x5 x 7 /4 =52,5 cm) beschränkte und das aus ca. 27 Pyramidenbasen, zusammengesetzt nur aus diesen Zahlen, bestand. Ebenso selbstverständlich war die Folge, daß dann die Rücksprünge und die Höhen ebenfalls nur aus dem Fond und Kombinationen dieser Zahlen bestanden. Daß auch die Rücksprünge in Zähler und Nenner allesamt nur die kleinen Primzahlen von 1-10 bzw. Kettenglieder der Partial – und Obertonreihe wie 21/20 = 3x7/4x5 enthielt, war ebenfalls die musikalische Konsequenz dieser Anordnung, denn wir hören Harmonien nur aus Intervallen, deren Zähler und Nenner nur die ganzen Zahlen von 1-10 enthalten: Oktave (2/1),(3/2 Quinte, (4/3) Quarte, (5/4) große Terz, (6/5) kleine Terz, (7/6) Kleinstterz, (8/7) übergroßer Ganzton, (9/8) großer Ganzton, (10/9) kleiner Ganzton.

(11/10) und weitere Intervalle (n+1)/n empfinden wir bereits als unharmonisch, als zu eng, zu schrill, und sie kommen auch in Pyramidenneigungen nicht vor.

Wie finden wir nun die große Terz 5/4 der Mykerinuspyramide mit exakter Höhe und Basishälfte auf der Nayflöte?

Ellenmaß:0,5275 m.

Zu diesem Zweck suche man einen 5/4 Abstand (z.B. 10,9375:8,75 = (5/4) auf dem Umriß der Flöte auf der nächsten Seite halblinks und multipliziere Zähler und Nenner mit dem Erweiterungsfaktor (Ef 80/7)) x 10,9375 , so erhält man die genaue Höhe (80/7 x 10,9375 = 125 Ellen (65,9375 m) und 80/7 x 8,75 = 100 Ellen (52,75 m)Basishälfte.

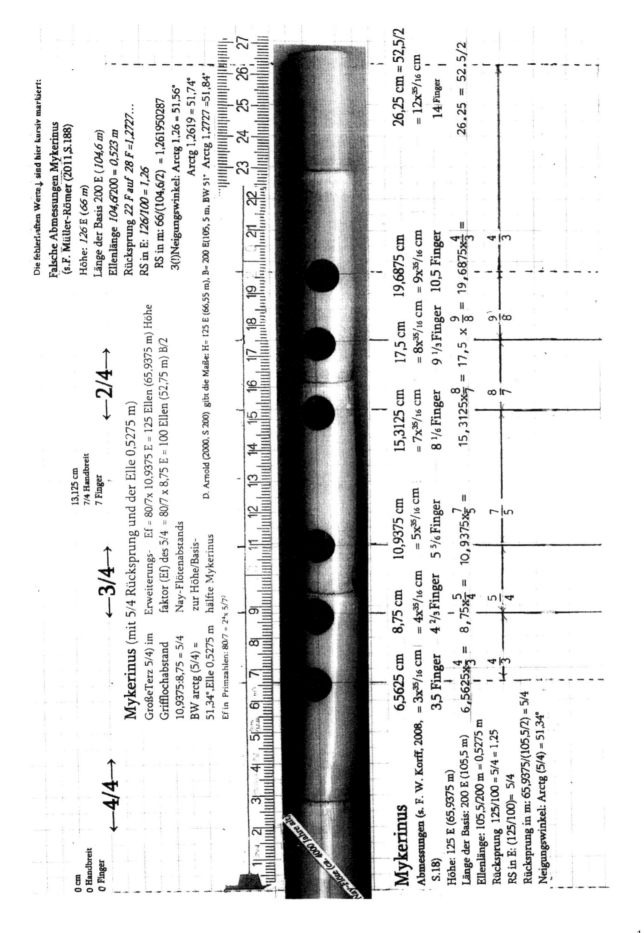

0 cm
0 Handbreit
0 Finger

←4/4→   ←3/4→   ←2/4→

13.125 cm
7/4 Handbreit
7 Finger

Die fehlerhaften Werte↓ sind hier kursiv markiert:

Falsche Abmessungen Mykerinus
(s.F. Müller-Römer (2011,S.188)

Höhe: *126 E (66 m)*
Länge der Basis 200 E (*104,6 m*)
Ellenlänge *104,6/200 = 0,523 m*
Rücksprung *22 F auf 28 F =1,2727...*
RS in E: *126/100 = 1,26*
RS in m: *66/(104,6/2) = 1,261950287*
3(!)Neigungswinkel: Arctg 1,26 = 51,56°
    Arctg 1,2619 =51,74°   Arctg 1,2727 =51,84°

Mykerinus (mit 5/4 Rücksprung und der Elle 0,5275 m)

GroßeTerz 5/4) im   Erweiterungs-   Ef = 80/7x 10,9375 E = 125 Ellen (65,9375 m) Höhe
Grifflochabstand   faktor (Ef) des 5/4 = 80/7 x 8,75 E = 100 Ellen (52,75 m) B/2
10,9375:8,75 = 5/4   Nay-Flötenabstand
BW arctg (5/4) =   zur Höhe/Basis-
51,34°,Elle 0,5275 m   hälfte Mykerinus
Ef in Primzahlen: $80/7 = 2^4x\ 5/7^2$

D. Arnold (2000, S 200) gibt die Maße: H= 125 E (66,55 m), B= 200 E(105,5 m, BW 51°

26,25 cm = 52,5/2
$= 12x^{35}/_{16}$ cm
14.Finger
26,25 = 52.5/2

19,6875 cm
$= 9x^{35}/_{16}$ cm
10,5 Finger
$19,6875x\frac{4}{3} =$
$\frac{4}{3}$

17,5 cm
$= 8x^{35}/_{16}$ cm
9 1/3 Finger
$17,5 \times \frac{9}{8} = 19,6875$
$\frac{9}{8}$

15,3125 cm
$= 7x^{35}/_{16}$ cm
8 1/6 Finger
$15,3125x\frac{8}{7} = 17,5$
$\frac{8}{7}$

10,9375 cm
$= 5x^{35}/_{16}$ cm
5 5/6 Finger
$10,9375x\frac{7}{5} =$
$\frac{7}{5}$

8,75 cm
$= 4x^{35}/_{16}$ cm
4 2/3 Finger
$8,75x\frac{5}{4} = 10,9375$
$\frac{5}{4}$

6,5625 cm
$= 3x^{35}/_{16}$ cm
3.5 Finger
$6,5625x\frac{4}{3} =$
$\frac{4}{3}$

Mykerinus

Abmessungen (s. F. W. Korff, 2008, S.18)
Höhe: 125 E (65,9375 m)
Länge der Basis: 200 E (105,5 m)
Ellenlänge: 105,5/200 m = 0,5275 m
Rücksprung 125/100 = 5/4 = 1,25
RS in E: (125/100)= 5/4
Rücksprung in m: 65,9375/(105,5/2) = 5/4
Neigungswinkel: Arctg (5/4) = 51,34°

Der Weg zum Feststellen exakter Abmessung aller ägyptischer Pyramiden geht von der Nay-Flöte aus

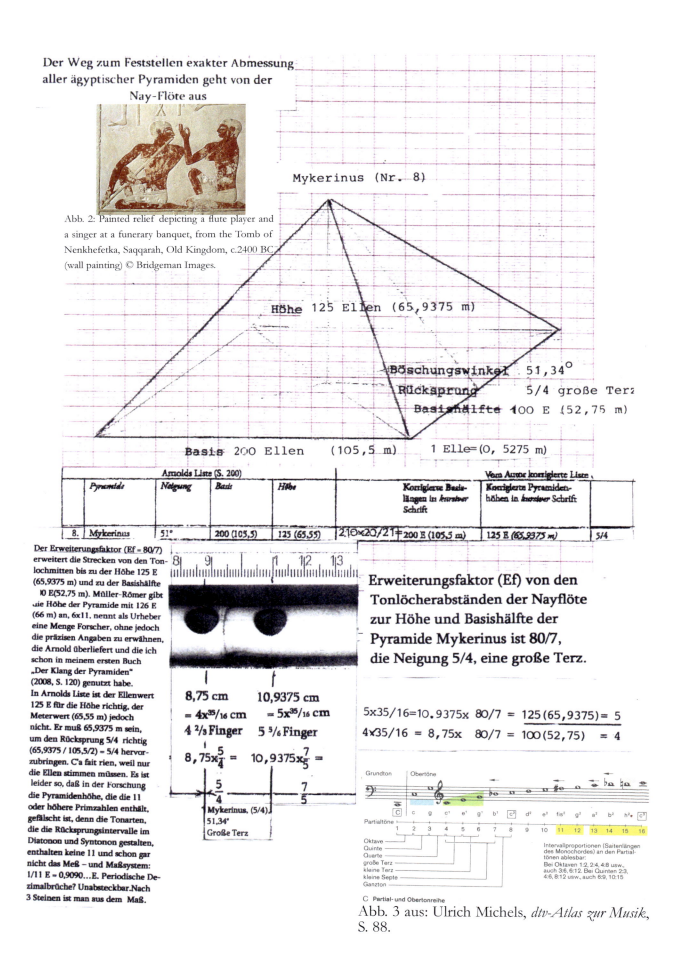

Abb. 2: Painted relief depicting a flute player and a singer at a funerary banquet, from the Tomb of Nenkhefetka, Saqqarah, Old Kingdom, c.2400 BC (wall painting) © Bridgeman Images.

Mykerinus (Nr. 8)

Höhe 125 Ellen (65,9375 m)

Böschungswinkel 51,34°
Rücksprung 5/4 große Terz
Basishälfte 100 E (52,75 m)

Basis 200 Ellen (105,5 m)   1 Elle=(0,5275 m)

	Pyramide	Neigung	Basis	Höhe	Korrigierte Basis- längen in *kursiver* Schrift	Korrigierte Pyramiden- höhen in *kursiver* Schrift	
8.	Mykerinus	51°	200 (105,5)	125 (65,55)	210×20/21=200 E (105,5 m)	125 E (65,9375 m)	5/4

Der Erweiterungsfaktor (Ef = 80/7) erweitert die Strecken von den Tonlochmitten bis zu der Höhe 125 E (65,9375 m) und zu der Basishälfte 10 E(52,75 m). Müller-Römer gibt die Höhe der Pyramide mit 126 E (66 m) an, 6x11, nennt als Urheber eine Menge Forscher, ohne jedoch die präzisen Angaben zu erwähnen, die Arnold überliefert und die ich schon in meinem ersten Buch „Der Klang der Pyramiden" (2008, S. 120) genutzt habe. In Arnolds Liste ist der Ellenwert 125 E für die Höhe richtig, der Meterwert (65,55 m) jedoch nicht. Er muß 65,9375 m sein, um den Rücksprung 5/4 richtig (65,9375 / 105,5/2) = 5/4 hervorzubringen. C'a fait rien, weil nur die Ellen stimmen müssen. Es ist leider so, daß in der Forschung die Pyramidenhöhe, die die 11 oder höhere Primzahlen enthält, gefälscht ist, denn die Tonarten, die die Rücksprungintervalle im Diatonon und Syntonon gestalten, enthalten keine 11 und schon gar nicht das Meß – und Maßsystem: 1/11 E = 0,9090...E. Periodische Dezimalbrüche? Unabsteckbar.Nach 3 Steinen ist man aus dem Maß.

8,75 cm   10,9375 cm
= 4x^{35}/₁₆ cm   = 5x^{35}/₁₆ cm
4 ²/₃ Finger   5 ⁵/₆ Finger

$8,75 \times \frac{5}{4} =$ $10,9375 \times \frac{7}{5} =$

$\frac{5}{4}$ $\frac{7}{5}$

Mykerinus, (5/4)
51,34°
Große Terz

Erweiterungsfaktor (Ef) von den Tonlöcherabständen der Nayflöte zur Höhe und Basishälfte der Pyramide Mykerinus ist 80/7, die Neigung 5/4, eine große Terz.

$5 \times 35/16 = 10,9375 \times$ $80/7 =$ $125 (65,9375) = 5$
$4 \times 35/16 = 8,75 \times$ $80/7 =$ $100 (52,75) = 4$

Grundton   Obertöne

Partialtöne   1 2 3 4 5 6 7 8 9 10 11 12 13 14 15 16

Oktave
Quinte
Quarte
große Terz
kleine Terz
kleine Septe
Ganzton

Intervallproportionen (Saitenlängen des Monochordes) an den Partialtönen ablesbar:
Bei Oktaven 1:2, 2:4, 4:8 usw., auch 3:6, 6:12. Bei Quinten 2:3, 4:6, 8:12 usw., auch 6:9, 10:15

C Partial- und Obertonreihe

Abb. 3 aus: Ulrich Michels, *dtv-Atlas zur Musik*, S. 88.

116

Berechnung der Höhe der Pyramide des Mykerinus Nr.8

(Altägyptischer Text kursiv) Nach der Regel der Übungsaufgabe Nr. 57 Papyrus Rhind:

Gegeben sei eine Pyramide, die Grundkante ist 200 Ellen (105, 5m).
5/4 ist ihr Rücksprung. Wie ist ihre Höhe?

Um das auszurechnen, teile den Rücksprung durch 2, so erhältst du 5/8.
Nimm 5/8 von 200, das macht 200 x 5/8 = 125 Ellen (65,9375 m) Dies ist ihre Höhe.

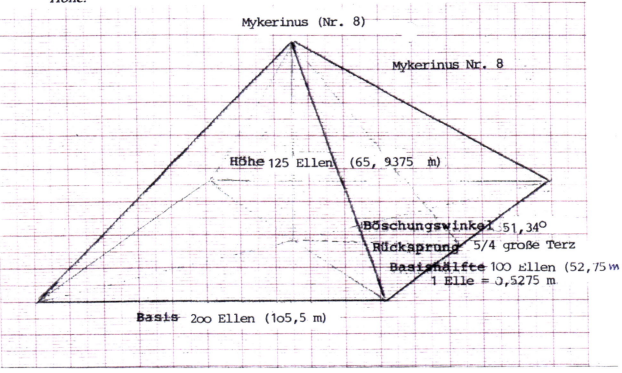

Mykerinus (Nr. 8)

Mykerinus Nr. 8

Höhe 125 Ellen (65, 9375 m)

Böschungswinkel 51,34°
Rücksprung 5/4 große Terz
Basishälfte 100 Ellen (52,75 m)
1 Elle = 0,5275 m

Basis 200 Ellen (105,5 m)

Ab hier: Zusatz von F.W. Korff: du kannst auch 5/4 von 100 nehmen: = 125 Ellen Höhe.
Berechnung ausgegrabener Grundkantenmaße der Pyramide Mykerinus
210 x 20/21 = 200 Ellen ist die Basislänge. Die Basishälfte ist dann 100 Ellen
(52,75 m) lang. Der Rücksprung ist, wie schon gesagt, H/(B/2)=(5/4).
Die Musikalität der Pyramide des Mykerinus entsteht in einer Oktave antiker
Tonart: DIATONON SYNTONON (1 x= 9/8 x 10/9 x 16/15 x 9/8 x 9/8 x 10/9 x 16/15 = 2
Skalierung durch Boethius(2:1), 1 Elle = 0,5275 m

	C-Dur		
Basis 200 Ellen	c¹	200 Hz	
200: 9/8	h	177 7/9	
177 7/9: 10/9	a	160	Rücksprung der Mykerinus Pyramide
160: 16/15	g	150	(125E /100E) = (65,9375 m)/(52,75 m) = 5/4
150: 9/8	f	133 1/3	Intervall große Terz 5/4, ihre Töne c-e
133: 1/3 16x15	e	125	
125: 10/9	d	112,5	BW arctg (5/4) = 51,34°
112,5: 9/8	c	100	

Musikalische Intervalle sind zahlengleich den harmonischen Proportionen der Architektur

Mykerinus (Nr. 8)

Abmessungen (s. F. W. Korff, 2008, S.18)

Höhe: 125 E (65,9375 m)
Länge der Basis: 200 E (105,5 m)
Ellenlänge: 105,5/200 m = 0,5275 m
Rücksprung 125/100 = 5/4 = 1,25
RS in E: (125/100)= 5/4
Rücksprung in m: 65,9375/(105,5/2) = 5/4
Neigungswinkel: Arctg (5/4) = 51,34°

Die fehlerhaften Werte ↓ sind hier kursiv markiert:
Falsche Abmessungen Mykerinus
(s.F. Müller-Römer (2011,S. 188)
Höhe: *126* E (*66 m*)
Länge der Basis 200 E (*104,6 m*)
Ellenlänge *104,6*/200 = *0,523 m*
Rücksprung *22 F auf 28 F =1,2727...*
RS in E: *126/100 = 1,26*
RS in m: *66/(104,6/2) = 1,261950287*
3(!)Neigungswinkel: Arctg 1,26 = 51,56°
Arctg 1,2619 = 51,74°
Arctg 1,2727 =51,84°

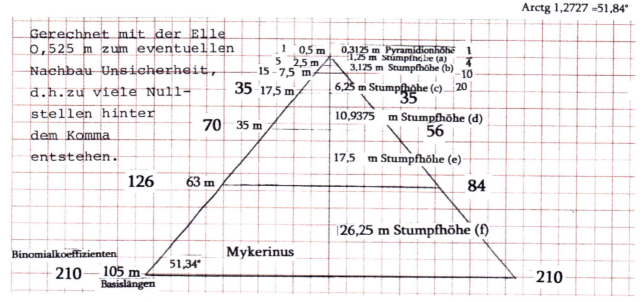

Binomialkoeffizienten im Pascalschen Dreieck ermöglichen komplette Maße einer 1 bis 6 fach + Pyramidion durch Stümpfe unterteilten Pyramidenkonstruktion in Ellen und Meter, falls ein Meß- und Maßsystem wie das ägyptische aus Produkten bzw. Brüchen aus den ersten fünf Primzahlen (1,2,3,5,7) besteht.

1x(20/21) = 20/21 E (0,5 m) Basis des Pyramidion
5x20/21 = 100/21 E (2,5 m) Deckflächenbreite Stumpf (a)
15x(20/21 = 300/21 E (7,5 m)Deckflächenbreite Stumpf (b)
35x(20/21 = 33 1/3 E (17,5 m) Deckflächenbreite Stumpf (c)
70x(20/21 = 66 2/3 E (35 m) Deckflächenbreite Stumpf (d)
126x(20/21) = 120 E (63 m) Deckflächenbreite Stumpf (e)
210x(/20/21) = 200 E (105 m) Basislänge Mykerinus: 200E u.105,9 m
Basislänge bei der Elle =0.5275 m ist 200 E(105,5 m)

6 Stumpfhöhen Mykerinus + Pyramidion in E   **6 Stumpfhöhen Mykerinus in m + theoretische Pyramidionhöhe**

1x(25/42)= 25/42 Ellen = 0,3125 m   theoretische Pyramidionhöhe
4x(25/42)= /100/42 E= + 1,25 m   Stumpfhöhe (a)
10x(25/42)= 250/42 E = + 3,125 m Stumpfhöhe (b)
20x(25/42/) = 500/42 E = + 6,25 m Stumpfhöhe (c)
35x(25/42) = 875/42 E = +10,9375 m Stumpfhöhe (d)
56x(25/42) = 1400/42 E = + 17,5 m Stumpfhöhe (e)
84x(25/42)= 2100/42 E = + 26,25 m Stumpfhöhe (f)
210x(25/42)= 5250/42 E = 125E = 65,26 m Gesamthöhe Mykerinus in Meter
Pyramidenhöhe bei der Elle 0,5275 m = 210x25/42 = 65, 9375 m

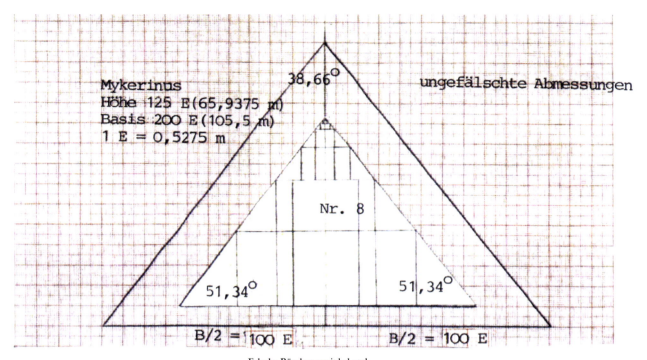

Mykerinus
Höhe 125 E (65,9375 m)
Basis 200 E (105,5 m)
1 E = 0,5275 m

38,66°

ungefälschte Abmessungen

Nr. 8

51,34°   51,34°

B/2 = 100 E   B/2 = 100 E

Die Winkelsumme im Dreieck beträgt 51,34° + 90° + 38,66° = 180°.

Die Pyramide ist mit den obengenannten Abmessungen baubar, denn ihre 4 Grate treffen sich in der Spitze des Pyramidions.

Richtige Böschungswinkel				Falsche Böschungswinkel und Rücksprünge	
Nr. 1	Meidum	80/63 übergroße Terz	51,78°	51,84°	RS (28/22)
Nr. 2	Knickpyramide	10/9 kleiner Ganzton	48,01°		
Nr. 3	Dahschur – Nord	20/21 kleiner Halbton	43,60°	45°	RS (28/28)
Nr. 4	Cheops	80/63 übergroße Terz	51,78°	51,84°	RS (28/22)
Nr. 5	Djedefre	7/4 kleiner Septime	60,25°	52°?	RS? (14/11)
Nr. 6	Königsgrab	80/63 übergroße Terz 20/21 kleiner Halbton 4/3 Quarte	51,78° 43,60° 53,13°	51,84°	RS (14/11)
Nr. 7	Chephren	4/3 Quarte	53,13°	53,13°	RS (4/3)
Nr. 8	Mykerinus	5/4 große Terz	51,34°	51,84°	RS (28/22)
Nr. 9	Userkaf	4/3 Quarte	53,13°	53,13°	RS (4/3)
Nr. 10	Sahure	80/63 übergroße Terz	51,78°	50,19°	RS (90/75)
Nr. 11	Neferirkare	7/5 kleiner Tritonus	54,46°	54° angegeben	RS (7/5)
Nr. 12	Niuserre	80/63 übergroße Terz	51,78°	50,19°	RS (6/5)
Nr. 13	Neferefre	4/3 Quarte	53,13°	53,13°?	RS (75/100)
Nr. 14	Djedkare	80/63 übergroße Terz	51,78°	50,6°	RS (28/23)
Nr. 15	Unas	3/2 Quinte	56,30°	56° angegeben	RS (28/19)
Nr. 16	Teti	4/3 Quarte	53,13°	4 RSe fehlen	
Nr. 17	Pepi I.	4/3 Quarte	53,13°	4 RSe fehlen	
Nr. 18	Pepi II.	4/3 Quarte	53,13°	4 RSe fehlen	
Nr. 19	Merenre	4/3 Quarte	53,13°	4 RSe fehlen	
Nr. 20	Amenemhet I.	7/5 kleiner Tritonus	54,46°	52,69°	RS (21/16)
Nr. 21	Sesostris I.	7/6 Kleinstterz	49,4°	49,24°	RS (29/25)
Nr. 22	Amenemhet II.	7/5 kleiner Tritonus	54,46°	55,035°	RS (143/100)
Nr. 23	Sesostris II.	14/15 kleiner Halbton	43,02°	42,92°	RS (48,825/52,5)
Nr. 24	Sesostris III.	7/6 Kleinstterz	49,4°	49,24°	RS (29/25)
Nr. 25	Amenemhet III. (Dahschur)	10/7 großer Tritonus	55°	49,24°	RS (116/100)
Nr. 26	Amenemhet III. (Hawara)	8/7 übergroßer Ganzton	48,81°	47,84°	RS (116/105)
Nr. 27	Chendjer	10/7 großer Tritonus	55°	55°	RS (100/7)/1
Nr. 28	Unbekannt	4/3 Quarte	53,13°	53,13°	RS (4/3)
Nr. 29	Mazghuna – Süd	10/7 großer Tritonus	55°	55°	(75 m)/52,5 m

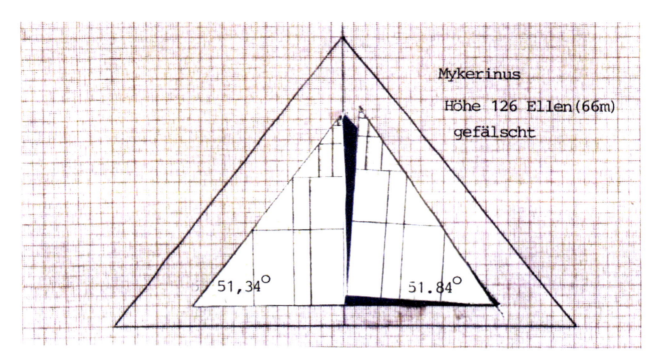

Mykerinus

Höhe 126 Ellen (66m)

gefälscht

51,34°   51.84°

		Richtige Böschungswinkel			Falsche Böschungswinkel und Rücksprünge	
Nr. 1	Meidum	80/63 übergroße Terz	51,78°	51,84°	RS (28/22)
Nr. 2	Knickpyramide	10/9 kleiner Ganzton	48,01°		
Nr. 3	Dahschur – Nord	20/21 kleiner Halbton	43,60°	45°	RS (28/28)
Nr. 4	Cheops	80/63 übergroße Terz	51,78°	51,84°	RS (28/22)
Nr. 5	Djedefre	7/4 kleiner Septime	60,25°	52°?	RS? (14/11)
Nr. 6	Königsgrab	80/63 übergroße Terz 20/21 kleiner Halbton 4/3 Quarte	51,78° 43,60° 53,13°	51,84°	RS (14/11)
Nr. 7	Chephren	4/3 Quarte	53,13°	53,13°	RS (4/3)
Nr. 8	Mykerinus	5/4 große Terz	51,34°	51,84°	RS (28/22)
Nr. 9	Userkaf	4/3 Quarte	53,13°	53,13°	RS (4/3)
Nr. 10	Sahure	80/63 übergroße Terz	51,78°	50,19°	RS (90/75)
Nr. 11	Neferirkare	7/5 kleiner Tritonus	54,46°	54° angegeben	RS (7/5)
Nr. 12	Niuserre	80/63 übergroße Terz	51,78°	50,19°	RS (6/5)
Nr. 13	Neferefre	4/3 Quarte	53,13°	53,13°?	RS (75/100)
Nr. 14	Djedkare	80/63 übergroße Terz	51,78°	50,6°	RS (28/23)
Nr. 15	Unas	3/2 Quinte	56,30°	56° angegeben	RS (28/19)
Nr. 16	Teti	4/3 Quarte	53,13°	4 RSe fehlen	
Nr. 17	Pepi I.	4/3 Quarte	53,13°	4 RSe fehlen	
Nr. 18	Pepi II.	4/3 Quarte	53,13°	4 RSe fehlen	
Nr. 19	Merenre	4/3 Quarte	53,13°	4 RSe fehlen	
Nr. 20	Amenemhet I.	7/5 kleiner Tritonus	54,46°	52,69°	RS (21/16)
Nr. 21	Sesostris I.	7/6 Kleinstterz	49,4°	49,24°	RS (29/25)
Nr. 22	Amenemhet II.	7/5 kleiner Tritonus	54,46°	55,035°	RS (143/100)
Nr. 23	Sesostris II.	14/15 kleiner Halbton	43,02°	42,92°	RS (48,825/52,5)
Nr. 24	Sesostris III.	7/6 Kleinstterz	49,4°	49,24°	RS (29/25)
Nr. 25	Amenemhet III. (Dahschur)	10/7 großer Tritonus	55°	49,24°	RS (116/100)
Nr. 26	Amenemhet III. (Hawara)	8/7 übergroßer Ganzton	48,81°	47,84°	RS (116/105)
Nr. 27	Chendjer	10/7 großer Tritonus	55°	55°	RS (100/7)/1
Nr. 28	Unbekannt	4/3 Quarte	53,13°	53,13°	RS (4/3)
Nr. 29	Mazghuna – Süd	10/7 großer Tritonus	55°	55°	(75 m)/52,5 m

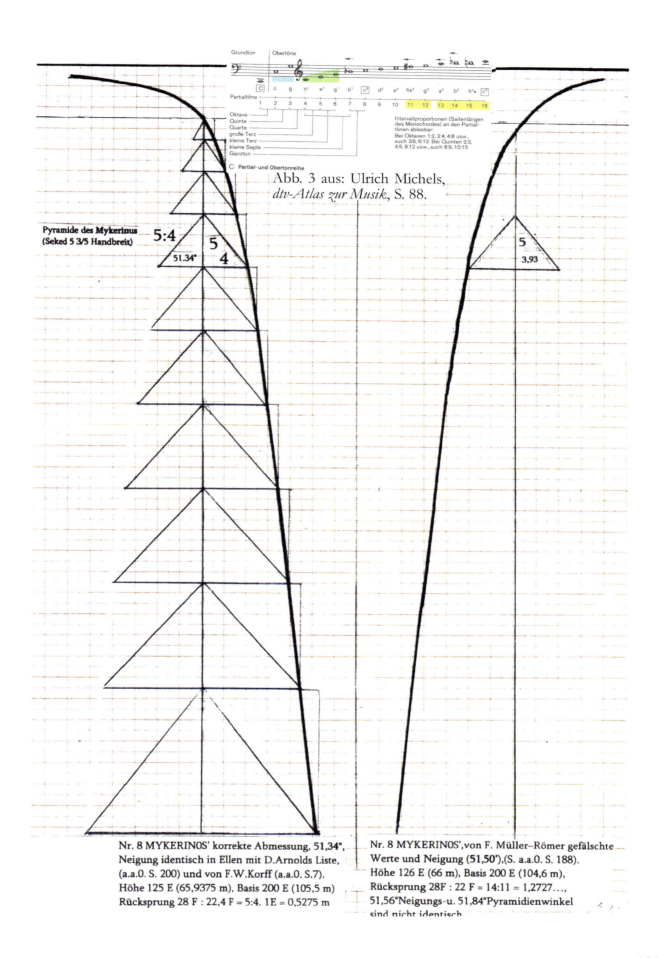

Abb. 3 aus: Ulrich Michels,
dtv-Atlas zur Musik, S. 88.

Pyramide des Mykerinus
(Seked 5 3/5 Handbreit)

5:4   51,34°

5
4

5
3,93

Nr. 8 MYKERINOS' korrekte Abmessung, 51,34°,
Neigung identisch in Ellen mit D.Arnolds Liste,
(a.a.0. S. 200) und von F.W.Korff (a.a.0. S.7).
Höhe 125 E (65,9375 m), Basis 200 E (105,5 m)
Rücksprung 28 F : 22,4 F = 5:4. 1E = 0,5275 m

Nr. 8 MYKERINOS', von F. Müller–Römer gefälschte
Werte und Neigung (51,50'),(S. a.a.0. S. 188).
Höhe 126 E (66 m), Basis 200 E (104,6 m),
Rücksprung 28F : 22 F = 14:11 = 1,2727...,
51,56°Neigungs-u. 51,84°Pyramidienwinkel
sind nicht identisch

Mykerinus

Abmessungen (s. F. W. Korff, 2008, S.18)

Die fehlerhaften Werte↓ sind hier kursiv markiert:

Falsche Abmessungen Mykerinus
(s.F. Müller-Römer (2011,S.188)

Linke Spalte:

Höhe: 125 E (65,9375 m)
Länge der Basis: 200 E (105,5 m)
Ellenlänge: 105,5/200 m = 0,5275 m
Rücksprung 125/100 = 5/4 = 1,25
RS in E: (125/100)= 5/4
Rücksprung in m: 65,9375/(105,5/2) = 5/4
Neigungswinkel: Arctg (5/4) = 51,34°

Rechte Spalte:

Höhe: *126* E (*66 m*)
Länge der Basis 200 E (*104,6 m*)
Ellenlänge *104,6/200 = 0,523 m*
Rücksprung *22 F auf 28 F =1,2727...*
RS in E: *126/100 = 1,26*
RS in m: *66/(104,6/2) = 1,261950287*
3(!)Neigungswinkel: Arctg 1,26 = 51,56°
          Arctg 1,2619 = 51,74°

D. Arnold (2000, S 200) gibt die Maße: H= 125 E (66,55 m), B= 200 E(105, 5 m, BW 51° Arctg 1,2727 =51,84°

Linke Spalte:

Die Basis-, Höhen-, Ellen-, Meter- und Rücksprungswerte u.Winkelwerte in der linken Spalte stimmen überein. Alle Ellenwerte setzen sich aus den ersten 5 Primzahlen (1,2,3,5,7) zusammen.

Rechte Spalte:

1.) 126 E ist falsch, 66 m = 6x11 enthält 11 als nicht vorkommende höhere Primzahl.
2.) Die Ellenlänge 0,523 m ist ungenau.
3.) Der Rücksprung 22 F auf 28 F resultiert nicht aus den Angaben 1.-3., ist daher von F. Müller-Römer gefälscht.

Die Fälschungen in ca. 14 der Korffschen Pyramidenabmessungen sind im originalen Wortlaut und der Textgestaltung Müller-Römers durch eine beglaubigte Kopie, ohne Änderung seiner Zeilen, hier nachzulesen, ebenso wortgleich als Rezension (2016) veröffentlicht (http:www.fera-journal. eu) in der „Frankfurter elektronische(n) Rundschau zur Altertumskunde" 29, S.112-117:

"In dem anschließenden Kapitel I, „Das Geheimnis der Pyramidenneigungen ist entdeckt!", befasst sich der Autor eingehend mit einer Zusammenstellung der Neigungen der Pyramiden des Alten Ägypten, die Arnold veröffentlicht hat,[6] und stellt dazu fest, dass eine Anzahl der dort aufgeführten Rücksprünge nicht mit seinen entsprechenden Vorschlägen für den Bau der Pyramiden zusammenpasst. Er hat daher die Liste korrigiert (S. 7) und auf den S. 9-42 für jede Pyramide die Baudaten separat aufgeführt. Dabei werden jedoch verschiedentlich Rücksprünge genannt, die nicht den archäologisch belegten Werten bzw. nicht ganzzahligen Werten – in Fingerbreiten gemessen – entsprechen: So wird z. B. für die Pyramide in Meidum und für die Cheopspyramide ein Rücksprung von 80 zu 63 (Höhe/Basishälfte) anstelle des tatsächlichen Wertes von 28 zu 22 (Verhältnis 4:3) Fingern aufgeführt.[7] Auch die angegebenen Werte für die Rücksprünge der Roten Pyramide in Dahschur Nord (Snofru) (20 zu 21 anstelle von 28 zu 28 Fingern) sowie der Pyramiden des Mykerinos (5 zu 4 anstelle von 28 zu 22 Fingern), Sahure (80 zu 63 anstelle von 28 zu 23 Fingern), Neferirkare (7 zu 5 anstelle von 28 zu 21 Fingern), Niuserre (81 zu 64 anstelle von 28 zu 22 Fingern), Djedkare Asosi (80 zu 63 anstelle von 28 zu 22 Fingern), Unas (3 zu 2 anstelle von 28 zu 19 Fingern), Sesostris III. (7 zu 6 anstelle von 28 zu 19 Fingern), Amenemhet III. (Dahschur) (10 zu 7 anstelle von 28 zu 20 Fingern) und Amenemhet III. (Hawara) (8 zu 7 anstelle von 28 zu 24 Fingern) treffen nicht zu. Weiterhin wird von Korff die Basislänge der Cheopspyramide von (gemessenen) 440 Ellen auf 441 Ellen durch eine Anpassung des Ellenmaßes erhöht (S. 7). In weiteren Tabellen auf S. 8 und S. 43ff. stellt Korff die Rücksprünge in Zusammenhang mit Intervallen antiker Tonarten (Diatonon Malakon)."

Randnotizen (rechts):

4/3 =1,3333
5:4 = 1,25
28:22=1.2727
Hervorhebung von F.W. Korff

	Pyramide	Arnolds Liste (S. 200)			Vom Autor korrigierte Liste (geänderte Werte kursiv)					Verwendetes Ellenmaß
		Neigung	Basis	Höhe	Korrigierte Basislängen in *kursiver* Schrift	Korrigierte Pyramidenhöhen in *kursiver* Schrift	Rücksprungverhältnis: Höhe/Basishälfte	Böschungswinkel: Arcus Tangens H(b/2)	
1.	Meidum M3	51°51'	275 (144,32)	(92)	210 × 46/35 =	*276 E (144,9 m)*	*175/21 E (92 m)*	8/63	51,78° = arctg (175 5/21/138) übergr. Terz	(0,525 m)
2.	Knickpyramide (Snofru) oben	54°31' / 44°30'	360 (189)	200 (105)	210 × 12/7 =	360 E (189 m)	200 E (105 m)	10/9	48,01° = arctg (200/180) kl. Ganzton	(0,525 m)
3.	Dahschur-Nord	45°	420 (220)	200 (105)	210 × 2/1 =	420 E (220,5 m)	200 E (105 m)	20/21	43,60° = arctg (200/210) kl. Halbton	(0,525 m)
4.	Cheops 51,84°	51°50'40'''	440 (230,36)	280 (146,50)	210 × 21/10 =	441 E (230,36 m)	280 E (146,26 m)	8/63	51,78° = arctg (280/220,5) übergr. Terz	(0,52236 m)
5.	Djedefre	60°	200 (105)	175 (92)	210 × 20/21 =	200 E (105 m)	*175 E (91,875 m)*	7/4	60,25° = arctg (175/100) kl. Septime	(0,525 m)
6.	Königsgrab in Zawiet el-Arjan	?	210 (110)	? *drei Versionen möglich*		*210 E (110,25 m)* / *210 E (110,25 m)* / *210 E (110,25 m)*	*133 1/3 E (70 m)* / *100 E (52,5 m)* / *140 E (73,5 m)*	8/63 / 20/21 / 4/3	51,78° = arctg (133 1/3/105) übergr. Terz / 43,60° = arctg (100/105) kl. Halbton / 53,13° = arctg (140/105) Quarte	(0,525 m)
7.	Chephren	53°10'	410 (215,29)	275 (143,87)	210 × 41/21 =	410 E (215,25 m)	273 1/3 E (143,5 m)	4/3	53,13° = arctg (273 1/3/205) Quarte	(0,525 m)
8.	Mykerinus	51°	200 (105,5)	125 (65,55)	210 × 20/21 =	200 E (105,5 m)	125 E (65,9375 m)	5/4	51,34° = arctg (125/100) gr. Terz	(0,5275 m)
9.	Userkaf	53°	140 (73,3)	94 (49)	210 × 2/3 =	140 E (73,5 m)	93 1/3 E (49 m)	4/3	53,13° = arctg (93 1/3/70) Quarte	(0,525 m)
10.	Sahure	50°45'	150 (78,5)	(50)	210 × 5/7 =	150 E (78,75 m)	95 5/21 E (50 m)	8/63	51,78° = arctg (95 5/21/75) übergr. Terz	(0,525 m)
11.	Neferirkare	54°30'	200 (105)	(72,8)	210 × 20/21 =	200 E (105 m)	140 E (73,5 m)	7/5	54,46° = arctg (140/100) kl. Tritonus	(0,525 m)
12.	Niuserre	52°	150 (78,90)	(50)	210 × 5/7 =	150 E (78,75 m)	95 5/21 E (50 m)	8/63	51,78° = arctg (95 5/21/75) übergr. Terz	(0,525 m)
13.	Neferefre	?	125 (65)	?	210 × 25/42 =	125 E (65,625 m)	83 1/3 E (43,75 m)	4/3	53,13° = arctg (83 1/3/62,5) Quarte	(0,525 m)
14.	Djedkare	52°	150 (78,90)	?	210 × 5/7 =	150 E (78,75 m)	95 5/21 E (50 m)	8/63	51,78° = arctg (95 5/21/75) übergr. Terz	(0,525 m)
15.	Unas	56°	110 (57,70)	(43)	210 × 11/21 =	110 E (57,75 m)	*82 ½ E (43,3125 m)*	3/2	56,30° = arctg (82,555) Quinte	(0,525 m)
16.	Teti	?	150 (78,75)	100 (52,5)	210 × 5/7 =	150 E (78,75 m)	100 E (52,5 m)	4/3	53,13° = arctg (100/75) Quarte	(0,525 m)
17.	Pepi I.	53°	150 (78,6)	100 (52,4)	210 × 5/7 =	150 E (78,6 m)	100 E (52,4 m)	4/3	53,13° = arctg (100/75) Quarte	(0,524 m)
18.	Pepi II.	53°13'	150 (78,75)	100 (52,5)	210 × 5/7 =	150 E (78,75 m)	100 E (52,5 m)	4/3	53,13° = arctg (100/75) Quarte	(0,525 m)
19.	Merenre	?	175 (90–95)	?	210 × 5/6 =	*175 E (91,875 m)*	116 2/3 E (61,25 m)	4/3	53,13° = arctg (116 2/3/87,5) Quarte	(0,525 m)
20.	Amenemhet I.	54°	160 (84)	112 (59)	210 × 16/21 =	160 E (84 m)	112 E (58,8 m)	7/5	54,46° = arctg = (112/80) kl. Tritonus	(0,525 m)
21.	Sesostris I.	49°24'	200 (105,23)	116 (61,25)	210 × 20/21 =	200 E (105 m)	116 2/3 E (61,25 m)	7/6	49,4° = arctg (116 2/3/100) Kleinsterz	(0,525 m)
22.	Amenemhet II.	?	160 (84)	?	210 × 16/21 =	160 E (84 m)	112 E (58,8 m)	7/5	54,46° = arctg (112/80) kl. Tritonus	(0,525 m)
23.	Sesostris II.	42°35'	200 (105,88)	48,65	210 × 20/21 =	200 E (105 m)	93 1/3 E (49 m)	14/15	43,02° = arctg (93 1/3/100) kl. Halbton	(0,525 m)
24.	Sesostris III.	56°	200 (105)	(61,25)	210 × 20/21 =	200 E (105 m)	116 2/3 E (61,25 m)	7/6	49,4° = arctg (116 2/3/100) Kleistterz	(0,525 m)
25.	Amenemhet III. (Dahschur)	54–56°	200 (105)	143 (75)	210 × 20/21 =	200 E (105 m)	142 6/7 E (75 m)	10/7	55° = arctg (142 6/7/100) gr. Tritonus	(0,525 m)
26.	Amenemhet III. (Hawara)	48–52°	200 (101,75)	(58)	210 × 10/21 =	200 E (101,5 m)	114 27 E (58 m)	8/7	48,81° = arctg (114 27/100) übergr. Ganzton	(0,5075 m)
27.	Chendjer	55°	100 (52,5)	(37,35)	210 × 10/21 =	100 E (52,5 m)	*71 3/7 E (37,5 m)*	10/7	55° = arctg (71 3/7/50) gr. Tritonus	(0,525 m)
28.	Unbekannt	?	175 (92)	?	210 × 5/6 =	*175 E (91,875 m)*	116 2/3 E (61,25 m)	4/3	53,13° = arctg (116 2/3/87,5) Quarte	(0,525 m)
29.	Mazghuna-S		100 (52,5)	?	210 × 10/21 =	100 E (52,5 m)	*71 3/7 E (37,5 m)*	10/7	55° = arctg (71 3/7/50) gr. Tritonus	(0,525 m)

Abb. 12 aus: Stadelmann (1997): Tafel 61
Kopf einer Kolossalstatue des Userkaf aus
seinem Totentempel in Sakkara. Die Statue
stand frei im Hof des Verehrungstempels
und stellt den vergöttlichten König als Kultempfänger dar. Granit 67 cm. Ägyptisches
Museum Kairo.

Abb. 13 aus: Stadelmann (1997): Tafel 62
Kopf des Userkaf aus seinem Sonnenheiligtum in Abusir. Gegenüber dem Kolossalkopf aus dem Totentempel wirkt der des
Sonnenheiligtums weicher, so daß man auch
schon an eine Darstellung der Göttin Neith
gedacht hat. Sicher spielt dabei der jeweilige
Ort der Aufstellung und die Wahl des Materials eine formende Rolle. Grauwacke. 45
cm. Ägyptisches Museum Kairo.

Kapitel 9, Nr. 9 Userkaf

		Arnolds Liste (S. 200)			Vom Autor korrigierte Liste (geänderte Werte kursiv)			
	Pyramide	Neigung	Basis	Höhe	Abstand 210 zur Basislänge	Korrigierte Basislängen in kursiver Schrift	Korrigierte Pyramidenhöhen in kursiver Schrift	Rücksprung-verhältnis: Höhe/Basishälfte
1.	Meidum M3	51°51'	275 (144,32)	(92)	210 × 46/35 =	276 E (144,9 m)	175/21 E (92 m)	80/63
2.	Knickpyramide (Snofru) oben	54°31' 44°30'	360 (189)	200 (105)	210 × 12/7 =	360 E (189 m)	200 E (105 m)	10/9
3.	Dahschur-Nord	45°	420 (220)	200 (105)	210 × 2/1 =	420 E (220,5 m)	200 E (105 m)	20/21
4.	Cheops 51,84°	51°50'40'''	440 (230,36)	280 (146,50)	210 × 21/10 =	441 E (230,36 m)	280 E (146,26 m)	80/63
5.	Djedefre	60°	200 (105)	175 (92)	210 × 20/21 =	200 E (105 m)	175 E (91,875 m)	7/4
6.	Königsgrab in Zawiet el-Arjan	?	210 (110)	? drei Versionen möglich		210 E (110,25 m) 210 E (110,25 m) 210 E (110,25 m)	133 1/3 E (70 m) 100 E (52,5 m) 140 E (73,5 m)	80/63 20/21 4/3
7.	Chephren	53°10'	410 (215,29)	275 (143,87)	210 × 41/21 =	410 E (215,25 m)	273 1/3 E (143,5 m)	4/3
8.	Mykerinus	51°	200 (105,5)	125 (65,55)	210 × 20/21 =	200 E (105,5 m)	125 E (65,9375 m)	5/4
9.	Userkaf	53°	140 (73,3)	94 (49)	210 × 2/3 =	140 E (73,5 m)	93 1/3 E (49 m)	4/3
10.	Sahure	50°45'	150 (78,5)	(50)	210 × 5/7 =	150 E (78,75 m)	95 5/21 E (50 m)	80/63
11.	Neferirkare	54°30'	200 (105)	(72,8)	210 × 20/21 =	200 E (105 m)	140 E (73,5 m)	7/5
12.	Niuserre	52°	150 (78,90)	(50)	210 × 5/7 =	150 E (78,75 m)	95 5/21 E (50 m)	80/63
13.	Neferefre	?	125 (65)	?	210 × 25/42 =	125 E (65,625 m)	83 1/3 E (43,75 m)	4/3
14.	Djedkare	52°	150 (78,90)	?	210 × 5/7 =	150 E (78,75 m)	95 5/21 E (50 m)	80/63
15.	Unas	56°	110 (57,70)	(43)	210 × 11/21 =	110 E (57,75 m)	82 ½ E (43,3125 m)	3/2
16.	Teti	?	150 (78,75)	100 (52,5)	210 × 5/7 =	150 E (78,75 m)	100 E (52,5 m)	4/3
17.	Pepi I.	53°	150 (78,6)	100 (52,4)	210 × 5/7 =	150 E (78,6 m)	100 E (52,4 m)	4/3
18.	Pepi II.	53°13'	150 (78,75)	100 (52,5)	210 × 5/7 =	150 E (78,75 m)	100 E (52,5 m)	4/3
19.	Merenre	?	175 (90–95)	?	210 × 5/6 =	175 E (91,875 m)	116 2/3 E (61,25 m)	4/3
20.	Amenemhet I.	54°	160 (84)	112 (59)	210 × 16/21 =	160 E (84 m)	112 E (58,8 m)	7/5
21.	Sesostris I.	49°24'	200 (105,23)	116 (61,25)	210 × 20/21 =	200 E (105 m)	116 2/3 E (61,25 m)	7/6
22.	Amenemhet II.	?	160 (84)	?	210 × 16/21 =	160 E (84 m)	112 E (58,8 m)	7/5
23.	Sesostris II.	42°35'	200 (105,88)	48,65	210 × 20/21 =	200 E (105 m)	93 1/3 E (49 m)	14/15
24.	Sesostris III.	56°	200 (105)	(61,25)	210 × 20/21 =	200 E (105 m)	116 2/3 E (61,25 m)	7/6
25.	Amenemhet III. (Dahschur)	54–56°	200 (105)	143 (75)	210 × 20/21 =	200 E (105 m)	142 6/7 E (75 m)	10/7
26.	Amenemhet III. (Hawara)	48–52°	200 (101,75)	(58)	210 × 20/21 =	200 E (101,5 m)	114 2/7 E (58 m)	8/7
27.	Chendjer	55°	100 (52,5)	(37,35)	210 × 10/21 =	100 E (52,5 m)	71 3/7 E (37,5 m)	10/7
28.	Unbekannt	?	175 (92)	?	210 × 5/6 =	175 E (91,875 m)	116 2/3 E (61,25 m)	4/3
29.	Mazghuna-S		100 (52,5)	?	210 × 10/21 =	100 E (52,5 m)	71 3/7 E (37,5 m)	10/7

Die Quartpyramiden mit ihrer Neigung, Ef , Höhen und Basishälften

Nr. 7 Chephren, (4/3), 53,13°, 8,75x 656/21 Ef = 273 1/3 E Höhe ; 6,5625 x 656/21 Ef = 205 E Basis/2
Nr. 9 Userkaf, (4/3), 53,13°,8,75x 10 2/3 Ef = 93 1/3 E Höhe; 6,5625 x 10 2/3 Ef =70 E Basis/2
Nr. 13 Neferefre,(4/3),8,75x 200/21 Ef = 83,1/3 E Höhe, 6,5625 x 200/21 Ef = 62,5 E Basis/2
Nr. 16 ,17 Teti, Pepi I, 53,13°, 8,75 x 80/7 Ef = 100 E Höhe; 6,5625 x 80/7 = 75 E Basis/2
Nr 17 18 Pepi I, Pepi II., 53,13°,8,75 x 80/7 Ef = 100 E Höhe; 6,5625 x 80/7 = 75 E Basis/2
Nr. 19 Merenre, Merenre, 53,13°, 8,75 x 40/3 Ef = 116 2/3 E Höhe; 6,5625 x 40/3 = 87,5 E Basis/2

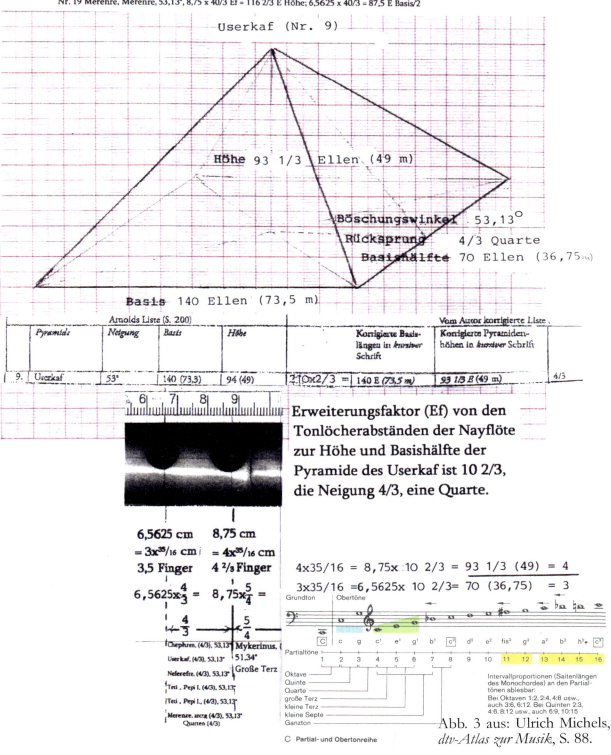

Userkaf (Nr. 9)

Höhe 93 1/3 Ellen (49 m)

Böschungswinkel 53,13°

Rücksprung 4/3 Quarte

Basishälfte 70 Ellen (36,75 m)

Basis 140 Ellen (73,5 m)

	Pyramide	Neigung	Basis	Höhe	Arnolds Liste (S. 200) Korrigierte Basislängen in *kursiver* Schrift	Vom Autor korrigierte Liste Korrigierte Pyramidenhöhen in *kursiver* Schrift	
9.	Userkaf	53°	140 (73,5)	94 (49)	210x2/3 = *140 E (73,5 m)*	*93 1/3 E (49 m)*	4/3

6,5625 cm   8,75 cm

= 3x³⁵/₁₆ cm   = 4x³⁵/₁₆ cm

3,5 Finger   4 ²/₃ Finger

$6,5625 \times \frac{4}{3} =$ $8,75 \times \frac{5}{4} =$

$\frac{4}{3}$ $\frac{5}{4}$

Chephren. (4/3), 53,13°   Mykerinus, 51,34°
Userkaf. (4/3), 53,13°   Große Terz
Neferefre. (4/3), 53,13°
Teti , Pepi I. (4/3), 53,13°
Teti , Pepi I., (4/3), 53,13°
Merenre, arcz (4/3), 53,13°
Quarten (4/3)

Erweiterungsfaktor (Ef) von den Tonlöcherabständen der Nayflöte zur Höhe und Basishälfte der Pyramide des Userkaf ist 10 2/3, die Neigung 4/3, eine Quarte.

$4 \times 35/16 = 8,75 \times 10\ 2/3 = 93\ 1/3\ (49) = 4$

$3 \times 35/16 = 6,5625 \times 10\ 2/3 = 70\ (36,75) = 3$

Grundton   Obertöne

C   c   g   c¹   e¹   g¹   b¹   c²   d²   e²   fis²   g²   a²   b²   h²   c³

Partialtöne   1   2   3   4   5   6   7   8   9   10   11   12   13   14   15   16

Oktave
Quinte
Quarte
große Terz
kleine Terz
kleine Septe
Ganzton

C Partial- und Obertonreihe

Intervallproportionen (Saitenlängen des Monochordes) an den Partialtönen ablesbar:
Bei Oktaven 1:2; 2:4, 4:8 usw., auch 3:6, 6:12. Bei Quinten 2:3, 4:6, 8:12 usw., auch 6:9, 10:15

Abb. 3 aus: Ulrich Michels, *dtv-Atlas zur Musik*, S. 88.

127

Berechnung der Höhe der Pyramide des Userkaf Nr.9

(Altägyptischer Text kursiv), Nach der Regel der Übungsaufgabe Nr. 57 Papyrus Rhind:
Gegeben sei eine Pyramide, die Grundkante ist 140 Ellen (73,5 m).
4/3 ist ihr Rücksprung. Wie ist ihre Höhe?

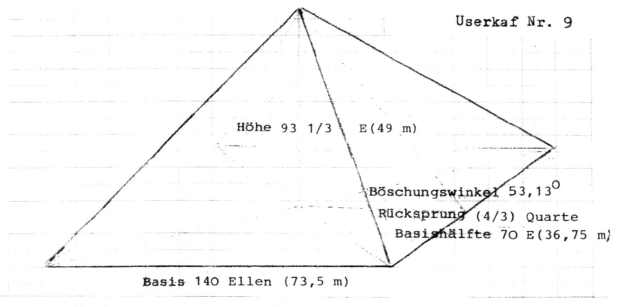

Userkaf Nr. 9

Höhe 93 1/3 E(49 m)

Böschungswinkel 53,13°
Rücksprung (4/3) Quarte
Basishälfte 70 E(36,75 m)

Basis 140 Ellen (73,5 m)

Um das auszurechnen, teile den Rücksprung durch 2, so erhältst du 2/3.
Nimm 2/3 von 140 , das macht 140 x 2/3 = 93 13 Ellen (49 m. Dies ist ihre
Höhe.

Ab hier: Zusatz von F.W. Korff: du kannst auch 4/3 zu 70 geben: = 70 x 4/3 = 93 1/3 Ellen Höhe.
Berechnung der ausgegrabenen Grundkantenmaße der Userkafpyramide
210 x 2/3 = 140 Ellen ist die Basislänge. Die Basishälfte ist dann 70 Ellen
(36,75 m) lang. Der Rücksprung ist, wie schon gesagt, H/(B/2) ist (4/3).
Die Musikalität der Pyramide des Userkaf entsteht in einer Oktave antiker
Tonart DIATONON SYNTONON 1x 9/8 x 10/9 x 16/15 x 9/8 x 9/8 x 10/9 x 16/15 = 2   Skalierung
durch Boethius 2:1 erhalten

	C-Dur		
Basishälfte 70 Ellen	$\underline{c^1}$	70 Hz	
70 x 9/8	d	78,5	
78,5 x 10/9	e	87,5	Der Rücksprung aus Tönen c¹-f
87,5. x 16/15	f	93 1/3	formt die Pyramide des Userkaf mit
93 1/3 x 9/8	g	105	dem Intervall einer Quarte (4/3).
105 x 10/9	a	116 2/3	In Metern (49 m/36,75 m) = 4/3
116 2/3 x 9/8	h	131,25	BW arctg (4/3) = 53,13°
131,25 x 16/15	c	140 Basis	

Musikalische Intervalle sind zahlengleich den harmonischen Proportionen der Architektur

Abb. 14 aus: Stadelmann (1997): Tafel 63 a Sakkara. Pyramide des Userkaf. Blick von Süden über das Hofpflaster und die Fundamentreste des Verehrungstempels auf die Pyramide. Ausnahmsweise lag der Verehrungstempel nicht auf der Ost- sondern auf der Südseite. Der sichtbare Verfall der Pyramide ist auf die von nun an häufig schlechte Bauweise des Pyramidenkerns zurückzuführen; allerdings hatte die Verkleidung der Pyramide aus gutem Turakalkstein den Bau gehalten; erst durch den Steinraub im arabischen Mittelalter ist der Verfall der Pyramiden des späten Alten Reiches eingeleitet worden.

Berechnung der Höhe einer Pyramide
(Papyrus Rhind, Aufgabe Nr. 57):

(Gegeben sei) eine Pyramide, die Grundkante ist 140 (Ellen), 5¼ Handbreiten sind ihr Rücksprung (auf eine Höhe von 7 Handbreiten = 1 Elle). Wie ist ihre Höhe?

(Um das auszurechnen,) teile eine Elle durch den doppelten Rücksprung, also durch 10½ (Handbreiten). 7 (Handbreiten) geteilt durch 10½ ist ⅔. Nimm ⅔ von 140, das macht 93⅓ (Ellen). Dies ist ihre Höhe.

Aufgabe 57 in Hieratisch und Hieroglyphenschrift

Ausführung des Bauplans
USERKAFs Höhe
Verwendete Elle ist 0,525 m lang. Die Höhen der Pyramidenstümpfe berechnen sich aus der Summe der 7 Binomialkoeffizienten 1+4+10+20+35+56+84 = 210, multipliziert mit der Höhe des Pyramidions 4/9 E bis zu 210 x 4/9 = 93 1/3 Ellen (49 m) zur Gesamthöhe Userkafs.

1 x 4/9 = 0,4444 E(0,233 m)
+4 x 4/9 = 17/9 E (0,933 m)
+10 x 4/9 = 4 4/9 E (2,333 m)
+20 x 4/9 = 8 8/9 E (4,666 m)
+35 x 4/9 = 15 5/9 E (8,166 m)
+56 x 4/9 = 24 8/9 E (13,0664 m)
+84 x 4/9 = 37 33 E (19,6 m)
=210x4/9 = 93 1/3 E (49 m)

Summen der Höhen in BML
4/9 / 9.333 = 1/21 BML
+17/9 / 9.333 = 1/5.25 BML
+4 4/9 / 9.333 = 1(2,1) BML
+8 8/9 / 9.333 = 20/21 BML

Ausführung des Bauplans
USERKAFs Basis
Die verwendete Elle ist 0,525 m lang. Die Basislängen der Pyramiden-Stümpfe berechnen sich einzeln aus dem jeweiligen Produkt der 7 Binomialkoeffizienten 1, 5, 15, 35, 70, 126, 210, multipliziert mit dem Reduktionsfaktor 2/3 bis zu 210 x 2/3 = 140 Ellen (73,5 m) zur Basislänge Userkafs.

1 x 2/3 = 0,666 E(0,35 m)
5 x 2/3 = 3,333 E (1,75 m)
15 x 2/3 = 10 E (5,25 m)
35 x 2/3 = 23,333 E (12,25 m)
70 x 2/3 = 46,666 E (24,5 m)
126x2/3 = 84 E (44,1 m)
210x2/3 = 140 E (73,5 m)

Nachweis der Böschungswinkel-Konstanten ... abhängen, meter und in Bambus... amide in Ellen, wobei eine BML in E ... beträgt. des Userkaf 9.333...Ellen (4,9...) beträgt.
Die Höhe in *allen* Pyramiden ist das Zehnfache ihrer BML (10 x 9,333 E = 93 1/3 E; die B/2 ist 70 E = 7.5 x 9.333 = 70 E, was durch den Rücksprung bestätigt wird: (10/7.5 = 93 1/3/70 = 4/3).

(49)/(1/3) E = 0.2333/0.175 m = 4/3 =
(4 4/9)/(3 1/3) E = 2.333/1.75 m=4/3 =
(8 8/9) / (6 2/3) E = 4.666/3.5m = 4/3 =
(15 5/9)/11 2/3) E = 8.166/6.125 m=4/3
(24 8/9)/(18 2/3) E = 13,0666/9.8 m = 4/3
(37 1/3)/28 E = 19,6/14.7 m = 4/3

Summen der Höhen in BML
4/9 / 9.333 = 1/21 BML
+17/9 / 9.333 = 1/5.25 BML
+4 4/9 / 9.333 = 1/2.1 B'tL
+8 8/9 / 9.333 = 20/21 BML
+15 5/9 / 9.333 = 5/3 BML
+24 8/9 / 9.333 = 22/3 BML
+37 1/3 / 9.333 = 4 BML
93 1/3 Ellen = 10 BML

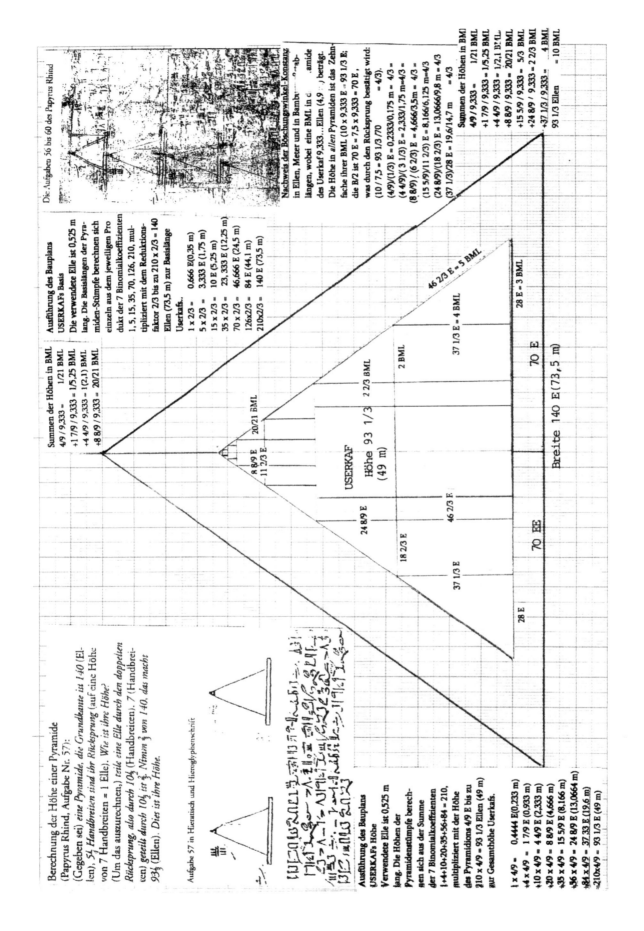

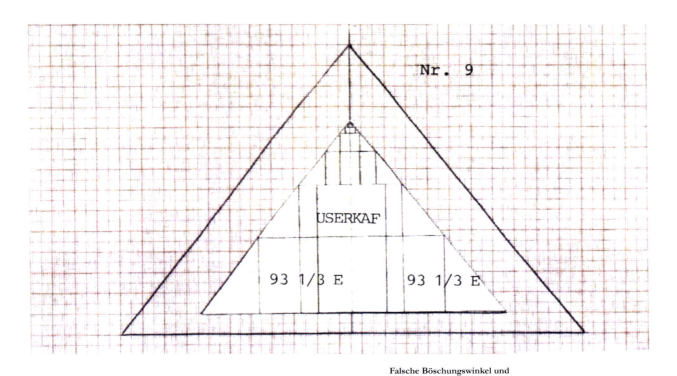

		Richtige Böschungswinkel			Falsche Böschungswinkel und Rücksprünge	
Nr. 1	Meidum	80/63 übergroße Terz	51,78°	51,84°	RS (28/22)	
Nr. 2	Knickpyramide	10/9 kleiner Ganzton	48,01°			
Nr. 3	Dahschur – Nord	20/21 kleiner Halbton	43,60°	45°	RS (28/28)	
Nr. 4	Cheops	80/63 übergroße Terz	51,78°	51,84°	RS (28/22)	
Nr. 5	Djedefre	7/4 kleiner Septime	60,25°	52°?	RS? (14/11)	
Nr. 6	Königsgrab	80/63 übergroße Terz 20/21 kleiner Halbton 4/3 Quarte	51,78° 43,60° 53,13°	51,84°	RS (14/11)	
Nr. 7	Chephren	4/3 Quarte	53,13°	53,13°	RS (4/3)	
Nr. 8	Mykerinus	5/4 große Terz	51,34°	51,84°	RS (28/22)	
Nr. 9	Userkaf	4/3 Quarte	53,13°	53,13°	RS (4/3)	
Nr. 10	Sahure	80/63 übergroße Terz	51,78°	50,19°	RS (90/75)	
Nr. 11	Neferirkare	7/5 kleiner Tritonus	54,46°	54° angegeben	RS (7/5)	
Nr. 12	Niuserre	80/63 übergroße Terz	51,78°	50,19°	RS (6/5)	
Nr. 13	Neferefre	4/3 Quarte	53,13°	53,13°?	RS (75/100)	
Nr. 14	Djedkare	80/63 übergroße Terz	51,78°	50,6°	RS (28/23)	
Nr. 15	Unas	3/2 Quinte	56,30°	56° angegeben	RS (28/19)	
Nr. 16	Teti	4/3 Quarte	53,13°	4 RSe fehlen		
Nr. 17	Pepi I.	4/3 Quarte	53,13°	4 RSe fehlen		
Nr. 18	Pepi II.	4/3 Quarte	53,13°	4 RSe fehlen		
Nr. 19	Merenre	4/3 Quarte	53,13°	4 RSe fehlen		
Nr. 20	Amenemhet I.	7/5 kleiner Tritonus	54,46°	52,69°	RS (21/16)	
Nr. 21	Sesostris I.	7/6 Kleinstterz	49,4°	49,24°	RS (29/25)	
Nr. 22	Amenemhet II.	7/5 kleiner Tritonus	54,46°	55,035°	RS (143/100)	
Nr. 23	Sesostris II.	14/15 kleiner Halbton	43,02°	42,92°	RS (48,825/52,5)	
Nr. 24	Sesostris III.	7/6 Kleinstterz	49,4°	49,24°	RS (29/25)	
Nr. 25	Amenemhet III. (Dahschur)	10/7 großer Tritonus	55°	49,24°	RS (116/100)	
Nr. 26	Amenemhet III. (Hawara)	8/7 übergroßer Ganzton	48,81°	47,84°	RS (116/105)	
Nr. 27	Chendjer	10/7 großer Tritonus	55°	55°	RS (100/7)/1	
Nr. 28	Unbekannt	4/3 Quarte	53,13°	53,13°	RS (4/3)	
Nr. 29	Mazghuna – Süd	10/7 großer Tritonus	55°	55°	(75 m)/52,5 m	

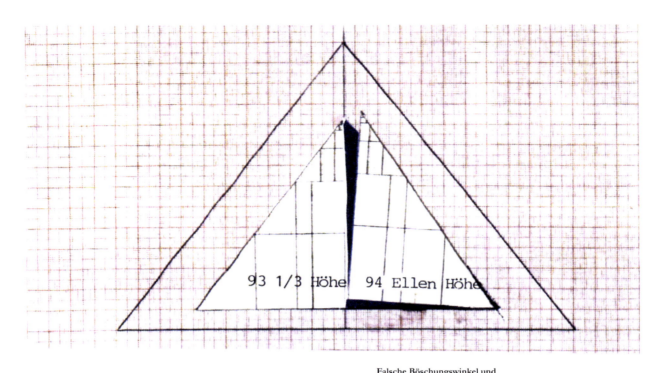

93 1/3 Höhe   94 Ellen Höhe

Richtige Böschungswinkel				Falsche Böschungswinkel und Rücksprünge	
Nr. 1	Meidum	80/63 übergroße Terz	51,78°	51,84°	RS (28/22)
Nr. 2	Knickpyramide	10/9 kleiner Ganzton	48,01°		
Nr. 3	Dahschur – Nord	20/21 kleiner Halbton	43,60°	45°	RS (28/28)
Nr. 4	Cheops	80/63 übergroße Terz	51,78°	51,84°	RS (28/22)
Nr. 5	Djedefre	7/4 kleiner Septime	60,25°	52°?	RS? (14/11)
Nr. 6	Königsgrab	80/63 übergroße Terz 20/21 kleiner Halbton 4/3 Quarte	51,78° 43,60° 53,13°	51,84°	RS (14/11)
Nr. 7	Chephren	4/3 Quarte	53,13°	53,13°	RS (4/3)
Nr. 8	Mykerinus	5/4 große Terz	51,34°	51,84°	RS (28/22)
Nr. 9	Userkaf	4/3 Quarte	53,13°	53,13°	RS (4/3)
Nr. 10	Sahure	80/63 übergroße Terz	51,78°	50,19°	RS (90/75)
Nr. 11	Neferirkare	7/5 kleiner Tritonus	54,46°	54° angegeben	RS (7/5)
Nr. 12	Niuserre	80/63 übergroße Terz	51,78°	50,19°	RS (6/5)
Nr. 13	Neferefre	4/3 Quarte	53,13°	53,13°?	RS (75/100)
Nr. 14	Djedkare	80/63 übergroße Terz	51,78°	50,6°	RS (28/23)
Nr. 15	Unas	3/2 Quinte	56,30°	56° angegeben	RS (28/19)
Nr. 16	Teti	4/3 Quarte	53,13°	4 RSe fehlen	
Nr. 17	Pepi I.	4/3 Quarte	53,13°	4 RSe fehlen	
Nr. 18	Pepi II.	4/3 Quarte	53,13°	4 RSe fehlen	
Nr. 19	Merenre	4/3 Quarte	53,13°	4 RSe fehlen	
Nr. 20	Amenemhet I.	7/5 kleiner Tritonus	54,46°	52,69°	RS (21/16)
Nr. 21	Sesostris I.	7/6 Kleinstterz	49,4°	49,24°	RS (29/25)
Nr. 22	Amenemhet II.	7/5 kleiner Tritonus	54,46°	55,035°	RS (143/100)
Nr. 23	Sesostris II.	14/15 kleiner Halbton	43,02°	42,92°	RS (48,825/52,5)
Nr. 24	Sesostris III.	7/6 Kleinstterz	49,4°	49,24°	RS (29/25)
Nr. 25	Amenemhet III. (Dahschur)	10/7 großer Tritonus	55°	49,24°	RS (116/100)
Nr. 26	Amenemhet III. (Hawara)	8/7 übergroßer Ganzton	48,81°	47,84°	RS (116/105)
Nr. 27	Chendjer	10/7 großer Tritonus	55°	55°	RS (100/7)/1
Nr. 28	Unbekannt	4/3 Quarte	53,13°	53,13°	RS (4/3)
Nr. 29	Mazghuna – Süd	10/7 großer Tritonus	55°	55°	(75 m)/52,5 m

		Arnolds Liste (S. 200)			Vom Autor korrigierte Liste (geänderte Werte kursiv)			
	Pyramide	Neigung	Basis	Höhe	Abstand 210 zur Basislänge	Korrigierte Basislängen in *kursiver* Schrift	Korrigierte Pyramidenhöhen in *kursiver* Schrift	Rücksprungverhältnis: Höhe/Basishälfte
1.	Meidum M3	51°51'	275 (144,32)	(92)	210 × 46/35 =	*276 E (144,9 m)*	*175/21 E (92 m)*	80/63
2.	Knickpyramide (Snofru) oben	54°31' 44°30'	360 (189)	200 (105)	210 × 12/7 =	360 E (189 m)	200 E (105 m)	10/9
3.	Dahschur-Nord	45°	420 (220)	200 (105)	210 × 2/1 =	420 E *(220,5 m)*	200 E (105 m)	20/21
4.	Cheops 51,84°	51°50'40'''	440 (230,36)	280 (146,50)	210 × 21/10 =	*441* E (230,36 m)	280 E (146,26 m)	80/63
5.	Djedefre	60°	200 (105)	175 (92)	210 × 20/21 =	200 E (105 m)	175 E *(91,875 m)*	7/4
6.	Königsgrab in Zawiet el-Arjan	?	210 (110)	? *drei Versionen möglich*		210 E *(110,25 m)* 210 E *(110,25 m)* 210 E *(110,25 m)*	*133 1/3 E (70 m)* *100 E (52,5 m)* *140 E (73,5 m)*	80/63 20/21 4/3
7.	Chephren	53°10'	410 (215,29)	275 (143,87)	210 × 41/21 =	410 E *(215,25 m)*	*273 1/3 E (143,5 m)*	4/3
8.	Mykerinus	51°	200 (105,5)	125 (65,55)	210 × 20/21 =	200 E (105,5 m)	125 E *(65,9375 m)*	5/4
9.	Userkaf	53°	140 (73,3)	94 (49)	210 × 2/3 =	140 E *(73,5 m)*	*93 1/3 E (49 m)*	4/3
10.	Sahure	50°45'	150 (78,5)	(50)	210 × 5/7 =	150 E *(78,75 m)*	*95 5/21 E (50 m)*	80/63
11.	Neferirkare	54°30'	200 (105)	(72,8)	210 × 20/21 =	200 E (105 m)	*140 E (73,5 m)*	7/5
12.	Niuserre	52°	150 (78,90)	(50)	210 × 5/7 =	150 E *(78,75 m)*	*95 5/21 E (50 m)*	80/63
13.	Neferefre	?	125 (65)	?	210 × 25/42 =	125 E *(65,625 m)*	*83 1/3 E (43,75 m)*	4/3
14.	Djedkare	52°	150 (78,90)	?	210 × 5/7 =	150 E *(78,75 m)*	*95 5/21 E (50 m)*	80/63
15.	Unas	56°	110 (57,70)	(43)	210 × 11/21 =	110 E *(57,75 m)*	*82 1/2 E (43,3125 m)*	3/2
16.	Teti	?	150 (78,75)	100 (52,5)	210 × 5/7 =	150 E *(78,75 m)*	100 E (52,5 m)	4/3
17.	Pepi I.	53°	150 (78,6)	100 (52,4)	210 × 5/7 =	150 E *(78,6 m)*	100 E (52,4 m)	4/3
18.	Pepi II.	53°13'	150 (78,75)	100 (52,5)	210 × 5/7 =	150 E *(78,75 m)*	100 E (52,5 m)	4/3
19.	Merenre	?	175 (90–95)	?	210 × 5/6 =	175 E *(91,875 m)*	*116 2/3 E (61,25 m)*	4/3
20.	Amenemhet I.	54°	160 (84)	112 (59)	210 × 16/21 =	160 E (84 m)	112 E *(58,8 m)*	7/5
21.	Sesostris I.	49°24'	200 (105,23)	116 (61,25)	210 × 20/21 =	200 E *(105 m)*	116 2/3 E (61,25 m)	7/6
22.	Amenemhet II.	?	160 (84)	?	210 × 16/21 =	160 E (84 m)	*112 E (58,8 m)*	7/5
23.	Sesostris II.	42°35'	200 (105,88)	48,65	210 × 20/21 =	200 E *(105 m)*	*93 1/3 E (49 m)*	14/15
24.	Sesostris III.	56°	200 (105)	(61,25)	210 × 20/21 =	200 E (105 m)	*116 2/3 E (61,25 m)*	7/6
25.	Amenemhet III. (Dahschur)	54–56°	200 (105)	143 (75)	210 × 20/21 =	200 E (105 m)	*142 6/7 E (75 m)*	10/7
26.	Amenemhet III. (Hawara)	48–52°	200 (101,75)	(58)	210 × 20/21 =	200 E *(101,5 m)*	114 2/7 E (58 m)	8/7
27.	Chendjer	55°	100 (52,5)	(37,35)	210 × 10/21 =	100 E (52,5 m)	*71 3/7 E (37,5 m)*	10/7
28.	Unbekannt	?	175 (92)	?	210 × 5/6 =	175 E *(91,875 m)*	*116 2/3 E (61,25 m)*	4/3
29.	Mazghuna-S		100 (52,5)	?	210 × 10/21 =	100 E (52,5 m)	*71 3/7 E (37,5 m)*	10/7

Abb. 15 aus: Stadelmann (1997): Tafel 64 a Abusir. Pyramiden des Sahure, Neferirkare und Neuserre (von rechts nach links).

Abb. 16 aus: Stadelmann (1997): Tafel 64 b Abusir. Pyramide und Totentempel des Sahure. Blick von Osten über den basaltgepflasterten Hof, dessen Säulengang durch Palmsäulen aus Rosengranit gebildet wurde.

Kapitel 10, Nr. 10 Sahure

Finden der exakten Abmessungen der Pyramide des Sahure, Djedkare, Niuserre auf der Nayflöte

Um die von den Ägyptern ursprünglich geplanten Abmessungen der Pyramiden von den in unserer Forschung seit etwa 1926 empirisch zwar nahe kommenden, aber letzlich falschen und sogar überfälschten Werten z. B. denen Müller-Römers zu unterscheiden, genügt es schon, alle Primzahlen, im Baukörper, die größer sind als 7, also 11, 13, 17, 19, 23 und noch größere auszuschließen, denn sie sind nicht teil des ägyptischen Meß- und Maß= . systems aus den fünf ersten Primzahlen, das sich auf ihr Viertel (1 Elle = 1 x 2 x 3 x5 x 7 /4 =52,5 cm) beschränkte und das aus ca. 27 Pyramidenbasen, zusammengesetzt nur aus diesen Zahlen, bestand. Ebenso selbstverständlich war die Folge, daß dann die Rücksprünge und die Höhen ebenfalls nur aus dem Fond und Kombinationen dieser Zahlen bestanden. Daß auch die Rücksprünge in Zähler und Nenner allesamt nur die kleinen Primzahlen von 1-10 bzw. Kettenglieder der Partial – und Obertonreihe wie 21/20 = 3x7/4x5 enthielt, war ebenfalls die musikalische Konsequenz dieser Anordnung, denn wir hören Harmonien nur aus Intervallen, deren Zähler und Nenner nur die ganzen Zahlen von 1-10 enthalten: Oktave (2/1),(3/2 Quinte, (4/3) Quarte, (5/4) große Terz, (6/5) kleine Terz, (7/6) Kleinstterz, (8/7) übergroßer Ganzton, (9/8) großer Ganzton, (10/9) kleiner Ganzton.

(11/10) und weitere Intervalle (n+1)/n empfinden wir bereits als unharmonisch, als zu eng, zu schrill, und sie kommen auch in Pyramidenneigungen nicht vor.

Wie finden wir nun die übergroße Terz 80/63 der Pyramiden Sahure, Djedkare undNiuserre mit exakter Höhe und Basishälfte auf der Nayflöte? Ellenmaß:0,525 m.

Zu diesem Zweck suche man einen 80/63 Abstand (z.B. 26,25 :20,671875 = 80/63) auf dem Umriß der Flöte auf der nächsten Seite rechts unten und multipliziere Zähler und Nenner mit dem Erweiterungsfaktor (Ef 1600/441) x 26,25) , so erhält man die genaue Höhe = 95 5/21 Ellen (50 m) und 1600/441 x 20,671875 = 75 Ellen (39,375 m) Basishälfte.

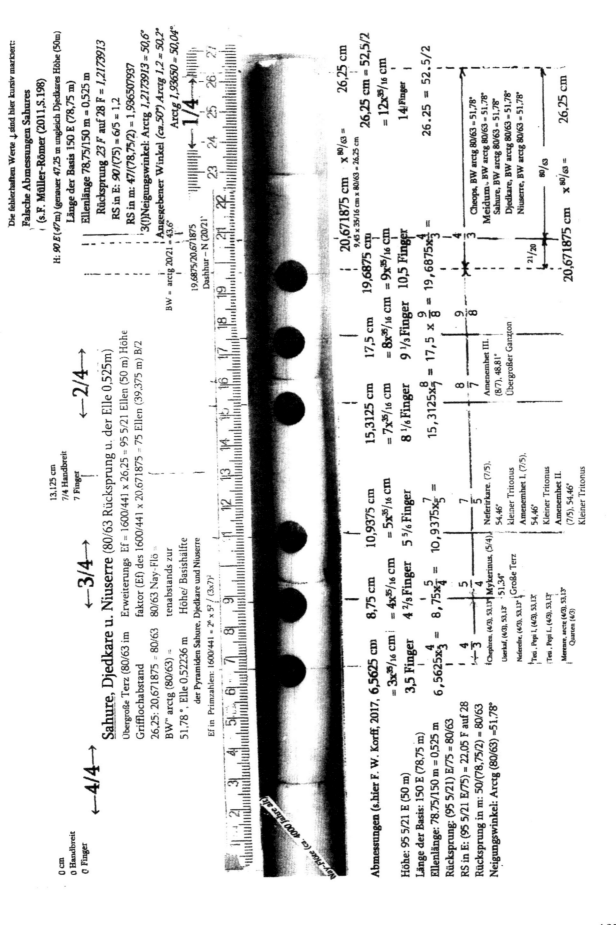

Die fehlerhaften Werte ↓ sind hier kursiv markiert:

Falsche Abmessungen Sahures
(s.F. Müller-Römer (2011,S.198)

H: 90 E (47m) (genauer 47,25 m = ungleich Djedkares Höhe (50m)

Länge der Basis 150 E (78,75 m)

Ellenlänge 78,75/150 m = 0,525 m

Rücksprung 23 F auf 28 F = 1,21739!3

RS in E: 90!(75) = 6/5 = 1,2

RS in m: 47/(78,75/2) = 1,936507937

3(!)Neigungswinkel: Arctg 1,21739!3 =50,6°

Angegebener Winkel (ca.50°) Arctg 1,2 =50,2°

Arctg 1,93650 =50,04°

BW = arctg 20/21 = 43,6°

19,6875/20,671875

Dashhur – N (20/21)'

0 cm
0 Handbreit
0 Finger

13,125 cm
7/4 Handbreit
7 Finger

←4/4→ ←3/4→ ←2/4→ ←1/4→

Sahure, Djedkare u. Niuserre (80/63 Rücksprung u. der Elle 0,525m)

Übergroße Terz (80/63 im
Grifflochabstand

26,25: 20,671875 = 80/63

BW" arctg (80/63) =

51,78°. Elle 0,52236 m

Erweiterungs Ef = 1600/441 x 26,25 = 95 5/21 Ellen (50 m) Höhe
faktor (Ef) des 1600/441 x 20,671875 = 75 Ellen (39,375 m) B/2
80/63 Nav-Flö =
tenabstands zur
Höhe/ Basishälfte
der Pyramiden Sahure, Djedkare und Niuserre

Ef in Primzahlen: 1600/441 = 2⁶ x 5² / (3x7)²

20,671875 cm x 80/63 = 26,25 cm

20,671875 cm   26,25 cm = 52,5/2

9,45 x 35/16 cm x 80/63= 26,25 cm   = 12x 35/16 cm

19,6875 cm   = 9x 35/16 cm   14 Finger

= 8x 35/16 cm   10,5 Finger   26.25 = 52.5/2

17,5 cm   = 9x 35/16 cm   9 1/3 Finger

= 8x 35/16 cm   15,3125x 8/7 = 17,5 x 9/8 = 19,6875x 4/3

15,3125 cm   9/8   4/3

= 7x 35/16 cm   8/7   80/63

8 1/6 Finger   21/20

10,9375 cm   Amenemhet III.   20,671875 cm

= 5x 35/16 cm   (8/7), 48,81°   Übergroßer Ganzton

5 5/6 Finger   Neferirkare. (7/5).

10,9375x 7/5   54,46°   Cheops, BW arctg 80/63 = 51,78°

8,75 cm   7/5   kleiner Tritonus   Meidum, BW arctg 80/63 = 51,78°

= 4x 35/16 cm   i   Mykerinus, (5/4)   Amenemhet I, (7/5).   Sahure, BW arctg 80/63 = 51,78°

4 2/3 Finger   Große Terz   54,46°   Djedkare, BW arctg 80/63 = 51,78°

6,5625x 4/3   51,34°   kleiner Tritonus   Niuserre, BW arctg 80/63 = 51,78°

= 3x 35/16 cm   5/4   Amenemhet II.

3,5 Finger   4/3   Chephren, (4/3), 53,13°   (7/5), 54,46°

←4/3   Userhaf, (4/3), 53,13°   Kleiner Tritonus

Neferefre, (4/3), 53,13°

Teti, Pepi I, (4/3), 53,13°

Teti, Pepi I, (4/3), 53,13°

Merenre, arctg (4/3), 53,13°
Quarten (4/3)

Abmessungen (s.hier F. W. Korff, 2017, 6,5625 cm   x 35/16 cm i

Höhe: 95 5/21 E (50 m)

Länge der Basis: 150 E (78,75 m)

Ellenlänge: 78,75/150 m = 0,525 m

RS in E: (95 5/21 E/75) = 22,05 F auf 28

Rücksprung in m: 50/(78,75/2) = 80/63

Neigungswinkel: Arctg (80/63) =51,78°

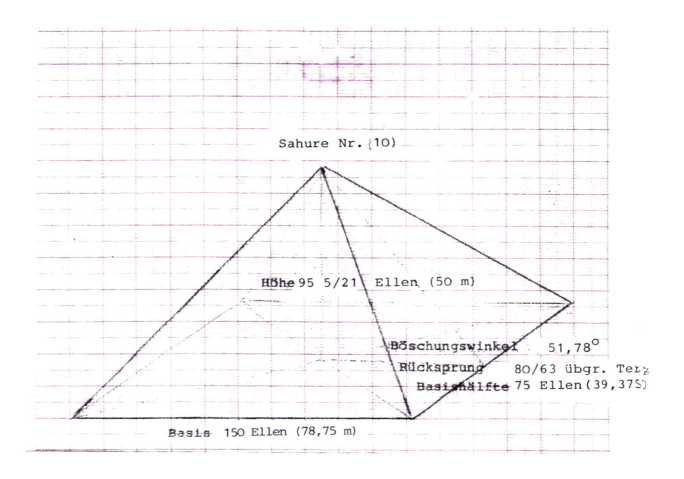

Sahure Nr. (10)

Höhe 95 5/21 Ellen (50 m)

Böschungswinkel 51,78°

Rücksprung 80/63 übgr. Terz

Basishälfte 75 Ellen (39,375)

Basis 150 Ellen (78,75 m)

Berechnung der Höhe der Pyramide Sahure (Nr.10)
Höhe 95 5/21 E (50 m); Basis 150 E (78,75 m);1 E= 0,525 m.

Nach der in Ellen vereinfachten Regel in Übungsaufgaben Nr. 57 des Pap.Rhind:
„Gegeben sei eine Pyramide, die Grundkante ist 150 Ellen. Der Rücksprung ist 80/63 Ellen. Wie ist ihre Höhe?

Um das auszurechnen, teile den Rücksprung durch 2, so erhältst Du 40/63. Nimm 40/63 von150, das macht 150 x40/63   Ellen = 95 5/21 Ellen. Dies ist ihre Höhe.“
Der Neigungswinkel ist arctg (80/63) =51,73^C, eine übergroße Terz

Ich ergänze die antike Regel: Der Tonabstand auf der Nay-Flöte ist ein Intervall 9,45x35/16 = 20,671875 (Siehe dazu die Abbildung der Flöte auf den nächsten Seiten.) Erweitert man Zähler und Nenner nacheinander durch den gemeinsamen Faktor Ef = 128000/27783 , so liefern Abstände der Höhe und der Basishälfte gemeinsam den kleinen Tritonus (80/63) in der Neigung (51,78°) der Pyramide. Ist dann 95 5/21 E die Höhe, so ist sie 9,45x35/16 der Zähler des Intervalls.Teilt man Zähler und Nenner durch den gemeinsamen Erweiterungsfaktor 128000/27783, so ist auch die Basishälfte 9,45x35/16/(80/63) x 128000/27783 = 75 Ellen(39,375 m)

9,45 x 35/16 x   128000/27783 = 95 5/21 E(50 m) Höhe der Pyramide

9,45 x 35/16/(80/63) x 128000/27783 = 75 E (73,5 m) Basishälfte der Pyramide

Berechnung der Höhen dreier baugleicherPyramiden,Nr.10,Nr.14, Nr.12
(mit Cheopspyramidenrücksprung, Sahure, Djedkare u. Niuserre anhand Sahures:)
Nach der Regel in den Übungsaufgaben im Papyrus Rhind:
„Gegeben sei die Pyramide des Sahure(Nr. 10), die Grundkante ist 150
Ellen. 7/5,5125 Handbreiten sind ihr Rücksprung auf eine
Höhe von 7 Handbreiten = 1 Elle. Wie ist ihre Höhe?
Um das auszurechnen, teile eine Elle durch den doppel-
ten Rücksprung, also durch 11,025 Handbreiten. 7 Hand-
breiten geteilt 11,025 = 40/63. Nimm 40/63 von 150 , das
macht 150 x 40/63 = 95 5/21 Ellen. Dies ist ihre Höhe."

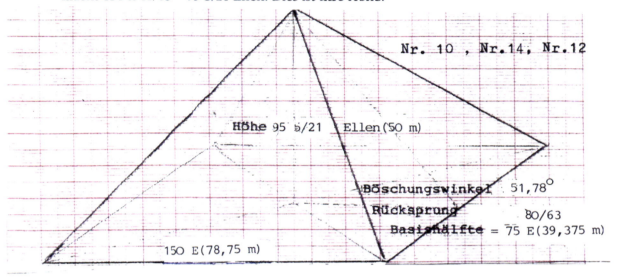

Nr. 10 , Nr.14, Nr.12

Höhe 95 5/21 Ellen (50 m)

Böschungswinkel 51,78°

Rücksprung 80/63

Basishälfte = 75 E(39,375 m)

150 E(78,75 m)

Die Pyramiden des Sahure, Djedkare, Niuserre

Die Tonart DIATONON MALAKON (8/7 x 10/9 x 21/20
= 4/3) des Ptolemaios kann in der Proportion H/(B/2
= (95 5/21)/75 = 80/63 der Pyramide des Sahure eingemessen
werden, denn die Intervalle der Musik sind zahlengleich harmonischen Proportionen der Architektur.
So entstehen in allen Pyramidenbasen Teilungen der
Oktave in Tonreihen, die als Schwingungen in Hertz
(Hz) verstärkt hörbar wären, aber auch ästhetisch sichtbar sind. Die Böschungswinkel der Pyramiden des Sahure, Djedkare u.
Niuserre sind gleich dem der Cheopspyramide arctg (80/63) =
51,78°.Der einfacheren Übersicht halber – keine schwarzen Tasten auf dem Klavier - wird für die Abstände in
der Basis Sahures die Tonabfolge in C-Dur gewählt:

	C-Dur	1 Elle ist 0.525 m	
Basis 150 Ellen	c¹	150 Hz	
150: 21/20	h	142 6/7	
142 6/7: 10/9	a	128 4/7	Rücksprung der drei
128 4/7: 8/7	g	112,5	Pyramide des Sahure:
112,5: 9/8	f	100	übergroße Terz:
100:21/20	e	95 5/21	(95 5/21)/75 = 80/63
95 5/21:10/9	d	85 5/7	
85 5/7: 8/7	c	75	

Abb. 17 aus: Stadelmann (1997): Tafel 65 Relief aus dem Totentempel des Sahure.
Göttin den König säugend. Diese Darstellung fand sich jeweils am Durchgang vom öffentlichen Verehrungstempel zum Totenopfertempel und am Eingang des Taltempels.
Der tote König wird in den Kreis der Götter aufgenommen; wiedergeboren wird er von
seiner göttlichen Mutter gesäugt und betritt seinen Jenseitspalast.

Anmerkung Korff: Man beachte den Vandalismus. Der Göttin und dem König Sahure
sind die Augen ausgeschlagen.

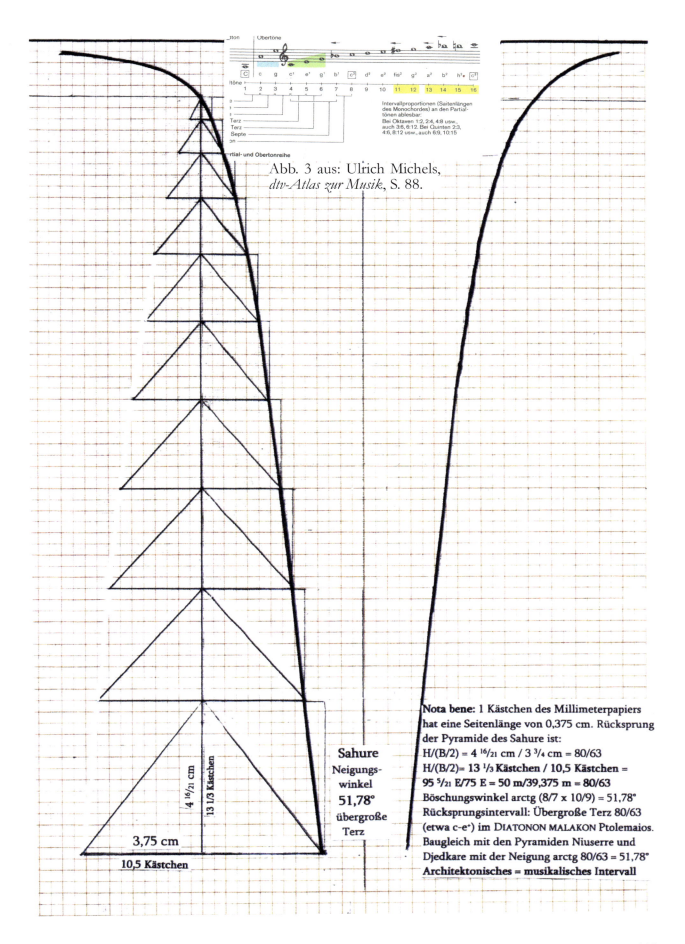

Abb. 3 aus: Ulrich Michels,
dtv-Atlas zur Musik, S. 88.

Intervallproportionen (Saitenlängen
des Monochordes) an den Partialtönen ablesbar:
Bei Oktaven 1:2, 2:4, 4:8 usw.,
auch 3:6, 6:12. Bei Quinten 2:3,
4:6, 8:12 usw., auch 6:9, 10:15

4 ¹⁶/₂₁ cm

13 ¹/₃ Kästchen

3,75 cm

10,5 Kästchen

Sahure
Neigungs-
winkel
51,78°
übergroße
Terz

Nota bene: 1 Kästchen des Millimeterpapiers
hat eine Seitenlänge von 0,375 cm. Rücksprung
der Pyramide des Sahure ist:
H/(B/2) = 4 ¹⁶/₂₁ cm / 3 ³/₄ cm = 80/63
H/(B/2)= 13 ¹/₃ Kästchen / 10,5 Kästchen =
95 ⁵/₂₁ E/75 E = 50 m/39,375 m = 80/63
Böschungswinkel arctg (8/7 x 10/9) = 51,78°
Rücksprungintervall: Übergroße Terz 80/63
(etwa c-e') im DIATONON MALAKON Ptolemaios.
Baugleich mit den Pyramiden Niuserre und
Djedkare mit der Neigung arctg 80/63 = 51,78°
Architektonisches = musikalisches Intervall

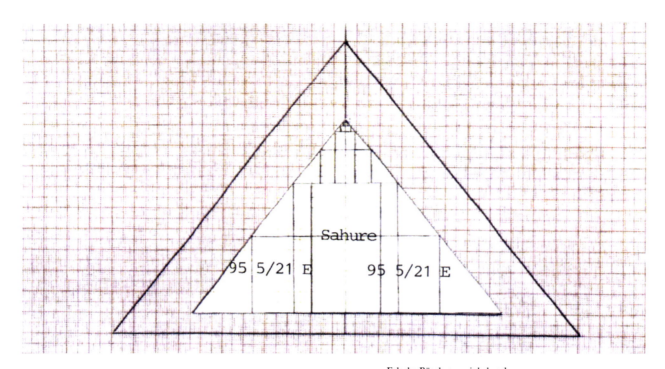

Sahure

95 5/21 E   95 5/21 E

Richtige Böschungswinkel				Falsche Böschungswinkel und Rücksprünge	
Nr. 1	Meidum	80/63 übergroße Terz	51,78°	51,84°	RS (28/22)
Nr. 2	Knickpyramide	10/9 kleiner Ganzton	48,01°		
Nr. 3	Dahschur – Nord	20/21 kleiner Halbton	43,60°	45°	RS (28/28)
Nr. 4	Cheops	80/63 übergroße Terz	51,78°	51,84°	RS (28/22)
Nr. 5	Djedefre	7/4 kleiner Septime	60,25°	52°?	RS? (14/11)
Nr. 6	Königsgrab	80/63 übergroße Terz 20/21 kleiner Halbton 4/3 Quarte	51,78° 43,60° 53,13°	51,84°	RS (14/11)
Nr. 7	Chephren	4/3 Quarte	53,13°	53,13°	RS (4/3)
Nr. 8	Mykerinus	5/4 große Terz	51,34°	51,84°	RS (28/22)
Nr. 9	Userkaf	4/3 Quarte	53,13°	53,13°	RS (4/3)
Nr. 10	Sahure	80/63 übergroße Terz	51,78°	50,19°	RS (90/75)
Nr. 11	Neferirkare	7/5 kleiner Tritonus	54,46°	54° angegeben	RS (7/5)
Nr. 12	Niuserre	80/63 übergroße Terz	51,78°	50,19°	RS (6/5)
Nr. 13	Neferefre	4/3 Quarte	53,13°	53,13°?	RS (75/100)
Nr. 14	Djedkare	80/63 übergroße Terz	51,78°	50,6°	RS (28/23)
Nr. 15	Unas	3/2 Quinte	56,30°	56° angegeben	RS (28/19)
Nr. 16	Teti	4/3 Quarte	53,13°	4 RSe fehlen	
Nr. 17	Pepi I.	4/3 Quarte	53,13°	4 RSe fehlen	
Nr. 18	Pepi II.	4/3 Quarte	53,13°	4 RSe fehlen	
Nr. 19	Merenre	4/3 Quarte	53,13°	4 RSe fehlen	
Nr. 20	Amenemhet I.	7/5 kleiner Tritonus	54,46°	52,69°	RS (21/16)
Nr. 21	Sesostris I.	7/6 Kleinstterz	49,4°	49,24°	RS (29/25)
Nr. 22	Amenemhet II.	7/5 kleiner Tritonus	54,46°	55,035°	RS (143/100)
Nr. 23	Sesostris II.	14/15 kleiner Halbton	43,02°	42,92°	RS (48,825/52,5)
Nr. 24	Sesostris III.	7/6 Kleinstterz	49,4°	49,24°	RS (29/25)
Nr. 25	Amenemhet III. (Dahschur)	10/7 großer Tritonus	55°	49,24°	RS (116/100)
Nr. 26	Amenemhet III. (Hawara)	8/7 übergroßer Ganzton	48,81°	47,84°	RS (116/105)
Nr. 27	Chendjer	10/7 großer Tritonus	55°	55°	RS (100/7)/1
Nr. 28	Unbekannt	4/3 Quarte	53,13°	53,13°	RS (4/3)
Nr. 29	Mazghuna – Süd	10/7 großer Tritonus	55°	55°	(75 m)/52,5 m

142

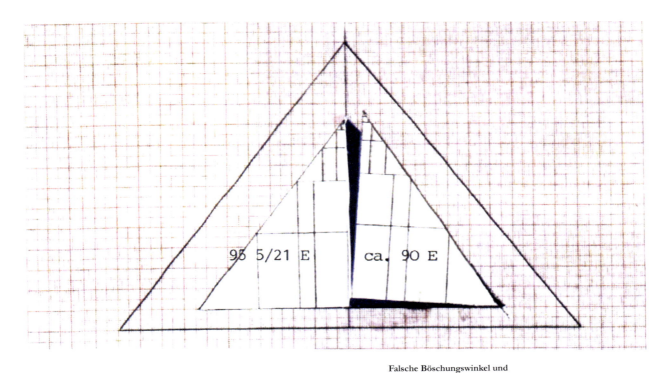

95 5/21 E   ca. 90 E

		Richtige Böschungswinkel			Falsche Böschungswinkel und Rücksprünge	
Nr. 1	Meidum	80/63 übergroße Terz	51,78°	51,84°	RS (28/22)
Nr. 2	Knickpyramide	10/9 kleiner Ganzton	48,01°		
Nr. 3	Dahschur – Nord	20/21 kleiner Halbton	43,60°	45°	RS (28/28)
Nr. 4	Cheops	80/63 übergroße Terz	51,78°	51,84°	RS (28/22)
Nr. 5	Djedefre	7/4 kleiner Septime	60,25°	52°?	RS? (14/11)
Nr. 6	Königsgrab	80/63 übergroße Terz 20/21 kleiner Halbton 4/3 Quarte	51,78° 43,60° 53,13°	51,84°	RS (14/11)
Nr. 7	Chephren	4/3 Quarte	53,13°	53,13°	RS (4/3)
Nr. 8	Mykerinus	5/4 große Terz	51,34°	51,84°	RS (28/22)
Nr. 9	Userkaf	4/3 Quarte	53,13°	53,13°	RS (4/3)
Nr. 10	Sahure	80/63 übergroße Terz	51,78°	50,19°	RS (90/75)
Nr. 11	Neferirkare	7/5 kleiner Tritonus	54,46°	54° angegeben	RS (7/5)
Nr. 12	Niuserre	80/63 übergroße Terz	51,78°	50,19°	RS (6/5)
Nr. 13	Neferefre	4/3 Quarte	53,13°	53,13°?	RS (75/100)
Nr. 14	Djedkare	80/63 übergroße Terz	51,78°	50,6°	RS (28/23)
Nr. 15	Unas	3/2 Quinte	56,30°	56° angegeben	RS (28/19)
Nr. 16	Teti	4/3 Quarte	53,13°	4 RSe fehlen	
Nr. 17	Pepi I.	4/3 Quarte	53,13°	4 RSe fehlen	
Nr. 18	Pepi II.	4/3 Quarte	53,13°	4 RSe fehlen	
Nr. 19	Merenre	4/3 Quarte	53,13°	4 RSe fehlen	
Nr. 20	Amenemhet I.	7/5 kleiner Tritonus	54,46°	52,69°	RS (21/16)
Nr. 21	Sesostris I.	7/6 Kleinstterz	49,4°	49,24°	RS (29/25)
Nr. 22	Amenemhet II.	7/5 kleiner Tritonus	54,46°	55,035°	RS (143/100)
Nr. 23	Sesostris II.	14/15 kleiner Halbton	43,02°	42,92°	RS (48,825/52,5)
Nr. 24	Sesostris III.	7/6 Kleinstterz	49,4°	49,24°	RS (29/25)
Nr. 25	Amenemhet III. (Dahschur)	10/7 großer Tritonus	55°	49,24°	RS (116/100)
Nr. 26	Amenemhet III. (Hawara)	8/7 übergroßer Ganzton	48,81°	47,84°	RS (116/105)
Nr. 27	Chendjer	10/7 großer Tritonus	55°	55°	RS (100/7)/1
Nr. 28	Unbekannt	4/3 Quarte	53,13°	53,13°	RS (4/3)
Nr. 29	Mazghuna – Süd	10/7 großer Tritonus	55°	55°	(75 m)/52,5 m

	Arnolds Liste (S. 200)				Vom Autor korrigierte Liste (geänderte Werte kursiv)			
	Pyramide	Neigung	Basis	Höhe	Abstand 210 zur Basislänge	Korrigierte Basislängen in *kursiver* Schrift	Korrigierte Pyramiden-höhen in *kursiver* Schrift	Rücksprung-verhältnis: Höhe/Basishälfte
1.	Meidum M3	51°51'	275 (144,32)	(92)	210 × 46/35 =	*276 E (144,9 m)*	*175/21 E (92 m)*	80/63
2.	Knickpyramide (Snofru) oben	54°31' 44°30'	360 (189)	200 (105)	210 × 12/7 =	360 E (189 m)	200 E (105 m)	10/9
3.	Dahschur-Nord	45°	420 (220)	200 (105)	210 × 2/1 =	420 E *(220,5 m)*	200 E (105 m)	20/21
4.	Cheops 51,84°	51°50'40'"	440 (230,36)	280 (146,50)	210 × 21/10 =	*441* E (230,36 m)	280 E (146,26 m)	80/63
5.	Djedefre	60°	200 (105)	175 (92)	210 × 20/21 =	200 E (105 m)	175 E *(91,875 m)*	7/4
6.	Königsgrab in Zawiet el-Arjan	?	210 (110)	? *drei Versionen möglich*		210 E *(110,25 m)* 210 E *(110,25 m)* 210 E *(110,25 m)*	*133 1/3 E (70 m)* *100 E (52,5 m)* *140 E (73,5 m)*	80/63 20/21 4/3
7.	Chephren	53°10'	410 (215,29)	275 (143,87)	210 × 41/21 =	410 E *(215,25 m)*	*273 1/3 E (143,5 m)*	4/3
8.	Mykerinus	51°	200 (105,5)	125 (65,55)	210 × 20/21 =	200 E (105,5 m)	125 E *(65,9375 m)*	5/4
9.	Userkaf	53°	140 (73,3)	94 (49)	210 × 2/3 =	140 E *(73,5 m)*	*93 1/3 E (49 m)*	4/3
10.	Sahure	50°45'	150 (78,5)	(50)	210 × 5/7 =	150 E *(78,75 m)*	*95 5/21 E (50 m)*	80/63
11.	Neferirkare	54°30'	200 (105)	(72,8)	210 × 20/21 =	200 E (105 m)	*140 E (73,5 m)*	7/5
12.	Niuserre	52°	150 (78,90)	(50)	210 × 5/7 =	150 E *(78,75 m)*	*95 5/21 E (50 m)*	80/63
13.	Neferefre	?	125 (65)	?	210 × 25/42 =	125 E *(65,625 m)*	*83 1/3 E (43,75 m)*	4/3
14.	Djedkare	52°	150 (78,90)	?	210 × 5/7 =	150 E *(78,75 m)*	*95 5/21 E (50 m)*	80/63
15.	Unas	56°	110 (57,70)	(43)	210 × 11/21 =	110 E *(57,75 m)*	*82 ½ E (43,3125 m)*	3/2
16.	Teti	?	150 (78,75)	100 (52,5)	210 × 5/7 =	150 E (78,75 m)	100 E (52,5 m)	4/3
17.	Pepi I.	53°	150 (78,6)	100 (52,4)	210 × 5/7 =	150 E (78,6 m)	100 E (52,4 m)	4/3
18.	Pepi II.	53°13'	150 (78,75)	100 (52,5)	210 × 5/7 =	150 E (78,75 m)	100 E (52,5 m)	4/3
19.	Merenre	?	175 (90–95)	?	210 × 5/6 =	175 E *(91,875 m)*	*116 2/3 E (61,25 m)*	4/3
20.	Amenemhet I.	54°	160 (84)	112 (59)	210 × 16/21 =	160 E (84 m)	112 E *(58,8 m)*	7/5
21.	Sesostris I.	49°24'	200 (105,23)	116 (61,25)	210 × 20/21 =	200 E *(105 m)*	*116 2/3 E (61,25 m)*	7/6
22.	Amenemhet II.	?	160 (84)	?	210 × 16/21 =	160 E (84 m)	*112 E (58,8 m)*	7/5
23.	Sesostris II.	42°35'	200 (105,88)	48,65	210 × 20/21 =	200 E *(105 m)*	93 1/3 E (49 m)	14/15
24.	Sesostris III.	56°	200 (105)	(61,25)	210 × 20/21 =	200 E (105 m)	*116 2/3 E (61,25 m)*	7/6
25.	Amenemhet III. (Dahschur)	54–56°	200 (105)	143 (75)	210 × 20/21 =	200 E (105 m)	*142 6/7 E (75 m)*	10/7
26.	Amenemhet III. (Hawara)	48–52°	200 (101,75)	(58)	210 × 20/21 =	200 E *(101,5 m)*	*114 2/7 E (58 m)*	8/7
27.	Chendjer	55°	100 (52,5)	(37,35)	210 × 10/21 =	100 E (52,5 m)	*71 3/7 E (37,5 m)*	10/7
28.	Unbekannt	?	175 (92)	?	210 × 5/6 =	175 E *(91,875 m)*	*116 2/3 E (61,25 m)*	4/3
29.	Mazghuna-S		100 (52,5)	?	210 × 10/21 =	100 E (52,5 m)	*71 3/7 E (37,5 m)*	10/7

Sahure mit Rücksprung 80/63 ist identisch mit Djedkares

Winkel 51,78° auch der Cheopspyramide	Die fehlerhaften Werte ↓ sind hier kursiv markiert:
Abmessungen (s. F. W. Korff, 2008, S.18)	Falsche Abmessungen Sahures
Abmessungen Sahures und Djedkares sind identisch	(s.F. Müller-Römer (2011,S.198)
Höhe: 95 5/21 E (50 m)	H: *90 E* (*47* m) (genauer 47,25 m ungleich Djedkares Höhe (50m)
Länge der Basis: 150 E (78,75 m)	Länge der Basis 150 E (78,75 m)
Ellenlänge: 78,75/150 m = 0,525 m	Ellenlänge 78,75/150 m = 0,525 m
Rücksprung: 95 5/21/75=22,05 F auf 28F = 80/63	Rücksprung *23 F* auf 28 F = *1,2173913*
RS in E: (95 5/21)/75)= 80/63 =1,26984127	RS in E: *90*/(75) = 6/5 = 1,2
Rücksprung in m: 50/(78,75/2) = 80/63	RS in m: 47/(78,75/2) = 1,936507937
Neigungswinkel: Arctg (80/63) =51,78°	*3*(!)Neigungswinkel: Arctg *1,2173913 = 50,6°*
	Angegebener Winkel *(ca.50°) Arctg 1,2 = 50,2°*

D.Arnold (2000, S. 200) gibt die Maße: H = (50 m), B = 150 E (78,75 m), 50°45'   Arctg *1,93650 = 50,04°*

F.Müller-Römer(2011, S. 207)ändert die Basis Djedkares in die Primzahl 79 m u. in den falschen Rücksprung 28/22

Die Basis-, Höhen-, Ellen- , Meter- und Rücksprungswerte u.Winkelwerte in der linken Spalte stimmen überein. Alle Ellenwerte setzen sich aus den ersten 5 Primzahlen (1,2,3,5,7) zusammen.	1.) *47* ist ist im ägyptischen Maßsystem nicht vorkommende höhere Primzahl. 2.) Der RS enthält höhere Primzahl *23*/28 3.) Der RS in m enthält höhere PZ. *22*/28 4.) RS in E *90*/75 = 6/5 resultiert auch nicht aus den Angaben 1.-4. mit 3 Winkeln.

Die angegebenen Werte sind auch untereinander falsch von F. Müller-Römer gefälscht.

Die Fälschungen in ca. 14 der Korffschen Pyramidenabmessungen sind im originalen Wortlaut und der Textgestaltung Müller-Römers durch eine beglaubigte Kopie, ohne Änderung seiner Zeilen, hier nachzulesen, ebenso wortgleich als Rezension (2016) veröffentlicht (http:www.fera-journal. eu) in der „Frankfurter elektronische(n) Rundschau zur Altertumskunde" 29, S.112-117.

" In dem anschließenden Kapitel I, „Das Geheimnis der Pyramidenneigungen ist entdeckt!", befasst sich der Autor eingehend mit einer Zusammenstellung der Neigungen der Pyramiden des Alten Ägypten, die Arnold veröffentlicht hat,[6] und stellt dazu fest, dass eine Anzahl der dort aufgeführten Rücksprünge nicht mit seinen entsprechenden Vorschlägen für den Bau der Pyramiden zusammenpasst. Er hat daher die Liste korrigiert (S. 7) und auf den S. 9-42 für jede Pyramide die Baudaten separat aufgeführt. Dabei werden jedoch verschiedentlich Rücksprünge genannt, die nicht den archäologisch belegten Werten bzw. nicht ganzzahligen Werten – in Fingerbreiten gemessen – entsprechen: So wird z. B. für die Pyramide in Meidum und für die Cheopspyramide ein Rücksprung von 80 zu 63 (Höhe/Basishälfte) anstelle des tatsächlichen Wertes von 28 zu 22 (Verhältnis 4:3) Fingern aufgeführt.[7] Auch die angegebenen Werte für die Rücksprünge der Roten Pyramide in Dahschur Nord (Snofru) (20 zu 21 anstelle von 28 zu 28 Fingern) sowie der Pyramiden des Mykerinos (5 zu 4 anstelle von 28 zu 22 Fingern), Sahure (80 zu 63 anstelle von 28 zu 23 Fingern), Neferirkare (7 zu 5 anstelle von 28 zu 21 Fingern), Niuserre (81 zu 64 anstelle von 28 zu 22 Fingern), Djedkare Asosi (80 zu 63 anstelle von 28 zu 22 Fingern), Unas (3 zu 2 anstelle von 28 zu 19 Fingern), Sesostris III. (7 zu 6 anstelle von 28 zu 19 Fingern), Amenemhet III. (Dahschur) (10 zu 7 anstelle von 28 zu 20 Fingern) und Amenemhet III. (Hawara) (8 zu 7 anstelle von 28 zu 24 Fingern) treffen nicht zu. Weiterhin wird von Korff die Basislänge der Cheopspyramide von (gemessenen) 440 Ellen auf 441 Ellen durch eine Anpassung des Ellenmaßes erhöht (S. 7). In weiteren Tabellen auf S. 8 und S. 43ff. stellt Korff die Rücksprünge in Zusammenhang mit Intervallen antiker Tonarten (Diatonon Malakon)."

Hervorhebung
von F.W. Korff

Kapitel 11, Nr. 11 Neferirkare

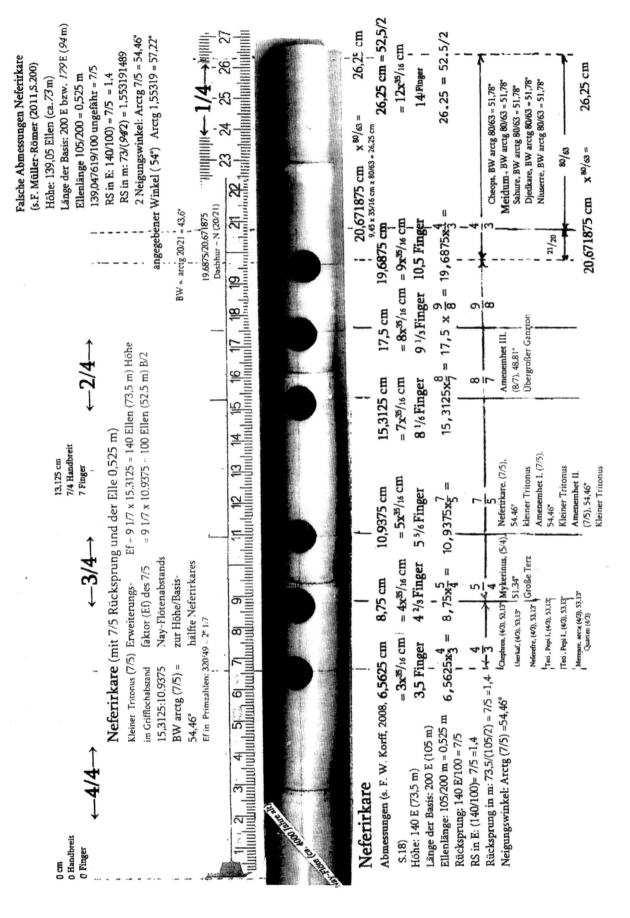

Falsche Abmessungen Neferirkare
(s.F. Müller-Römer (2011,S.200)
Höhe: 139,05 Ellen (ca.73 m)
Länge der Basis: 200 E bzw. 179 E (94 m)
Ellenlänge 105/200 = 0,525 m
139,047619/100 ungefähr = 7/5
RS in E: 140/100) = 7/5 = 1,4
RS in m: 73/(94/2) = 1,55319489
2 Neigungswinkel: Arctg 7/5 = 54,46°
angegebener Winkel (54°) Arctg 1,55319 = 57,22°

$BW = arctg\ 20/21 = 43,6°$

19.6875/20.671875
Dashhur – N (20/21)

← 4/4 → ← 3/4 → ← 2/4 → ← 1/4 →

0 cm
0 Handbreit
0 Finger

13.125 cm
7/4 Handbreit
7 Finger

Neferirkare (mit 7/5 Rücksprung und der Elle 0,525 m)

Kleiner Tritonus (7/5) Erweiterungs- $Ef = 9\ 1/7 \times 15.3125 = 140$ Ellen (73,5 m) Höhe
im Grifflochabstand faktor (Ef) des 7/5 $= 9\ 1/7 \times 10.9375 = 100$ Ellen (52.5 m) B/2
15.3125:10.9375 Nay-Flötenabstands-
$BW\ arctg\ (7/5) =$ zur Höhe/Basis-
54,46° hälfte Neferirkares
Ef in Primzahlen: 320:49 = 2² 1:7

Neferirkare

Abmessungen (s. F. W. Korff, 2008, S.18)
Höhe: 140 E (73,5 m)
Länge der Basis: 200 E (105 m)
Ellenlänge: 105/200 m = 0,525 m
Rücksprung: 140 E/100 = 7/5
RS in E: (140/100)= 7/5 =1,4
Rücksprung in m: 73,5/(105/2) = 7/5 =1,4
Neigungswinkel: Arctg (7/5) =54,46°

6,5625 cm	8,75 cm	10,9375 cm	15,3125 cm	17,5 cm	19,6875 cm	20,671875 cm $x^{80/63} =$ 26,25 cm
$= 3x^{35}/16$ cm	$= 4x^{35}/16$ cm	$= 5x^{35}/16$ cm	$= 7x^{35}/16$ cm	$= 8x^{35}/16$ cm	$= 9x^{35}/16$ cm	$9,45 \times 35/16 \times 80/63 = 26,25$ cm
3,5 Finger	4 2/3 Finger	5 5/6 Finger	8 1/6 Finger	9 1/3 Finger	10,5 Finger	$= 12x^{35}/16$ cm $= 52,5/2$
						14 Finger

$6,5625x\frac{4}{3} =$ $8,75x\frac{5}{4} =$ $10,9375x\frac{7}{5} =$ $15,3125x\frac{8}{7} =$ $17,5 \times \frac{9}{8} = 19,6875x\frac{4}{3} =$

8,75 10,9375 15,3125 17,5 19,6875 20,671875

$\frac{4}{3}$ $\frac{5}{4}$ $\frac{7}{5}$ $\frac{8}{7}$ $\frac{9}{8}$

Chephren, (4/3), 53,13° Mykerinus, (5/4), 51,34° Große Terz
Überlauf, (4/3), 53,13°
Neferefre, (4/3), 53,13°
Teti, Pepi I, (4/3), 53,13°
Teti, Pepi I, (4/3), 53,13°
Merenre, arctg (4/3), 53,13° Quarten (4/3)

Neferirkare. (7/5), 54,46° kleiner Tritonus
Amenemhet I. (7/5), kleiner Tritonus
Amenemhet II. (7/5), 54,46° Kleiner Tritonus
Amenemhet III. (8/7), 48,81° Übergroßer Ganzton

Cheops, BW arctg 80/63 = 51,78°
Meidum, BW arctg 80/63 = 51,78°
Sahure, BW arctg 80/63 = 51,78°
Djedkare, BW arctg 80/63 = 51,78°
Niuserre, BW arctg 80/63 = 51,78°

21/20
80/63

$20,671875$ cm $x^{80/63} =$ 26,25 cm

26,25 cm = 52,5/2
$= 12x^{35}/16$ cm
14 Finger

26.25 = 52.5/2

Finden der exakten Abmessungen der Pyramide Neferirkare auf der Nayflöte

Um die von den Ägyptern ursprünglich geplanten Abmessungen der Pyramiden von den in unserer Forschung seit etwa 1926 empirisch zwar nahe kommenden, aber letzlich falschen und sogar überfälschten Werten z. B. denen Müller-Römers zu unterscheiden, genügt es schon, alle Primzahlen, im Baukörper, die größer sind als 7, also 11, 13, 17, 19, 23 und noch größere auszuschließen, denn sie sind nicht teil des ägyptischen Meß- und Maß= . systems aus den fünf ersten Primzahlen, das sich auf ihr Viertel (1 Elle = 1 x 2 x 3 x5 x 7 /4 =52,5 cm) beschränkte und das aus ca. 27 Pyramidenbasen, zusammengesetzt nur aus diesen Zahlen, bestand. Ebenso selbstverständlich war die Folge, daß dann die Rücksprünge und die Höhen ebenfalls nur aus dem Fond und Kombinationen dieser Zahlen bestanden. Daß auch die Rücksprünge in Zähler und Nenner allesamt nur die kleinen Primzahlen von 1-10 bzw. Kettenglieder der Partial – und Obertonreihe wie 21/20 = 3x7/4x5 enthielt, war ebenfalls die musikalische Konsequenz dieser Anordnung, denn wir hören Harmonien nur aus Intervallen, deren Zähler und Nenner nur die ganzen Zahlen von 1-10 enthalten: Oktave (2/1),(3/2) Quinte, (4/3) Quarte, (5/4) große Terz, (6/5) kleine Terz, (7/6) Kleinstterz, (8/7) übergroßer Ganzton, (9/8) großer Ganzton, (10/9) kleiner Ganzton.

(11/10) und weitere Intervalle (n+1)/n empfinden wir bereits als unharmonisch, als zu eng, zu schrill, und sie kommen auch in Pyramidenneigungen nicht vor.

Wie finden wir nun den kleinen Tritonus 7/5 der Pyramide des Neferirkare mit exakter Höhe und Basishälfte auf der Nayflöte?

Ellenmaß:0,525 m.

Zu diesem Zweck suche man einen 7/5 Abstand (z.B. 15,3125 :10,9375) auf dem Umriß der Flöte auf der nächsten Seite links Mitte unten und multipliziere Zähler und Nenner mit dem Erweiterungsfaktor (Ef 9 1/7) x 15,3125) , so erhält man die genaue Höhe = 140 Ellen (73,5 m) und 9 1/7 x 10,9375 = 100 Ellen (52,5 m)Basishälfte.

	Arnolds Liste (S. 200)				Vom Autor korrigierte Liste (geänderte Werte kursiv)			
	Pyramide	*Neigung*	*Basis*	*Höhe*	Abstand 210 zur Basislänge	Korrigierte Basislängen in *kursiver* Schrift	Korrigierte Pyramiden-höhen in *kursiver* Schrift	Rücksprung-verhältnis: Höhe/Basishälfte
1.	Meidum M3	51°51'	275 (144,32)	(92)	210 × 46/35 =	*276 E (144,9 m)*	*175/21 E (92 m)*	80/63
2.	Knickpyramide (Snofru) oben	54°31' 44°30'	360 (189)	200 (105)	210 × 12/7 =	360 E (189 m)	200 E (105 m)	10/9
3.	Dahschur-Nord	45°	420 (220)	200 (105)	210 × 2/1 =	420 E (220,5 m)	200 E (105 m)	20/21
4.	Cheops 51,84°	51°50'40'''	440 (230,36)	280 (146,50)	210 × 21/10 =	*441 E* (230,36 m)	280 E (146,26 m)	80/63
5.	Djedefre	60°	200 (105)	175 (92)	210 × 20/21 =	200 E (105 m)	175 E *(91,875 m)*	7/4
6.	Königsgrab in Zawiet el-Arjan	?	210 (110)	? *drei Versionen möglich*		210 E *(110,25 m)* 210 E *(110,25 m)* 210 E *(110,25 m)*	*133 1/3 E (70 m)* *100 E (52,5 m)* *140 E (73,5 m)*	80/63 20/21 4/3
7.	Chephren	53°10'	410 (215,29)	275 (143,87)	210 × 41/21 =	410 E *(215,25 m)*	*273 1/3 E (143,5 m)*	4/3
8.	Mykerinus	51°	200 (105,5)	125 (65,55)	210 × 20/21 =	200 E (105,5 m)	125 E *(65,9375 m)*	5/4
9.	Userkaf	53°	140 (73,3)	94 (49)	210 × 2/3 =	140 E *(73,5 m)*	*93 1/3 E (49 m)*	4/3
10.	Sahure	50°45'	150 (78,5)	(50)	210 × 5/7 =	150 E *(78,75 m)*	*95 5/21 E (50 m)*	80/63
11.	Neferirkare	54°30'	200 (105)	(72,8)	210 × 20/21 =	200 E (105 m)	*140 E (73,5 m)*	7/5
12.	Niuserre	52°	150 (78,90)	(50)	210 × 5/7 =	150 E *(78,75 m)*	*95 5/21 E (50 m)*	80/63
13.	Neferefre	?	125 (65)	?	210 × 25/42 =	125 E *(65,625 m)*	*83 1/3 E (43,75 m)*	4/3
14.	Djedkare	52°	150 (78,90)	?	210 × 5/7 =	150 E *(78,75 m)*	*95 5/21 E (50 m)*	80/63
15.	Unas	56°	110 (57,70)	(43)	210 × 11/21 =	110 E *(57,75 m)*	*82 ½ E (43,3125 m)*	3/2
16.	Teti	?	150 (78,75)	100 (52,5)	210 × 5/7 =	150 E *(78,75 m)*	100 E (52,5 m)	4/3
17.	Pepi I.	53°	150 (78,6)	100 (52,4)	210 × 5/7 =	150 E (78,6 m)	100 E (52,4 m)	4/3
18.	Pepi II.	53°13'	150 (78,75)	100 (52,5)	210 × 5/7 =	150 E *(78,75 m)*	100 E (52,5 m)	4/3
19.	Merenre	?	175 (90–95)	?	210 × 5/6 =	175 E *(91,875 m)*	*116 2/3 E (61,25 m)*	4/3
20.	Amenemhet I.	54°	160 (84)	112 (59)	210 × 16/21 =	160 E (84 m)	112 E (59 m)	7/5
21.	Sesostris I.	49°24'	200 (105,23)	116 (61,25)	210 × 20/21 =	200 E *(105 m)*	*116 2/3 E (61,25 m)*	7/6
22.	Amenemhet II.	?	160 (84)	?	210 × 16/21 =	160 E (84 m)	*112 E (58,8 m)*	7/5
23.	Sesostris II.	42°35'	200 (105,88)	48,65	210 × 20/21 =	200 E *(105 m)*	93 1/3 E (49 m)	14/15
24.	Sesostris III.	56°	200 (105)	(61,25)	210 × 20/21 =	200 E (105 m)	*116 2/3 E (61,25 m)*	7/6
25.	Amenemhet III. (Dahschur)	54–56°	200 (105)	143 (75)	210 × 20/21 =	200 E (105 m)	*142 6/7 E (75 m)*	10/7
26.	Amenemhet III. (Hawara)	48–52°	200 (101,75)	(58)	210 × 20/21 =	200 E *(101,5 m)*	*114 2/7 E (58 m)*	8/7
27.	Chendjer	55°	100 (52,5)	(37,35)	210 × 10/21 =	100 E (52,5 m)	*71 3/7 E (37,5 m)*	10/7
28.	Unbekannt	?	175 (92)	?	210 × 5/6 =	175 E *(91,875 m)*	*116 2/3 E (61,25 m)*	4/3
29.	Mazghuna-S		100 (52,5)	?	210 × 10/21 =	100 E (52,5 m)	*71 3/7 E (37,5 m)*	10/7

Berechnung der Höhe der Pyramide des Neferirkare Nr.11

(Altägyptischer Text kursiv), Nach der Regel der Übungsaufgabe Nr. 57 Papyrus Rhind:

Gegeben sei eine Pyramide, die Grundkante ist 200 Ellen (105 m).
7/5 ist ihr Rücksprung. Wie ist ihre Höhe?

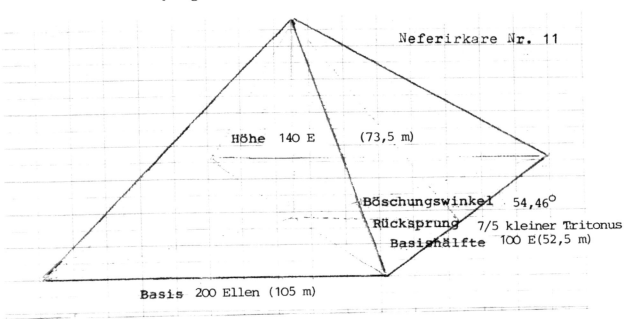

Neferirkare Nr. 11

Höhe 140 E (73,5 m)

Böschungswinkel 54,46°
Rücksprung 7/5 kleiner Tritonus
Basishälfte 100 E (52,5 m)

Basis 200 Ellen (105 m)

Um das auszurechnen, teile den Rücksprung durch 2, so erhältst du 7/10.
Nimm 7/10 von 200 , das macht 200 x 7/10 = 140 Ellen (73,5 m. Dies ist ihre
Höhe.

Ab hier: Zusatz von F.W. Korff: du kannst auch 7/5 zu 100 geben: = 7/5 x 100 = 140 Ellen Höhe.
Berechnung der ausgegrabenen Grundkantenmaße der Neferirkare-Pyramide
210 x 20/21 = 200 Ellen ist die Basislänge. Die Basishälfte ist dann 100 Ellen
(52,5 m) lang. Der Rücksprung ist, wie schon gesagt, H/(B/2) ist (7/5).
Die Musikalität der Pyramide des Neferirkare entsteht in einer Oktave
antiker Tonart DIATONON MALAKON 1x 8/7 x 10/9 x 21/20 x 9/8 x 8/7 x 10/9 x 21/20 = 2
Skalierung durch Boethius 2:1 erhalten

	C-Dur		
Basis 200 Ellen	c¹	200 Hz	
200: 8/7	h	175	
175:10/9	a	157,5	Der Rücksprung aus Tönen c–fis
157,5:9/8	g	140	formt die Pyramide des Neferirkare mit
140: 20/21:	fis	133 1/3	dem Intervall eines kl. Tritonus (140/100).
133 1/3: 8/7	e	116 2/3	In Metern gemessen (73,5 m/52,5 m) = 7/5
116 2/3: 10/9	d	105	BW arctg (7/5) = 54,46°
105: 21/20	c	100	Basishälfte

Musikalische Intervalle sind zahlengleich den harmonischen Proportionen der Architektur

151

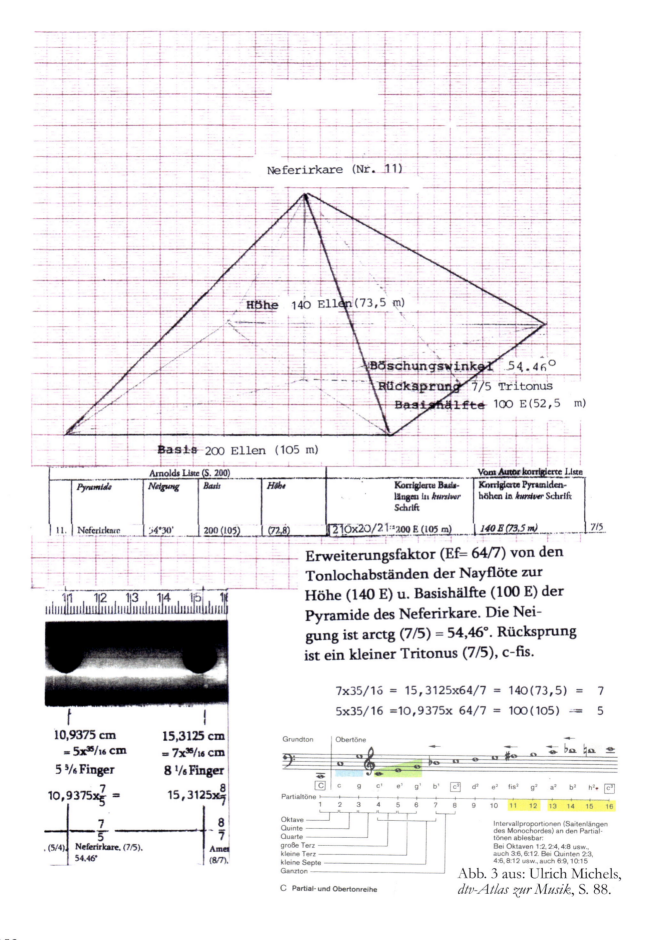

Neferirkare (Nr. 11)

Höhe 140 Ellen (73,5 m)

Böschungswinkel 54.46°

Rücksprung 7/5 Tritonus

Basishälfte 100 E (52,5 m)

Basis 200 Ellen (105 m)

	Arnolds Liste (S. 200)					Vom Autor korrigierte Liste	
	Pyramide	Neigung	Basis	Höhe		Korrigierte Basislängen in *kursiver* Schrift	Korrigierte Pyramidenhöhen in *kursiver* Schrift
11.	Neferirkare	54°30'	200 (105)	(72,8)		210x20/21=*200 E (105 m)*	*140 E (73,5 m)*	7/5

Erweiterungsfaktor (Ef= 64/7) von den Tonlochabständen der Nayflöte zur Höhe (140 E) u. Basishälfte (100 E) der Pyramide des Neferirkare. Die Neigung ist arctg (7/5) = 54,46°. Rücksprung ist ein kleiner Tritonus (7/5), c-fis.

$7 \times 35/16 = 15,3125 \times 64/7 = 140 (73,5) = 7$

$5 \times 35/16 = 10,9375 \times 64/7 = 100 (105) = 5$

10,9375 cm = $5 \times ^{35}/_{16}$ cm

15,3125 cm = $7 \times ^{35}/_{16}$ cm

5 ⁵/₆ Finger

8 ¹/₆ Finger

$10,9375 \times \frac{7}{5} =$

$15,3125 \times \frac{8}{7} =$

$\frac{7}{5}$

$\frac{8}{7}$

(5/4) Neferirkare. (7/5). 54,46°

Amer (8/7).

Grundton Obertöne

Partialtöne 1 2 3 4 5 6 7 8 9 10 11 12 13 14 15 16

Oktave
Quinte
Quarte
große Terz
kleine Terz
kleine Septe
Ganzton

C Partial- und Obertonreihe

Intervallproportionen (Saitenlängen des Monochordes) an den Partialtönen ablesbar:
Bei Oktaven 1:2, 2:4, 4:8 usw., auch 3:6, 6:12. Bei Quinten 2:3, 4:6, 8:12 usw., auch 6:9, 10:15

Abb. 3 aus: Ulrich Michels, *dtv-Atlas zur Musik*, S. 88.

152

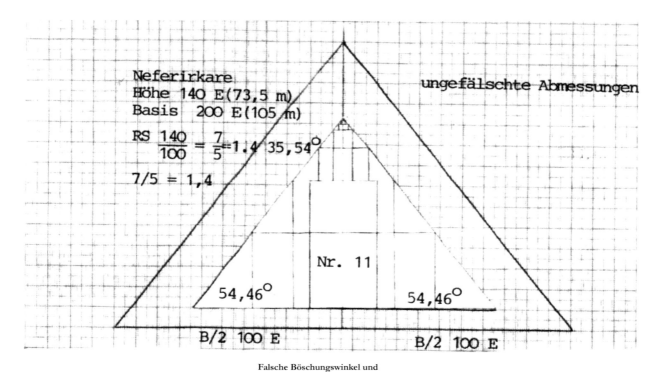

Neferirkare
Höhe 140 E (73,5 m)
Basis 200 E (105 m)

$$RS \frac{140}{100} = \frac{7}{5} = 1,4 \quad 35,54°$$

$$7/5 = 1,4$$

ungefälschte Abmessungen

Nr. 11

54,46°   54,46°

B/2 100 E   B/2 100 E

Die Winkelsumme im Dreieck beträgt 54,46° + 90° + 35,54° = 180°. Die Pyramide ist mit den obengenannten Abmessungen baubar, denn ihre 4 Grate treffen sich in der Spitze des Pyramidions.

Richtige Böschungswinkel				Falsche Böschungswinkel und Rücksprünge	
Nr. 1	Meidum	80/63 übergroße Terz	51,78°	51,84°	RS (28/22)
Nr. 2	Knickpyramide	10/9 kleiner Ganzton	48,01°		
Nr. 3	Dahschur – Nord	20/21 kleiner Halbton	43,60°	45°	RS (28/28)
Nr. 4	Cheops	80/63 übergroße Terz	51,78°	51,84°	RS (28/22)
Nr. 5	Djedefre	7/4 kleiner Septime	60,25°	52°?	RS? (14/11)
Nr. 6	Königsgrab	80/63 übergroße Terz 20/21 kleiner Halbton 4/3 Quarte	51,78° 43,60° 53,13°	51,84°	RS (14/11)
Nr. 7	Chephren	4/3 Quarte	53,13°	53,13°	RS (4/3)
Nr. 8	Mykerinus	5/4 große Terz	51,34°	51,84°	RS (28/22)
Nr. 9	Userkaf	4/3 Quarte	53,13°	53,13°	RS (4/3)
Nr. 10	Sahure	80/63 übergroße Terz	51,78°	50,19°	RS (90/75)
Nr. 11	Neferirkare	7/5 kleiner Tritonus	54,46°	54° angegeben	RS (7/5)
Nr. 12	Niuserre	80/63 übergroße Terz	51,78°	50,19°	RS (6/5)
Nr. 13	Neferefre	4/3 Quarte	53,13°	53,13°?	RS (75/100)
Nr. 14	Djedkare	80/63 übergroße Terz	51,78°	50,6°	RS (28/23)
Nr. 15	Unas	3/2 Quinte	56,30°	56° angegeben	RS (28/19)
Nr. 16	Teti	4/3 Quarte	53,13°	4 RSe fehlen	
Nr. 17	Pepi I.	4/3 Quarte	53,13°	4 RSe fehlen	
Nr. 18	Pepi II.	4/3 Quarte	53,13°	4 RSe fehlen	
Nr. 19	Merenre	4/3 Quarte	53,13°	4 RSe fehlen	
Nr. 20	Amenemhet I.	7/5 kleiner Tritonus	54,46°	52,69°	RS (21/16)
Nr. 21	Sesostris I.	7/6 Kleinstterz	49,4°	49,24°	RS (29/25)
Nr. 22	Amenemhet II.	7/5 kleiner Tritonus	54,46°	55,035°	RS (143/100)
Nr. 23	Sesostris II.	14/15 kleiner Halbton	43,02°	42,92°	RS (48,825/52,5)
Nr. 24	Sesostris III.	7/6 Kleinstterz	49,4°	49,24°	RS (29/25)
Nr. 25	Amenemhet III. (Dahschur)	10/7 großer Tritonus	55°	49,24°	RS (116/100)
Nr. 26	Amenemhet III. (Hawara)	8/7 übergroßer Ganzton	48,81°	47,84°	RS (116/105)
Nr. 27	Chendjer	10/7 großer Tritonus	55°	55°	RS (100/7)/1
Nr. 28	Unbekannt	4/3 Quarte	53,13°	53,13°	RS (4/3)
Nr. 29	Mazghuna – Süd	10/7 großer Tritonus	55°	55°	(75 m)/52,5 m

153

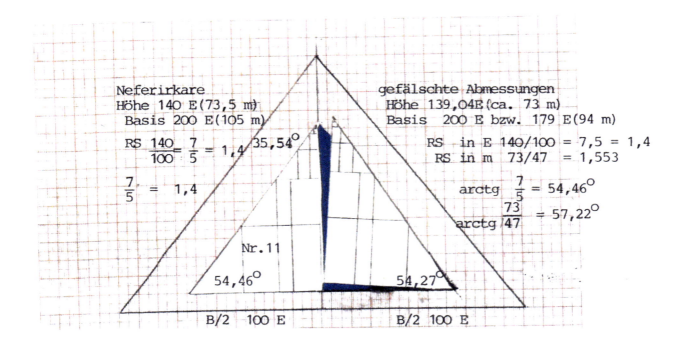

Neferirkare
Höhe 140 E (73,5 m)
Basis 200 E (105 m)

$RS \dfrac{140}{100} = \dfrac{7}{5} = 1,4$ 35,54°

$\dfrac{7}{5} = 1,4$

Nr. 11

54,46°

B/2   100 E

gefälschte Abmessungen
Höhe 139,04 E (ca. 73 m)
Basis 200 E bzw. 179 E (94 m)

RS in E $140/100 = 7,5 = 1,4$
RS in m $73/47 = 1,553$

$arctg \dfrac{7}{5} = 54,46°$

$arctg \dfrac{73}{47} = 57,22°$

54,27°

B/2 100 E

Richtige Böschungswinkel				Falsche Böschungswinkel und Rücksprünge	
Nr. 1	Meidum	80/63 übergroße Terz	51,78°	51,84°	RS (28/22)
Nr. 2	Knickpyramide	10/9 kleiner Ganzton	48,01°		
Nr. 3	Dahschur – Nord	20/21 kleiner Halbton	43,60°	45°	RS (28/28)
Nr. 4	Cheops	80/63 übergroße Terz	51,78°	51,84°	RS (28/22)
Nr. 5	Djedefre	7/4 kleiner Septime	60,25°	52°?	RS? (14/11)
Nr. 6	Königsgrab	80/63 übergroße Terz 20/21 kleiner Halbton 4/3 Quarte	51,78° 43,60° 53,13°	51,84°	RS (14/11)
Nr. 7	Chephren	4/3 Quarte	53,13°	53,13°	RS (4/3)
Nr. 8	Mykerinus	5/4 große Terz	51,34°	51,84°	RS (28/22)
Nr. 9	Userkaf	4/3 Quarte	53,13°	53,13°	RS (4/3)
Nr. 10	Sahure	80/63 übergroße Terz	51,78°	50,19°	RS (90/75)
Nr. 11	Neferirkare	7/5 kleiner Tritonus	54,46°	54° angegeben	RS (7/5)
Nr. 12	Niuserre	80/63 übergroße Terz	51,78°	50,19°	RS (6/5)
Nr. 13	Neferefre	4/3 Quarte	53,13°	53,13°?	RS (75/100)
Nr. 14	Djedkare	80/63 übergroße Terz	51,78°	50,6°	RS (28/23)
Nr. 15	Unas	3/2 Quinte	56,30°	56° angegeben	RS (28/19)
Nr. 16	Teti	4/3 Quarte	53,13°	4 RSe fehlen	
Nr. 17	Pepi I.	4/3 Quarte	53,13°	4 RSe fehlen	
Nr. 18	Pepi II.	4/3 Quarte	53,13°	4 RSe fehlen	
Nr. 19	Merenre	4/3 Quarte	53,13°	4 RSe fehlen	
Nr. 20	Amenemhet I.	7/5 kleiner Tritonus	54,46°	52,69°	RS (21/16)
Nr. 21	Sesostris I.	7/6 Kleinstterz	49,4°	49,24°	RS (29/25)
Nr. 22	Amenemhet II.	7/5 kleiner Tritonus	54,46°	55,035°	RS (143/100)
Nr. 23	Sesostris II.	14/15 kleiner Halbton	43,02°	42,92°	RS (48,825/52,5)
Nr. 24	Sesostris III.	7/6 Kleinstterz	49,4°	49,24°	RS (29/25)
Nr. 25	Amenemhet III. (Dahschur)	10/7 großer Tritonus	55°	49,24°	RS (116/100)
Nr. 26	Amenemhet III. (Hawara)	8/7 übergroßer Ganzton	48,81°	47,84°	RS (116/105)
Nr. 27	Chendjer	10/7 großer Tritonus	55°	55°	RS (100/7)/1
Nr. 28	Unbekannt	4/3 Quarte	53,13°	53,13°	RS (4/3)
Nr. 29	Mazghuna – Süd	10/7 großer Tritonus	55°	55°	(75 m)/52,5 m

Die Winkelsumme im Dreieck beträgt 54,27° + 90° + 35,54° = 179,81°.

Eine Winkelsumme von 179,81° ist nicht möglich. Die Pyramide ist mit den obengenannten Abmessungen nicht baubar, denn ihre 4 Grate treffen sich nicht in der Spitze des Pyramidions.

Die Winkelsumme im Dreieck 57,22° + 90° + 32,78° = 180° wäre möglich, aber 57,22° sind schon falsch.

154

	Arnolds Liste (S. 200)			Vom Autor korrigierte Liste (geänderte Werte kursiv)			
	Pyramide	*Neigung*	*Basis*	*Höhe*	Abstand 210 zur Basislänge	Korrigierte Basislängen in *kursiver* Schrift	Korrigierte Pyramidenhöhen in *kursiver* Schrift	Rücksprungverhältnis: Höhe/Basishälfte
1.	Meidum M3	51°51'	275 (144,32)	(92)	210 × 46/35 =	*276 E (144,9 m)*	*175/21 E (92 m)*	80/63
2.	Knickpyramide (Snofru) oben	54°31' 44°30'	360 (189)	200 (105)	210 × 12/7 =	360 E (189 m)	200 E (105 m)	10/9
3.	Dahschur-Nord	45°	420 (220)	200 (105)	210 × 2/1 =	*420 E (220,5 m)*	200 E (105 m)	20/21
4.	Cheops 51,84°	51°50'40'''	440 (230,36)	280 (146,50)	210 × 21/10 =	*441 E (230,36 m)*	280 E (146,26 m)	80/63
5.	Djedefre	60°	200 (105)	175 (92)	210 × 20/21 =	200 E (105 m)	175 E *(91,875 m)*	7/4
6.	Königsgrab in Zawiet el-Arjan	?	210 (110)	? *drei Versionen möglich*		*210 E (110,25 m)* *210 E (110,25 m)* *210 E (110,25 m)*	*133 1/3 E (70 m)* *100 E (52,5 m)* *140 E (73,5 m)*	80/63 20/21 4/3
7.	Chephren	53°10'	410 (215,29)	275 (143,87)	210 × 41/21 =	410 E *(215,25 m)*	*273 1/3 E (143,5 m)*	4/3
8.	Mykerinus	51°	200 (105,5)	125 (65,55)	210 × 20/21 =	200 E *(105,5 m)*	125 E *(65,9375 m)*	5/4
9.	Userkaf	53°	140 (73,3)	94 (49)	210 × 2/3 =	140 E *(73,5 m)*	*93 1/3 E (49 m)*	4/3
10.	Sahure	50°45'	150 (78,5)	(50)	210 × 5/7 =	150 E *(78,75 m)*	*95 5/21 E (50 m)*	80/63
11.	Neferirkare	54°30'	200 (105)	(72,8)	210 × 20/21 =	200 E (105 m)	*140 E (73,5 m)*	7/5
12.	Niuserre	52°	150 (78,90)	(50)	210 × 5/7 =	150 E *(78,75 m)*	*95 5/21 E (50 m)*	80/63
13.	Neferefre	?	125 (65)	?	210 × 25/42 =	125 E *(65,625 m)*	*83 1/3 E (43,75 m)*	4/3
14.	Djedkare	52°	150 (78,90)	?	210 × 5/7 =	150 E *(78,75 m)*	*95 5/21 E (50 m)*	80/63
15.	Unas	56°	110 (57,70)	(43)	210 × 11/21 =	110 E *(57,75 m)*	*82 ½ E (43,3125 m)*	3/2
16.	Teti	?	150 (78,75)	100 (52,5)	210 × 5/7 =	150 E (78,75 m)	100 E (52,5 m)	4/3
17.	Pepi I.	53°	150 (78,6)	100 (52,4)	210 × 5/7 =	150 E (78,6 m)	100 E (52,4 m)	4/3
18.	Pepi II.	53°13'	150 (78,75)	100 (52,5)	210 × 5/7 =	150 E (78,75 m)	100 E (52,5 m)	4/3
19.	Merenre	54°	175 (90–95)	?	210 × 5/6 =	175 E *(91,875 m)*	*116 2/3 E (61,25 m)*	4/3
20.	Amenemhet I.	54°	160 (84)	112 (59)	210 × 16/21 =	160 E (84 m)	112 E *(58,8 m)*	7/5
21.	Sesostris I.	49°24'	200 (105,23)	116 (61,25)	210 × 20/21 =	200 E *(105 m)*	*116 2/3 E (61,25 m)*	7/6
22.	Amenemhet II.	?	160 (84)	?	210 × 16/21 =	160 E (84 m)	*112 E (58,8 m)*	7/5
23.	Sesostris II.	42°35'	200 (105,88)	48,65	210 × 20/21 =	200 E *(105 m)*	93 1/3 E (49 m)	14/15
24.	Sesostris III.	56°	200 (105)	(61,25)	210 × 20/21 =	200 E (105 m)	*116 2/3 E (61,25 m)*	7/6
25.	Amenemhet III. (Dahschur)	54–56°	200 (105)	143 (75)	210 × 20/21 =	200 E (105 m)	*142 6/7 E (75 m)*	10/7
26.	Amenemhet III. (Hawara)	48–52°	200 (101,75)	(58)	210 × 20/21 =	200 E *(101,5 m)*	*114 2/7 E (58 m)*	8/7
27.	Chendjer	55°	100 (52,5)	(37,35)	210 × 10/21 =	100 E (52,5 m)	*71 3/7 E (37,5 m)*	10/7
28.	Unbekannt	?	175 (92)	?	210 × 5/6 =	175 E *(91,875 m)*	*116 2/3 E (61,25 m)*	4/3
29.	Mazghuna-S		100 (52,5)	?	210 × 10/21 =	100 E (52,5 m)	*71 3/7 E (37,5 m)*	10/7

155

Kapitel 12, Nr. 12 Niuserre

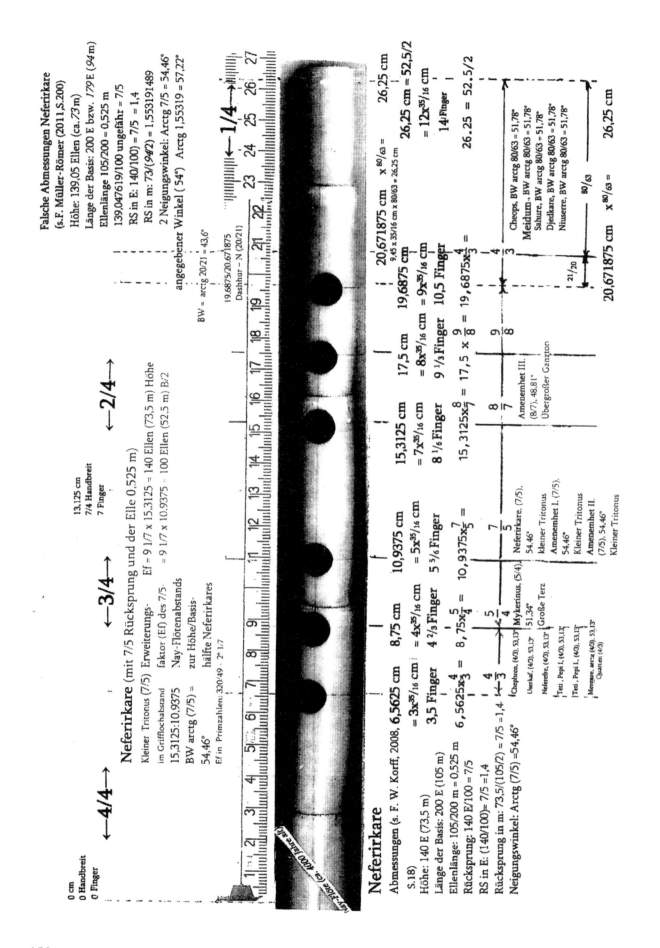

Neferirkare

Abmessungen (s. F. W. Korff, 2008, **6,5625 cm** 8,75 cm 10,9375 cm 15,3125 cm 17,5 cm 19,6875 cm 20,671875 cm x $^{80/63}$ = 26,25 cm = 52,5/2
S.18)

Höhe: 140 E (73,5 m) = 3x$^{35/16}$ cm = 4x$^{35/16}$ cm = 5x$^{35/16}$ cm = 7x$^{35/16}$ cm = 8x$^{35/16}$ cm = 9x$^{35/16}$ cm 9,45 x 35/16 cm x 80/63 = 26,25 cm 26,25 cm = 52,5/2

Länge der Basis: 200 E (105 m) 3,5 Finger 4 $^2/3$ Finger 5 $^5/6$ Finger 8 $^1/6$ Finger 9 $^1/3$ Finger 10,5 Finger = 12x$^{35/16}$ cm

Ellenlänge: 105/200 m = 0,525 m 14 Finger

Rücksprung: 140 E/100 = 7/5 6,5625x$\frac{4}{3}$ = 8,75x$\frac{5}{4}$ = 10,9375x$\frac{7}{5}$ = 15,3125x$\frac{8}{7}$ = 17,5 x $\frac{9}{8}$ = 19,6875x$\frac{4}{3}$ = 26.25 = 52.5/2

RS in E: (140/100)= 7/5 =1,4 $\frac{4}{3}$ $\frac{5}{4}$ $\frac{7}{5}$ $\frac{8}{7}$ $\frac{9}{8}$ $\frac{4}{3}$

Rücksprung in m: 73,5/(105/2) = 7/5 =1,4 Chephren. (4/3), 53,13° Mykerinus, (5/4), Neferirkare. (7/5), Amenemhet III. Cheops, BW arctg 80/63 = 51,78°

Neigungswinkel: Arctg (7/5) =54,46° Userkaf, (4/3). 53,13° 51,34° 54,46° (8/7), 48,81° Meidum., BW arctg 80/63 = 51,78°

Neferefre, (4/3), 53,13° Große Terz kleiner Tritonus Übergroßer Ganzton Sahure, BW arctg 80/63 = 51,78°

Tet. Pepi I, (4/3), 53,13° Amenemhet I. (7/5). Djedkare, BW arctg 80/63 = 51,78°

Tet. Pepi I, (4/3), 53,13° 54,46° Niuserre, BW arctg 80/63 = 51,78°

Merenre. arctg (4/3). 53,13° Kleiner Tritonus Amenemhet II. $\frac{80}{63}$

Quarte (4/3) $\frac{5}{4}$ (7/5), 54,46° 21/20 20,671875 cm

Kleiner Tritonus 20,671875 cm x $^{80/63}$ = 26,25 cm

Neferirkare (mit 7/5 Rücksprung und der Elle 0,525 m)

Kleiner Tritonus (7/5) Erweiterungs-
im Grifflochabstand faktor (Ef) des 7/5- Ef = 9 1/7 x 15,3125 = 140 Ellen (73,5 m) Höhe
15,3125:10,9375 = 9 1/7 x 10,9375 = 100 Ellen (52,5 m) B/2

BW arctg (7/5) = Nay-Flötenabstands
54,46° zur Höhe/Basis-

Ef in Primzahlen: 320:49 = 2^6 1/7 hälfte Neferirkares

Falsche Abmessungen Neferirkare
(s.F. Müller-Römer (2011,S.200)

Höhe: 139,05 Ellen (ca.73 m)

Länge der Basis: 200 E bzw. 179 E (94 m)

Ellenlänge 105/200 = 0,525 m

139,047619/100 ungefähr = 7/5

RS in E: 140/100) = 7/5 = 1,4

RS in m: 73/(94/2) = 1.55319489

2 Neigungswinkel: Arctg 7/5 = 54,46°
Arctg 1,55319 = 57.22°

angegebener Winkel (54°) = 43,6°

BW = arctg 20/21 = 43,6°
Dashhur – N (20/21)

Amenemhet III.

0 cm
0 Handbreit
0 Finger

13,125 cm
7/4 Handbreit
7 Finger

←4/4→ ←3/4→ ←2/4→ ←1/4→

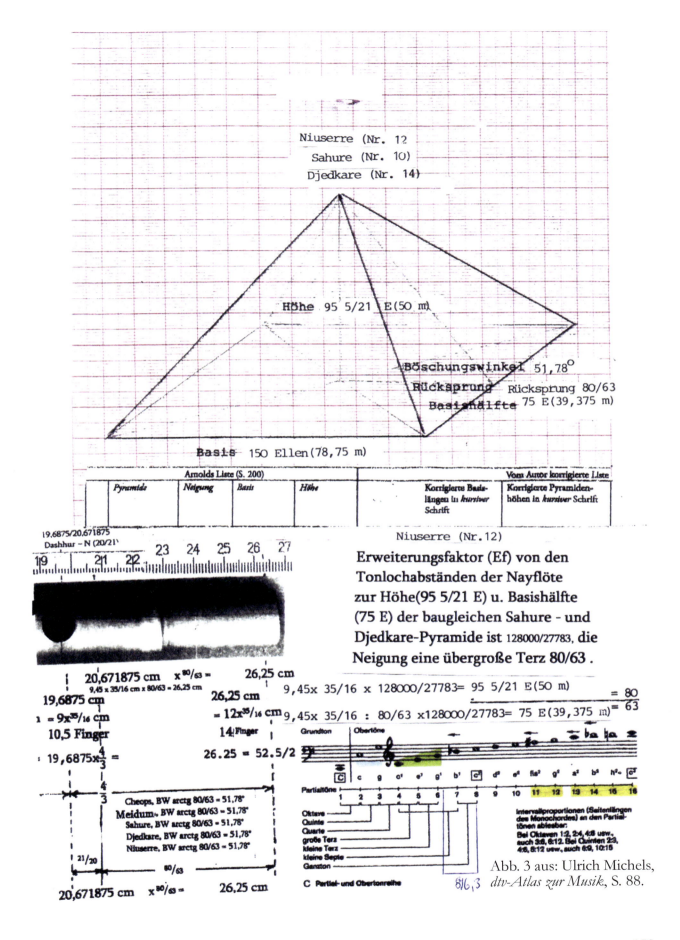

Niuserre (Nr. 12)
Sahure (Nr. 10)
Djedkare (Nr. 14)

Höhe 95 5/21 E (50 m)

Böschungswinkel 51,78°

Rücksprung   Rücksprung 80/63

Basishälfte 75 E (39,375 m)

Basis 150 Ellen (78,75 m)

	Arnolds Liste (S. 200)				Vom Autor korrigierte Liste	
Pyramide	Neigung	Basis	Höhe		Korrigierte Basis-längen in *kursiver* Schrift	Korrigierte Pyramiden-höhen in *kursiver* Schrift

19.6875/20.671875
Dashhur – N (20/21)

Niuserre (Nr. 12)

Erweiterungsfaktor (Ef) von den Tonlochabständen der Nayflöte zur Höhe (95 5/21 E) u. Basishälfte (75 E) der baugleichen Sahure - und Djedkare-Pyramide ist 128000/27783, die Neigung eine übergroße Terz 80/63 .

20,671875 cm   x 80/63 =   26,25 cm
9,45 x 35/16 cm x 80/63 = 26,25 cm

19,6875 cm   26,25 cm

1 = 9x 35/16 cm   = 12x 35/16 cm

10,5 Finger   14 Finger

: 19,6875x 4/3 =   26.25 = 52.5/2

$$9,45 \times 35/16 \times 128000/27783 = 95\ 5/21\ E\ (50\ m)$$

$$9,45 \times 35/16 : 80/63 \times 128000/27783 = 75\ E\ (39,375\ m) = \frac{80}{63}$$

Cheops, BW arctg 80/63 = 51,78°
Meidum, BW arctg 80/63 = 51,78°
Sahure, BW arctg 80/63 = 51,78°
Djedkare, BW arctg 80/63 = 51,78°
Niuserre, BW arctg 80/63 = 51,78°

21/20   80/63

20,671875 cm   x 80/63 =   26,25 cm

Grundton   Obertöne

Partialtöne 1 2 3 4 5 6 7 8 9 10 11 12 13 14 15 16

Oktave
Quinte
Quarte
große Terz
kleine Terz
kleine Septe
Ganzton

C Partial- und Obertonreihe

Intervallproportionen (Saitenlängen des Monochordes) an den Partial-tönen ablesbar:
Bei Oktaven 1:2, 2:4, 4:8 usw., auch 3:6, 6:12. Bei Quinten 2:3, 4:6, 8:12 usw., such 6:9, 10:15

816,3

Abb. 3 aus: Ulrich Michels, *dtv-Atlas zur Musik*, S. 88.

159

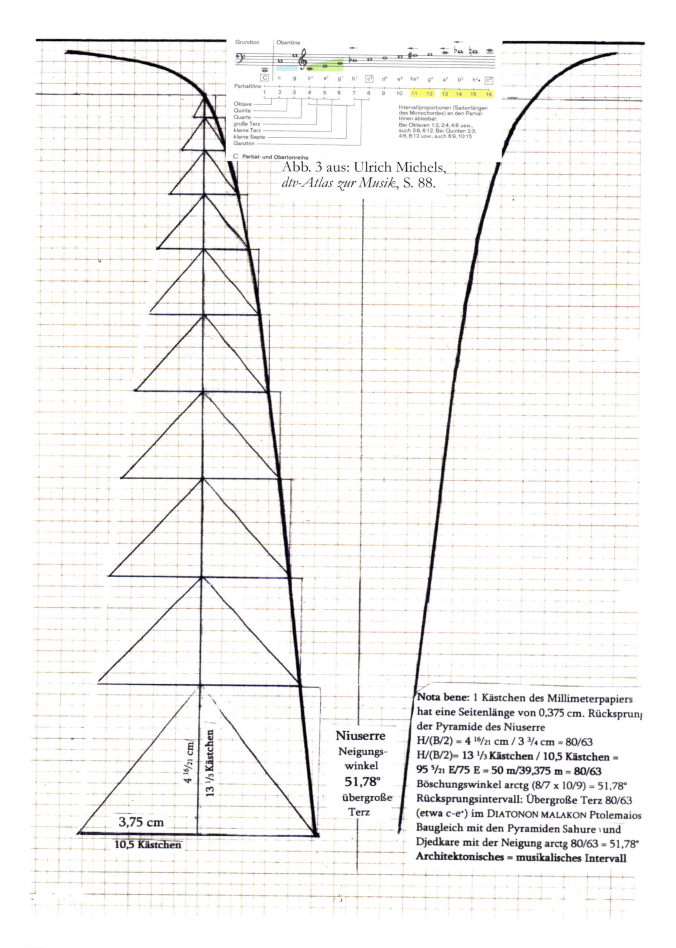

Abb. 3 aus: Ulrich Michels,
dtv-Atlas zur Musik, S. 88.

Grundton | Obertöne

Partialtöne

Oktave
Quinte
Quarte
große Terz
kleine Terz
kleine Septe
Ganzton

Intervallproportionen (Saitenlängen
des Monochordes) an den Partialtönen ablesbar:
Bei Oktaven 1:2, 2:4, 4:8 usw.,
auch 3:6, 6:12. Bei Quinten 2:3,
4:6, 8:12 usw., auch 6:9, 10:15

C Partial- und Obertonreihe

4 ¹⁶/₂₁ cm/
13 ¹/₃ Kästchen

3,75 cm

10,5 Kästchen

Niuserre
Neigungs-
winkel
51,78°
übergroße
Terz

Nota bene: 1 Kästchen des Millimeterpapiers
hat eine Seitenlänge von 0,375 cm. Rücksprung
der Pyramide des Niuserre
$H/(B/2) = 4\ ^{16}/_{21}$ cm / $3\ ^3/_4$ cm = 80/63
$H/(B/2) = 13\ ^1/_3$ **Kästchen / 10,5 Kästchen =**
95 ⁵/₂₁ E/75 E = 50 m/39,375 m = 80/63
Böschungswinkel arctg (8/7 × 10/9) = 51,78°
Rücksprungsintervall: Übergroße Terz 80/63
(etwa c-e⁺) im DIATONON MALAKON Ptolemaios
Baugleich mit den Pyramiden Sahure und
Djedkare mit der Neigung arctg 80/63 = 51,78°
Architektonisches = musikalisches Intervall

160

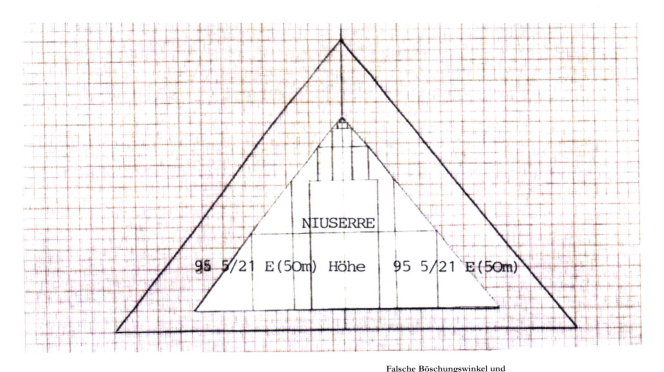

Richtige Böschungswinkel				Falsche Böschungswinkel und Rücksprünge	
Nr. 1	Meidum	80/63 übergroße Terz	51,78°	51,84°	RS (28/22)
Nr. 2	Knickpyramide	10/9 kleiner Ganzton	48,01°		
Nr. 3	Dahschur – Nord	20/21 kleiner Halbton	43,60°	45°	RS (28/28)
Nr. 4	Cheops	80/63 übergroße Terz	51,78°	51,84°	RS (28/22)
Nr. 5	Djedefre	7/4 kleiner Septime	60,25°	52°?	RS? (14/11)
Nr. 6	Königsgrab	80/63 übergroße Terz 20/21 kleiner Halbton 4/3 Quarte	51,78° 43,60° 53,13°	51,84°	RS (14/11)
Nr. 7	Chephren	4/3 Quarte	53,13°	53,13°	RS (4/3)
Nr. 8	Mykerinus	5/4 große Terz	51,34°	51,84°	RS (28/22)
Nr. 9	Userkaf	4/3 Quarte	53,13°	53,13°	RS (4/3)
Nr. 10	Sahure	80/63 übergroße Terz	51,78°	50,19°	RS (90/75)
Nr. 11	Neferirkare	7/5 kleiner Tritonus	54,46°	54° angegeben	RS (7/5)
Nr. 12	Niuserre	80/63 übergroße Terz	51,78°	50,19°	RS (6/5)
Nr. 13	Neferefre	4/3 Quarte	53,13°	53,13°?	RS (75/100)
Nr. 14	Djedkare	80/63 übergroße Terz	51,78°	50,6°	RS (28/23)
Nr. 15	Unas	3/2 Quinte	56,30°	56° angegeben	RS (28/19)
Nr. 16	Teti	4/3 Quarte	53,13°	4 RSe fehlen	
Nr. 17	Pepi I.	4/3 Quarte	53,13°	4 RSe fehlen	
Nr. 18	Pepi II.	4/3 Quarte	53,13°	4 RSe fehlen	
Nr. 19	Merenre	4/3 Quarte	53,13°	4 RSe fehlen	
Nr. 20	Amenemhet I.	7/5 kleiner Tritonus	54,46°	52,69°	RS (21/16)
Nr. 21	Sesostris I.	7/6 Kleinstterz	49,4°	49,24°	RS (29/25)
Nr. 22	Amenemhet II.	7/5 kleiner Tritonus	54,46°	55,035°	RS (143/100)
Nr. 23	Sesostris II.	14/15 kleiner Halbton	43,02°	42,92°	RS (48,825/52,5)
Nr. 24	Sesostris III.	7/6 Kleinstterz	49,4°	49,24°	RS (29/25)
Nr. 25	Amenemhet III. (Dahschur)	10/7 großer Tritonus	55°	49,24°	RS (116/100)
Nr. 26	Amenemhet III. (Hawara)	8/7 übergroßer Ganzton	48,81°	47,84°	RS (116/105)
Nr. 27	Chendjer	10/7 großer Tritonus	55°	55°	RS (100/7)/1
Nr. 28	Unbekannt	4/3 Quarte	53,13°	53,13°	RS (4/3)
Nr. 29	Mazghuna – Süd	10/7 großer Tritonus	55°	55°	(75 m)/52,5 m

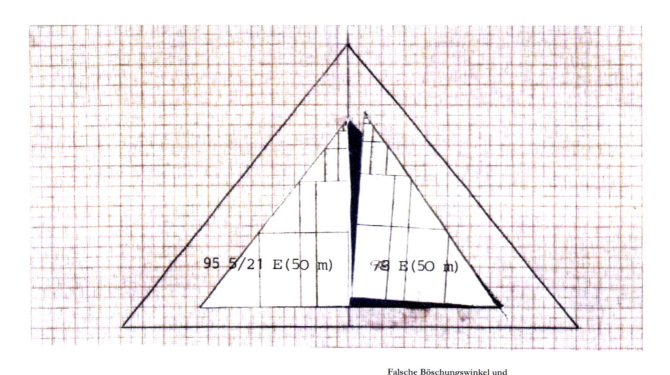

95 5/21 E (50 m)   78 E (50 m)

Richtige Böschungswinkel				Falsche Böschungswinkel und Rücksprünge	
Nr. 1	Meidum	80/63 übergroße Terz	51,78°	51,84°	RS (28/22)
Nr. 2	Knickpyramide	10/9 kleiner Ganzton	48,01°		
Nr. 3	Dahschur – Nord	20/21 kleiner Halbton	43,60°	45°	RS (28/28)
Nr. 4	Cheops	80/63 übergroße Terz	51,78°	51,84°	RS (28/22)
Nr. 5	Djedefre	7/4 kleiner Septime	60,25°	52°?	RS? (14/11)
Nr. 6	Königsgrab	80/63 übergroße Terz 20/21 kleiner Halbton 4/3 Quarte	51,78° 43,60° 53,13°	51,84°	RS (14/11)
Nr. 7	Chephren	4/3 Quarte	53,13°	53,13°	RS (4/3)
Nr. 8	Mykerinus	5/4 große Terz	51,34°	51,84°	RS (28/22)
Nr. 9	Userkaf	4/3 Quarte	53,13°	53,13°	RS (4/3)
Nr. 10	Sahure	80/63 übergroße Terz	51,78°	50,19°	RS (90/75)
Nr. 11	Neferirkare	7/5 kleiner Tritonus	54,46°	54° angegeben	RS (7/5)
Nr. 12	Niuserre	80/63 übergroße Terz	51,78°	50,19°	RS (6/5)
Nr. 13	Neferefre	4/3 Quarte	53,13°	53,13°?	RS (75/100)
Nr. 14	Djedkare	80/63 übergroße Terz	51,78°	50,6°	RS (28/23)
Nr. 15	Unas	3/2 Quinte	56,30°	56° angegeben	RS (28/19)
Nr. 16	Teti	4/3 Quarte	53,13°	4 RSe fehlen	
Nr. 17	Pepi I.	4/3 Quarte	53,13°	4 RSe fehlen	
Nr. 18	Pepi II.	4/3 Quarte	53,13°	4 RSe fehlen	
Nr. 19	Merenre	4/3 Quarte	53,13°	4 RSe fehlen	
Nr. 20	Amenemhet I.	7/5 kleiner Tritonus	54,46°	52,69°	RS (21/16)
Nr. 21	Sesostris I.	7/6 Kleinstterz	49,4°	49,24°	RS (29/25)
Nr. 22	Amenemhet II.	7/5 kleiner Tritonus	54,46°	55,035°	RS (143/100)
Nr. 23	Sesostris II.	14/15 kleiner Halbton	43,02°	42,92°	RS (48,825/52,5)
Nr. 24	Sesostris III.	7/6 Kleinstterz	49,4°	49,24°	RS (29/25)
Nr. 25	Amenemhet III. (Dahschur)	10/7 großer Tritonus	55°	49,24°	RS (116/100)
Nr. 26	Amenemhet III. (Hawara)	8/7 übergroßer Ganzton	48,81°	47,84°	RS (116/105)
Nr. 27	Chendjer	10/7 großer Tritonus	55°	55°	RS (100/7)/1
Nr. 28	Unbekannt	4/3 Quarte	53,13°	53,13°	RS (4/3)
Nr. 29	Mazghuna – Süd	10/7 großer Tritonus	55°	55°	(75 m)/52,5 m

Abb. 18 aus: Stadelmann (1997): Tafel 66 Abusir. Unvollendete Pyramide des Neferef-re. Der Totentempel auf der Ostseite der Pyramide wurde in den letzten Jahren durch eine tschechische Grabungsmission der Karls-Universität Prag freigelegt.

Abb. 19 aus: Stadelmann (1997): Tafel 67 Abusir. Blick über den Totentempel des Neferirkare und die unvollendete Pyramide des Neferefre nach Süden auf die Pyramiden von Sakkara/Süd und Dahschur.

Berechnung der Höhe der Pyramide des Neferefre Nr.13

(Altägyptischer Text kursiv) Nach der Regel der Übungsaufgabe Nr. 57 Papyrus Rhind:
Gegeben sei eine Pyramide, die Grundkante ist 125 Ellen (65,625 m).
4/3 ist ihr Rücksprung. Wie ist ihre Höhe?

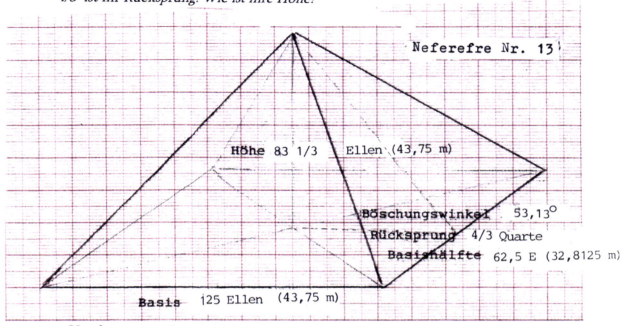

Um das auszurechnen, teile den Rücksprung durch 2, so erhältst du 2/3.
Nimm 2 /3 von 125, das macht x 2/3 = 83 1/3 Ellen (43,75) m. Dies ist ihre Höhe

Ab hier: Zusatz von F.W. Korff: du kannst auch 7/4 von 100 nehmen: = 175 Ellen Höhe.
Berechnung der ausgegrabenen Grundkantenmaße der Neferefrepyramide
210 x 25/42 = 125 Ellen ist die Basislänge. Die Basishälfte ist dann 62,5 Ellen
(32,8125 m) lang. Der Rücksprung ist, wie schon gesagt, H/(B/2),(4/3).
Die Musikalität der Neferefrepyramide **entsteht in einer Oktave antiker**
Tonart: DIATONON MALAKON (1 x 21/20 x 10/9 x 8/7 x 9/8 x 21/20 x 10/9 x 8/7 X 10/9 = 2)
Skalierung durch Boethius erhalten(2:1) Die verwendete Elle ist 0,525 m lang.

	C-Dur		
Basis 125 Ellen	c¹	125 Hz	
125: 8/7	b	109,375	
109,375: 10/9	a	98,4375	Der Rücksprung aus Tönen f-c
98,4375: 21/20	g	93,75	formt die Djedefrepyramide
93,75: 9/8	f	83 1/3	mit dem Intervall einerQuarte
83 1/3: 8/7	e	72,916666	83/1/3 / 62,5 = 4/3
72,9166666: 10/9	d	65,625	BW arctg (4/3) = 53,13°
65,625 :21/20	c	62,5	

Musikalische Intervalle sind zahlengleich den harmonischen Proportionen der Architektur

		Arnolds Liste (S. 200)			Vom Autor korrigierte Liste (geänderte Werte kursiv)		Rücksprungverhältnis: Höhe/Basishälfte	Böschungswinkel: Arcus Tangens H/(b:2)	Verwendetes Ellenmaß
	Pyramide	Neigung	Basis	Höhe	Korrigierte Basislängen in kursiver Schritt	Korrigierte Pyramidenhöhen in kursiver Schritt			
1.	Meidum M3	51°51'	275 (144,32)	(92)	210 × 46/35 = 276 E (144,9 m)	175/21 E (92 m)	80/63	51,78° = arctg (175 521/138) übergr. Terz	(0,525 m)
2.	Knickpyramide (Snofru) oben	54°31' / 44°30'	360 (189)	200 (105)	210 × 12/7 = 360 E (189 m)	200 E (105 m)	10/9	48,01° = arctg (200/180) kl. Ganzton	(0,525 m)
3.	Dahschur-Nord	45°	420 (220)	200 (105)	210 × 2/1 = 420 E (220,5 m)	200 E (105 m)	20/21	43,60° = arctg (200/210) kl. Halbton	(0,525 m)
4.	Cheops 51,84°	51°50'40''	440 (230,36)	280 (146,50)	210 × 21/10 = 441 E (230,36 m)	280 E (146,26 m)	80/63	51,78° = arctg (280/220,5) übergr. Terz	(0,52236 m)
5.	Djedefre	60°	200 (105)	175 (92)	210 × 20/21 = 200 E (105 m)	175 E (91,875 m)	7/4	60,25° = arctg (175/100) kl. Septime	(0,525 m)
6.	Königsgrab in Zawiet el-Arjan	?	210 (110)	? drei Versionen möglich	210 E (110,25 m) / 210 E (110,25 m) / 210 E (110,25 m)	133 1/3 E (70 m) / 100 E (52,5 m) / 140 E (73,5 m)	80/63 / 20/21 / 4/3	51,78° = arctg (133 1/3/105) übergr. Terz / 43,60° = arctg (100/105) kl. Halbton / 53,13° = arctg (140/105) Quarte	(0,525 m)
7.	Chephren	53°10'	410 (215,29)	275 (143,87)	210 × 41/21 = 410 E (215,25 m)	273 1/3 E (143,5 m)	4/3	53,13° = arctg (273 1/3/205) Quarte	(0,525 m)
8.	Mykerinus	51°	200 (105,5)	125 (65,55)	210 × 20/21 = 200 E (105,5 m)	125 E (65,9375 m)	5/4	51,34° = arctg (125/100) gr. Terz	(0,5275 m)
9.	Userkaf	53°	140 (73,3)	94 (49)	210 × 2/3 = 140 E (73,5 m)	93 1/3 E (49 m)	4/3	53,13° = arctg (93 1/3/70) Quarte	(0,525 m)
10.	Sahure	50°45'	150 (78,5)	(50)	210 × 5/7 = 150 E (78,75 m)	95 5/21 E (50 m)	80/63	51,78° = arctg (95 5/21/75) übergr. Terz	(0,525 m)
11.	Neferirkare	54°30'	200 (105)	(72,8)	210 × 20/21 = 200 E (105 m)	140 E (73,5 m)	7/5	54,46° = arctg (140/100) kl. Tritonus	(0,525 m)
12.	Niuserre	52°	150 (78,90)	(50)	210 × 5/7 = 150 E (78,75 m)	95 5/21 E (50 m)	80/63	51,78° = arctg (95 5/21/75) übergr. Terz	(0,525 m)
13.	Neferefre	?	125 (65)	?	210 × 25/42 = 125 E (65,625 m)	83 1/3 E (43,75 m)	4/3	53,13° = arctg (83 1/3/62,5) Quarte	(0,525 m)
14.	Djedkare	52°	150 (78,90)	?	210 × 5/7 = 150 E (78,75 m)	95 5/21 E (50 m)	80/63	51,78° = arctg (95 5/21/75) übergr. Terz	(0,525 m)
15.	Unas	56°	110 (57,70)	(43)	210 × 11/21 = 110 E (57,75 m)	82 1/2 E (43,3125 m)	3/2	56,30° = arctg (82,555) Quinte	(0,525 m)
16.	Teti	?	150 (78,75)	100 (52,5)	210 × 5/7 = 150 E (78,75 m)	100 E (52,5 m)	4/3	53,13° = arctg (100/75) Quarte	(0,525 m)
17.	Pepi I.	53°	150 (78,6)	100 (52,4)	210 × 5/7 = 150 E (78,6 m)	100 E (52,4 m)	4/3	53,13° = arctg (100/75) Quarte	(0,524 m)
18.	Pepi II.	53°13'	150 (78,75)	100 (52,5)	210 × 5/7 = 150 E (78,75 m)	100 E (52,5 m)	4/3	53,13° = arctg (100/75) Quarte	(0,525 m)
19.	Merenre	?	175 (90–95)	?	210 × 5/6 = 175 E (91,875 m)	116 2/3 E (61,25 m)	4/3	53,13° = arctg (116 2/3/87,5) Quarte	(0,525 m)
20.	Amenemhet I.	54°	160 (84)	112 (59)	210 × 16/21 = 160 E (84 m)	112 E (58,8 m)	7/5	54,46° = arctg = (112/80) kl. Tritonus	(0,525 m)
21.	Sesostris I.	49°24'	200 (105,23)	116 (61,25)	210 × 20/21 = 200 E (105 m)	116 2/3 E (61,25 m)	7/6	49,4° = arctg (116 2/3/100) Kleinsterz	(0,525 m)
22.	Amenemhet II.	?	160 (84)	?	210 × 16/21 = 160 E (84 m)	112 E (58,8 m)	7/5	54,46° = arctg (112/80) kl. Tritonus	(0,525 m)
23.	Sesostris II.	42°35'	200 (105,88)	48,65	210 × 20/21 = 200 E (105 m)	93 1/3 E (49 m)	14/15	43,02° = arctg (93 1/3/100) kl. Halbton	(0,525 m)
24.	Sesostris III.	56°	200 (105)	(61,25)	210 × 20/21 = 200 E (105 m)	116 2/3 E (61,25 m)	7/6	49,4° = arctg (116 2/3/100) Kleistterz	(0,525 m)
25.	Amenemhet III. (Dahschur)	54–56°	200 (105)	143 (75)	210 × 20/21 = 200 E (105 m)	142 6/7 E (75 m)	10/7	55° = arctg (142 6/7/100) gr. Tritonus	(0,525 m)
26.	Amenemhet III. (Hawara)	48–52°	200 (101,75)	(58)	210 × 20/21 = 200 E (101,5 m)	114 2/7 E (58 m)	8/7	48,81° = arctg (114 2/7/100) übergr. Ganzton	(0,5075 m)
27.	Chendjer	55°	100 (52,5)	(37,35)	210 × 10/21 = 100 E (52,5 m)	71 3/7 E (37,5 m)	10/7	55° = arctg (71 3/7/50) gr. Tritonus	(0,525 m)
28.	Unbekannt	?	175 (92)	?	210 × 5/6 = 175 E (91,875 m)	116 2/3 E (61,25 m)	4/3	53,13° = arctg (116 2/3/87,5) Quarte	(0,525 m)
29.	Mazghuna-S		100 (52,5)	?	210 × 10/21 = 100 E (52,5 m)	71 3/7 E (37,5 m)	10/7	55° = arctg (71 3/7/50) gr. Tritonus	(0,525 m)

		Arnolds Liste (S. 200)			Vom Autor korrigierte Liste (geänderte Werte kursiv)			
	Pyramide	*Neigung*	*Basis*	*Höhe*	Abstand 210 zur Basislänge	Korrigierte Basislängen in *kursiver* Schrift	Korrigierte Pyramiden-höhen in *kursiver* Schrift	Rücksprung-verhältnis: Höhe/Basishälfte
1.	Meidum M3	51°51'	275 (144,32)	(92)	210 × 46/35 =	*276 E (144,9 m)*	*175/21 E (92 m)*	80/63
2.	Knickpyramide (Snofru) oben	54°31' 44°30'	360 (189)	200 (105)	210 × 12/7 =	360 E *(189 m)*	200 E *(105 m)*	10/9
3.	Dahschur-Nord	45°	420 (220)	200 (105)	210 × 2/1 =	420 E *(220,5 m)*	200 E *(105 m)*	20/21
4.	Cheops 51,84°	51°50'40'''	440 (230,36)	280 (146,50)	210 × 21/10 =	*441 E* (230,36 m)	280 E (146,26 m)	80/63
5.	Djedefre	60°	200 (105)	175 (92)	210 × 20/21 =	200 E *(105 m)*	175 E *(91,875 m)*	7/4
6.	Königsgrab in Zawiet el-Arjan	?	210 (110)	? *drei Versionen möglich*		210 E *(110,25 m)* 210 E *(110,25 m)* 210 E *(110,25 m)*	*133 1/3 E (70 m)* *100 E (52,5 m)* *140 E (73,5 m)*	80/63 20/21 4/3
7.	Chephren	53°10'	410 (215,29)	275 (143,87)	210 × 41/21 =	410 E *(215,25 m)*	*273 1/3 E (143,5 m)*	4/3
8.	Mykerinus	51°	200 (105,5)	125 (65,55)	210 × 20/21 =	200 E *(105,5 m)*	125 E *(65,9375 m)*	5/4
9.	Userkaf	53°	140 (73,3)	94 (49)	210 × 2/3 =	140 E *(73,5 m)*	*93 1/3 E (49 m)*	4/3
10.	Sahure	50°45'	150 (78,5)	(50)	210 × 5/7 =	150 E *(78,75 m)*	*95 5/21 E (50 m)*	80/63
11.	Neferirkare	54°30'	200 (105)	(72,8)	210 × 20/21 =	200 E *(105 m)*	*140 E (73,5 m)*	7/5
12.	Niuserre	52°	150 (78,90)	(50)	210 × 5/7 =	150 E *(78,75 m)*	*95 5/21 E (50 m)*	80/63
13.	Neferefre	?	125 (65)	?	210 × 25/42 =	125 E *(65,625 m)*	*83 1/3 E (43,75 m)*	4/3
14.	Djedkare	52°	150 (78,90)	?	210 × 5/7 =	150 E *(78,75 m)*	*95 5/21 E (50 m)*	80/63
15.	Unas	56°	110 (57,70)	(43)	210 × 11/21 =	110 E *(57,75 m)*	*82 ½ E (43,3125 m)*	3/2
16.	Teti	?	150 (78,75)	100 (52,5)	210 × 5/7 =	150 E *(78,75 m)*	100 E *(52,5 m)*	4/3
17.	Pepi I.	53°	150 (78,6)	100 (52,4)	210 × 5/7 =	150 E *(78,6 m)*	100 E *(52,4 m)*	4/3
18.	Pepi II.	53°13'	150 (78,75)	100 (52,5)	210 × 5/7 =	150 E *(78,75 m)*	100 E *(52,5 m)*	4/3
19.	Merenre	?	175 (90–95)	?	210 × 5/6 =	175 E *(91,875 m)*	*116 2/3 E (61,25 m)*	4/3
20.	Amenemhet I.	54°	160 (84)	112 (59)	210 × 16/21 =	160 E *(84 m)*	112 E *(58,8 m)*	7/5
21.	Sesostris I.	49°24'	200 (105,23)	116 (61,25)	210 × 20/21 =	200 E *(105 m)*	*116 2/3 E (61,25 m)*	7/6
22.	Amenemhet II.	?	160 (84)	?	210 × 16/21 =	160 E *(84 m)*	*112 E (58,8 m)*	7/5
23.	Sesostris II.	42°35'	200 (105,88)	48,65	210 × 20/21 =	200 E *(105 m)*	93 1/3 E (49 m)	14/15
24.	Sesostris III.	56°	200 (105)	(61,25)	210 × 20/21 =	200 E *(105 m)*	*116 2/3 E (61,25 m)*	7/6
25.	Amenemhet III. (Dahschur)	54–56°	200 (105)	143 (75)	210 × 20/21 =	200 E *(105 m)*	*142 6/7 E (75 m)*	10/7
26.	Amenemhet III. (Hawara)	48–52°	200 (101,75)	(58)	210 × 20/21 =	200 E *(101,5 m)*	*114 2/7 E (58 m)*	8/7
27.	Chendjer	55°	100 (52,5)	(37,35)	210 × 10/21 =	100 E *(52,5 m)*	*71 3/7 E (37,5 m)*	10/7
28.	Unbekannt	?	175 (92)	?	210 × 5/6 =	175 E *(91,875 m)*	*116 2/3 E (61,25 m)*	4/3
29.	Mazghuna-S		100 (52,5)	?	210 × 10/21 =	100 E *(52,5 m)*	*71 3/7 E (37,5 m)*	10/7

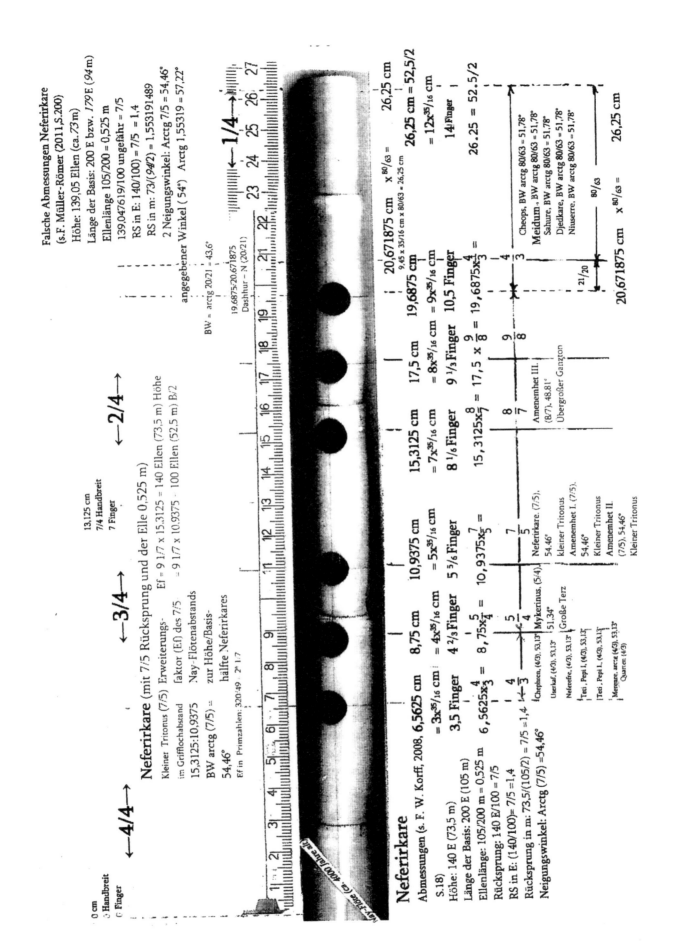

Falsche Abmessungen Neferirkare
(s.F. Müller-Römer (2011,S.200)
Höhe: 139,05 Ellen (ca.73m)
Länge der Basis: 200 E bzw. 179 E (94 m)
Ellenlänge 105/200 = 0,525 m
139,047619/100 ungefähr = 7/5
RS in E: 140/100) = 7/5 = 1,4
RS in m: 73/(94/2) = 1,553191489
2 Neigungswinkel: Arctg 7/5 = 54,46°
angegebener Winkel (54°) Arctg 1,55319 = 57,22°

$BW = arctg\ 20/21 = 43,6°$
19,6875=20,671875
Dashhur - N (20/21)

0 cm
3 Handbreit
6 Finger

← 4/4 →   ← 3/4 →   ← 2/4 →   ← 1/4 →

13,125 cm
7/4 Handbreit
7 Finger

Neferirkare (mit 7/5 Rücksprung und der Elle 0,525 m)

Kleiner Tritonus (7/5) Erweiterungs- $Ef = 9\ 1/7 \times 15,3125 = 140$ Ellen (73,5 m) Höhe
faktor (Ef) des 7/5
im Grifflochabstand   Nay-Flötenabstands $= 9\ 1/7 \times 10,9375 - 100$ Ellen (52,5 m) B/2
15,3125:10,9375   zur Höhe/Basis-
$BW\ arctg\ (7/5) =$ hälfte Neferirkares
54,46°
Ef in Primzahlen: 320:49 : $2^6\ 1.7$

Neferirkare

Abmessungen (s. F. W. Korff, 2008, S.18)
Höhe: 140 E (73,5 m)
Länge der Basis: 200 E (105 m)
Ellenlänge: 105/200 m = 0,525 m
Rücksprung: 140 E/100 = 7/5
RS in E: (140/100)= 7/5 = 1,4
Rücksprung in m: 73,5/(105/2) = 7/5=1,4
Neigungswinkel: Arctg (7/5) =54,46°

6,5625 cm	8,75 cm	10,9375 cm	15,3125 cm	17,5 cm	19,6875 cm	20,671875 cm	26,25 cm = 52,5/2
$=3x^{35/16}$ cm	$=4x^{35/16}$ cm	$=5x^{35/16}$ cm	$=7x^{35/16}$ cm	$=8x^{35/16}$ cm	$=9x^{35/16}$ cm	$9,45 \times 35/16$ cm $\times 80/63 = 26,25$ cm	$=12x^{35/16}$ cm
3,5 Finger	4 2/3 Finger	5 5/6 Finger	8 1/6 Finger	9 1/3 Finger	10,5 Finger		14 Finger

$6,5625x^{\frac{4}{3}} =$ $8,75x^{\frac{5}{4}} =$ $10,9375x^{\frac{7}{5}} =$ $15,3125x^{\frac{8}{7}} = 17,5$ $17,5 \times \frac{9}{8} = 19,6875x^{\frac{4}{3}} =$

$\frac{5}{4}$ $\frac{5}{4}$ $\frac{7}{5}$ $\frac{8}{7}$ $\frac{9}{8}$ $\frac{4}{3}$

$1\frac{4}{3}$

Mykerinus, (5/4)
51,34°   Große Terz

Chephren, (4/3). 53,13°
Userkaf. (4/3). 53,13°
Neferefre. (4/3). 53,13°
Teti , Pepi I, (4/3), 53,13°
Teti , Pepi I, (4/3), 53,13°
Mererre, arctg (4/3), 53,13°
Quarten (4/3)

Neferirkare. (7/5),
54,46°
kleiner Tritonus
Amenemhet I. (7/5).
54,46°
Kleiner Tritonus
Amenemhet II.
(7/5), 54,46°
Kleiner Tritonus

Amenemhet III.
(8,7), 48.81°
Übergroßer Ganzton

$20,671875$ cm $x^{80/63}$ $x^{80/63} = 26,25$ cm

26,25 cm = 52,5/2

26,25 cm = 52,5/2
$= 12x^{35/16}$ cm
14 Finger

$26.25 = 52.5/2$

$\frac{4}{3}$

$\frac{80}{63}$

$21/20$

$20,671875$ cm $x^{80/63} =$
26,25 cm

Cheops, BW arctg 80/63 = 51,78°
Meidum., BW arctg 80/63 = 51,78°
Sahure, BW arctg 80/63 = 51,78°
Djedkare, BW arctg 80/63 = 51,78°
Niuserre, BW arctg 80/63 = 51,78°

Abb. 20 aus: Stadelmann (1997): Tafel 72 a Sakkara/Süd. Pyramide und Totentempel des Djedkare Asosi.

Abb. 21 aus: Stadelmann (1997): Tafel 72 b Sakkara/Süd. Blick von den pylonartigen Eingangsmassiven des Tempels des Djedkare auf den nördlichen davon liegenden Pyramidenstumpf der Königin und ihren Totentempel.

Berechnung der Höhe der Pyramide des Neferefre
Höhe 83 1/3 E (43,75 m; Basis 125 E (65,625 m); Neigung 53,1°; 1 E = 0,525 m

Nach der in Ellen vereinfachten Regel in Übungsaufgaben Nr. 57 des Pap.Rhindt:
„Gegeben sei eine Pyramide, die Grundkante ist 125 Ellen. Der Rücksprung ist
4/3 Ellen. Wie ist ihre Höhe?

Um das auszurechnen, teile den Rücksprung durch 2, so erhältst Du 2/3. Nimm
2/3 von 125, das macht 125 x 2/3 Ellen = 83 1/3 Ellen. Dies ist ihre Höhe."
Der Böschungswinkel ist arctg (4/3) = 53,13° füge ich hinzu.

Ich ergänze die antike Regel: Der Tonabstand auf der Nay-Flöte ist ein Intervall
4x35/16 zu 3x35/16 = 4/3. Erweitert man Zähler und Nenner durch den
gemeinsamen Erweiterungsfaktor(EF = 200/21), so erhält man die Ellen und
Meterabstände die Abstände der Höhe von 83 1/3 Ellen(43,75 m) und der
Basishälfte von 62,5 E(32,8125 m). Der Abstand zwischen beiden Werten erklingt
und verklingt in unseren Augen als architektonische Proportion(4/3) der
Pyramide des Neferefre musikalisch schön, als Quarte vorstellbar durch Summen
einer innerlich berührten Klangschale hörbar, äußerlich sichtbar als reiner Klang:.

4x35/16 x 200/21 = 83 1/3 E(43,75 m Höhe der Pyramide

3x35/16 x 200/21 = 62,5   E(32,8125 m) ihre Basishälfte

REKONSTRUKTION: Von der Pyramide des Neferefre ist durch seinen Tod in der 5. Dynastie (Abusir) nur 7
Meter Bausubstanz über der Basis erhalten,wie es Müller Römer(a.a.O. S 203) berichtet.
Durch die Regel in der Übungsaufgabe S. 57 und durch den Erweiterungsfaktor(EF 200/21) der Nayflötenboh-
rungen aufmerksam gemacht, ist der Rücksprung eine Quarte(4/3) und die genaue Höhe der geplanten Pyra-
mide mit 83 1/3 Ellen rekonstruierbar geworden.
Durch diese 2 Methoden und die 3 anderen eröffne ich hier als Fachfremder neue Wege der Ägypologie, denn
Reste von Ruinen, deren ursprüngliche Maße einer Pyramide nicht meßbar waren, werden jetzt rekonstrierbar.

172

Berechnung der Höhen dreier baugleicherPyramiden,Nr.10,Nr.14, Nr.12
(mit Cheopspyramidenrücksprung, Sahure, Djedkare u. Niuserre anhand Sahures:)
Nach der Regel in den Übungsaufgaben im Papyrus Rhind:
„Gegeben sei die Pyramide des Sahure(Nr. 10), die Grundkante ist 150
Ellen. 7/5,5125 Handbreiten sind ihr Rücksprung auf eine
Höhe von 7 Handbreiten = 1 Elle. Wie ist ihre Höhe?
Um das auszurechnen, teile eine Elle durch den doppel-
ten Rücksprung, also durch 11,025 Handbreiten. 7 Hand-
breiten geteilt 11,025 = 40/63. Nimm 40/63 von 150 , das
macht 150 x 40/63 = 95 5/21 Ellen. Dies ist ihre Höhe."

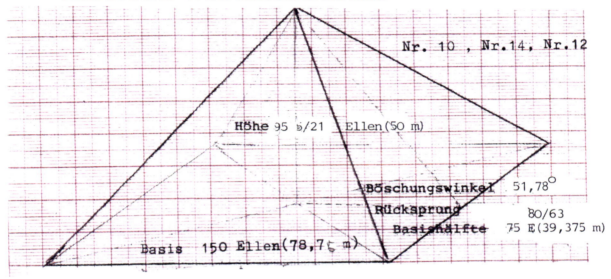

Die Pyramiden des Sahure, Djedkare, Niuserre

Die Tonart DIATONON MALAKON (8/7 X 10/9 X 21/20
= 4/3) des Ptolemaios kann in der Proportion H/(B/2
= (95 5/21)/75 = 80/63 der Pyramide des Sahure eingemessen
werden, denn die Intervalle der Musik sind zahlengleich harmonischen Proportionen der Architektur.
So entstehen in allen Pyramidenbasen Teilungen der
Oktave in Tonreihen, die als Schwingungen in Hertz
(Hz) verstärkt hörbar wären, aber auch ästhetisch sichtbar sind. Die Böschungswinkel der Pyramiden des Sahure, Djedkare u.
Niuserre sind gleich dem der Cheopspyramide arctg (80/63) =
51,78°.Der einfacheren Übersicht halber – keine schwarzen Tasten auf dem Klavier - wird für die Abstände in
der Basis Sahures die Tonabfolge in C-Dur gewählt:

	C-Dur	1 Elle ist 0,525 m	
Basis 150 Ellen	c¹	150 Hz	
150: 21/20	h	142 6/7	
142 6/7: 10/9	a	128 4/7	Rücksprung der drei
128 4/7: 8/7	g	112,5	Pyramide des Sahure:
112,5: 9/8	f	100	übergroße Terz:
100:21/20	e	95 5/21	(95 5/21)/75 = 80/63
95 5/21:10/9	d	85 5/7	
85 5/7: 8/7	c	75	

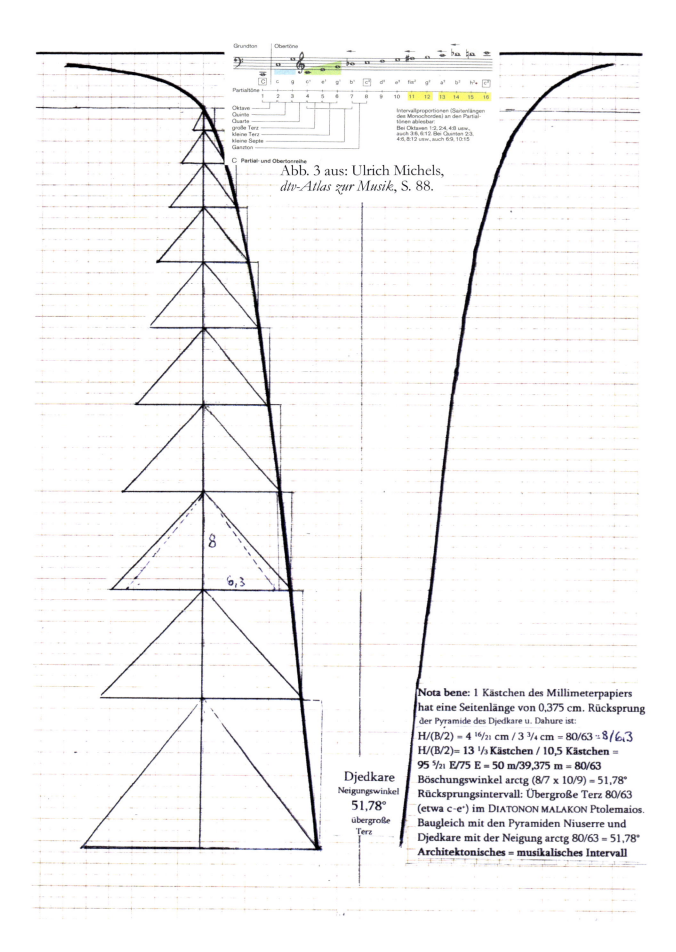

Grundton | Obertöne

C | c g c¹ e¹ g¹ b¹ | c² d² e² fis² g² a² b² h²• | C³

Partialtöne | 1 2 3 4 5 6 7 8 9 10 | 11 12 13 14 15 16

Oktave
Quinte
Quarte
große Terz
kleine Terz
kleine Septe
Ganzton

C Partial- und Obertonreihe

Intervallproportionen (Saitenlängen des Monochordes) an den Partialtönen ablesbar:
Bei Oktaven 1:2, 2:4, 4:8 usw., auch 3:6, 6:12. Bei Quinten 2:3, 4:6, 8:12 usw., auch 6:9, 10:15

Abb. 3 aus: Ulrich Michels,
dtv-Atlas zur Musik, S. 88.

Djedkare
Neigungswinkel
51,78°
übergroße
Terz

Nota bene: 1 Kästchen des Millimeterpapiers hat eine Seitenlänge von 0,375 cm. Rücksprung der Pyramide des Djedkare u. Dahure ist:

H/(B/2) = 4 ¹⁶/₂₁ cm / 3 ³/₄ cm = 80/63 ÷ 8/6,3

H/(B/2)= 13 ¹/₃ Kästchen / 10,5 Kästchen =

95 ⁵/₂₁ E/75 E = 50 m/39,375 m = 80/63

Böschungswinkel arctg (8/7 x 10/9) = 51,78°

Rücksprungsintervall: Übergroße Terz 80/63

(etwa c-e⁺) im DIATONON MALAKON Ptolemaios.

Baugleich mit den Pyramiden Niuserre und

Djedkare mit der Neigung arctg 80/63 = 51,78°

Architektonisches = musikalisches Intervall

Abb. 22 aus: Stadelmann (1997): Tafel 71 Sakkara. Grabkammer des Unas mit Basaltsarkophag. Die Grabkammern des Unas sind erstmals mit den Pyramidentexten dekoriert,
einer Sammlung von Hymnen und Ritualen, die bei dem königlichen Begräbnis rezitiert
wurden. Die Decke ist als Sternenhimmel gestaltet. Um den Sarg ist auf Alabasterblöcken
die Nischendekoration des Jenseitspalastes dargestellt.

Kapitel 15, Nr. 15 Unas

Abb. 23 aus: Stadelmann (1997): Tafel 73 Sakkara. Pyramide des Unas. Blick von Osten auf den Eingang des Totentempels. Gegen die Pyramide zu, erkennt man die Nische der Prunkscheintür des Totenopferraumes.

		Arnolds Liste (S. 200)			Vom Autor korrigierte Liste (geänderte Werte kursiv)			
	Pyramide	Neigung	Basis	Höhe	Abstand 210 zur Basislänge	Korrigierte Basislängen in *kursiver* Schrift	Korrigierte Pyramiden-höhen in *kursiver* Schrift	Rücksprung-verhältnis: Höhe/Basishälfte
1.	Meidum M3	51°51'	275 (144,32)	(92)	210 × 46/35 =	*276 E (144,9 m)*	*175/21 E (92 m)*	80/63
2.	Knickpyramide (Snofru) oben	54°31' 44°30'	360 (189)	200 (105)	210 × 12/7 =	360 E (189 m)	200 E (105 m)	10/9
3.	Dahschur-Nord	45°	420 (220)	200 (105)	210 × 2/1 =	420 E *(220,5 m)*	200 E (105 m)	20/21
4.	Cheops 51,84°	51°50'40'''	440 (230,36)	280 (146,50)	210 × 21/10 =	*441 E* (230,36 m)	280 E (146,26 m)	80/63
5.	Djedefre	60°	200 (105)	175 (92)	210 × 20/21 =	200 E (105 m)	175 E *(91,875 m)*	7/4
6.	Königsgrab in Zawiet el-Arjan	?	210 (110)	? *drei Versionen möglich*		210 E *(110,25 m)* 210 E *(110,25 m)* 210 E *(110,25 m)*	*133 1/3 E (70 m)* *100 E (52,5 m)* *140 E (73,5 m)*	80/63 20/21 4/3
7.	Chephren	53°10'	410 (215,29)	275 (143,87)	210 × 41/21 =	410 E *(215,25 m)*	*273 1/3 E (143,5 m)*	4/3
8.	Mykerinus	51°	200 (105,5)	125 (65,55)	210 × 20/21 =	200 E (105,5 m)	125 E *(65,9375 m)*	5/4
9.	Userkaf	53°	140 (73,3)	94 (49)	210 × 2/3 =	140 E *(73,5 m)*	*93 1/3 E (49 m)*	4/3
10.	Sahure	50°45'	150 (78,5)	(50)	210 × 5/7 =	150 E *(78,75 m)*	*95 5/21 E (50 m)*	80/63
11.	Neferirkare	54°30'	200 (105)	(72,8)	210 × 20/21 =	200 E (105 m)	*140 E (73,5 m)*	7/5
12.	Niuserre	52°	150 (78,90)	(50)	210 × 5/7 =	150 E *(78,75 m)*	*95 5/21 E (50 m)*	80/63
13.	Neferefre	?	125 (65)	?	210 × 25/42 =	125 E *(65,625 m)*	*83 1/3 E (43,75 m)*	4/3
14.	Djedkare	52°	150 (78,90)	?	210 × 5/7 =	150 E *(78,75 m)*	*95 5/21 E (50 m)*	80/63
15.	Unas	56°	110 (57,70)	(43)	210 × 11/21 =	110 E *(57,75 m)*	*82 ½ E (43,3125 m)*	3/2
16.	Teti	?	150 (78,75)	100 (52,5)	210 × 5/7 =	150 E (78,75 m)	100 E (52,5 m)	4/3
17.	Pepi I.	53°	150 (78,6)	100 (52,4)	210 × 5/7 =	150 E (78,6 m)	100 E (52,4 m)	4/3
18.	Pepi II.	53°13'	150 (78,75)	100 (52,5)	210 × 5/7 =	150 E (78,75 m)	100 E (52,5 m)	4/3
19.	Merenre	?	175 (90–95)	?	210 × 5/6 =	175 E *(91,875 m)*	*116 2/3 E (61,25 m)*	4/3
20.	Amenemhet I.	54°	160 (84)	112 (59)	210 × 16/21 =	160 E (84 m)	112 E *(58,8 m)*	7/5
21.	Sesostris I.	49°24'	200 (105,23)	116 (61,25)	210 × 20/21 =	200 E *(105 m)*	*116 2/3 E (61,25 m)*	7/6
22.	Amenemhet II.	?	160 (84)	?	210 × 16/21 =	160 E (84 m)	*112 E (58,8 m)*	7/5
23.	Sesostris II.	42°35'	200 (105,88)	48,65	210 × 20/21 =	200 E *(105 m)*	93 1/3 E (49 m)	14/15
24.	Sesostris III.	56°	200 (105)	(61,25)	210 × 20/21 =	200 E (105 m)	*116 2/3 E (61,25 m)*	7/6
25.	Amenemhet III. (Dahschur)	54–56°	200 (105)	143 (75)	210 × 20/21 =	200 E (105 m)	*142 6/7 E (75 m)*	10/7
26.	Amenemhet III. (Hawara)	48–52°	200 (101,75)	(58)	210 × 20/21 =	200 E *(101,5 m)*	*114 2/7 E (58 m)*	8/7
27.	Chendjer	55°	100 (52,5)	(37,35)	210 × 10/21 =	100 E (52,5 m)	*71 3/7 E (37,5 m)*	10/7
28.	Unbekannt	?	175 (92)	?	210 × 5/6 =	175 E *(91,875 m)*	*116 2/3 E (61,25 m)*	4/3
29.	Mazghuna-S		100 (52,5)	?	210 × 10/21 =	100 E (52,5 m)	*71 3/7 E (37,5 m)*	10/7

Kapitel 15 Finden der exakten Abmessungen der Pyramide des Unas auf der Nayflöte

Um die von den Ägyptern ursprünglich geplanten Abmessungen der Pyramiden von den in unserer Forschung seit etwa 1926 empirisch zwar nahe kommenden, aber letzlich falschen und sogar überfälschten Werten, z. B. denen Müller-Römers, zu unterscheiden, genügt es schon, alle Primzahlen, im Baukörper, die größer sind als 7, also 11, 13, 17, 19, 23 und noch größere auszuschließen, denn sie sind nicht Teil des ägyptischen Meß- und Maß= . systems aus den fünf ersten Primzahlen, das sich auf ihr Viertel (1 Elle = 1 x 2 x 3 x5 x 7 /4 =52,5 cm) beschränkte und das, aus ca. 27 Pyramidenbasen, zusammengesetzt, nur aus diesen Zahlen, bestand. Ebenso selbstverständlich war die Folge, daß dann die Rücksprünge und die Höhen ebenfalls nur aus dem Fond und Kombinationen dieser Zahlen bestanden. Daß auch die Rücksprünge in Zähler und Nenner allesamt nur die kleinen Primzahlen von 1-10 bzw. Kettenglieder der Partial – und Obertonreihe wie 21/20 = 3x7/4x5 enthielt, war ebenfalls die musikalische Konsequenz dieser Anordnung. Denn wir hören Harmonien nur aus Intervallen, deren Zähler und Nenner nur die ganzen Zahlen von 1-10 enthalten: Oktave (2/1),(3/2 Quinte, (4/3) Quarte, (5/4) große Terz, (6/5) kleine Terz, (7/6) Kleinstterz, (8/7) übergroßer Ganzton, (9/8) großer Ganzton, (10/9) kleiner Ganzton.

(11/10) und weitere Intervalle (n+1)/n empfinden wir bereits als unharmonisch, als zu eng, zu schrill, und sie kommen auch in Pyramidenneigungen nicht vor.

Wie finden wir nun die große Terz 5/4 der Mykerinuspyramide mit exakter Höhe und Basishälfte auf der Nayflöte?

Ellenmaß:0,525 m.

Zu diesem Zweck suche man einen 3/2 Abstand (z.B. 26,25:17,5 = (3/2) auf dem Umriß der Flöte auf der nächsten Seite unten rechts und multipliziere Zähler und Nenner mit dem Erweiterungsfaktor (Ef 3 1/7) x 26,25, so erhält man die genaue Höhe = 82,5 Ellen (43,125 m) und (3 1/7) x 17,5 = 55 Ellen (28,875 m) Basishälfte.

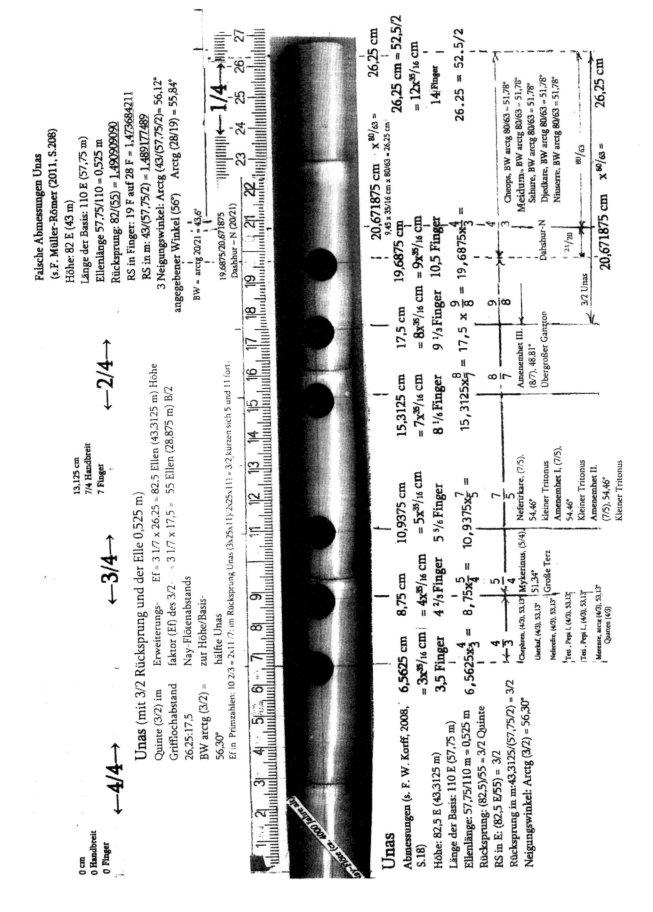

Falsche Abmessungen Unas
(s.F. Müller-Römer (2011, S.208)

Höhe: 82 E (43 m)
Länge der Basis: 110 E (57,75 m)
Ellenlänge 57,75/110 = 0,525 m
Rücksprung: 82/(55) = 1,490909090
RS in Finger: 19 F auf 28 F = 1,473684211
RS in m: 43/(57,75/2) = 1,489177489
3 Neigungswinkel: Arctg (43/(57,75/2)) = 56,12°
angegebener Winkel (56°)   Arctg (28/19) = 55,84°

BW = arctg 20/21 = 43,6°

0 cm   13,125 cm
0 Handbreit   7/4 Handbreit
0 Finger   7 Finger

← 4/4 →   ← 3/4 →   ← 2/4 →   ← 1/4

Unas (mit 3/2 Rücksprung und der Elle 0,525 m)

Quinte (3/2) im   Erweiterungs-   Ef = 3 1/7 x 26,25 = 82,5 Ellen (43,3125 m) Höhe
Grifflochabstand   faktor (Ef) des 3/2-   = 3 1/7 x 17,5 = 55 Ellen (28.875 m) B/2
26,25:17,5   Nay-Flötenabstands
BW arctg (3/2) =   zur Höhe/Basis-
56,30°   hälfte Unas

Ef in Primzahlen: 10 2/3 = 2x11 /7: im Rücksprung Unas (3x25x11)/2x25x11) = 3/2.kurzen sich 5 und 11 fort.

19,6875/20,671875
Dashhur – N (2021)

20,671875 cm   · x$^{80/63}$ =
9,45 x 35/16 cm x 80/63 = 26,25 cm

26,25 cm = 52,5/2

26,25 cm
= 12x$^{35/16}$ cm
14.Finger

26.25 = 52.5/2

Unas
Abmessungen (s. F. W. Korff, 2008, S.18)
Höhe: 82,5 E (43,3125 m)
Länge der Basis: 110 E (57,75 m)
Ellenlänge: 57,75/110 m = 0,525 m
Rücksprung: (82,5 E)/55 = 3/2 Quinte
RS in E: (82,5 E/55) = 3/2
Rücksprung in m:43,3125/(57,75/2) = 3/2
Neigungswinkel: Arctg (3/2) = 56,30°

6,5625 cm   8,75 cm   10,9375 cm   15,3125 cm   17,5 cm   19,6875 cm   20,671875 cm
= 3x$^{35/16}$ cm   = 4x$^{35/16}$ cm   = 5x$^{35/16}$ cm   = 7x$^{35/16}$ cm   = 8x$^{35/16}$ cm   = 9x$^{35/16}$ cm
3,5 Finger   4 2/3 Finger   5 5/6 Finger   8 1/6 Finger   9 1/3 Finger   10,5 Finger

6,5625x$\frac{4}{3}$ =   8,75x$\frac{5}{4}$ =   10,9375x$\frac{7}{5}$ =   15,3125x$\frac{8}{7}$ =   17,5 x $\frac{9}{8}$ = 19,6875x$\frac{4}{3}$ =

$\frac{4}{3}$ $\frac{5}{4}$ $\frac{7}{5}$ $\frac{8}{7}$ $\frac{9}{8}$

20,671875 cm   x$^{80/63}$ =

20,671875 cm

26,25 cm

3/2 Unas

Dashhur-N

Amenemhet III.
(8/7), 48,81°
Übergroßer Ganzton

Neferirkare, (7/5).
54,46°
kleiner Tritonus
Amenemhet I, (7/5).
54,46°
Kleiner Tritonus
Amenemhet II.
(7/5), 54,46°
Kleiner Tritonus

Cheops, BW arctg 80/63 = 51,78°
Meidum, BW arctg 80/63 = 51,78°
Sahure, BW arctg 80/63 = 51,78°
Djedkare, BW arctg 80/63 = 51,78°
Niuserre, BW arctg 80/63 = 51,78°

Chephren, (4/3), 53,13°. Mykerinus, (5/4).
Userkaf, (4/3). 53,13°   51,34°   Große Terz
Neferefre, (4/3), 53,13°
Teti, Pepi I, (4/3), 53,13°
Teti, Pepi I, (4/3), 53,13°
Menkaure, arctg (4/3), 53,13°
Quarten (4/3)

Berechnung der Höhe der Pyramide des Unas
Höhe 82,5 E (43,3125 m): Basis 110 E (57,75 m). 1 E = 0,525 m.

Nach der in Ellen vereinfachten Regel in den Übungsaufgaben:
„Gegeben sei eine Pyramide, die Grundkante ist 110 Ellen.
Der Rücksprung ist 3/2 Ellen. Wie ist ihre Höhe?
Um das auszurechnen, teile den Rücksprung durch 2, so
erhältst Du 3/4 Ellen. Nimm 3/4 von 110 Ellen, das macht
110 x 3/4 Ellen = 82,5 Ellen. Dies ist ihre Höhe."

Böschungswinkel ist arctg (3/2) = 56,30°, eine Quinte

Die Pyramide des Unas

Die Tonart DIATONON SYNTONON (8/9 x 10/9 x 16/15
= 4/3) des Ptolemaios kann in der Proportion H/(B/2)
= 82,5/5 Pyramide des Unas eingemessen werden,
denn die Intervalle der Musik sind zahlengleich den
harmonischen Proportionen in der Architektur.
So entstehen in allen Pyramidenbasen Teilungen der
Oktave in Tonreihen, die als Schwingungen in Hertz
verstärkt hörbar wären, aber auch ästhetisch wahr-
nehmbar sind..
Der einfacheren Übersicht halber – keine schwarzen
Tasten auf dem Klavier - wird für die Abstände in
der Basis die Tonabfolge in C-Dur gewählt:

	C-Dur		
Basis Ellen	c¹		110 B
110:9/8	h		97 7/9
97/9:10/9	a	Rücksprung	88
88:16/15	g	Unas 82.5/55	82,5
82,5:9/8	f		73 1/3
73 1/3:16/15	e		68,75
68,75:10/9	d		61,875
61,875: 9/8	c		55 B/2

In den Abmessungen sind nur die Primzahlen 1, 2, 3, 5, 7
und die 11 verbaut. Die Zahl 11 tritt allerdings in Zähler (165/2)
und Nenner (5x11)des Rücksprungs auf. Jedoch kürzen sich
beide bei der Bildung des Rücksprungs heraus (7,5 x 11)/(5x11) = 3/2 ,
so daß die Abmessungen der Pyramide des Unas nur aus den
Produkten u. Brüchen der ersten 5 Primzahlen bestehen.

Abb. 24 aus: Stadelmann (1997): Tafel 74 a Sakkara. Taltempel des Unas.

Abb. 25 aus: Stadelmann (1997): Tafel 74 b Relief aus dem Aufweg des Unas. Verhungernde Beduinen. Mit eindringlichem Naturalismus wird die Not der außerhalb Ägyptens und seiner geordneten Welt lebenden Völker dargestellt.

#	Pyramide	Arnolds Liste (S. 200)			Vom Autor korrigierte Liste (geänderte Werte kursiv)				
		Neigung	Basis	Höhe	Korrigierte Basislängen in *kursiver* Schrift	Korrigierte Pyramidenhöhen in *kursiver* Schrift	Rücksprungverhältnis: Höhe/Basishälfte	Böschungswinkel: Arcus Tangens H/(b/2)	Verwendetes Ellenmaß
1.	Meidum M3	51°51'	275 (144,32)	(92)	276 E (144,9 m) = 210 × 46/35 =	175/21 E (92 m)	80/63	51,78° = arctg (175 521/138) übergr. Terz	(0,525 m)
2.	Knickpyramide (Snofru) oben	54°31' / 44°30'	360 (189)	200 (105)	360 E (189 m) = 210 × 12/7 =	200 E (105 m)	10/9	48,01° = arctg (200/180) kl. Ganzton	(0,525 m)
3.	Dahschur-Nord	45°	420 (220)	200 (105)	420 E (220,5 m) = 210 × 2/1 =	200 E (105 m)	20/21	43,60° = arctg (200/210) kl. Halbton	(0,525 m)
4.	Cheops 51,84°	51°50'40'''	440 (230,36)	280 (146,50)	441 E (230,36 m) = 210 × 21/10 =	280 E (146,26 m)	80/63	51,78° = arctg (280/220,5) übergr. Terz	(0,52236 m)
5.	Djedefre	60°	200 (105)	175 (92)	200 E (105 m) = 210 × 20/21 =	175 E (91,875 m)	7/4	60,25° = arctg (175/100) kl. Septime	(0,525 m)
6.	Königsgrab in Zawiet el-Arjan	?	210 (110)	? drei Versionen möglich	210 E (110,25 m) / 210 E (110,25 m) / 210 E (110,25 m)	133 1/3 E (70 m) / 100 E (52,5 m) / 140 E (73,5 m)	80/63 / 20/21 / 4/3	51,78° = arctg (133 1/3/105) übergr. Terz / 43,60° = arctg (100/105) kl. Halbton / 53,13° = arctg (140/105) Quarte	(0,525 m)
7.	Chephren	53°10'	410 (215,29)	275 (143,87)	410 E (215,25 m) = 210 × 41/21 =	273 1/3 E (143,5 m)	4/3	53,13° = arctg (273 1/3/205) Quarte	(0,525 m)
8.	Mykerinus	51°	200 (105,5)	125 (65,55)	200 E (105,5 m) = 210 × 20/21 =	125 E (65,9375 m)	5/4	51,34° = arctg (125/100) gr. Terz	(0,5275 m)
9.	Userkaf	53°	140 (73,3)	94 (49)	140 E (73,5 m) = 210 × 2/3 =	93 1/3 E (49 m)	4/3	53,13° = arctg (93 1/3/70) Quarte	(0,525 m)
10.	Sahure	50°45'	150 (78,5)	(50)	150 E (78,75 m) = 210 × 5/7 =	95 5/21 E (50 m)	80/63	51,78° = arctg (95 521/75) übergr. Terz	(0,525 m)
11.	Neferirkare	54°30'	200 (105)	(72,8)	200 E (105 m) = 210 × 20/21 =	140 E (73,5 m)	7/5	54,46° = arctg (140/100) kl. Tritonus	(0,525 m)
12.	Niuserre	52°	150 (78,90)	(50)	150 E (78,75 m) = 210 × 5/7 =	95 5/21 E (50 m)	80/63	51,78° = arctg (95 521/75) übergr. Terz	(0,525 m)
13.	Neferefre	?	125 (65)	?	125 E (65,625 m) = 210 × 25/42 =	83 1/3 E (43,75 m)	4/3	53,13° = arctg (83 13/62,5) Quarte	(0,525 m)
14.	Djedkare	52°	150 (78,90)	?	150 E (78,75 m) = 210 × 5/7 =	95 5/21 E (50 m)	80/63	51,78° = arctg (95 521/75) übergr. Terz	(0,525 m)
15.	Unas	56°	110 (57,70)	(43)	110 E (57,75 m) = 210 × 11/21 =	82 1/2 E (43,3125 m)	3/2	56,30° = arctg (82,555) Quinte	(0,525 m)
16.	Teti	?	150 (78,75)	100 (52,5)	150 E (78,75 m) = 210 × 5/7 =	100 E (52,5 m)	4/3	53,13° = arctg (100/75) Quarte	(0,525 m)
17.	Pepi I.	53°	150 (78,6)	100 (52,4)	150 E (78,6 m) = 210 × 5/7 =	100 E (52,4 m)	4/3	53,13° = arctg (100/75) Quarte	(0,524 m)
18.	Pepi II.	53°13'	150 (78,75)	100 (52,5)	150 E (78,75 m) = 210 × 5/7 =	100 E (52,5 m)	4/3	53,13° = arctg (100/75) Quarte	(0,525 m)
19.	Merenre	?	175 (90–95)	?	175 E (91,875 m) = 210 × 5/6 =	116 2/3 E (61,25 m)	4/3	53,13° = arctg (116 23/87,5) Quarte	(0,525 m)
20.	Amenemhet I.	54°	160 (84)	112 (59)	160 E (84 m) = 210 × 16/21 =	112 E (58,8 m)	7/5	54,46° = arctg = (112/80) kl. Tritonus	(0,525 m)
21.	Sesostris I.	49°24'	200 (105,23)	116 (61,25)	200 E (105 m) = 210 × 20/21 =	116 2/3 E (61,25 m)	7/6	49,4° = arctg (116 23/100) Kleinstterz	(0,525 m)
22.	Amenemhet II.	?	160 (84)	?	160 E (84 m) = 210 × 16/21 =	112 E (58,8 m)	7/5	54,46° = arctg (112/80) kl. Tritonus	(0,525 m)
23.	Sesostris II.	42°35'	200 (105,88)	48,65	200 E (105 m) = 210 × 20/21 =	93 1/3 E (49 m)	14/15	43,02° = arctg (93 13/100) kl. Halbton	(0,525 m)
24.	Sesostris III.	56°	200 (105)	(61,25)	200 E (105 m) = 210 × 20/21 =	116 2/3 E (61,25 m)	7/6	49,4° = arctg (116 23/100) Kleistterz	(0,525 m)
25.	Amenemhet III. (Dahschur)	54–56°	200 (105)	143 (75)	200 E (105 m) = 210 × 20/21 =	142 67 E (75 m)	10/7	55° = arctg (142 67/100) gr. Tritonus	(0,525 m)
26.	Amenemhet III. (Hawara)	48–52°	200 (101,75)	(58)	200 E (101,5 m) = 210 × 10/21 =	114 27 E (58 m)	8/7	48,81° = arctg (114 27/100) übergr. Ganzton	(0,5075 m)
27.	Chendjer	55°	100 (52,5)	(37,35)	100 E (52,5 m) = 210 × 10/21 =	71 37 E (37,5 m)	10/7	55° = arctg (71 37/50) gr. Tritonus	(0,525 m)
28.	Unbekannt	?	175 (92)	?	175 E (91,875 m) = 210 × 5/6 =	116 2/3 E (61,25 m)	4/3	53,13° = arctg (116 23/87,5) Quarte	(0,525 m)
29.	Mazghuna-S	55°	100 (52,5)	?	100 E (52,5 m) = 210 × 10/21 =	71 37 E (37,5 m)	10/7	55° = arctg (71 37/50) gr. Tritonus	(0,525 m)

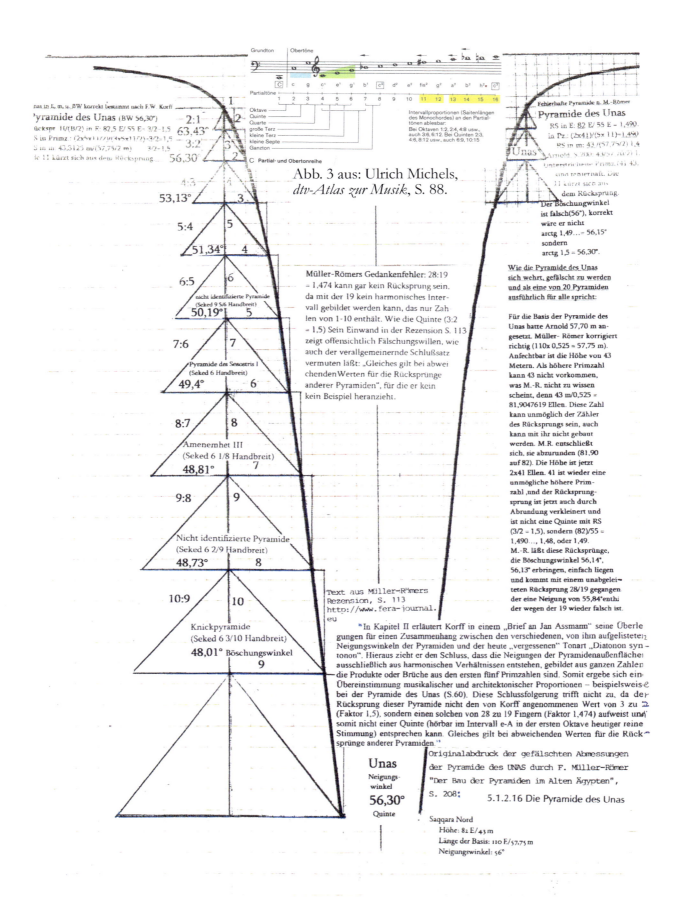

Abb. 3 aus: Ulrich Michels, *dtv-Atlas zur Musik*, S. 88.

Müller-Römers Gedankenfehler: 28:19 = 1,474 kann gar kein Rücksprung sein, da mit der 19 kein harmonisches Intervall gebildet werden kann, das nur Zahlen von 1-10 enthält. Wie die Quinte (3:2 = 1,5) Sein Einwand in der Rezension S. 113 zeigt offensichtlich Fälschungswillen, wie auch der verallgemeinernde Schlußsatz vermuten läßt: „Gleiches gilt bei abweichenden Werten für die Rücksprünge anderer Pyramiden", für die er kein kein Beispiel heranzieht.

Text aus Müller-Römers Rezension, S. 113 http://www.fera-journal.eu

Wie die Pyramide des Unas sich wehrt, gefälscht zu werden und als eine von 20 Pyramiden ausführlich für alle spricht:

Für die Basis der Pyramide des Unas hatte Arnold 57,70 m angesetzt. Müller- Römer korrigiert richtig (110x 0,525 = 57,75 m). Anfechtbar ist die Höhe von 43 Metern. Als höhere Primzahl kann 43 nicht vorkommen, was M.-R. nicht zu wissen scheint, denn 43 m/0,525 = 81,9047619 Ellen. Diese Zahl kann unmöglich der Zähler des Rücksprungs sein, auch kann mit ihr nicht gebaut werden. M.R. entschließt sich, sie abzurunden (81,90 auf 82). Die Höhe ist jetzt 2x41 Ellen. 41 ist wieder eine unmögliche höhere Primzahl ,und der Rücksprung-sprung ist jetzt auch durch Abrundung verkleinert und ist nicht eine Quinte mit RS (3/2 = 1,5), sondern (82)/55 = 1,490..., 1,48, oder 1,49. M.-R. läßt diese Rücksprünge, die Böschungswinkel 56,14°, 56,13° erbringen, einfach liegen und kommt mit einem unabgelei-teten Rücksprung 28/19 gegangen der eine Neigung von 55,84°enthi der wegen der 19 wieder falsch ist.

"In Kapitel II erläutert Korff in einem „Brief an Jan Assmann" seine Überle gungen für einen Zusammenhang zwischen den verschiedenen, von ihm aufgelisteten Neigungswinkeln der Pyramiden und der heute „vergessenen" Tonart „Diatonon syn-tonon". Hieraus zieht er den Schluss, dass die Neigungen der Pyramidenaußenflächen ausschließlich aus harmonischen Verhältnissen entstehen, gebildet aus ganzen Zahlen die Produkte oder Brüche aus den ersten fünf Primzahlen sind. Somit ergebe sich ein Übereinstimmung musikalischer und architektonischer Proportionen – beispielsweise bei der Pyramide des Unas (S.60). Diese Schlussfolgerung trifft nicht zu, da der Rücksprung dieser Pyramide nicht den von Korff angenommenen Wert von 3 zu 2 (Faktor 1,5), sondern einen solchen von 28 zu 19 Fingern (Faktor 1,474) aufweist und somit nicht einer Quinte (hörbar im Intervall e-A in der ersten Oktave heutiger reine Stimmung) entsprechen kann. Gleiches gilt bei abweichenden Werten für die Rück-sprünge anderer Pyramiden."

Originalabdruck der gefälschten Abmessungen der Pyramide des UNAS durch F. Müller-Römer "Der Bau der Pyramiden im Alten Ägypten", S. 208: 5.1.2.16 Die Pyramide des Unas

Unas
Neigungs-winkel
56,30°
Quinte

Saqqara Nord
Höhe: 82 E/43 m
Länge der Basis: 110 E/57,75 m
Neigungswinkel: 56°

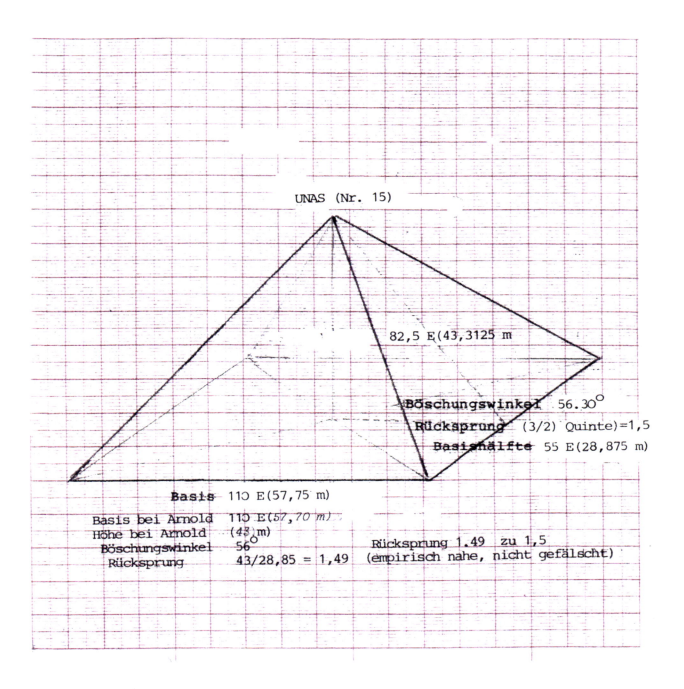

UNAS (Nr. 15)

82,5 E(43,3125 m

Böschungswinkel 56.30°

Rücksprung (3/2) Quinte)=1,5

Basishälfte 55 E(28,875 m)

Basis 110 E(57,75 m)

Basis bei Arnold 110 E(57,70 m)
Höhe bei Arnold (43 m)
Böschungswinkel 56°
Rücksprung 43/28,85 = 1,49

Rücksprung 1.49 zu 1,5
(empirisch nahe, nicht gefälscht)

185

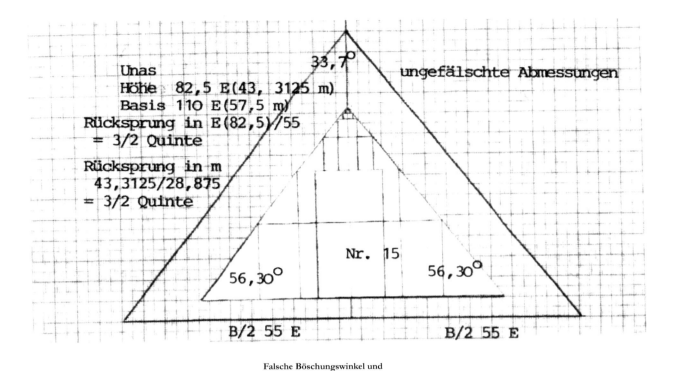

Unas
Höhe 82,5 E(43, 3125 m)
Basis 110 E(57,5 m)
Rücksprung in E(82,5)/55
= 3/2 Quinte

Rücksprung in m
43,3125/28,875
= 3/2 Quinte

33,7°

ungefälschte Abmessungen

Nr. 15

56,30°   56,30°

B/2 55 E   B/2 55 E

Die Winkelsumme im Dreieck beträgt 56,30° + 90° + 33,7° = 180°.

Die Pyramide ist mit den obengenannten Abmessungen baubar, denn ihre 4 Grate treffen sich in der Spitze des Pyramidions.

Richtige Böschungswinkel				Falsche Böschungswinkel und Rücksprünge	
Nr. 1	Meidum	80/63 übergroße Terz	51,78°	51,84°	RS (28/22)
Nr. 2	Knickpyramide	10/9 kleiner Ganzton	48,01°		
Nr. 3	Dahschur – Nord	20/21 kleiner Halbton	43,60°	45°	RS (28/28)
Nr. 4	Cheops	80/63 übergroße Terz	51,78°	51,84°	RS (28/22)
Nr. 5	Djedefre	7/4 kleiner Septime	60,25°	52°?	RS? (14/11)
Nr. 6	Königsgrab	80/63 übergroße Terz 20/21 kleiner Halbton 4/3 Quarte	51,78° 43,60° 53,13°	51,84°	RS (14/11)
Nr. 7	Chephren	4/3 Quarte	53,13°	53,13°	RS (4/3)
Nr. 8	Mykerinus	5/4 große Terz	51,34°	51,84°	RS (28/22)
Nr. 9	Userkaf	4/3 Quarte	53,13°	53,13°	RS (4/3)
Nr. 10	Sahure	80/63 übergroße Terz	51,78°	50,19°	RS (90/75)
Nr. 11	Neferirkare	7/5 kleiner Tritonus	54,46°	54° angegeben	RS (7/5)
Nr. 12	Niuserre	80/63 übergroße Terz	51,78°	50,19°	RS (6/5)
Nr. 13	Neferefre	4/3 Quarte	53,13°	53,13°?	RS (75/100)
Nr. 14	Djedkare	80/63 übergroße Terz	51,78°	50,6°	RS (28/23)
Nr. 15	Unas	3/2 Quinte	56,30°	56° angegeben	RS (28/19)
Nr. 16	Teti	4/3 Quarte	53,13°	4 RSe fehlen	
Nr. 17	Pepi I.	4/3 Quarte	53,13°	4 RSe fehlen	
Nr. 18	Pepi II.	4/3 Quarte	53,13°	4 RSe fehlen	
Nr. 19	Merenre	4/3 Quarte	53,13°	4 RSe fehlen	
Nr. 20	Amenemhet I.	7/5 kleiner Tritonus	54,46°	52,69°	RS (21/16)
Nr. 21	Sesostris I.	7/6 Kleinstterz	49,4°	49,24°	RS (29/25)
Nr. 22	Amenemhet II.	7/5 kleiner Tritonus	54,46°	55,035°	RS (143/100)
Nr. 23	Sesostris II.	14/15 kleiner Halbton	43,02°	42,92°	RS (48,825/52,5)
Nr. 24	Sesostris III.	7/6 Kleinstterz	49,4°	49,24°	RS (29/25)
Nr. 25	Amenemhet III. (Dahschur)	10/7 großer Tritonus	55°	49,24°	RS (116/100)
Nr. 26	Amenemhet III. (Hawara)	8/7 übergroßer Ganzton	48,81°	47,84°	RS (116/105)
Nr. 27	Chendjer	10/7 großer Tritonus	55°	55°	RS (100/7)/1
Nr. 28	Unbekannt	4/3 Quarte	53,13°	53,13°	RS (4/3)
Nr. 29	Mazghuna – Süd	10/7 großer Tritonus	55°	55°	(75 m)/52,5 m

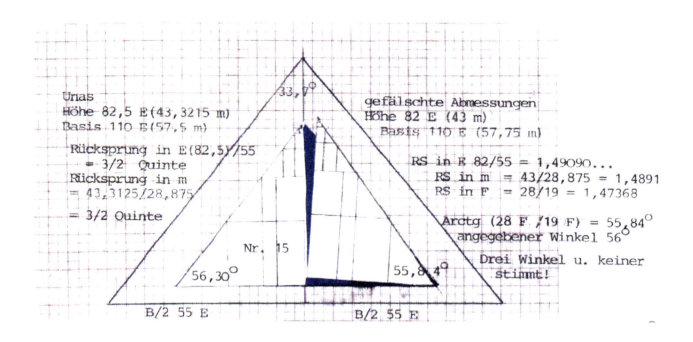

Unas
Höhe 82,5 E (43,3215 m)
Basis 110 E (57,5 m)

Rücksprung in E (82,5)/55
= 3/2 Quinte
Rücksprung in m
= 43,3125/28,875
= 3/2 Quinte

33,7°

gefälschte Abmessungen
Höhe 82 E (43 m)
Basis 110 E (57,75 m)

RS in E 82/55 = 1,49090...
RS in m = 43/28,875 = 1,4891
RS in F = 28/19 = 1,47368

Arctg (28 F /19 F) = 55,84°
angegebener Winkel 56°

Drei Winkel u. keiner stimmt!

Nr. 15

56,30°

55,84°

B/2 55 E

B/2 55 E

Richtige Böschungswinkel

				Falsche Böschungswinkel und Rücksprünge	
Nr. 1	Meidum	80/63 übergroße Terz	51,78°	51,84°	RS (28/22)
Nr. 2	Knickpyramide	10/9 kleiner Ganzton	48,01°		
Nr. 3	Dahschur – Nord	20/21 kleiner Halbton	43,60°	45°	RS (28/28)
Nr. 4	Cheops	80/63 übergroße Terz	51,78°	51,84°	RS (28/22)
Nr. 5	Djedefre	7/4 kleiner Septime	60,25°	52°?	RS? (14/11)
Nr. 6	Königsgrab	80/63 übergroße Terz 20/21 kleiner Halbton 4/3 Quarte	51,78° 43,60° 53,13°	51,84°	RS (14/11)
Nr. 7	Chephren	4/3 Quarte	53,13°	53,13°	RS (4/3)
Nr. 8	Mykerinus	5/4 große Terz	51,34°	51,84°	RS (28/22)
Nr. 9	Userkaf	4/3 Quarte	53,13°	53,13°	RS (4/3)
Nr. 10	Sahure	80/63 übergroße Terz	51,78°	50,19°	RS (90/75)
Nr. 11	Neferirkare	7/5 kleiner Tritonus	54,46°	54° angegeben	RS (7/5)
Nr. 12	Niuserre	80/63 übergroße Terz	51,78°	50,19°	RS (6/5)
Nr. 13	Neferefre	4/3 Quarte	53,13°	53,13°?	RS (75/100)
Nr. 14	Djedkare	80/63 übergroße Terz	51,78°	50,6°	RS (28/23)
Nr. 15	Unas	3/2 Quinte	56,30°	56° angegeben	RS (28/19)
Nr. 16	Teti	4/3 Quarte	53,13°	4 RSe fehlen	
Nr. 17	Pepi I.	4/3 Quarte	53,13°	4 RSe fehlen	
Nr. 18	Pepi II.	4/3 Quarte	53,13°	4 RSe fehlen	
Nr. 19	Merenre	4/3 Quarte	53,13°	4 RSe fehlen	
Nr. 20	Amenemhet I.	7/5 kleiner Tritonus	54,46°	52,69°	RS (21/16)
Nr. 21	Sesostris I.	7/6 Kleinstterz	49,4°	49,24°	RS (29/25)
Nr. 22	Amenemhet II.	7/5 kleiner Tritonus	54,46°	55,035°	RS (143/100)
Nr. 23	Sesostris II.	14/15 kleiner Halbton	43,02°	42,92°	RS (48,825/52,5)
Nr. 24	Sesostris III.	7/6 Kleinstterz	49,4°	49,24°	RS (29/25)
Nr. 25	Amenemhet III. (Dahschur)	10/7 großer Tritonus	55°	49,24°	RS (116/100)
Nr. 26	Amenemhet III. (Hawara)	8/7 übergroßer Ganzton	48,81°	47,84°	RS (116/105)
Nr. 27	Chendjer	10/7 großer Tritonus	55°	55°	RS (100/7)/1
Nr. 28	Unbekannt	4/3 Quarte	53,13°	53,13°	RS (4/3)
Nr. 29	Mazghuna – Süd	10/7 großer Tritonus	55°	55°	(75 m)/52,5 m

Die Winkelsumme im Dreieck beträgt $55,84° + 90° + 33,7° = 179,54°$.

Eine Winkelsumme von $179,54°$ ist nicht möglich. Die Pyramide ist mit den rechts oben genannten Abmessungen nicht baubar, denn ihre 4 Grate treffen sich nicht in der Spitze des Pyramidions.

No.	Pyramide	Neigung	Basis	Höhe	Korrigierte Basislängen in *kursiver* Schrift	Korrigierte Pyramidenhöhen in *kursiver* Schrift	Rücksprungverhältnis: Höhe/Basishälfte	Böschungswinkel: Arcus Tangens H/(b/2)	Verwendetes Ellenmaß
		Arnolds Liste (S. 200)			**Vom Autor korrigierte Liste (geänderte Werte kursiv)**				
1.	Meidum M3	51°51'	275 (144,32)	(92)	210 × 46/35 = *276 E (144,9 m)*	*175/21 E (92 m)*	80/63	51,78° = arctg (175 521/138) übergr. Terz	(0,525 m)
2.	Knickpyramide (Snofru) oben	54°31' / 44°30'	360 (189)	200 (105)	210 × 12/7 = *360 E (189 m)*	200 E (105 m)	10/9	48,01° = arctg (200/180) kl. Ganzton	(0,525 m)
3.	Dahschur-Nord	45°	420 (220)	200 (105)	210 × 2/1 = *420 E (220,5 m)*	200 E (105 m)	20/21	43,60° = arctg (200/210) kl. Halbton	(0,525 m)
4.	Cheops 51,84°	51°50'40'''	440 (230,36)	280 (146,50)	210 × 21/10 = *441 E (230,36 m)*	280 E (146,26 m)	80/63	51,78° = arctg (280/220,5) übergr. Terz	(0,52236 m)
5.	Djedefre	60°	200 (105)	175 (92)	210 × 20/21 = 200 E (105 m)	*175 E (91,875 m)*	7/4	60,25° = arctg (175/100) kl. Septime	(0,525 m)
6.	Königsgrab in Zawiet el-Arjan	?	210 (110)	? *drei Versionen möglich*	*210 E (110,25 m)* *210 E (110,25 m)* *210 E (110,25 m)*	*133 1/3 E (70 m)* *100 E (52,5 m)* *140 E (73,5 m)*	80/63 20/21 4/3	51,78° = arctg (133 1/3/105) übergr. Terz 43,60° = arctg (100/105) kl. Halbton 53,13° = arctg (140/105) Quarte	(0,525 m)
7.	Chephren	53°10'	410 (215,29)	275 (143,87)	210 × 41/21 = *410 E (215,25 m)*	*273 1/3 E (143,5 m)*	4/3	53,13° = arctg (273 1/3/205) Quarte	(0,525 m)
8.	Mykerinus	51°	200 (105,5)	125 (65,55)	210 × 20/21 = 200 E (105,5 m)	125 E (65,9375 m)	5/4	51,34° = arctg (125/100) gr. Terz	(0,5275 m)
9.	Userkaf	53°	140 (73,3)	94 (49)	210 × 2/3 = *140 E (73,5 m)*	*93 1/3 E (49 m)*	4/3	53,13° = arctg (93 1/3/70) Quarte	(0,525 m)
10.	Sahure	50°45'	150 (78,5)	(50)	210 × 5/7 = *150 E (78,75 m)*	*95 521 E (50 m)*	80/63	51,78° = arctg (95 521/75) übergr. Terz	(0,525 m)
11.	Neferirkare	54°30'	200 (105)	(72,8)	210 × 20/21 = 200 E (105 m)	*140 E (73,5 m)*	7/5	54,46° = arctg (140/100) kl. Tritonus	(0,525 m)
12.	Niuserre	52°	150 (78,90)	(50)	210 × 5/7 = *150 E (78,75 m)*	*95 521 E (50 m)*	80/63	51,78° = arctg (95 521/75) übergr. Terz	(0,525 m)
13.	Neferefre	?	125 (65)	?	210 × 25/42 = *125 E (65,625 m)*	*83 1/3 E (43,75 m)*	4/3	53,13° = arctg (83 1/3/62,5) Quarte	(0,525 m)
14.	Djedkare	52°	150 (78,90)	?	210 × 5/7 = *150 E (78,75 m)*	*95 521 E (50 m)*	80/63	51,78° = arctg (95 521/75) übergr. Terz	(0,525 m)
15.	Unas	56°	110 (57,70)	(43)	210 × 11/21 = *110 E (57,75 m)*	*82 ½ E (43,3125 m)*	3/2	56,30° = arctg (82,555) Quinte	(0,525 m)
16.	Teti	?	150 (78,75)	100 (52,5)	210 × 5/7 = 150 E (78,75 m)	100 E (52,5 m)	4/3	53,13° = arctg (100/75) Quarte	(0,525 m)
17.	Pepi I.	53°	150 (78,6)	100 (52,4)	210 × 5/7 = 150 E (78,6 m)	100 E (52,4 m)	4/3	53,13° = arctg (100/75) Quarte	(0,524 m)
18.	Pepi II.	53°13'	150 (78,75)	100 (52,5)	210 × 5/7 = 150 E (78,75 m)	100 E (52,5 m)	4/3	53,13° = arctg (100/75) Quarte	(0,525 m)
19.	Merenre	?	175 (90–95)	?	210 × 5/6 = *175 E (91,875 m)*	*116 2/3 E (61,25 m)*	4/3	53,13° = arctg (116 2/3/87,5) Quarte	(0,525 m)
20.	Amenemhet I.	54°	160 (84)	112 (59)	210 × 16/21 = *160 E (84 m)*	*112 E (58,8 m)*	7/5	54,46° = arctg = (112/80) kl. Tritonus	(0,525 m)
21.	Sesostris I.	49°24'	200 (105,23)	116 (61,25)	210 × 20/21 = *200 E (105 m)*	*116 2/3 E (61,25 m)*	7/6	49,4° = arctg (116 2/3/100) Kleinsterz	(0,525 m)
22.	Amenemhet II.	?	160 (84)	?	210 × 16/21 = *160 E (84 m)*	*112 E (58,8 m)*	7/5	54,46° = arctg (112/80) kl. Tritonus	(0,525 m)
23.	Sesostris II.	42°35'	200 (105,88)	48,65	210 × 20/21 = *200 E (105 m)*	*93 1/3 E (49 m)*	14/15	43,02° = arctg (93 1/3/100) kl. Halbton	(0,525 m)
24.	Sesostris III.	56°	200 (105)	(61,25)	210 × 20/21 = 200 E (105 m)	*116 2/3 E (61,25 m)*	7/6	49,4° = arctg (116 2/3/100) Kleinsterz	(0,525 m)
25.	Amenemhet III. (Dahschur)	54–56°	200 (105)	143 (75)	210 × 20/21 = 200 E (105 m)	*142 6/7 E (75 m)*	10/7	55° = arctg (142 6/7/100) gr. Tritonus	(0,525 m)
26.	Amenemhet III. (Hawara)	48–52°	200 (101,75)	(58)	210 × 20/21 = *200 E (101,5 m)*	*114 27 E (58 m)*	8/7	48,81° = arctg (114 27/100) übergr. Ganzton	(0,5075 m)
27.	Chendjer	55°	100 (52,5)	(37,35)	210 × 10/21 = *100 E (52,5 m)*	*71 3/7 E (37,5 m)*	10/7	55° = arctg (71 3/7/50) gr. Tritonus	(0,525 m)
28.	Unbekannt	?	175 (92)	?	210 × 5/6 = *175 E (91,875 m)*	*116 2/3 E (61,25 m)*	4/3	53,13° = arctg (116 2/3/87,5) Quarte	(0,525 m)
29.	Mazghuna-S	?	100 (52,5)	?	210 × 10/21 = *100 E (52,5 m)*	*71 3/7 E (37,5 m)*	10/7	55° = arctg (71 3/7/50) gr. Tritonus	(0,525 m)

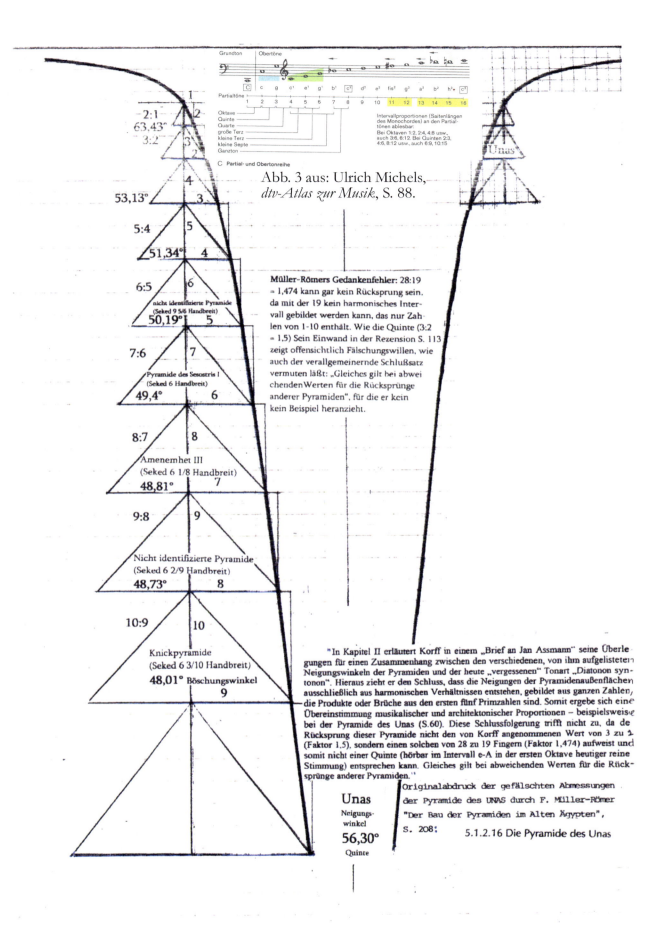

Abb. 3 aus: Ulrich Michels,
dtv-Atlas zur Musik, S. 88.

Müller-Römers Gedankenfehler: 28:19
= 1,474 kann gar kein Rücksprung sein,
da mit der 19 kein harmonisches Intervall gebildet werden kann, das nur Zahlen von 1-10 enthält. Wie die Quinte (3:2
= 1,5) Sein Einwand in der Rezension S. 113
zeigt offensichtlich Fälschungswillen, wie
auch der verallgemeinernde Schlußsatz
vermuten läßt: „Gleiches gilt bei abwei
chenden Werten für die Rücksprünge
anderer Pyramiden", für die er kein
kein Beispiel heranzieht.

"In Kapitel II erläutert Korff in einem „Brief an Jan Assmann" seine Überle
gungen für einen Zusammenhang zwischen den verschiedenen, von ihm aufgelisteten
Neigungswinkeln der Pyramiden und der heute „vergessenen" Tonart „Diatonon syntonon". Hieraus zieht er den Schluss, dass die Neigungen der Pyramidenaußenflächen
ausschließlich aus harmonischen Verhältnissen entstehen, gebildet aus ganzen Zahlen,
die Produkte oder Brüche aus den ersten fünf Primzahlen sind. Somit ergebe sich eine
Übereinstimmung musikalischer und architektonischer Proportionen – beispielsweise
bei der Pyramide des Unas (S.60). Diese Schlussfolgerung trifft nicht zu, da de
Rücksprung dieser Pyramide nicht den von Korff angenommenen Wert von 3 zu 2
(Faktor 1,5), sondern einen solchen von 28 zu 19 Fingern (Faktor 1,474) aufweist und
somit nicht einer Quinte (hörbar im Intervall e-A in der ersten Oktave heutiger reine
Stimmung) entsprechen kann. Gleiches gilt bei abweichenden Werten für die Rück-
sprünge anderer Pyramiden."

Originalabdruck der gefälschten Abmessungen
der Pyramide des UNAS durch F. Müller-Römer
"Der Bau der Pyramiden im Alten Ägypten",
S. 208:

5.1.2.16 Die Pyramide des Unas

Unas

Abmessungen (s. F. W. Korff, 2008, S.18)	Falsche Abmessungen Unas (s.F. Müller-Römer (2011, S.208)
Höhe: 82,5 E (43,3125 m)	Höhe: 82 E (43 m)
Länge der Basis: 110 E (57,75 m)	Länge der Basis: 110 E (57,75 m)
Ellenlänge: 57,75/110 m = 0,525 m	Ellenlänge 57,75/110 = 0,525 m
Rücksprung: (82,5)/55 = 3/2 Quinte	Rücksprung: 82/(55) = 1,490909090
RS in E: (82,5 E/55) = 3/2	RS in Finger: 19 F auf 28 F = 1,473684211
Rücksprung in m:43,3125/(57,75/2) = 3/2	RS in m: 43/(57,75/2) = 1,489177489
Neigungswinkel: Arctg (3/2) = 56,30°	3 Neigungswinkel: Arctg (43/(57,75/2)= 56,12°
	angegebener Winkel (56°) Arctg (28/19) = 55,84°

Die Basis-, Höhen-, Ellen-, Meter- und Rücksprungswerte u.Winkelwerte in der linken Spalte stimmen überein. Alle Ellenwerte setzen sich aus den ersten 5 Primzahlen (1,2,3,5,7) zusammen. Die 11 in 82,5 u. 110 kürzen sich bei der Bildung der RS heraus: 2x82,5/2x55 = 3/2

1.) Höhe 82 E ist falsch, da 2x41 eine nicht vorkommende höhere Primzahl ist
2.) RS in E u. m enthalten höhere PZ 11u. 41
3.) Der Rücksprung 22 F auf 28 F resultiert nicht aus den Angaben 1.-3., ist daher von F. Müller-Römer gefälscht

Die Fälschungen in ca. 14 der Korffschen Pyramidenabmessungen sind im originalen Wortlaut und der Textgestaltung Müller-Römers durch eine beglaubigte Kopie, ohne Änderung seiner Zeilen, hier nachzulesen, ebenso wortgleich als Rezension (2016) veröffentlicht (http:www.fera-journal. eu) in der „Frankfurter elektronische(n) Rundschau zur Altertumskunde" 29, S.112-117.

„ In dem anschließenden Kapitel I, „Das Geheimnis der Pyramidenneigungen ist entdeckt!", befasst sich der Autor eingehend mit einer Zusammenstellung der Neigungen der Pyramiden des Alten Ägypten, die Arnold veröffentlicht hat,[6] und stellt dazu fest, dass eine Anzahl der dort aufgeführten Rücksprünge nicht mit seinen entsprechenden Vorschlägen für den Bau der Pyramiden zusammenpasst. Er hat daher die Liste korrigiert (S. 7) und auf den S. 9-42 für jede Pyramide die Baudaten separat aufgeführt. Dabei werden jedoch verschiedentlich Rücksprünge genannt, die nicht den archäologisch belegten Werten bzw. nicht ganzzahligen Werten – in Fingerbreiten gemessen – entsprechen: So wird z. B. für die Pyramide in Meidum und für die Cheopspyramide ein Rücksprung von 80 zu 63 (Höhe/Basishälfte) anstelle des tatsächlichen Wertes von 28 zu 22 (Verhältnis 4:3) Fingern aufgeführt.[7] Auch die angegebenen Werte für die Rücksprünge der Roten Pyramide in Dahschur Nord (Snofru) (20 zu 21 anstelle von 28 zu 28 Fingern) sowie der Pyramiden des Mykerinos (5 zu 4 anstelle von 28 zu 22 Fingern), Sahure (80 zu 63 anstelle von 28 zu 23 Fingern), Neferirkare (7 zu 5 anstelle von 28 zu 21 Fingern), Niuserre (81 zu 64 anstelle von 28 zu 22 Fingern), Djedkare Asosi (80 zu 63 anstelle von 28 zu 22 Fingern), Unas (3 zu 2 anstelle von 28 zu 19 Fingern), Sesostris III. (7 zu 6 anstelle von 28 zu 19 Fingern), Amenemhet III. (Dahschur) (10 zu 7 anstelle von 28 zu 20 Fingern) und Amenemhet III. (Hawara) (8 zu 7 anstelle von 28 zu 24 Fingern) treffen nicht zu. Weiterhin wird von Korff die Basislänge der Cheopspyramide von (gemessenen) 440 Ellen auf 441 Ellen durch eine Anpassung des Ellenmaßes erhöht (S. 7). In weiteren Tabellen auf S. 8 und S. 43ff. stellt Korff die Rücksprünge in Zusammenhang mit Intervallen antiker Tonarten (Diatonon Malakon)."

Hervorhebung von F.W. Korff

Berechnung der Höhe der Pyramide des Unas
Höhe 82,5 E (43,3125 m): Basis 110 E (57,75 m). 1 E = 0,525 m.

Nach der in Ellen vereinfachten Regel in den Übungsaufgaben:
„Gegeben sei eine Pyramide, die Grundkante ist 110 Ellen.
Der Rücksprung ist 3/2 Ellen. Wie ist ihre Höhe?
Um das auszurechnen, teile den Rücksprung durch 2, so
erhältst Du 3/4 Ellen. Nimm 3/4 von 110 Ellen, das macht
110 x 3/4 Ellen = 82,5 Ellen. Dies ist ihre Höhe."

Böschungswinkel ist arctg (3/2) = 56,30°, eine Quinte

Die Pyramide des Unas

Die Tonart DIATONON SYNTONON (8/9 x 10/9 x 16/15
= 4/3) des Ptolemaios kann in der Proportion H/(B/2)
= 82,5/5 Pyramide des Unas eingemessen werden,
denn die Intervalle der Musik sind zahlengleich den
harmonischen Proportionen in der Architektur.
So entstehen in allen Pyramidenbasen Teilungen der
Oktave in Tonreihen, die als Schwingungen in Hertz
verstärkt hörbar wären, aber auch ästhetisch wahr-
nehmbar sind..
Der einfacheren Übersicht halber – keine schwarzen
Tasten auf dem Klavier - wird für die Abstände in
der Basis die Tonabfolge in C-Dur gewählt:

	C-Dur		
Basis Ellen	c^1		110 B
110:9/8	h		97 7/9
97/9:10/9	a	Rücksprung	88
88:16/15	g	Unas 82.5/55	82,5
82,5:9/8	f		73 1/3
73 1/3:16/15	e		68,75
68,75:10/9	d		61,875
61,875: 9/8	c		55 B/2

In den Abmessungen sind nur die Primzahlen 1, 2, 3, 5, 7
und die 11 verbaut. Die Zahl 11 tritt allerdings in Zähler (165/2)
und Nenner (5x11)des Rücksprungs auf. Jedoch kürzen sich
beide bei der Bildung des Rücksprungs heraus (7.5 x 11)/(5x11) = 3/2 ,
so daß die Abmessungen der Pyramide des Unas nur aus den
Produkten u. Brüchen der ersten 5 Primzahlen bestehen.

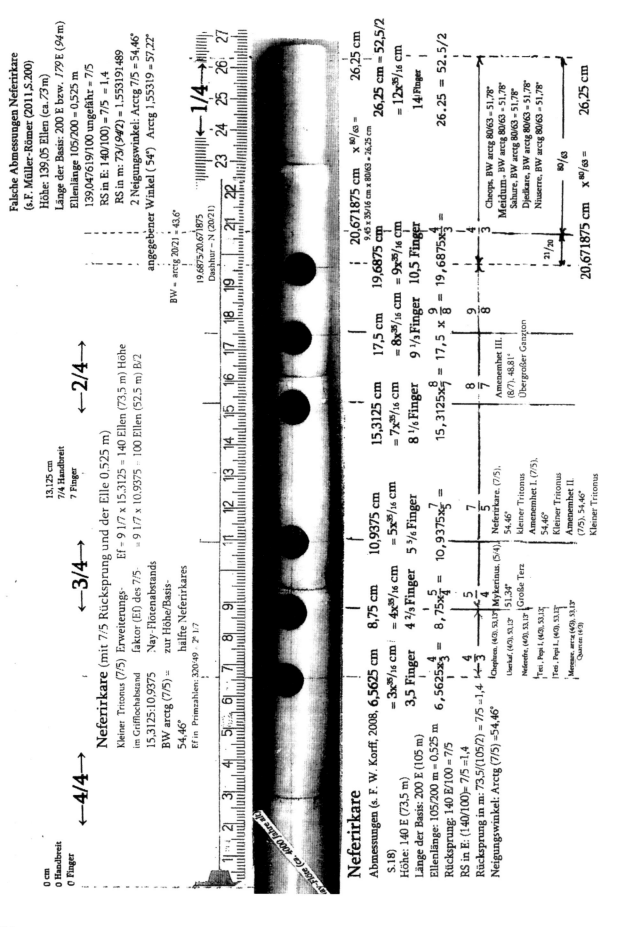

Falsche Abmessungen Neferirkare
(s. F. Müller-Römer (2011, S.200)
Höhe: 139,05 Ellen (ca.73m)
Länge der Basis: 200 E bzw. 179 E (94 m)
Ellenlänge 105/200 = 0,525 m
139,047619/100 ungefähr = 7/5
RS in E: 140/100) = 7/5 = 1,4
RS in m: 73/(94/2) = 1,55319489
2 Neigungswinkel: Arctg 7/5 = 54,46°
angegebener Winkel (54°) Arctg 1,55319 = 57,22°

BW = arctg 20/21 = 43,6°

19,6875/20,671875
Dashhur – N (20/21)

20,671875 cm   x ^{80}/$_{63}$ =
9,45 x 35/16 cm x 80/63 = 26,25 cm

26,25 cm = 52,5/2
= 12x^{35}/$_{16}$ cm

14 Finger

26.25 = 52.5/2

19,6875 cm
= 9x^{35}/$_{16}$ cm
10,5 Finger

15,3125x$\frac{8}{7}$ = 19,6875x$\frac{4}{3}$ =

$\frac{4}{3}$

21/20   80/63

Cheops, BW arctg 80/63 = 51,78°
Meidum, BW arctg 80/63 = 51,78°
Sahure, BW arctg 80/63 = 51,78°
Djedkare, BW arctg 80/63 = 51,78°
Niuserre, BW arctg 80/63 = 51,78°

20,671875 cm   x ^{80}/$_{63}$ =

26,25 cm

17,5 cm
= 8x^{35}/$_{16}$ cm
9 ^{1}/$_{3}$ Finger

15,3125x$\frac{8}{7}$ = 17,5 x $\frac{9}{8}$ x $\frac{9}{8}$ = 19,6875x$\frac{4}{3}$

$\frac{9}{8}$

$\frac{8}{7}$

Amenemhet III.
(8/7), 48,81°
Übergroßer Ganzton

← 1/4 →

← 2/4 →

13,125 cm
7/4 Handbreit
7 Finger

← 3/4 →

Neferirkare (mit 7/5 Rücksprung und der Elle 0,525 m)

Kleiner Tritonus (7/5) Erweiterungs-   Ef = 9 1/7 x 15,3125 = 140 Ellen (73,5 m) Höhe
im Grifflochabstand   faktor (Ef) des 7/5-   = 9 1/7 x 10,9375 = 100 Ellen (52,5 m) B/2
15,3125:10,9375   Nay-Flötenabstands
BW arctg (7/5) =   zur Höhe/Basis-
54,46°   hälfte Neferirkares
Ef in Primzahlen: 320/49 = 2⁶ 1/7

← 4/4 →

0 cm
0 Handbreit
0 Finger

Neferirkare

Abmessungen (s. F. W. Korff, 2008, 6,5625 cm   8,75 cm   10,9375 cm
S.18)   = 3x^{35}/$_{16}$ cm ! = 4x^{35}/$_{16}$ cm = 5x^{35}/$_{16}$ cm
Höhe: 140 E (73,5 m)   3,5 Finger   4 ^{2}/$_{3}$ Finger 5 ^{5}/$_{6}$ Finger
Länge der Basis: 200 E (105 m)
Ellenlänge: 105/200 m = 0,525 m   6,5625x$\frac{4}{3}$ = 8,75x$\frac{5}{4}$ = 10,9375x$\frac{7}{5}$ =
Rücksprung: 140 E/100 = 7/5 $\frac{4}{3}$ $\frac{5}{4}$ $\frac{7}{5}$
RS in E: (140/100) = 7/5 = 1,4
Rücksprung in m: 73,5/(105/2) = 7/5 =1,4 1= $\frac{4}{3}$ 1= $\frac{5}{4}$ 1 = $\frac{7}{5}$
Neigungswinkel: Arctg (7/5) =54,46°

Chephren, (4/3), 53,13°   Mykerinus, (5/4), 51,34°   Neferirkare, (7/5),
Userkaf, (4/3), 53,13°   Große Terz   54,46°
Neferefre, (4/3), 53,13°   kleiner Tritonus
Teti, Pepi I, (4/3), 53,13°   Amenemhet I. (7/5),
Teti, Pepi I, (4/3), 53,13°   54,46°
Menkaure, arctg (4/3), 53,13°   Kleiner Tritonus
    Quarten (4/3)   Amenemhet II.
                                                          (7/5), 54,46°
                                                          Kleiner Tritonus

194

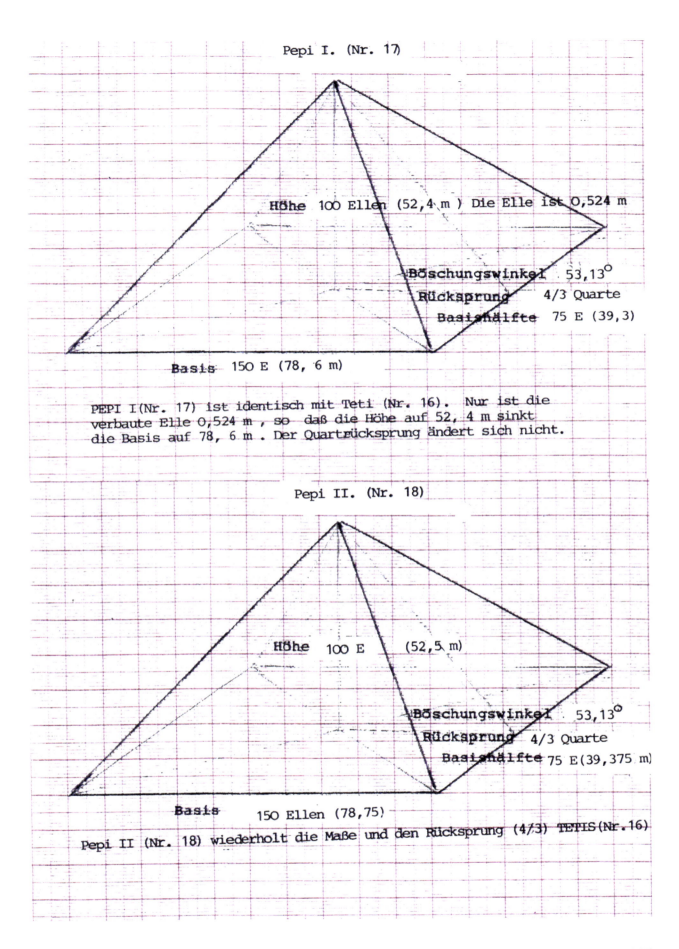

Pepi I. (Nr. 17)

Höhe 100 Ellen (52,4 m) Die Elle ist 0,524 m

Böschungswinkel 53,13°

Rücksprung 4/3 Quarte

Basishälfte 75 E (39,3)

Basis 150 E (78, 6 m)

PEPI I (Nr. 17) ist identisch mit Teti (Nr. 16). Nur ist die
verbaute Elle 0,524 m , so daß die Höhe auf 52, 4 m sinkt
die Basis auf 78, 6 m . Der Quartrücksprung ändert sich nicht.

Pepi II. (Nr. 18)

Höhe 100 E (52,5 m)

Böschungswinkel 53,13°

Rücksprung 4/3 Quarte

Basishälfte 75 E (39,375 m)

Basis 150 Ellen (78,75)

Pepi II (Nr. 18) wiederholt die Maße und den Rücksprung (4/3) TETIS (Nr. 16)

195

	Pyramide	Arnolds Liste (S. 200)			Vom Autor korrigierte Liste (geänderte Werte kursiv)		Rücksprungverhältnis: Höhe/Basishälfte	Böschungswinkel: Arcus Tangens H/(b:2)	Verwendetes Ellenmaß
		Neigung	Basis	Höhe	Korrigierte Basislängen in kursiver Schrift	Korrigierte Pyramidenhöhen in kursiver Schrift			
1.	Meidum M3	51°51'	275 (144,32)	(92)	210 × 46/35 = 276 E (144,9 m)	175 21 E (92 m)	80/63	51,78° = arctg (175 521/138) übergr. Terz	(0,525 m)
2.	Knickpyramide (Snofru) oben	54°31' 44°30'	360 (189)	200 (105)	210 × 12/7 = 360 E (189 m)	200 E (105 m)	10/9	48,01° = arctg (200/180) kl. Ganzton	(0,525 m)
3.	Dahschur-Nord	45°	420 (220)	200 (105)	210 × 2/1 = 420 E (220,5 m)	200 E (105 m)	20/21	43,60° = arctg (200/210) kl. Halbton	(0,525 m)
4.	Cheops 51,84°	51°50'40'''	440 (230,36)	280 (146,50)	210 × 21/10 = 441 E (230,36 m)	280 E (146,26 m)	80/63	51,78° = arctg (280/220,5) übergr. Terz	(0,52236 m)
5.	Diedefre	60°	200 (105)	175 (92)	210 × 20/21 = 200 E (105 m)	175 E (91,875 m)	74	60,25° = arctg (175/100) kl. Septime	(0,525 m)
6.	Königsgrab in Zawiet el-Arjan	?	210 (110)	? *drei Versionen möglich*	210 E (110,25 m) / 210 E (110,25 m) / 210 E (110,25 m)	133 1/3 E (70 m) / 100 E (52,5 m) / 140 E (73,5 m)	80/63 / 20/21 / 43	51,78° = arctg (133 1/3/105) übergr. Terz / 43,60° = arctg (100/105) kl. Halbton / 53,13° = arctg (140/105) Quarte	(0,525 m)
7.	Chephren	53°10'	410 (215,29)	275 (143,87)	210 × 41/21 = 410 E (215,25 m)	273 1/3 E (143,5 m)	43	53,13° = arctg (273 1/3/205) Quarte	(0,525 m)
8.	Mykerinus	51°	200 (105,5)	125 (65,55)	210 × 20/21 = 200 E (105,5 m)	125 E (65,9375 m)	54	51,34° = arctg (125/100) gr. Terz	(0,5275 m)
9.	Userkaf	53°	140 (73,3)	94 (49)	210 × 2/3 = 140 E (73,5 m)	93 1/3 E (49 m)	43	53,13° = arctg (93 1/3/70) Quarte	(0,525 m)
10.	Sahure	50°45'	150 (78,5)	(50)	210 × 5/7 = 150 E (78,75 m)	95 5/21 E (50 m)	80/63	51,78° = arctg (95 521/75) übergr. Terz	(0,525 m)
11.	Neferirkare	54°30'	200 (105)	(72,8)	210 × 20/21 = 200 E (105 m)	140 E (73,5 m)	75	54,46° = arctg (140/100) kl. Tritonus	(0,525 m)
12.	Niuserre	52°	150 (78,90)	(50)	210 × 5/7 = 150 E (78,75 m)	95 5/21 E (50 m)	80/63	51,78° = arctg (95 521/75) übergr. Terz	(0,525 m)
13.	Neferefre	?	125 (65)	?	210 × 25/42 = 125 E (65,625 m)	83 1/3 E (43,75 m)	43	53,13° = arctg (83 13/62,5) Quarte	(0,525 m)
14.	Djedkare	52°	150 (78,90)	?	210 × 5/7 = 150 E (78,75 m)	95 5/21 E (50 m)	80/63	51,78° = arctg (95 521/75) übergr. Terz	(0,525 m)
15.	Unas	56°	110 (57,70)	(43)	210 × 11/21 = 110 E (57,75 m)	82 1/2 E (43,3125 m)	32	56,30° = arctg (82,555) Quinte	(0,525 m)
16.	Teti	?	150 (78,75)	100 (52,5)	210 × 5/7 = 150 E (78,75 m)	100 E (52,5 m)	43	53,13° = arctg (100/75) Quarte	(0,525 m)
17.	Pepi I.	53°	150 (78,6)	100 (52,4)	210 × 5/7 = 150 E (78,6 m)	100 E (52,4 m)	43	53,13° = arctg (100/75) Quarte	(0,524 m)
18.	Pepi II.	53°13'	150 (78,75)	100 (52,5)	210 × 5/7 = 150 E (78,75 m)	100 E (52,5 m)	43	53,13° = arctg (100/75) Quarte	(0,525 m)
19.	Merenre	?	175 (90-95)	?	210 × 5/6 = 175 E (91,875 m)	116 2/3 E (61,25 m)	43	53,13° = arctg (116 23/87,5) Quarte	(0,525 m)
20.	Amenemhet I.	54°	160 (84)	112 (59)	210 × 16/21 = 160 E (84 m)	112 E (58,8 m)	75	54,46° = arctg (112/80) kl. Tritonus	(0,525 m)
21.	Sesostris I.	49°24'	200 (105,23)	116 (61,25)	210 × 20/21 = 200 E (105 m)	116 2/3 E (61,25 m)	76	49,4° = arctg (116 23/100) Kleinsterz	(0,525 m)
22.	Amenemhet II.	?	160 (84)	?	210 × 16/21 = 160 E (84 m)	112 E (58,8 m)	75	54,46° = arctg (112/80) kl. Tritonus	(0,525 m)
23.	Sesostris II.	42°35'	200 (105,88)	48,65	210 × 20/21 = 200 E (105 m)	93 1/3 E (49 m)	14/15	43,02° = arctg (93 13/100) kl. Halbton	(0,525 m)
24.	Sesostris III.	56°	200 (105)	(61,25)	210 × 20/21 = 200 E (105 m)	116 2/3 E (61,25 m)	76	49,4° = arctg (116 23/100) Kleisterz	(0,525 m)
25.	Amenemhet III. (Dahschur)	54-56°	200 (105)	143 (75)	210 × 20/21 = 200 E (105 m)	142 67 E (75 m)	107	55° = arctg (142 67/100) gr. Tritonus	(0,525 m)
26.	Amenemhet III. (Hawara)	48-52°	200 (101,75)	(58)	210 × 20/21 = 200 E (101,5 m)	114 27 E (58 m)	87	48,81° = arctg (114 27/100) übergr. Ganzton	(0,5075 m)
27.	Chendjer	55°	100 (52,5)	(37,35)	210 × 10/21 = 100 E (52,5 m)	71 37 E (37,5 m)	107	55° = arctg (71 37/50) gr. Tritonus	(0,525 m)
28.	Unbekannt	?	175 (92)	?	210 × 5/6 = 175 E (91,875 m)	116 23 E (61,25 m)	43	53,13° = arctg (116 23/87,5) Quarte	(0,525 m)
29.	Mazghuna-S	?	100 (52,5)	?	210 × 10/21 = 100 E (52,5 m)	71 37 E (37,5 m)	107	55° = arctg (71 37/50) gr. Tritonus	(0,525 m)

Berechnung der Höhe der Pyramide des Pepi I.u. II. Nr. 17,18, baugleich Teti Nr. 16

(Altägyptischer Text kursiv).Nach der Regel der Übungsaufgabe Nr. 57 Papyrus Rhind:

Gegeben sei eine Pyramide, die Grundkante ist 150 Ellen (78.6 m.)
4/3 ist ihr Rücksprung. Wie ist ihre Höhe?
Um das auszurechnen, teile den Rücksprung durch 2, so erhältst du 2/3.
Nimm 2/3 von 150, das macht 2/3 x 150 = 100 Ellen (52,4-5 m).Dies ist ihre
Höhe.

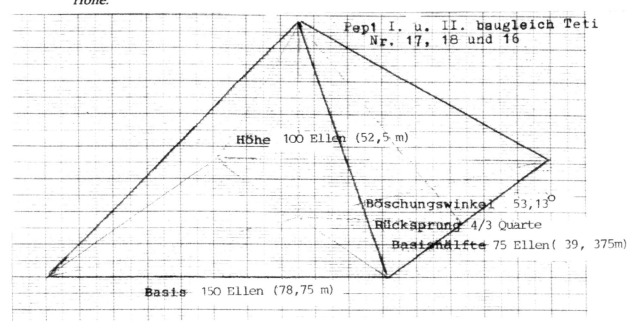

Ab hier: Zusatz von F.W. Korff: Du kannst auch 4/3 den 75 Ellen geben: = 100 Ellen Höhe

Berechnung der ausgegrabenen Grundkantenmaße der Pyramide Pepi I.
210 x 5/7 = 150 Ellen ist die Basislänge. Die Basishälfte ist dann 75 Ellen
(39,375 m) lang. Der Rücksprung ist, wie schon gesagt, H/(B/2),(4/3).

Die Musikalität der Pyramide entsteht in einer Oktave antiker Tonart:
DIATONON MALAKON (1 x 8/7 x 10/9 x 21/20 x 9/8 x 21/20/ x 10/9 x 8/7 x 10/9 = 2)
Skalierung durch Boethius(2:1) erhalten. , .Die verwendete Elle ist = 0.525-0.524vm lang.

	C-Dur		
Basis 150 Ellen	c¹	150 Hz	
150 : 8/7	h	131,25	
131,25:10/9	a	118,125	Der Rücksprung aus Tönen c-f
118,125: 21/20	g	112,5	formt die Pyramide Pepi I. aus der
112,5: 9/8	f	<u>100</u>	Quarte (4/3)
100 :8/7	e	87,5	52,5 m / 39,375 m = 4/3.
87,5:10/9	d	78,75	
78,75 : 21/20	c	<u>75</u>	BW arctg (4/3) = 53.13°

Musikalische Intervalle sind zahlengleich den harmonischen Proportionen der Architektur

Kapitel 17, Nr. 19 Merenre und baugleich Nr. 28 Unbekannt

#	Pyramide	Arnolds Liste (S. 200)			Vom Autor korrigierte Liste (geänderte Werte kursiv)				Verwendetes Ellenmaß
		Neigung	Basis	Höhe	Korrigierte Basislängen in *kursiver* Schrift	Korrigierte Pyramidenhöhen in *kursiver* Schrift	Rücksprungverhältnis: Höhe Basishälfte	Böschungswinkel: Arcus Tangens H/(b2)	
1.	Meidum M3	51°51'	275 (144,32)	(92)	276 E (144,9 m) = 210 × 46/35	175/21 E (92 m)	80/63	51,78° = arctg (175 521/138) übergr. Terz	(0,525 m)
2.	Knickpyramide (Snofru) oben	54°31' / 44°30'	360 (189)	200 (105)	360 E (189 m) = 210 × 12/7	200 E (105 m)	109	48,01° = arctg (200/180) kl. Ganzton	(0,525 m)
3.	Dahschur-Nord	45°	420 (220)	200 (105)	420 E (220,5 m) = 210 × 2/1	200 E (105 m)	20/21	43,60° = arctg (200/210) kl. Halbton	(0,525 m)
4.	Cheops 51,84°	51°50'40'''	440 (230,36)	280 (146,50)	441 E (230,36 m) = 210 × 21/10	280 E (146,26 m)	80/63	51,78° = arctg (280/220,5) übergr. Terz	(0,52236 m)
5.	Djedefre	60°	200 (105)	175 (92)	200 E (105 m) = 210 × 20/21	175 E (91,875 m)	74	60,25° = arctg (175/100) kl. Septime	(0,525 m)
6.	Königsgrab in Zawiet el-Arjan	?	210 (110)	? *drei Versionen möglich*	210 E (110,25 m) / 210 E (110,25 m) / 210 E (110,25 m)	133 1/3 E (70 m) / 100 E (52,5 m) / 140 E (73,5 m)	80/63 / 20/21 / 43	51,78° = arctg (133 1/3/105) übergr. Terz / 43,60° = arctg (100/105) kl. Halbton / 53,13° = arctg (140/105) Quarte	(0,525 m)
7.	Chephren	53°10'	410 (215,29)	275 (143,87)	410 E (215,25 m) = 210 × 41/21	273 1/3 E (143,5 m)	43	53,13° = arctg (273 1/3/205) Quarte	(0,525 m)
8.	Mykerinus	51°	200 (105,5)	125 (65,55)	200 E (105,5 m) = 210 × 20/21	125 E (65,9375 m)	54	51,34° = arctg (125/100) gr. Terz	(0,5275 m)
9.	Userkaf	53°	140 (73,3)	94 (49)	140 E (73,5 m) = 210 × 2/3	93 1/3 E (49 m)	43	53,13° = arctg (93 1/3/70) Quarte	(0,525 m)
10.	Sahure	50°45'	150 (78,5)	(50)	150 E (78,75 m) = 210 × 5/7	95 521 E (50 m)	80/63	51,78° = arctg (95 521/75) übergr. Terz	(0,525 m)
11.	Neferirkare	54°30'	200 (105)	(72,8)	200 E (105 m) = 210 × 20/21	140 E (73,5 m)	75	54,46° = arctg (140/100) kl. Tritonus	(0,525 m)
12.	Niuserre	52°	150 (78,90)	(50)	150 E (78,75 m) = 210 × 5/7	95 521 E (50 m)	80/63	51,78° = arctg (95 521/75) übergr. Terz	(0,525 m)
13.	Neferefre	?	125 (65)	?	125 E (65,625 m) = 210 × 25/42	83 1/3 E (43,75 m)	43	53,13° = arctg (83 1/3/62,5) Quarte	(0,525 m)
14.	Djedkare	52°	150 (78,90)	?	150 E (78,75 m) = 210 × 5/7	95 521 E (50 m)	80/63	51,78° = arctg (95 521/75) übergr. Terz	(0,525 m)
15.	Unas	56°	110 (57,70)	(43)	110 E (57,75 m) = 210 × 11/21	82 1/2 E (43,3125 m)	32	56,30° = arctg (82,555) Quinte	(0,525 m)
16.	Teti	?	150 (78,75)	100 (52,5)	150 E (78,75 m) = 210 × 5/7	100 E (52,5 m)	43	53,13° = arctg (100/75) Quarte	(0,525 m)
17.	Pepi I.	53°	150 (78,6)	100 (52,4)	150 E (78,6 m) = 210 × 5/7	100 E (52,4 m)	43	53,13° = arctg (100/75) Quarte	(0,524 m)
18.	Pepi II.	53°13'	150 (78,75)	100 (52,5)	150 E (78,75 m) = 210 × 5/7	100 E (52,5 m)	43	53,13° = arctg (100/75) Quarte	(0,525 m)
19.	Merenre	?	175 (90-95)	?	175 E (91,875 m) = 210 × 5/6	116 23 E (61,25 m)	43	53,13° = arctg (116 23/87,5) Quarte	(0,525 m)
20.	Amenemhet I.	54°	160 (84)	112 (59)	160 E (84 m) = 210 × 16/21	112 E (58,8 m)	75	54,46° = arctg = (112/80) kl. Tritonus	(0,525 m)
21.	Sesostris I.	49°24'	200 (105,23)	116 (61,25)	200 E (105 m) = 210 × 20/21	116 23 E (61,25 m)	76	49,4° = arctg (116 23/100) Kleinsterz	(0,525 m)
22.	Amenemhet II.	?	160 (84)	?	160 E (84 m) = 210 × 16/21	112 E (58,8 m)	75	54,46° = arctg (112/80) kl. Tritonus	(0,525 m)
23.	Sesostris II.	42°35'	200 (105,88)	48,65	200 E (105 m) = 210 × 20/21	93 1/3 E (49 m)	1415	43,02° = arctg (93 1/3/100) kl. Halbton	(0,525 m)
24.	Sesostris III.	56°	200 (105)	(61,25)	200 E (105 m) = 210 × 20/21	116 23 E (61,25 m)	76	49,4° = arctg (116 23/100) Kleistterz	(0,525 m)
25.	Amenemhet III. (Dahschur)	54-56°	200 (105)	143 (75)	200 E (105 m) = 210 × 20/21	142 67 E (75 m)	107	55° = arctg (142 67/100) gr. Tritonus	(0,525 m)
26.	Amenemhet III. (Hawara)	48-52°	200 (101,75)	(58)	200 E (101,5 m) = 210 × 20/21	114 27 E (58 m)	87	48,81° = arctg (114 27/100) übergr. Ganzton	(0,5075 m)
27.	Chendjer	55°	100 (52,5)	(37,35)	100 E (52,5 m) = 210 × 10/21	71 37 E (37,5 m)	107	55° = arctg (71 37/50) gr. Tritonus	(0,525 m)
28.	Unbekannt	?	175 (92)	?	175 E (91,875 m) = 210 × 5/6	116 23 E (61,25 m)	43	53,13° = arctg (116 23/87,5) Quarte	(0,525 m)
29.	Mazghuna-S	?	100 (52,5)	?	100 E (52,5 m) = 210 × 10/21	71 37 E (37,5 m)	107	55° = arctg (71 37/50) gr. Tritonus	(0,525 m)

Berechnung der Höhe der Pyramide des Merenre Nr 19, Nr. 28

(Altägyptischer Text kursiv) Nach der Regel der Übungsaufgabe Nr. 57 Papyrus Rhind:

Gegeben sei eine Pyramide, die Grundkante ist 175 Ellen (91,875 m.)
4/3 ist ihr Rücksprung. Wie ist ihre Höhe?
Um das auszurechnen, teile den Rücksprung durch 2, so erhältst du 2/3.
Nimm 2/3 von 175, das macht 2/3 x 175 = 116 2/3 Ellen (61,25 m). Dies ist ihre
Höhe.

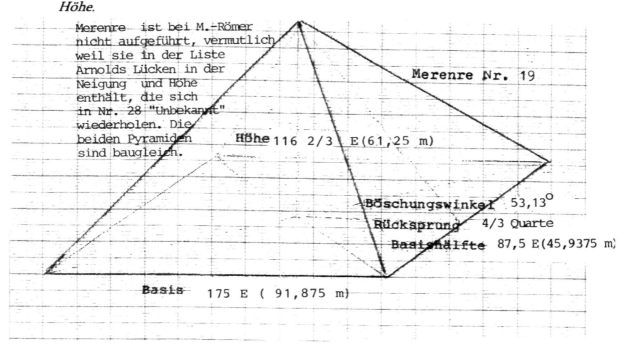

Merenre ist bei M.-Römer nicht aufgeführt, vermutlich weil sie in der Liste Arnolds Lücken in der Neigung und Höhe enthält, die sich in Nr. 28 "Unbekannt" wiederholen. Die beiden Pyramiden sind baugleich.

Merenre Nr. 19

Höhe 116 2/3 E (61,25 m)

Böschungswinkel 53,13°
Rücksprung 4/3 Quarte
Basishälfte 87,5 E (45,9375 m)

Basis 175 E (91,875 m)

Ab hier: Zusatz von F.W. Korff: du kannst auch 4/3/ von 87,5 nehmen: = 116 2/3 Ellen Höhe
Berechnung der ausgegrabenen Grundkantenmaße der Pyramide Merenre.
210 x 5/6 = 175 Ellen ist die Basislänge. Die Basishälfte ist dann 87,5 Ellen
(45,9375 m) lang. Der Rücksprung ist, wie schon gesagt, H/(B/2),(4/3).
Die Musikalität der Pyramide entsteht in einer Oktave antiker Tonart:
DIATONON MALAKON (1 x 21/20 x 10/9 x 8/7 x 9/8 x 21/20/ x 10/9 x 8/7 x 10/9 = 2)
Skalierung durch Boethius(2:1) erhalten. Merenre Nr 19 ist baugleich mit Unbekannt Nr.28 u.Sesostris III. Nr.24.

	C-Dur		
Basis 175 Ellen	c¹	175 Hz	
175: 10/9	h	157,5	
157,5:21/20	a	150	Der Rücksprung aus Tönen c-f
150 :9/8	g	133 1/3	formt die Pyramide des Merenre mit
133,333:8/7	f	116 2/3	dem Intervall einer Quarte (4/3),
116 2/3 :10/9	e	105	In Metern: 61,25 m / 45,9375 m = 4/3
105:21/20	d	100	BW arctg (4/3) = 53,13°
100: 8/7	c	87,5	

Musikalische Intervalle sind zahlengleich den harmonischen Proportionen der Architektur

Kapitel 18, Nr. 20 Amenemhet I. und Nr. 22 Amenemhet II.

Berechnung der Höhen Amenemhet I. Nr. 20 u. II. Nr.22 Pyramiden

Altägyptischer Text kursiv) Nach der Regel gemäß der Übungsaufgabe Nr. 57 im Papyrus Rhind:

Gegeben sei 2 Pyramiden, die Grundkante sind 160 Ellen (84 m).
7/5 ist ihr Rücksprung. Wie ist ihre Höhe?

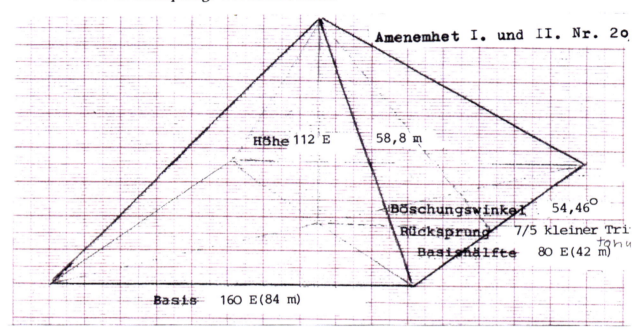

Um das auszurechnen, teile den Rücksprung durch 2, so erhältst du 7/10.
Nimm 7/10 von 160, das macht 160 x 7/10 = 112 Ellen (58,8) m. Dies ist ihre Höhe.

Ab hier: Zusatz von F.W. Korff: du kannst auch 7/5 zu 80 geben: = 112 Ellen Höhe.

Berechnung der ausgegrabenen Grundkantenmaße Amenemhetsp. I. u.II:
210 x 16/21 = 160 Ellen ist die Basislänge. Die Basishälfte ist dann 80 Ellen (42 m) lang. Der Rücksprung ist, wie schon gesagt, H/(B/2),(112/80 = 7/5)

Die Musikalität der Pyramiden entsteht durch eine Oktave antiker Tonart:
DIATONON MALAKON (1 x 21/20 x 10/9 x 8/7 x 9/8 x 21/20/ x 10/9 x 8/7 x 10/9 = 2)
Skalierung durch Ptolemaios(2:1) und Boethius erhalten.

	C-Dur	
Basis 160 Ellen	c¹	160 Hz
160:8/7	h	140
140:10/9	a	126 Der Rücksprung aus Tönen e-A
126:21/20	g	120 formen die Amenemhet I.u.II.-Pyramiden mit dem
120:9/8	f	106 2/3 Intervall eines kleinen Tritonus (112/80) = 7/5.
106 2/3:21/20	e	112 In Metern gemessen (58,8 m / 42 m = 7/5) = 1,4.
112:10/9	d	100,8 BW arctg (7/5) = 54,46°
100,8:21/20	c	96
96: 8/7	H	84
84:21/20	A	80

Musikalische Intervalle sind zahlengleich den harmonischen Proportionen der Architektur

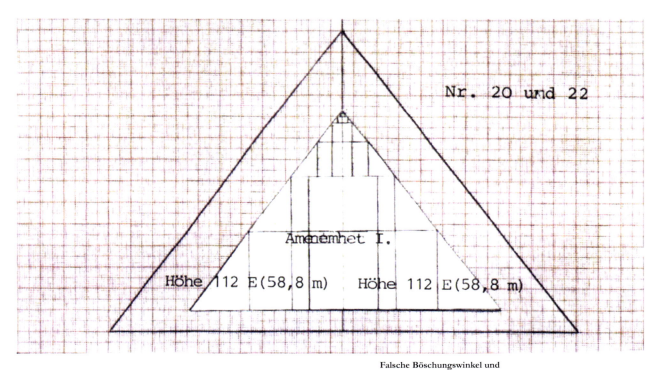

Nr. 20 und 22

Amenemhet I.

Höhe 112 E(58,8 m)   Höhe 112 E(58,8 m)

		Richtige Böschungswinkel		Falsche Böschungswinkel und Rücksprünge	
Nr. 1	Meidum	80/63 übergroße Terz	51,78°	51,84°	RS (28/22)
Nr. 2	Knickpyramide	10/9 kleiner Ganzton	48,01°		
Nr. 3	Dahschur – Nord	20/21 kleiner Halbton	43,60°	45°	RS (28/28)
Nr. 4	Cheops	80/63 übergroße Terz	51,78°	51,84°	RS (28/22)
Nr. 5	Djedefre	7/4 kleiner Septime	60,25°	52°?	RS? (14/11)
Nr. 6	Königsgrab	80/63 übergroße Terz 20/21 kleiner Halbton 4/3 Quarte	51,78° 43,60° 53,13°	51,84°	RS (14/11)
Nr. 7	Chephren	4/3 Quarte	53,13°	53,13°	RS (4/3)
Nr. 8	Mykerinus	5/4 große Terz	51,34°	51,84°	RS (28/22)
Nr. 9	Userkaf	4/3 Quarte	53,13°	53,13°	RS (4/3)
Nr. 10	Sahure	80/63 übergroße Terz	51,78°	50,19°	RS (90/75)
Nr. 11	Neferirkare	7/5 kleiner Tritonus	54,46°	54° angegeben	RS (7/5)
Nr. 12	Niuserre	80/63 übergroße Terz	51,78°	50,19°	RS (6/5)
Nr. 13	Neferefre	4/3 Quarte	53,13°	53,13°?	RS (75/100)
Nr. 14	Djedkare	80/63 übergroße Terz	51,78°	50,6°	RS (28/23)
Nr. 15	Unas	3/2 Quinte	56,30°	56° angegeben	RS (28/19)
Nr. 16	Teti	4/3 Quarte	53,13°	4 RSe fehlen	
Nr. 17	Pepi I.	4/3 Quarte	53,13°	4 RSe fehlen	
Nr. 18	Pepi II.	4/3 Quarte	53,13°	4 RSe fehlen	
Nr. 19	Merenre	4/3 Quarte	53,13°	4 RSe fehlen	
Nr. 20	Amenemhet I.	7/5 kleiner Tritonus	54,46°	52,69°	RS (21/16)
Nr. 21	Sesostris I.	7/6 Kleinstterz	49,4°	49,24°	RS (29/25)
Nr. 22	Amenemhet II.	7/5 kleiner Tritonus	54,46°	55,035°	RS (143/100)
Nr. 23	Sesostris II.	14/15 kleiner Halbton	43,02°	42,92°	RS (48,825/52,5)
Nr. 24	Sesostris III.	7/6 Kleinstterz	49,4°	49,24°	RS (29/25)
Nr. 25	Amenemhet III. (Dahschur)	10/7 großer Tritonus	55°	49,24°	RS (116/100)
Nr. 26	Amenemhet III. (Hawara)	8/7 übergroßer Ganzton	48,81°	47,84°	RS (116/105)
Nr. 27	Chendjer	10/7 großer Tritonus	55°	55°	RS (100/7)/1
Nr. 28	Unbekannt	4/3 Quarte	53,13°	53,13°	RS (4/3)
Nr. 29	Mazghuna – Süd	10/7 großer Tritonus	55°	55°	(75 m)/52,5 m

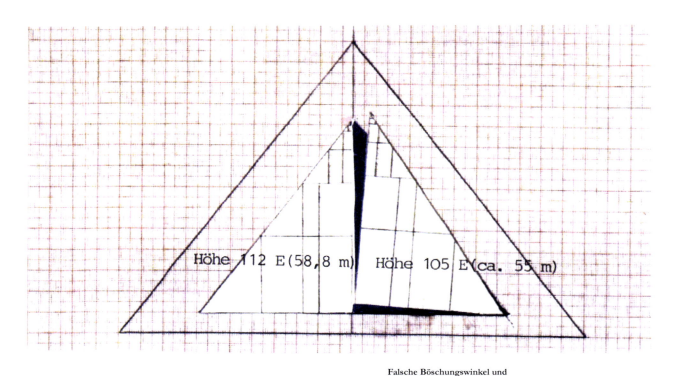

Höhe 112 E (58,8 m)   Höhe 105 E (ca. 55 m)

	Richtige Böschungswinkel			Falsche Böschungswinkel und Rücksprünge	
Nr. 1	Meidum	80/63 übergroße Terz	51,78°	51,84°	RS (28/22)
Nr. 2	Knickpyramide	10/9 kleiner Ganzton	48,01°		
Nr. 3	Dahschur – Nord	20/21 kleiner Halbton	43,60°	45°	RS (28/28)
Nr. 4	Cheops	80/63 übergroße Terz	51,78°	51,84°	RS (28/22)
Nr. 5	Djedefre	7/4 kleiner Septime	60,25°	52°?	RS? (14/11)
Nr. 6	Königsgrab	80/63 übergroße Terz 20/21 kleiner Halbton 4/3 Quarte	51,78° 43,60° 53,13°	51,84°	RS (14/11)
Nr. 7	Chephren	4/3 Quarte	53,13°	53,13°	RS (4/3)
Nr. 8	Mykerinus	5/4 große Terz	51,34°	51,84°	RS (28/22)
Nr. 9	Userkaf	4/3 Quarte	53,13°	53,13°	RS (4/3)
Nr. 10	Sahure	80/63 übergroße Terz	51,78°	50,19°	RS (90/75)
Nr. 11	Neferirkare	7/5 kleiner Tritonus	54,46°	54° angegeben	RS (7/5)
Nr. 12	Niuserre	80/63 übergroße Terz	51,78°	50,19°	RS (6/5)
Nr. 13	Neferefre	4/3 Quarte	53,13°	53,13°?	RS (75/100)
Nr. 14	Djedkare	80/63 übergroße Terz	51,78°	50,6°	RS (28/23)
Nr. 15	Unas	3/2 Quinte	56,30°	56° angegeben	RS (28/19)
Nr. 16	Teti	4/3 Quarte	53,13°	4 RSe fehlen	
Nr. 17	Pepi I.	4/3 Quarte	53,13°	4 RSe fehlen	
Nr. 18	Pepi II.	4/3 Quarte	53,13°	4 RSe fehlen	
Nr. 19	Merenre	4/3 Quarte	53,13°	4 RSe fehlen	
Nr. 20	Amenemhet I.	7/5 kleiner Tritonus	54,46°	52,69°	RS (21/16)
Nr. 21	Sesostris I.	7/6 Kleinstterz	49,4°	49,24°	RS (29/25)
Nr. 22	Amenemhet II.	7/5 kleiner Tritonus	54,46°	55,035°	RS (143/100)
Nr. 23	Sesostris II.	14/15 kleiner Halbton	43,02°	42,92°	RS (48,825/52,5)
Nr. 24	Sesostris III.	7/6 Kleinstterz	49,4°	49,24°	RS (29/25)
Nr. 25	Amenemhet III. (Dahschur)	10/7 großer Tritonus	55°	49,24°	RS (116/100)
Nr. 26	Amenemhet III. (Hawara)	8/7 übergroßer Ganzton	48,81°	47,84°	RS (116/105)
Nr. 27	Chendjer	10/7 großer Tritonus	55°	55°	RS (100/7)/1
Nr. 28	Unbekannt	4/3 Quarte	53,13°	53,13°	RS (4/3)
Nr. 29	Mazghuna – Süd	10/7 großer Tritonus	55°	55°	(75 m)/52,5 m

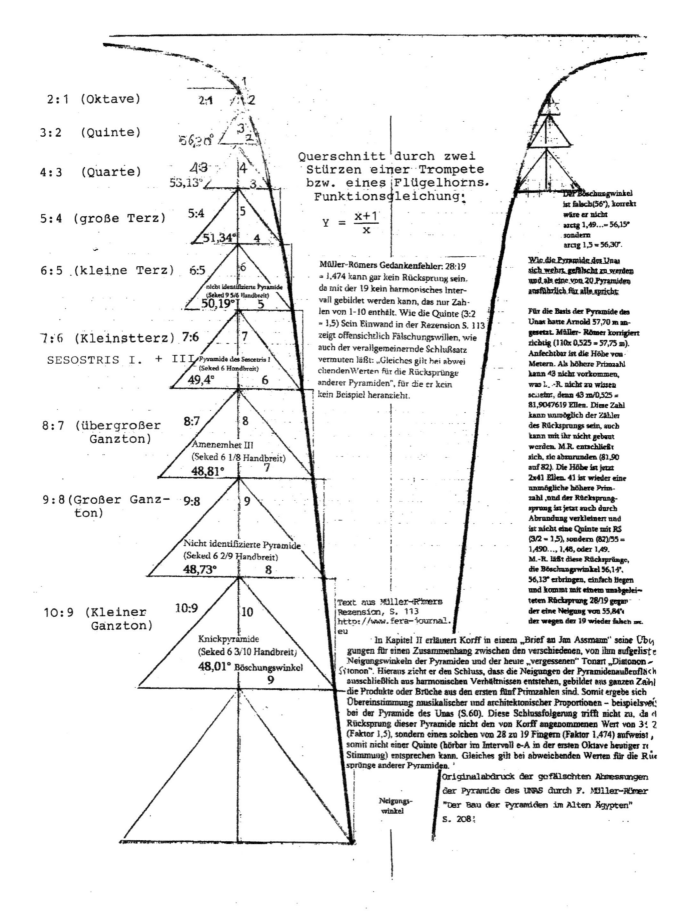

2:1 (Oktave)

3:2 (Quinte)

4:3 (Quarte)

5:4 (große Terz)

6:5 (kleine Terz)

7:6 (Kleinstterz)

SESOSTRIS I. + III

8:7 (übergroßer Ganzton)

9:8 (Großer Ganzton)

10:9 (Kleiner Ganzton)

Querschnitt durch zwei Stürzen einer Trompete bzw. eines Flügelhorns. Funktionsgleichung:

$$Y = \frac{x+1}{x}$$

Müller-Römers Gedankenfehler: 28:19 = 1,474 kann gar kein Rücksprung sein, da mit der 19 kein harmonisches Intervall gebildet werden kann, das nur Zahlen von 1-10 enthält. Wie die Quinte (3:2 = 1,5) Sein Einwand in der Rezension S. 113 zeigt offensichtlich Fälschungswillen, wie auch der verallgemeinernde Schlußsatz vermuten läßt: „Gleiches gilt bei abweichendenWerten für die Rücksprünge anderer Pyramiden", für die er kein kein Beispiel heranzieht.

Text aus Müller-Römers Rezension, S. 113
http://www.fera-journal.eu

Der Böschungwinkel ist falsch(56°), korrekt wäre er nicht arctg 1,49...= 56,15° sondern arctg 1,5 = 56,30°.

Wie die Pyramide des Unas sich wehrt, gefälscht zu werden und als eine von 20 Pyramiden ausführlich für alle spricht:

Für die Basis der Pyramide des Unas hatte Arnold 57,70 m angesetzt. Müller- Römer korrigiert richtig (110x 0,525 = 57,75 m). Anfechtbar ist die Höhe von Metern. Als höhere Primzahl kann 43 nicht vorkommen, was L.-R. nicht zu wissen scheint, denn 43 m/0,525 = 81,9047619 Ellen. Diese Zahl kann unmöglich der Zähler des Rücksprungs sein, auch kann mit ihr nicht gebaut werden. M.R. entschließt sich, sie abzurunden (81,90 auf 82). Die Höhe ist jetzt 2x41 Ellen. 41 ist wieder eine unmögliche höhere Primzahl ,und der Rücksprungsprung ist jetzt auch durch Abrundung verkleinert und ist nicht eine Quinte mit RS (3/2 = 1,5), sondern (82)/55 = 1,490..., 1,48, oder 1,49. M.-R. läßt diese Rücksprünge, die Böschungswinkel 56,14°, 56,13° erbringen, einfach liegen und kommt mit einem unabgeleiteten Rücksprung 28/19 gegen der eine Neigung von 55,84° der wegen der 19 wieder falsch ist.

In Kapitel II erläutert Korff in einem „Brief an Jan Assmann" seine Übengungen für einen Zusammenhang zwischen den verschiedenen, von ihm aufgelistete Neigungswinkeln der Pyramiden und der heute „vergessenen" Tonart „Distonon - Sitonon". Hieraus zieht er den Schluss, dass die Neigungen der Pyramidenaußenfläch ausschließlich aus harmonischen Verhältnissen entstehen, gebildet aus ganzen Zahl die Produkte oder Brüche aus den ersten fünf Primzahlen sind. Somit ergebe sich Übereinstimmung musikalischer und architektonischer Proportionen – beispielswei bei der Pyramide des Unas (S.60). Diese Schlussfolgerung trifft nicht zu, da d Rücksprung dieser Pyramide nicht den von Korff angenommenen Wert von 3: 2 (Faktor 1,5), sondern einen solchen von 28 zu 19 Fingern (Faktor 1,474) aufweist , somit nicht einer Quinte (hörbar im Intervall e-A in der ersten Oktave heutiger r Stimmung) entsprechen kann. Gleiches gilt bei abweichenden Werten für die Rüc sprünge anderer Pyramiden.

Originalabdruck der gefälschten Abmessungen der Pyramide des UNAS durch F. Müller-Römer "Der Bau der Pyramiden im Alten Ägypten" S. 208.

Kapitel 19, Nr. 21 Sesostris I. und Nr. 24 Sesostris III.

		Arnolds Liste (S. 200)			Vom Autor korrigierte Liste (geänderte Werte kursiv)				Verwendetes Ellenmaß
	Pyramide	Neigung	Basis	Höhe	Korrigierte Basislängen in *kursiver* Schrift	Korrigierte Pyramidenhöhen in *kursiver* Schrift	Rücksprungverhältnis: Höhe/Basishälfte	Böschungswinkel: Arcus Tangens H/(b:2)	
1.	Meidum M3	51°51'	275 (144,32)	(92)	*276 E (144,9 m)* = 210 × 46:35 =	*175:21 E (92 m)*	80:63	51,78° = arctg (175 5:21/138) übergr. Terz	(0,525 m)
2.	Knickpyramide (Snofru) oben	54°31' / 44°30'	360 (189)	200 (105)	360 E (189 m) = 210 × 12:7 =	200 E (105 m)	10:9	48,01° = arctg (200:180) kl. Ganzton	(0,525 m)
3.	Dahschur-Nord	45°	420 (220)	200 (105)	420 E (220,5 m) = 210 × 2:1 =	200 E (105 m)	20:21	43,60° = arctg (200:210) kl. Halbton	(0,525 m)
4.	Cheops 51,84°	51°50'40'''	440 (230,36)	280 (146,50)	441 E (230,36 m) = 210 × 21:10 =	280 E (146,26 m)	80:63	51,78° = arctg (280:220,5) übergr. Terz	(0,52236 m)
5.	Djedefre	60°	200 (105)	175 (92)	200 E (105 m) = 210 × 20:21 =	175 E (91,875 m)	7:4	60,25° = arctg (175:100) kl. Septime	(0,525 m)
6.	Königsgrab in Zawiet el-Arjan	? *drei Versionen möglich*	210 (110)	?	*210 E (110,25 m)* / *210 E (110,25 m)* / *210 E (110,25 m)*	133 1/3 E (70 m) / 100 E (52,5 m) / 140 E (73,5 m)	80:63 / 20:21 / 4:3	51,78° = arctg (133 1/3:205) übergr. Terz / 43,60° = arctg (100:105) kl. Halbton / 53,13° = arctg (140:105) Quarte	(0,525 m)
7.	Chephren	53°10'	410 (215,29)	275 (143,87)	410 E (215,25 m) = 210 × 41:21 =	273 1/3 E (143,5 m)	4:3	53,13° = arctg (273 1/3:205) Quarte	(0,525 m)
8.	Mykerinus	51°	200 (105,5)	125 (65,55)	200 E (105,5 m) = 210 × 20:21 =	125 E (65,9375 m)	5:4	51,34° = arctg (125:100) gr. Terz	(0,5275 m)
9.	Userkaf	53°	140 (73,3)	94 (49)	140 E (73,5 m) = 210 × 2:3 =	93 1/3 E (49 m)	4:3	53,13° = arctg (93 1/3:70) Quarte	(0,525 m)
10.	Sahure	50°45'	150 (78,5)	(50)	150 E (78,75 m) = 210 × 5:7 =	95 5:21 E (50 m)	80:63	51,78° = arctg (95 5:21/75) übergr. Terz	(0,525 m)
11.	Neferirkare	54°30'	150 (78,5)	(72,8)	200 E (105 m) = 210 × 20:21 =	140 E (73,5 m)	7:5	54,46° = arctg (140:100) kl. Tritonus	(0,525 m)
12.	Niuserre	52°	150 (78,90)	(50)	150 E (78,75 m) = 210 × 5:7 =	95 5:21 E (50 m)	80:63	51,78° = arctg (95 5:21/75) übergr. Terz	(0,525 m)
13.	Neferefre	?	125 (65)	?	125 E (65,625 m) = 210 × 25:42 =	83 1/3 E (43,75 m)	4:3	53,13° = arctg (83 1/3:62,5) Quarte	(0,525 m)
14.	Djedkare	52°	150 (78,90)	?	150 E (78,75 m) = 210 × 5:7 =	95 5:21 E (50 m)	80:63	51,78° = arctg (95 5:21/75) übergr. Terz	(0,525 m)
15.	Unas	56°	110 (57,70)	(43)	110 E (57,75 m) = 210 × 11:21 =	82 1/2 E (43,3125 m)	3:2	56,30° = arctg (82,5:55) Quinte	(0,525 m)
16.	Teti	?	150 (78,75)	100 (52,5)	150 E (78,75 m) = 210 × 5:7 =	100 E (52,5 m)	4:3	53,13° = arctg (100:75) Quarte	(0,525 m)
17.	Pepi I.	53°	150 (78,6)	100 (52,4)	150 E (78,6 m) = 210 × 5:7 =	100 E (52,4 m)	4:3	53,13° = arctg (100:75) Quarte	(0,524 m)
18.	Pepi II.	53°13'	150 (78,75)	100 (52,5)	150 E (78,75 m) = 210 × 5:7 =	100 E (52,5 m)	4:3	53,13° = arctg (100:75) Quarte	(0,525 m)
19.	Merenre	?	175 (90-95)	?	175 E (91,875 m) = 210 × 5:6 =	116 2:3 E (61,25 m)	4:3	53,13° = arctg (116 2:3/87,5) Quarte	(0,525 m)
20.	Amenemhet I.	54°	160 (84)	112 (59)	160 E (84 m) = 210 × 16:21 =	112 E (58,8 m)	7:5	54,46° = arctg = (112:80) kl. Tritonus	(0,525 m)
21.	Sesostris I.	49°24'	200 (105,23)	116 (61,25)	200 E (105 m) = 210 × 20:21 =	116 2:3 E (61,25 m)	7:6	49,4° = arctg (116 2:3/100) Kleinsterz	(0,525 m)
22.	Amenemhet II.	?	160 (84)	?	160 E (84 m) = 210 × 16:21 =	112 E (58,8 m)	7:5	54,46° = arctg (112:80) kl. Tritonus	(0,525 m)
23.	Sesostris II.	42°35'	200 (105,88)	48,65	200 E (105 m) = 210 × 20:21 =	93 1/3 E (49 m)	14:15	43,02° = arctg (93 1/3:100) kl. Halbton	(0,525 m)
24.	Sesostris III.	56°	200 (105)	(61,25)	200 E (105 m) = 210 × 20:21 =	116 2:3 E (61,25 m)	7:6	49,4° = arctg (116 2:3/100) Kleinsterz	(0,525 m)
25.	Amenemhet III. (Dahschur)	54-56°	200 (105)	143 (75)	200 E (105 m) = 210 × 20:21 =	142 6:7 E (75 m)	10:7	55° = arctg (142 6:7/100) gr. Tritonus	(0,525 m)
26.	Amenemhet III. (Hawara)	48-52°	200 (101,75)	(58)	200 E (101,5 m) = 210 × 20:21 =	114 2:7 E (58 m)	8:7	48,81° = arctg (114 2:7/100) übergr. Ganzton	(0,5075 m)
27.	Chendjer	55°	100 (52,5)	(37,35)	100 E (52,5 m) = 210 × 10:21 =	71 3:7 E (37,5 m)	10:7	55° = arctg (71 3:7/50) gr. Tritonus	(0,525 m)
28.	Unbekannt	?	175 (92)	?	175 E (91,875 m) = 210 × 5:6 =	116 2:3 E (61,25 m)	4:3	53,13° = arctg (116 2:3/87,5) Quarte	(0,525 m)
29.	Mazghuna-S		100 (52,5)	?	100 E (52,5 m) = 210 × 10:21 =	71 3:7 E (37,5 m)	10:7	55° = arctg (71 3:7/50) gr. Tritonus	(0,525 m)

Berechnung der Höhe der Pyramide des Sesostris I.

(Altägyptischer Text kursiv) Nach der Regel der Übungsaufgabe Nr. 57 Papyrus Rindt:

„Gegeben sei eine Pyramide, die Grundkante ist 200 Ellen (105 m).
7/6 ist ihr Rücksprung. Wie ist ihre Höhe?

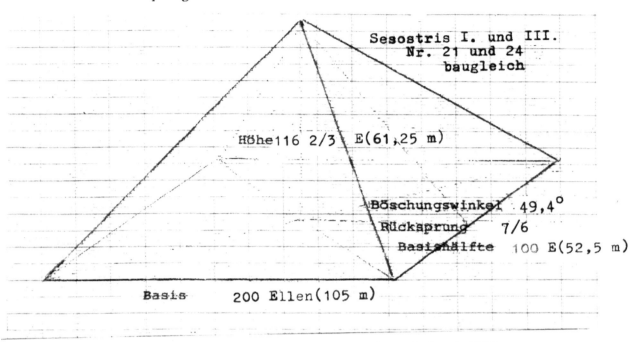

Sesostris I. und III.
Nr. 21 und 24
baugleich

Höhe 116 2/3 E(61,25 m)

Böschungswinkel 49,4°
Rücksprung 7/6
Basishälfte 100 E(52,5 m)

Basis 200 Ellen(105 m)

Um das auszurechnen, teile den Rücksprung durch 2, erhältst du 7/12.
Nimm 7/12 von 200, das macht 7/12 x 200 = 116/2/3 Ellen(61,25 m). Dies ist
ihre Höhe."

Ab hier: Zusatz von F.W. Korff: Du kannst auch 7/6 zu 100 geben: 7/6 x 100 = 116 2/3 E Höhe

Berechnung der ausgegrabenen Grundkantenmaße der Pyramide des Sesostris I.

210 x 20/21 = 200 Ellen ist die Basislänge. Die Basishälfte ist dann 100 Ellen
(52,5 m) lang. Rücksprung, wie schon gesagt, H/(B/2) ist 116 2/3 / 100 = 7/6.
**Die Musikalität der Pyramide des Sesostris I. entsteht in einer Oktave antiker
Tonart** DIATONON MALAKON 1x 8/7 x 10/9 x 21/20 x 9/8 x 8/7 x 10/9 x 21/20 = 2
Skalierung durch Ptolemaios und Boethius erhalten. Die verbaute Elle ist 1 E = 0,525 m.

	C-Dur		
Basis 200 Ellen	c¹	200 Hz	
200:8/7	b	175	
175:10/9	a	157,5	
157,5:21/20	g	150	Der Rücksprung aus Tönen c-e˙
150:9/8	f	133 1/3	formt die Sesostris I. -Pyramide mit
133 1/3:8/7	e˙	116 2/3	dem Intervall 116 2/3/100 Kleinstterz
116 2/3:10/9	d	105	RS in m: 61,25 m / 52,5 m = 7/6
105:21/20	c	100	BW arctg (7/6) = 49,4°

Musikalische Intervalle sind zahlengleich den harmonischen Proportionen der Architektur

Berechnung der Höhe der Pyramide Sesostris III., Nr. 24

(Altägyptischer Text kursiv).Nach der Regel der Übungsaufgabe Nr. 57 Papyrus Rindt:
„Gegeben sei eine Pyramide, die Grundkante ist 200 Ellen (105 m).
7/6 ist ihr Rücksprung. Wie ist ihre Höhe?"

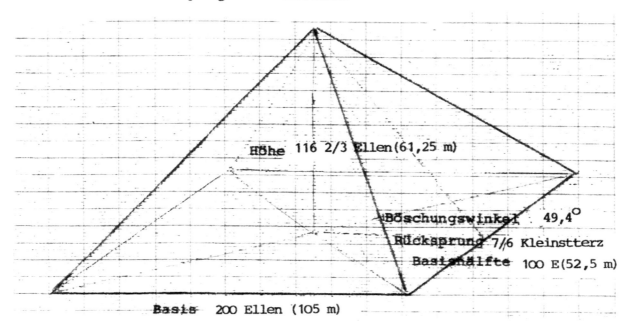

Höhe 116 2/3 Ellen (61,25 m)

Böschungswinkel 49,4°

Rücksprung 7/6 Kleinstterz

Basishälfte 100 E (52,5 m)

Basis 200 Ellen (105 m)

Um das auszurechnen, teile den Rücksprung durch 2, erhältst Du 7/12.
Nimm 7/12 von 200, das macht 7/12 x 200 = 116 2/3 (61,25 m). Dies ist ihre
Höhe."

Ab hier: Zusatz von F. W.Korff: Du kannst auch 7/6 zu 100 geben: 7/6 x100 = 116 2/3 E Höhe
Berechnung der ausgegrabenen Grundkantenmaße der Pyramide des
Sesostris III.
210 x 20/21 = 200 Ellen ist die Basislänge. Die Basishälfte ist dann 100 Ellen
(52,5 m) lang. Rücksprung, wie schon gesagt, H/(B/2) ist 116 2/3/ 100 = 7/6.
Die Musikalität der Pyramide des Sesostris III. entsteht in einer Oktave
antiker Tonart DIATONON MALAKON 1x8/7 x 10/9 x 21/20 x 9/8 x 8/7 x10/9 x
21/20 = 2. Die Skalierung ist durch Boethius erhalten. Die Elle ist =0,525 m

C-Dur

Basis 200 Ellen	c'	200 Hz	
200:8/7	b	175	
175:10/9	a	157,5	
157,5:21/20	g	150	Der Rücksprung aus den Tönen e-c
150:9/8	f	133 1/3	formt die Pyramide des Sesostris III. mit dem antiken Intervall der Kleinstterz
133 1/3:8/7	e	116 2/3	(116 2/3)/100 = 7/6, BW arctg (7/6) = 49,4°
116 2/3: 10/9	d	105	
105: 21/20	c	100	

Musikalische Intervalle sind zahlengleich den harmonischen Proportionen der Architektur

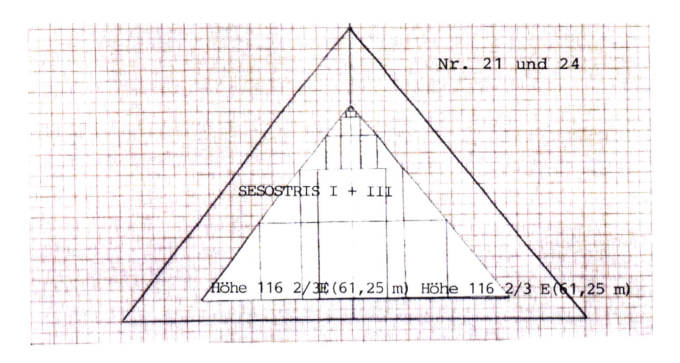

		Richtige Böschungswinkel			Falsche Böschungswinkel und Rücksprünge	
Nr. 1	Meidum	80/63 übergroße Terz	51,78°	51,84°	RS (28/22)
Nr. 2	Knickpyramide	10/9 kleiner Ganzton	48,01°		
Nr. 3	Dahschur – Nord	20/21 kleiner Halbton	43,60°	45°	RS (28/28)
Nr. 4	Cheops	80/63 übergroße Terz	51,78°	51,84°	RS (28/22)
Nr. 5	Djedefre	7/4 kleiner Septime	60,25°	52°?	RS? (14/11)
Nr. 6	Königsgrab	80/63 übergroße Terz 20/21 kleiner Halbton 4/3 Quarte	51,78° 43,60° 53,13°	51,84°	RS (14/11)
Nr. 7	Chephren	4/3 Quarte	53,13°	53,13°	RS (4/3)
Nr. 8	Mykerinus	5/4 große Terz	51,34°	51,84°	RS (28/22)
Nr. 9	Userkaf	4/3 Quarte	53,13°	53,13°	RS (4/3)
Nr. 10	Sahure	80/63 übergroße Terz	51,78°	50,19°	RS (90/75)
Nr. 11	Neferirkare	7/5 kleiner Tritonus	54,46°	54° angegeben	RS (7/5)
Nr. 12	Niuserre	80/63 übergroße Terz	51,78°	50,19°	RS (6/5)
Nr. 13	Neferefre	4/3 Quarte	53,13°	53,13°?	RS (75/100)
Nr. 14	Djedkare	80/63 übergroße Terz	51,78°	50,6°	RS (28/23)
Nr. 15	Unas	3/2 Quinte	56,30°	56° angegeben	RS (28/19)
Nr. 16	Teti	4/3 Quarte	53,13°	4 RSe fehlen	
Nr. 17	Pepi I.	4/3 Quarte	53,13°	4 RSe fehlen	
Nr. 18	Pepi II.	4/3 Quarte	53,13°	4 RSe fehlen	
Nr. 19	Merenre	4/3 Quarte	53,13°	4 RSe fehlen	
Nr. 20	Amenemhet I.	7/5 kleiner Tritonus	54,46°	52,69°	RS (21/16)
Nr. 21	Sesostris I.	7/6 Kleinstterz	49,4°	49,24°	RS (29/25)
Nr. 22	Amenemhet II.	7/5 kleiner Tritonus	54,46°	55,035°	RS (143/100)
Nr. 23	Sesostris II.	14/15 kleiner Halbton	43,02°	42,92°	RS (48,825/52,5)
Nr. 24	Sesostris III.	7/6 Kleinstterz	49,4°	49,24°	RS (29/25)
Nr. 25	Amenemhet III. (Dahschur)	10/7 großer Tritonus	55°	49,24°	RS (116/100)
Nr. 26	Amenemhet III. (Hawara)	8/7 übergroßer Ganzton	48,81°	47,84°	RS (116/105)
Nr. 27	Chendjer	10/7 großer Tritonus	55°	55°	RS (100/7)/1
Nr. 28	Unbekannt	4/3 Quarte	53,13°	53,13°	RS (4/3)
Nr. 29	Mazghuna – Süd	10/7 großer Tritonus	55°	55°	(75 m)/52,5 m

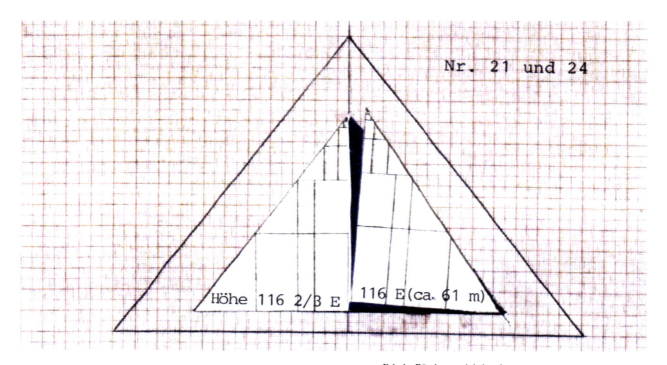

	Richtige Böschungswinkel			Falsche Böschungswinkel und Rücksprünge	
Nr. 1	Meidum	80/63 übergroße Terz	51,78°	51,84°	RS (28/22)
Nr. 2	Knickpyramide	10/9 kleiner Ganzton	48,01°		
Nr. 3	Dahschur – Nord	20/21 kleiner Halbton	43,60°	45°	RS (28/28)
Nr. 4	Cheops	80/63 übergroße Terz	51,78°	51,84°	RS (28/22)
Nr. 5	Djedefre	7/4 kleiner Septime	60,25°	52°?	RS? (14/11)
Nr. 6	Königsgrab	80/63 übergroße Terz 20/21 kleiner Halbton 4/3 Quarte	51,78° 43,60° 53,13°	51,84°	RS (14/11)
Nr. 7	Chephren	4/3 Quarte	53,13°	53,13°	RS (4/3)
Nr. 8	Mykerinus	5/4 große Terz	51,34°	51,84°	RS (28/22)
Nr. 9	Userkaf	4/3 Quarte	53,13°	53,13°	RS (4/3)
Nr. 10	Sahure	80/63 übergroße Terz	51,78°	50,19°	RS (90/75)
Nr. 11	Neferirkare	7/5 kleiner Tritonus	54,46°	54° angegeben	RS (7/5)
Nr. 12	Niuserre	80/63 übergroße Terz	51,78°	50,19°	RS (6/5)
Nr. 13	Neferefre	4/3 Quarte	53,13°	53,13°?	RS (75/100)
Nr. 14	Djedkare	80/63 übergroße Terz	51,78°	50,6°	RS (28/23)
Nr. 15	Unas	3/2 Quinte	56,30°	56° angegeben	RS (28/19)
Nr. 16	Teti	4/3 Quarte	53,13°	4 RSe fehlen	
Nr. 17	Pepi I.	4/3 Quarte	53,13°	4 RSe fehlen	
Nr. 18	Pepi II.	4/3 Quarte	53,13°	4 RSe fehlen	
Nr. 19	Merenre	4/3 Quarte	53,13°	4 RSe fehlen	
Nr. 20	Amenemhet I.	7/5 kleiner Tritonus	54,46°	52,69°	RS (21/16)
Nr. 21	Sesostris I.	7/6 Kleinstterz	49,4°	49,24°	RS (29/25)
Nr. 22	Amenemhet II.	7/5 kleiner Tritonus	54,46°	55,035°	RS (143/100)
Nr. 23	Sesostris II.	14/15 kleiner Halbton	43,02°	42,92°	RS (48,825/52,5)
Nr. 24	Sesostris III.	7/6 Kleinstterz	49,4°	49,24°	RS (29/25)
Nr. 25	Amenemhet III. (Dahschur)	10/7 großer Tritonus	55°	49,24°	RS (116/100)
Nr. 26	Amenemhet III. (Hawara)	8/7 übergroßer Ganzton	48,81°	47,84°	RS (116/105)
Nr. 27	Chendjer	10/7 großer Tritonus	55°	55°	RS (100/7)/1
Nr. 28	Unbekannt	4/3 Quarte	53,13°	53,13°	RS (4/3)
Nr. 29	Mazghuna – Süd	10/7 großer Tritonus	55°	55°	(75 m)/52,5 m

Abb. 26 aus: Stadelmann (1997): Tafel 77 a Lahun. Pyramide des Sesostris II. Das sternförmige Kalksteingerippe ist auf der Südseite deutlich erkennbar. Erstmals wurde als Füllung Ziegel verwandt.

Abb. 27 aus: Stadelmann (1997): Tafel 77 b Dahschur. Ziegelpyramide des Sesostris III. Sesostris hat die Konstruktionsweise mittels eines Steingerippes wieder aufgeben und eine reine Ziegelpyramide mit Kalksteinverkleidung errichtet.

Berechnung der Höhe der Pyramide des Sesostris II. Nr. 23

(Altägyptischer Text kursiv) Nach der Regel der Übungsaufgabe Nr. 57 Papyrus Rindt:

„Gegeben sei eine Pyramide, die Grundkante ist 200 Ellen (105 m).
14/15 ist ihr Rücksprung. Wie ist ihre Höhe?

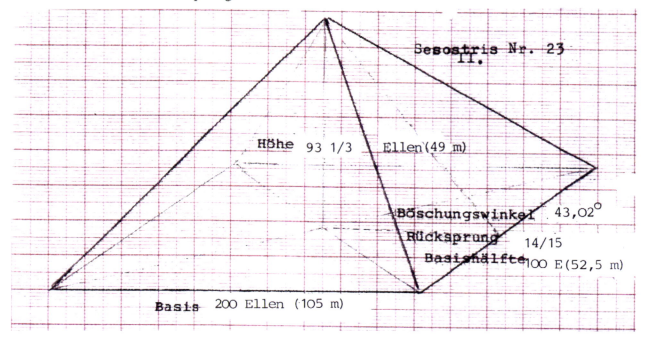

Um das auszurechnen, teile den Rücksprung durch 2, erhältst du 14/30.
Nimm 14/30 von 200, das macht 14/30 x 200 = 93 13 Ellen(49 m). Dies ist ihre
Höhe. "

Ab hier: Zusatz von F.W. Korff: Du kannst auch 14/15 zu 100 geben: 14/15/ x 100 = 93 1/13 E Höhe

Berechnung der ausgegrabenen Grundkantenmaße der Pyramide des Sesostris II.

210 x 20/21 = 200 Ellen ist die Basislänge. Die Basishälfte ist dann 100 Ellen
(52,5 m) lang. Rücksprung, wie schon gesagt, H/(B/2) ist 93 1/3 / 100=14/15.
Die Musikalität der Pyramide zu Meidum entsteht in einer Oktave antiker
Tonart DIATONON MALAKON 1x 8/7 x 10/9 x 21/20 x 9/8 x 8/7 x 10/9 x 21/20 = 2
Skalierung surch Boethius erhalten. Die Elle ist 0,525 m

	C-Dur		
Basis 200 Ellen	c^1	200 Hz	
200:8/7	b	175	
175:10/9	a	157,5	
157,5:21/20	g	150	Der Rücksprung aus Tönen c-H
150:9/8	f	133 1/3	formt die Pyramide des Sesostris II. mit
133 1/3:8/7	<u>e</u>	116 2/3	dem unterteiligem Intervall des kl. Halbtons
116 2/3: 10/9	d	105	100 x 14/15 = 93 1/3., Intervall
105: 21/20	c	<u>100</u>	in m: 49 m / 52,5 m = 14/15
100:15/14	H	<u>93 1/3</u>	BW arctg (14/15) = 43,02°

Musikalische Intervalle sind zahlengleich den harmonischen Proportionen der Architektur

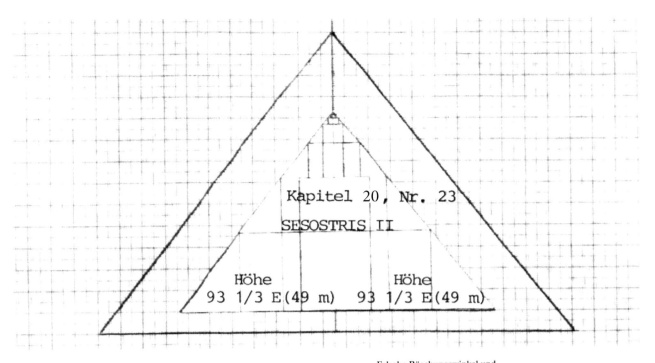

Kapitel 20 , Nr. 23

SESOSTRIS II

Höhe
93 1/3 E (49 m)

Höhe
93 1/3 E (49 m)

Richtige Böschungswinkel				Falsche Böschungswinkel und Rücksprünge	
Nr. 1	Meidum	80/63 übergroße Terz	51,78°	51,84°	RS (28/22)
Nr. 2	Knickpyramide	10/9 kleiner Ganzton	48,01°		
Nr. 3	Dahschur – Nord	20/21 kleiner Halbton	43,60°	45°	RS (28/28)
Nr. 4	Cheops	80/63 übergroße Terz	51,78°	51,84°	RS (28/22)
Nr. 5	Djedefre	7/4 kleiner Septime	60,25°	52°?	RS? (14/11)
Nr. 6	Königsgrab	80/63 übergroße Terz 20/21 kleiner Halbton 4/3 Quarte	51,78° 43,60° 53,13°	51,84°	RS (14/11)
Nr. 7	Chephren	4/3 Quarte	53,13°	53,13°	RS (4/3)
Nr. 8	Mykerinus	5/4 große Terz	51,34°	51,84°	RS (28/22)
Nr. 9	Userkaf	4/3 Quarte	53,13°	53,13°	RS (4/3)
Nr. 10	Sahure	80/63 übergroße Terz	51,78°	50,19°	RS (90/75)
Nr. 11	Neferirkare	7/5 kleiner Tritonus	54,46°	54° angegeben	RS (7/5)
Nr. 12	Niuserre	80/63 übergroße Terz	51,78°	50,19°	RS (6/5)
Nr. 13	Neferefre	4/3 Quarte	53,13°	53,13°?	RS (75/100)
Nr. 14	Djedkare	80/63 übergroße Terz	51,78°	50,6°	RS (28/23)
Nr. 15	Unas	3/2 Quinte	56,30°	56° angegeben	RS (28/19)
Nr. 16	Teti	4/3 Quarte	53,13°	4 RSe fehlen	
Nr. 17	Pepi I.	4/3 Quarte	53,13°	4 RSe fehlen	
Nr. 18	Pepi II.	4/3 Quarte	53,13°	4 RSe fehlen	
Nr. 19	Merenre	4/3 Quarte	53,13°	4 RSe fehlen	
Nr. 20	Amenemhet I.	7/5 kleiner Tritonus	54,46°	52,69°	RS (21/16)
Nr. 21	Sesostris I.	7/6 Kleinstterz	49,4°	49,24°	RS (29/25)
Nr. 22	Amenemhet II.	7/5 kleiner Tritonus	54,46°	55,035°	RS (143/100)
Nr. 23	Sesostris II.	14/15 kleiner Halbton	43,02°	42,92°	RS (48,825/52,5)
Nr. 24	Sesostris III.	7/6 Kleinstterz	49,4°	49,24°	RS (29/25)
Nr. 25	Amenemhet III. (Dahschur)	10/7 großer Tritonus	55°	49,24°	RS (116/100)
Nr. 26	Amenemhet III. (Hawara)	8/7 übergroßer Ganzton	48,81°	47,84°	RS (116/105)
Nr. 27	Chendjer	10/7 großer Tritonus	55°	55°	RS (100/7)/1
Nr. 28	Unbekannt	4/3 Quarte	53,13°	53,13°	RS (4/3)
Nr. 29	Mazghuna – Süd	10/7 großer Tritonus	55°	55°	(75 m)/52,5 m

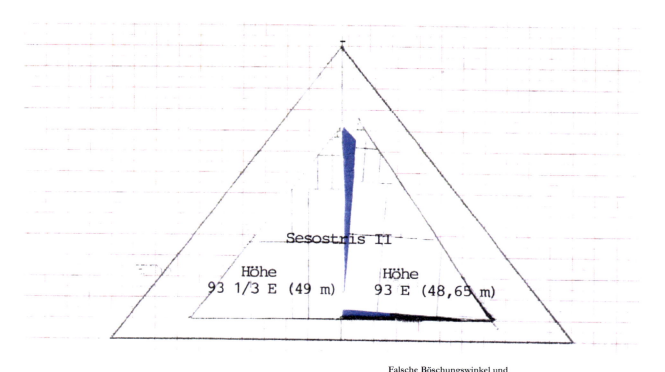

Sesostris II

Höhe
93 1/3 E (49 m)

Höhe
93 E (48,65 m)

	Richtige Böschungswinkel			Falsche Böschungswinkel und Rücksprünge	
Nr. 1	Meidum	80/63 übergroße Terz	51,78°	51,84°	RS (28/22)
Nr. 2	Knickpyramide	10/9 kleiner Ganzton	48,01°		
Nr. 3	Dahschur – Nord	20/21 kleiner Halbton	43,60°	45°	RS (28/28)
Nr. 4	Cheops	80/63 übergroße Terz	51,78°	51,84°	RS (28/22)
Nr. 5	Djedefre	7/4 kleiner Septime	60,25°	52°?	RS? (14/11)
Nr. 6	Königsgrab	80/63 übergroße Terz 20/21 kleiner Halbton 4/3 Quarte	51,78° 43,60° 53,13°	51,84°	RS (14/11)
Nr. 7	Chephren	4/3 Quarte	53,13°	53,13°	RS (4/3)
Nr. 8	Mykerinus	5/4 große Terz	51,34°	51,84°	RS (28/22)
Nr. 9	Userkaf	4/3 Quarte	53,13°	53,13°	RS (4/3)
Nr. 10	Sahure	80/63 übergroße Terz	51,78°	50,19°	RS (90/75)
Nr. 11	Neferirkare	7/5 kleiner Tritonus	54,46°	54° angegeben	RS (7/5)
Nr. 12	Niuserre	80/63 übergroße Terz	51,78°	50,19°	RS (6/5)
Nr. 13	Neferefre	4/3 Quarte	53,13°	53,13°?	RS (75/100)
Nr. 14	Djedkare	80/63 übergroße Terz	51,78°	50,6°	RS (28/23)
Nr. 15	Unas	3/2 Quinte	56,30°	56° angegeben	RS (28/19)
Nr. 16	Teti	4/3 Quarte	53,13°	4 RSe fehlen	
Nr. 17	Pepi I.	4/3 Quarte	53,13°	4 RSe fehlen	
Nr. 18	Pepi II.	4/3 Quarte	53,13°	4 RSe fehlen	
Nr. 19	Merenre	4/3 Quarte	53,13°	4 RSe fehlen	
Nr. 20	Amenemhet I.	7/5 kleiner Tritonus	54,46°	52,69°	RS (21/16)
Nr. 21	Sesostris I.	7/6 Kleinstterz	49,4°	49,24°	RS (29/25)
Nr. 22	Amenemhet II.	7/5 kleiner Tritonus	54,46°	55,035°	RS (143/100)
Nr. 23	Sesostris II.	14/15 kleiner Halbton	43,02°	42,92°	RS (48,825/52,5)
Nr. 24	Sesostris III.	7/6 Kleinstterz	49,4°	49,24°	RS (29/25)
Nr. 25	Amenemhet III. (Dahschur)	10/7 großer Tritonus	55°	49,24°	RS (116/100)
Nr. 26	Amenemhet III. (Hawara)	8/7 übergroßer Ganzton	48,81°	47,84°	RS (116/105)
Nr. 27	Chendjer	10/7 großer Tritonus	55°	55°	RS (100/7)/1
Nr. 28	Unbekannt	4/3 Quarte	53,13°	53,13°	RS (4/3)
Nr. 29	Mazghuna – Süd	10/7 großer Tritonus	55°	55°	(75 m)/52,5 m

	Pyramide	Arnolds Liste (S. 200)			Vom Autor korrigierte Liste (geänderte Werte kursiv)				Verwendetes Ellenmaß
		Neigung	Basis	Höhe	Korrigierte Basislängen in *kursiver* Schrift	Korrigierte Pyramidenhöhen in *kursiver* Schrift	Rücksprungverhältnis: Höhe/Basishälfte	Böschungswinkel: Arcus Tangens H/(b2)	
1.	Meidum M3	51°51'	275 (144,32)	(92)	210 × 46/35 = *276 E (144,9 m)*	*175 5/21 E (92 m)*	80/63	51,78° = arctg (175 5/21/138) übergr. Terz	(0,525 m)
2.	Knickpyramide (Snofru) oben	54°31' / 44°30'	360 (189)	200 (105)	210 × 12/7 = 360 E (189 m)	200 E (105 m)	10/9	48,01° = arctg (200/180) kl. Ganzton	(0,525 m)
3.	Dahschur-Nord	45°	420 (220)	200 (105)	210 × 2/1 = 420 E (220,5 m)	200 E (105 m)	20/21	43,60° = arctg (200/210) kl. Halbton	(0,525 m)
4.	Cheops 51,84°	51°50'40'''	440 (230,36)	280 (146,50)	210 × 21/10 = 441 E (230,36 m)	280 E (146,26 m)	80/63	51,78° = arctg (280/220,5) übergr. Terz	(0,52236 m)
5.	Djedefre	60°	200 (105)	175 (92)	210 × 20/21 = 200 E (105 m)	175 E (91,875 m)	7/4	60,25° = arctg (175/100) kl. Septime	(0,525 m)
6.	Königsgrab in Zawiet el-Arjan	?	210 (110)	? drei Versionen möglich	210 E (110,25 m) / 210 E (110,25 m) / 210 E (110,25 m)	133 1/3 E (70 m) / 100 E (52,5 m) / 140 E (73,5 m)	80/63 / 20/21 / 4/3	51,78° = arctg (133 1/3/105) übergr. Terz / 43,60° = arctg (100/105) kl. Halbton / 53,13° = arctg (140/105) Quarte	(0,525 m)
7.	Chephren	53°10'	410 (215,29)	275 (143,87)	210 × 41/21 = 410 E (215,25 m)	273 1/3 E (143,5 m)	4/3	53,13° = arctg (273 1/3/205) Quarte	(0,525 m)
8.	Mykerinus	51°	200 (105,5)	125 (65,55)	210 × 20/21 = 200 E (105,5 m)	125 E (65,9375 m)	5/4	51,34° = arctg (125/100) gr. Terz	(0,5275 m)
9.	Userkaf	53°	140 (73,3)	94 (49)	210 × 2/3 = 140 E (73,5 m)	93 1/3 E (49 m)	4/3	53,13° = arctg (93 1/3/70) Quarte	(0,525 m)
10.	Sahure	50°45'	150 (78,5)	(50)	210 × 5/7 = 150 E (78,75 m)	95 5/21 E (50 m)	80/63	51,78° = arctg (95 5/21/75) übergr. Terz	(0,525 m)
11.	Neferirkare	54°30'	200 (105)	(72,8)	210 × 20/21 = 200 E (105 m)	140 E (73,5 m)	7/5	54,46° = arctg (140/100) kl. Tritonus	(0,525 m)
12.	Niuserre	52°	150 (78,90)	(50)	210 × 5/7 = 150 E (78,75 m)	95 5/21 E (50 m)	80/63	51,78° = arctg (95 5/21/75) übergr. Terz	(0,525 m)
13.	Neferefre	?	125 (65)	?	210 × 25/42 = 125 E (65,625 m)	83 1/3 E (43,75 m)	4/3	53,13° = arctg (83 1/3/62,5) Quarte	(0,525 m)
14.	Djedkare	52°	150 (78,90)	?	210 × 5/7 = 150 E (78,75 m)	95 5/21 E (50 m)	80/63	51,78° = arctg (95 5/21/75) übergr. Terz	(0,525 m)
15.	Unas	56°	110 (57,70)	(43)	210 × 11/21 = 110 E (57,75 m)	82 ½ E (43,3125 m)	3/2	56,30° = arctg (82,5/55) Quinte	(0,525 m)
16.	Teti	?	150 (78,75)	100 (52,5)	210 × 5/7 = 150 E (78,75 m)	100 E (52,5 m)	4/3	53,13° = arctg (100/75) Quarte	(0,525 m)
17.	Pepi I.	53°	150 (78,6)	100 (52,4)	210 × 5/7 = 150 E (78,6 m)	100 E (52,4 m)	4/3	53,13° = arctg (100/75) Quarte	(0,524 m)
18.	Pepi II.	53°13'	150 (78,75)	100 (52,5)	210 × 5/7 = 150 E (78,75 m)	100 E (52,5 m)	4/3	53,13° = arctg (100/75) Quarte	(0,525 m)
19.	Merenre	?	175 (90–95)	?	210 × 5/6 = 175 E (91,875 m)	116 2/3 E (61,25 m)	4/3	53,13° = arctg (116 2/3/87,5) Quarte	(0,525 m)
20.	Amenemhet I.	54°	160 (84)	112 (59)	210 × 16/21 = 160 E (84 m)	112 E (58,8 m)	7/5	54,46° = arctg (112/80) kl. Tritonus	(0,525 m)
21.	Sesostris I.	49°24'	200 (105,23)	116 (61,25)	210 × 20/21 = 200 E (105 m)	116 2/3 E (61,25 m)	7/6	49,4° = arctg (116 2/3/100) Kleinsterz	(0,525 m)
22.	Amenemhet II.	?	160 (84)	?	210 × 16/21 = 160 E (84 m)	112 E (58,8 m)	7/5	54,46° = arctg (112/80) kl. Tritonus	(0,525 m)
23.	Sesostris II.	42°35'	200 (105,88)	48,65	210 × 20/21 = 200 E (105 m)	93 1/3 E (49 m)	14/15	43,02° = arctg (93 1/3/100) kl. Halbton	(0,525 m)
24.	Sesostris III.	56°	200 (105)	(61,25)	210 × 20/21 = 200 E (105 m)	116 2/3 E (61,25 m)	7/6	49,4° = arctg (116 2/3/100) Kleinsterz	(0,525 m)
25.	Amenemhet III. (Dahschur)	54–56°	200 (105)	143 (75)	210 × 20/21 = 200 E (105 m)	142 6/7 E (75 m)	10/7	55° = arctg (142 6/7/100) gr. Tritonus	(0,525 m)
26.	Amenemhet III. (Hawara)	48–52°	200 (101,75)	(58)	210 × 10/21 = 200 E (101,5 m)	114 2/7 E (58 m)	8/7	48,81° = arctg (114 2/7/100) übergr. Ganzton	(0,5075 m)
27.	Chendjer	55°	100 (52,5)	(37,35)	210 × 10/21 = 100 E (52,5 m)	71 3/7 E (37,5 m)	10/7	55° = arctg (71 3/7/50) gr. Tritonus	(0,525 m)
28.	Unbekannt	?	175 (92)	?	210 × 5/6 = 175 E (91,875 m)	116 2/3 E (61,25 m)	4/3	53,13° = arctg (116 2/3/87,5) Quarte	(0,525 m)
29.	Mazghuna-S	?	100 (52,5)	?	210 × 10/21 = 100 E (52,5 m)	71 3/7 E (37,5 m)	10/7	55° = arctg (71 3/7/50) gr. Tritonus	(0,525 m)

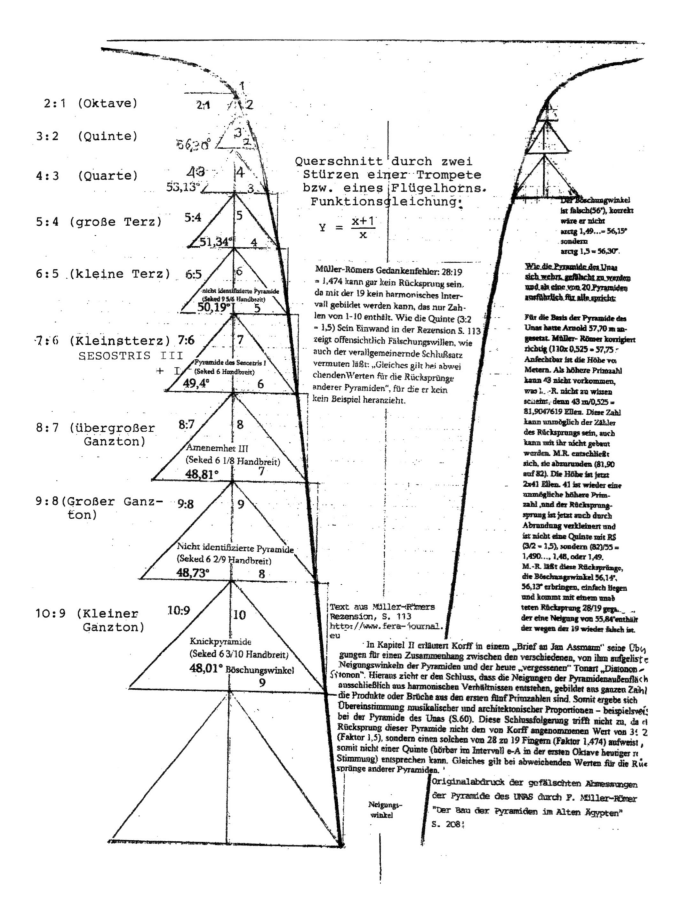

2:1 (Oktave)

3:2 (Quinte)

4:3 (Quarte)

5:4 (große Terz)

6:5 (kleine Terz)

7:6 (Kleinstterz)
    SESOSTRIS III
    + I

8:7 (übergroßer Ganzton)

9:8 (Großer Ganzton)

10:9 (Kleiner Ganzton)

2:1

56,30°

43

53,13°

5:4

51,34°

6:5

50,19°

7:6

nicht identifizierte Pyramide
(Seked 9 5/6 Handbreit)

49,4°
Pyramide des Sesostris I
(Seked 6 Handbreit)

8:7

48,81°
Amenemhet III
(Seked 6 1/8 Handbreit)

9:8

48,73°
Nicht identifizierte Pyramide
(Seked 6 2/9 Handbreit)

10:9

48,01° Böschungswinkel
Knickpyramide
(Seked 6 3/10 Handbreit)

1
2
3
4
5
6
7
8
9
10

Querschnitt durch zwei
Stürzen einer Trompete
bzw. eines Flügelhorns.
Funktionsgleichung:

$$Y = \frac{x+1}{x}$$

Müller-Römers Gedankenfehler: 28:19
= 1,474 kann gar kein Rücksprung sein,
da mit der 19 kein harmonisches Intervall gebildet werden kann, das nur Zahlen von 1-10 enthält. Wie die Quinte (3:2
= 1,5) Sein Einwand in der Rezension S. 113
zeigt offensichtlich Fälschungswillen, wie
auch der verallgemeinernde Schlußsatz
vermuten läßt: „Gleiches gilt bei abwei
chenden Werten für die Rücksprünge
anderer Pyramiden", für die er kein
kein Beispiel heranzieht.

Text aus Müller-Römers
Rezension, S. 113
http://www.fera-journal.
eu

Neigungs-
winkel

Der Böschungwinkel
ist falsch(56°), korrekt
wäre er nicht
arctg 1,49...= 56,15°
sondern
arctg 1,5 = 56,30°.

Wie die Pyramide des Unas
sich wehrt, gefälscht zu werden
und als eine von 20 Pyramiden
ausführlich für alle spricht:

Für die Basis der Pyramide des
Unas hatte Arnold 57,70 m angesetzt. Müller- Römer korrigiert
richtig (110x 0,525 = 57,75
Anfechtbar ist die Höhe von
Metern. Als höhere Primzahl
kann 43 nicht vorkommen,
was M.-R. nicht zu wissen
scheint, denn 43 m/0,525 =
81,9047619 Ellen. Diese Zahl
kann unmöglich der Zähler
des Rücksprungs sein, auch
kann mit ihr nicht gebaut
werden. M.R. entschließt
sich, sie abzurunden (81,90
auf 82). Die Höhe ist jetzt
2x41 Ellen. 41 ist wieder eine
unmögliche höhere Prim-
zahl, und der Rücksprung-
sprung ist jetzt auch durch
Abrundung verkleinert und
ist nicht eine Quinte mit RS
(3/2 = 1,5), sondern (82)/55 =
1,490..., 1,48, oder 1,49.
M.-R. läßt diese Rücksprünge,
die Böschungswinkel 56,14°,
56,13° erbringen, einfach liegen
und kommt mit einem unab
teten Rücksprung 28/19 gege.
der eine Neigung von 55,84° enthält
der wegen der 19 wieder falsch ist.

In Kapitel II erläutert Korff in einem „Brief an Jan Assmann" seine Übu
gungen für einen Zusammenhang zwischen den verschiedenen, von ihm aufgeliste
Neigungswinkeln der Pyramiden und der heute „vergessenen" Tonart „Diatonon
Sitonon". Hieraus zieht er den Schluss, dass die Neigungen der Pyramidenaußenfläch
ausschließlich aus harmonischen Verhältnissen entstehen, gebildet aus ganzen Zahl
die Produkte oder Brüche aus den ersten fünf Primzahlen sind. Somit ergebe sich
Übereinstimmung musikalischer und architektonischer Proportionen – beispielsweis
bei der Pyramide des Unas (S.60). Diese Schlussfolgerung trifft nicht zu, da ei
Rücksprung dieser Pyramide nicht den von Korff angenommenen Wert von 3: 2
(Faktor 1,5), sondern einen solchen von 28 zu 19 Fingern (Faktor 1,474) aufweist,
somit nicht einer Quinte (hörbar im Intervall e-A in der ersten Oktave heutiger m
Stimmung) entsprechen kann. Gleiches gilt bei abweichenden Werten für die Rüc
sprünge anderer Pyramiden.

Originalabdruck der gefälschten Abmessungen
der Pyramide des UNAS durch F. Müller-Römer
"Der Bau der Pyramiden im Alten Ägypten"
S. 208

Kapitel 21, Nr. 24 Sesostris III.

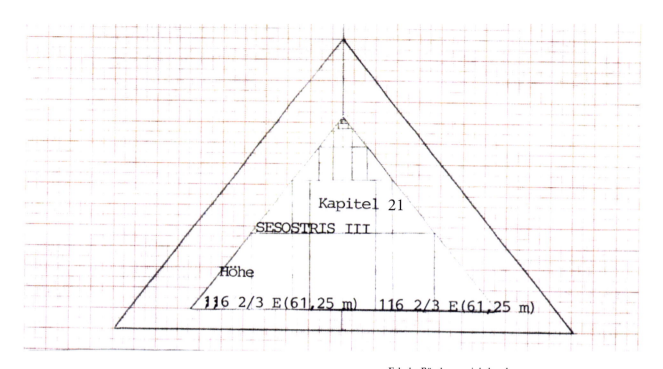

Kapitel 21

SESOSTRIS III

Höhe

116 2/3 E (61,25 m)   116 2/3 E (61,25 m)

			Richtige Böschungswinkel		Falsche Böschungswinkel und Rücksprünge	
Nr. 1	Meidum	80/63 übergroße Terz	51,78°	51,84°		RS (28/22)
Nr. 2	Knickpyramide	10/9 kleiner Ganzton	48,01°			
Nr. 3	Dahschur – Nord	20/21 kleiner Halbton	43,60°	45°		RS (28/28)
Nr. 4	Cheops	80/63 übergroße Terz	51,78°	51,84°		RS (28/22)
Nr. 5	Djedefre	7/4 kleiner Septime	60,25°	52°?		RS? (14/11)
Nr. 6	Königsgrab	80/63 übergroße Terz	51,78°	51,84°		RS (14/11)
		20/21 kleiner Halbton	43,60°			
		4/3 Quarte	53,13°			
Nr. 7	Chephren	4/3 Quarte	53,13°	53,13°		RS (4/3)
Nr. 8	Mykerinus	5/4 große Terz	51,34°	51,84°		RS (28/22)
Nr. 9	Userkaf	4/3 Quarte	53,13°	53,13°		RS (4/3)
Nr. 10	Sahure	80/63 übergroße Terz	51,78°	50,19°		RS (90/75)
Nr. 11	Neferirkare	7/5 kleiner Tritonus	54,46°	54° angegeben		RS (7/5)
Nr. 12	Niuserre	80/63 übergroße Terz	51,78°	50,19°		RS (6/5)
Nr. 13	Neferefre	4/3 Quarte	53,13°	53,13°?		RS (75/100)
Nr. 14	Djedkare	80/63 übergroße Terz	51,78°	50,6°		RS (28/23)
Nr. 15	Unas	3/2 Quinte	56,30°	56° angegeben		RS (28/19)
Nr. 16	Teti	4/3 Quarte	53,13°	4 RSe fehlen		
Nr. 17	Pepi I.	4/3 Quarte	53,13°	4 RSe fehlen		
Nr. 18	Pepi II.	4/3 Quarte	53,13°	4 RSe fehlen		
Nr. 19	Merenre	4/3 Quarte	53,13°	4 RSe fehlen		
Nr. 20	Amenemhet I.	7/5 kleiner Tritonus	54,46°	52,69°		RS (21/16)
Nr. 21	Sesostris I.	7/6 Kleinstterz	49,4°	49,24°		RS (29/25)
Nr. 22	Amenemhet II.	7/5 kleiner Tritonus	54,46°	55,035°		RS (143/100)
Nr. 23	Sesostris II.	14/15 kleiner Halbton	43,02°	42,92°		RS (48,825/52,5)
Nr. 24	Sesostris III.	7/6 Kleinstterz	49,4°	49,24°		RS (29/25)
Nr. 25	Amenemhet III. (Dahschur)	10/7 großer Tritonus	55°	49,24°		RS (116/100)
Nr. 26	Amenemhet III. (Hawara)	8/7 übergroßer Ganzton	48,81°	47,84°		RS (116/105)
Nr. 27	Chendjer	10/7 großer Tritonus	55°	55°		RS (100/7)/1
Nr. 28	Unbekannt	4/3 Quarte	53,13°	53,13°		RS (4/3)
Nr. 29	Mazghuna – Süd	10/7 großer Tritonus	55°	55°		(75 m)/52,5 m

224

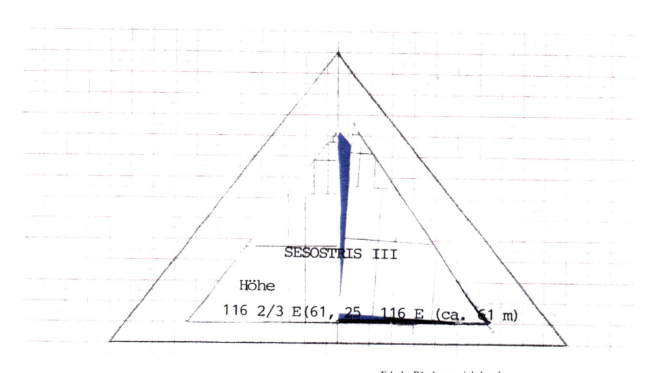

SESOSTRIS III

Höhe

116 2/3 E (61, 25 116 E (ca. 61 m)

Richtige Böschungswinkel				Falsche Böschungswinkel und Rücksprünge	
Nr. 1	Meidum	80/63 übergroße Terz	51,78°	51,84°	RS (28/22)
Nr. 2	Knickpyramide	10/9 kleiner Ganzton	48,01°		
Nr. 3	Dahschur – Nord	20/21 kleiner Halbton	43,60°	45°	RS (28/28)
Nr. 4	Cheops	80/63 übergroße Terz	51,78°	51,84°	RS (28/22)
Nr. 5	Djedefre	7/4 kleiner Septime	60,25°	52°?	RS? (14/11)
Nr. 6	Königsgrab	80/63 übergroße Terz 20/21 kleiner Halbton 4/3 Quarte	51,78° 43,60° 53,13°	51,84°	RS (14/11)
Nr. 7	Chephren	4/3 Quarte	53,13°	53,13°	RS (4/3)
Nr. 8	Mykerinus	5/4 große Terz	51,34°	51,84°	RS (28/22)
Nr. 9	Userkaf	4/3 Quarte	53,13°	53,13°	RS (4/3)
Nr. 10	Sahure	80/63 übergroße Terz	51,78°	50,19°	RS (90/75)
Nr. 11	Neferirkare	7/5 kleiner Tritonus	54,46°	54° angegeben	RS (7/5)
Nr. 12	Niuserre	80/63 übergroße Terz	51,78°	50,19°	RS (6/5)
Nr. 13	Neferefre	4/3 Quarte	53,13°	53,13°?	RS (75/100)
Nr. 14	Djedkare	80/63 übergroße Terz	51,78°	50,6°	RS (28/23)
Nr. 15	Unas	3/2 Quinte	56,30°	56° angegeben	RS (28/19)
Nr. 16	Teti	4/3 Quarte	53,13°	4 RSe fehlen	
Nr. 17	Pepi I.	4/3 Quarte	53,13°	4 RSe fehlen	
Nr. 18	Pepi II.	4/3 Quarte	53,13°	4 RSe fehlen	
Nr. 19	Merenre	4/3 Quarte	53,13°	4 RSe fehlen	
Nr. 20	Amenemhet I.	7/5 kleiner Tritonus	54,46°	52,69°	RS (21/16)
Nr. 21	Sesostris I.	7/6 Kleinstterz	49,4°	49,24°	RS (29/25)
Nr. 22	Amenemhet II.	7/5 kleiner Tritonus	54,46°	55,035°	RS (143/100)
Nr. 23	Sesostris II.	14/15 kleiner Halbton	43,02°	42,92°	RS (48,825/52,5)
Nr. 24	Sesostris III.	7/6 Kleinstterz	49,4°	49,24°	RS (29/25)
Nr. 25	Amenemhet III. (Dahschur)	10/7 großer Tritonus	55°	49,24°	RS (116/100)
Nr. 26	Amenemhet III. (Hawara)	8/7 übergroßer Ganzton	48,81°	47,84°	RS (116/105)
Nr. 27	Chendjer	10/7 großer Tritonus	55°	55°	RS (100/7)/1
Nr. 28	Unbekannt	4/3 Quarte	53,13°	53,13°	RS (4/3)
Nr. 29	Mazghuna – Süd	10/7 großer Tritonus	55°	55°	(75 m)/52,5 m

Kapitel 22, Nr. 25 Amenemhet III., Dahschur

		Arnolds Liste (S. 200)			Vom Autor korrigierte Liste (geänderte Werte kursiv)			
	Pyramide	Neigung	Basis	Höhe	Abstand 210 zur Basislänge	Korrigierte Basislängen in *kursiver* Schrift	Korrigierte Pyramidenhöhen in *kursiver* Schrift	Rücksprungverhältnis: Höhe/Basishälfte
1.	Meidum M3	51°51'	275 (144,32)	(92)	210 × 46/35 =	*276 E (144,9 m)*	*175/21 E (92 m)*	80/63
2.	Knickpyramide (Snofru) oben	54°31' 44°30'	360 (189)	200 (105)	210 × 12/7 =	360 E (189 m)	200 E (105 m)	10/9
3.	Dahschur-Nord	45°	420 (220)	200 (105)	210 × 2/1 =	420 E (220,5 m)	200 E (105 m)	20/21
4.	Cheops 51,84°	51°50'40'''	440 (230,36)	280 (146,50)	210 × 21/10 =	*441 E* (230,36 m)	280 E (146,26 m)	80/63
5.	Djedefre	60°	200 (105)	175 (92)	210 × 20/21 =	200 E (105 m)	175 E (91,875 m)	7/4
6.	Königsgrab in Zawiet el-Arjan	?	210 (110)	? *drei Versionen möglich*		210 E (110,25 m) 210 E (110,25 m) 210 E (110,25 m)	*133 1/3 E (70 m)* *100 E (52,5 m)* *140 E (73,5 m)*	80/63 20/21 4/3
7.	Chephren	53°10'	410 (215,29)	275 (143,87)	210 × 41/21 =	410 E (215,25 m)	*273 1/3 E (143,5 m)*	4/3
8.	Mykerinus	51°	200 (105,5)	125 (65,55)	210 × 20/21 =	200 E (105,5 m)	125 E (65,9375 m)	5/4
9.	Userkaf	53°	140 (73,3)	94 (49)	210 × 2/3 =	140 E (73,5 m)	*93 1/3 E (49 m)*	4/3
10.	Sahure	50°45'	150 (78,5)	(50)	210 × 5/7 =	150 E (78,5 m)	*95 5/21 E (50 m)*	80/63
11.	Neferirkare	54°30'	200 (105)	(72,8)	210 × 20/21 =	200 E (105 m)	*140 E (73,5 m)*	7/5
12.	Niuserre	52°	150 (78,90)	(50)	210 × 5/7 =	150 E (78,75 m)	*95 5/21 E (50 m)*	80/63
13.	Neferefre	?	125 (65)	?	210 × 25/42 =	125 E (65,625 m)	*83 1/3 E (43,75 m)*	4/3
14.	Djedkare	52°	150 (78,90)	?	210 × 5/7 =	150 E (78,75 m)	*95 5/21 E (50 m)*	80/63
15.	Unas	56°	110 (57,70)	(43)	210 × 11/21 =	110 E (57,75 m)	*82 ½ E (43,3125 m)*	3/2
16.	Teti	?	150 (78,75)	100 (52,5)	210 × 5/7 =	150 E (78,75 m)	100 E (52,5 m)	4/3
17.	Pepi I.	53°	150 (78,6)	100 (52,4)	210 × 5/7 =	150 E (78,6 m)	100 E (52,4 m)	4/3
18.	Pepi II.	53°13'	150 (78,75)	100 (52,5)	210 × 5/7 =	150 E (78,75 m)	100 E (52,5 m)	4/3
19.	Merenre	?	175 (90–95)	?	210 × 5/6 =	175 E (91,875 m)	*116 2/3 E (61,25 m)*	4/3
20.	Amenemhet I.	54°	160 (84)	112 (59)	210 × 16/21 =	160 E (84 m)	112 E (58,8 m)	7/5
21.	Sesostris I.	49°24'	200 (105,23)	116 (61,25)	210 × 20/21 =	200 E (105 m)	*116 2/3 E (61,25 m)*	7/6
22.	Amenemhet II.	?	160 (84)	?	210 × 16/21 =	160 E (84 m)	*112 E (58,8 m)*	7/5
23.	Sesostris II.	42°35'	200 (105,88)	48,65	210 × 20/21 =	200 E *(105 m)*	93 1/3 E (49 m)	14/15
24.	Sesostris III.	56°	200 (105)	(61,25)	210 × 20/21 =	200 E (105 m)	*116 2/3 E (61,25 m)*	7/6
25.	Amenemhet III. (Dahschur)	54–56°	200 (105)	143 (75)	210 × 20/21 =	200 E (105 m)	*142 6/7 E (75 m)*	10/7
26.	Amenemhet III. (Hawara)	48–52°	200 (101,75)	(58)	210 × 20/21 =	200 E *(101,5 m)*	*114 2/7 E (58 m)*	8/7
27.	Chendjer	55°	100 (52,5)	(37,35)	210 × 10/21 =	100 E (52,5 m)	*71 3/7 E (37,5 m)*	10/7
28.	Unbekannt	?	175 (92)	?	210 × 5/6 =	175 E *(91,875 m)*	*116 2/3 E (61,25 m)*	4/3
29.	Mazghuna-S		100 (52,5)	?	210 × 10/21 =	100 E (52,5 m)	*71 3/7 E (37,5 m)*	10/7

Berechnung der Höhe der Pyramide des Amenemhet III. Dahshur, Nr 25

(Altägyptischer Text kursiv) :Nach der Regel der Übungsaufgabe Nr. 57 Papyrus Rhind:
Gegeben sei eine Pyramide, die Grundkante ist 200 Ellen (105 m).
10/7 ist ihr Rücksprung. Wie ist ihre Höhe?
Um das auszurechnen, teile den Rücksprung durch 2, so erhältst du 10/14.
Nimm 10/14 von 200, das macht 200 x 10/14 = 142 6/7 Ellen (75 m. Dies ist
ihre Höhe.

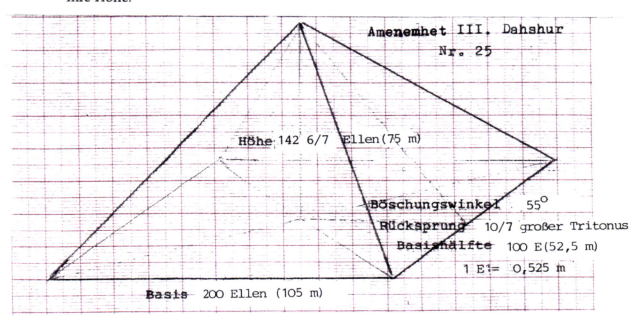

Ab hier: Zusatz von F.W. Korff:Du kannst auch 10/7 mit 100 multiplizieren:= 14 2 6/7 E(75 m) Höhe.
Berechnung der ausgegrabenen Grundkantenmaße der Amenemhetpyramide
210 x 20/21 = 200 Ellen ist die Basislänge. Die Basishälfte ist dann 100 Ellen
(52,5 m). Rücksprung ist, wie schon gesagt, H/(B/2),(142 6/7)/100 = 10/7.
Die Musikalität der Pyramide zu Dahshur entsteht in einer Oktave antiker
Tonart: DIATONON MALAKON (1 x 8/7 x 10/9 x 21/20 x 9/8 x 8/7 x 10/9 x/ 21/20 = 2
Skalierung durch Boethius und Ptolemaios erhalten(2:1). Die verwendete Elle ist 0,525 Ellen lang,. Notabene:
Die Pyramide des Chendjer ist in den Abmessungen halb so groß wie die Pyramide Amenemhet III. (Dahshur).

c- Dur

Basis 200 Ellen	c¹	200 Hz	
200:8/7	b	175	
175:10/9	a	157,5	Der Rücksprung aus Tönen fis-c
157,5:21/20	g	150	formt die Amemhet III.-Pyramide (Hawara)
150:21/20	fis	142 6/7	mit dem Intervall großer Tritonus
142 6/7: 8/7	e	125	142 6/7 / 100 = 10/7
125:10/9	d	112,5	BW arctg (142 6/7 / 100) = 55°.
112,5: 9/8	c	100	Rücksprung in m: 75/ 52,5 = 10/7

Musikalische Intervalle sind zahlengleich den harmonischen Proportionen der Architektur

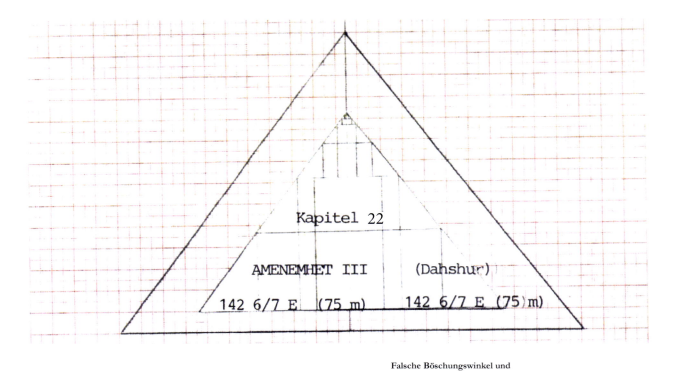

Kapitel 22

AMENEMHET III (Dahshur)

142 6/7 E (75 m) 142 6/7 E (75 m)

Richtige Böschungswinkel				Falsche Böschungswinkel und Rücksprünge	
Nr. 1	Meidum	80/63 übergroße Terz	51,78°	51,84°	RS (28/22)
Nr. 2	Knickpyramide	10/9 kleiner Ganzton	48,01°		
Nr. 3	Dahschur – Nord	20/21 kleiner Halbton	43,60°	45°	RS (28/28)
Nr. 4	Cheops	80/63 übergroße Terz	51,78°	51,84°	RS (28/22)
Nr. 5	Djedefre	7/4 kleiner Septime	60,25°	52°?	RS? (14/11)
Nr. 6	Königsgrab	80/63 übergroße Terz 20/21 kleiner Halbton 4/3 Quarte	51,78° 43,60° 53,13°	51,84°	RS (14/11)
Nr. 7	Chephren	4/3 Quarte	53,13°	53,13°	RS (4/3)
Nr. 8	Mykerinus	5/4 große Terz	51,34°	51,84°	RS (28/22)
Nr. 9	Userkaf	4/3 Quarte	53,13°	53,13°	RS (4/3)
Nr. 10	Sahure	80/63 übergroße Terz	51,78°	50,19°	RS (90/75)
Nr. 11	Neferirkare	7/5 kleiner Tritonus	54,46°	54° angegeben	RS (7/5)
Nr. 12	Niuserre	80/63 übergroße Terz	51,78°	50,19°	RS (6/5)
Nr. 13	Neferefre	4/3 Quarte	53,13°	53,13°?	RS (75/100)
Nr. 14	Djedkare	80/63 übergroße Terz	51,78°	50,6°	RS (28/23)
Nr. 15	Unas	3/2 Quinte	56,30°	56° angegeben	RS (28/19)
Nr. 16	Teti	4/3 Quarte	53,13°	4 RSe fehlen	
Nr. 17	Pepi I.	4/3 Quarte	53,13°	4 RSe fehlen	
Nr. 18	Pepi II.	4/3 Quarte	53,13°	4 RSe fehlen	
Nr. 19	Merenre	4/3 Quarte	53,13°	4 RSe fehlen	
Nr. 20	Amenemhet I.	7/5 kleiner Tritonus	54,46°	52,69°	RS (21/16)
Nr. 21	Sesostris I.	7/6 Kleinstterz	49,4°	49,24°	RS (29/25)
Nr. 22	Amenemhet II.	7/5 kleiner Tritonus	54,46°	55,035°	RS (143/100)
Nr. 23	Sesostris II.	14/15 kleiner Halbton	43,02°	42,92°	RS (48,825/52,5)
Nr. 24	Sesostris III.	7/6 Kleinstterz	49,4°	49,24°	RS (29/25)
Nr. 25	Amenemhet III. (Dahschur)	10/7 großer Tritonus	55°	49,24°	RS (116/100)
Nr. 26	Amenemhet III. (Hawara)	8/7 übergroßer Ganzton	48,81°	47,84°	RS (116/105)
Nr. 27	Chendjer	10/7 großer Tritonus	55°	55°	RS (100/7)/1
Nr. 28	Unbekannt	4/3 Quarte	53,13°	53,13°	RS (4/3)
Nr. 29	Mazghuna – Süd	10/7 großer Tritonus	55°	55°	(75 m)/52,5 m

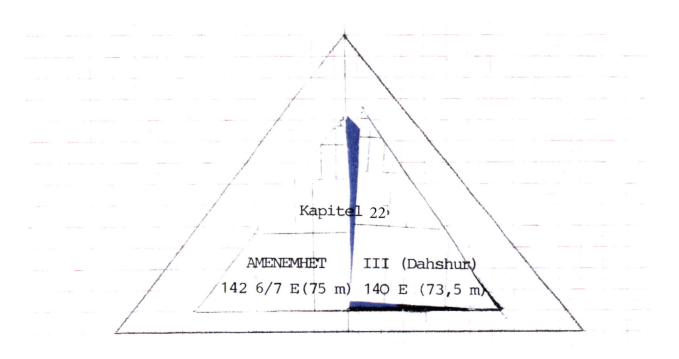

Kapitel 22

AMENEMHET III (Dahshur)
142 6/7 E (75 m) 140 E (73,5 m)

		Richtige Böschungswinkel			Falsche Böschungswinkel und Rücksprünge	
Nr. 1	Meidum	80/63 übergroße Terz	51,78°	51,84°	RS (28/22)
Nr. 2	Knickpyramide	10/9 kleiner Ganzton	48,01°		
Nr. 3	Dahschur – Nord	20/21 kleiner Halbton	43,60°	45°	RS (28/28)
Nr. 4	Cheops	80/63 übergroße Terz	51,78°	51,84°	RS (28/22)
Nr. 5	Djedefre	7/4 kleiner Septime	60,25°	52°?	RS? (14/11)
Nr. 6	Königsgrab	80/63 übergroße Terz 20/21 kleiner Halbton 4/3 Quarte	51,78° 43,60° 53,13°	51,84°	RS (14/11)
Nr. 7	Chephren	4/3 Quarte	53,13°	53,13°	RS (4/3)
Nr. 8	Mykerinus	5/4 große Terz	51,34°	51,84°	RS (28/22)
Nr. 9	Userkaf	4/3 Quarte	53,13°	53,13°	RS (4/3)
Nr. 10	Sahure	80/63 übergroße Terz	51,78°	50,19°	RS (90/75)
Nr. 11	Neferirkare	7/5 kleiner Tritonus	54,46°	54° angegeben	RS (7/5)
Nr. 12	Niuserre	80/63 übergroße Terz	51,78°	50,19°	RS (6/5)
Nr. 13	Neferefre	4/3 Quarte	53,13°	53,13°?	RS (75/100)
Nr. 14	Djedkare	80/63 übergroße Terz	51,78°	50,6°	RS (28/23)
Nr. 15	Unas	3/2 Quinte	56,30°	56° angegeben	RS (28/19)
Nr. 16	Teti	4/3 Quarte	53,13°	4 RSe fehlen	
Nr. 17	Pepi I.	4/3 Quarte	53,13°	4 RSe fehlen	
Nr. 18	Pepi II.	4/3 Quarte	53,13°	4 RSe fehlen	
Nr. 19	Merenre	4/3 Quarte	53,13°	4 RSe fehlen	
Nr. 20	Amenemhet I.	7/5 kleiner Tritonus	54,46°	52,69°	RS (21/16)
Nr. 21	Sesostris I.	7/6 Kleinstterz	49,4°	49,24°	RS (29/25)
Nr. 22	Amenemhet II.	7/5 kleiner Tritonus	54,46°	55,035°	RS (143/100)
Nr. 23	Sesostris II.	14/15 kleiner Halbton	43,02°	42,92°	RS (48,825/52,5)
Nr. 24	Sesostris III.	7/6 Kleinstterz	49,4°	49,24°	RS (29/25)
Nr. 25	Amenemhet III. (Dahschur)	10/7 großer Tritonus	55°	49,24°	RS (116/100)
Nr. 26	Amenemhet III. (Hawara)	8/7 übergroßer Ganzton	48,81°	47,84°	RS (116/105)
Nr. 27	Chendjer	10/7 großer Tritonus	55°	55°	RS (100/7)/1
Nr. 28	Unbekannt	4/3 Quarte	53,13°	53,13°	RS (4/3)
Nr. 29	Mazghuna – Süd	10/7 großer Tritonus	55°	55°	(75 m)/52,5 m

Abb. 28 aus: Stadelmann (1997): Tafel 78/79 Dahschur. Ziegelpyramide des Amenemhet III., sog. Schwarze Pyramide. Die bizarre Form dieser Pyramide ist durch starke Verwitterung und den modernen, gewaltsamen Abbau der luftgetrockneten Ziegel, deren Ziegelerde man zur Düngung auf den Feldern verwandte, entstanden.

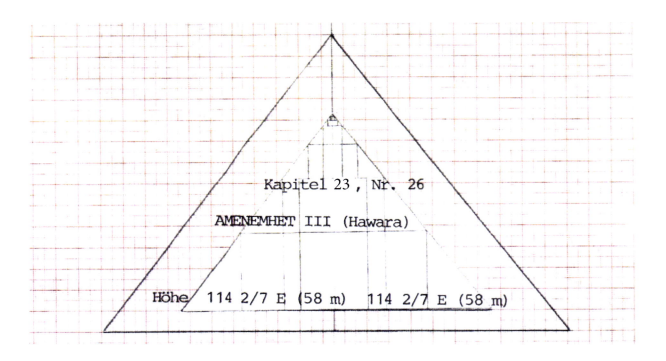

Kapitel 23 , Nr. 26

AMENEMHET III (Hawara)

Höhe 114 2/7 E (58 m)   114 2/7 E (58 m)

Richtige Böschungswinkel				Falsche Böschungswinkel und Rücksprünge	
Nr. 1	Meidum	80/63 übergroße Terz	51,78°	51,84°	RS (28/22)
Nr. 2	Knickpyramide	10/9 kleiner Ganzton	48,01°		
Nr. 3	Dahschur – Nord	20/21 kleiner Halbton	43,60°	45°	RS (28/28)
Nr. 4	Cheops	80/63 übergroße Terz	51,78°	51,84°	RS (28/22)
Nr. 5	Djedefre	7/4 kleiner Septime	60,25°	52°?	RS? (14/11)
Nr. 6	Königsgrab	80/63 übergroße Terz 20/21 kleiner Halbton 4/3 Quarte	51,78° 43,60° 53,13°	51,84°	RS (14/11)
Nr. 7	Chephren	4/3 Quarte	53,13°	53,13°	RS (4/3)
Nr. 8	Mykerinus	5/4 große Terz	51,34°	51,84°	RS (28/22)
Nr. 9	Userkaf	4/3 Quarte	53,13°	53,13°	RS (4/3)
Nr. 10	Sahure	80/63 übergroße Terz	51,78°	50,19°	RS (90/75)
Nr. 11	Neferirkare	7/5 kleiner Tritonus	54,46°	54° angegeben	RS (7/5)
Nr. 12	Niuserre	80/63 übergroße Terz	51,78°	50,19°	RS (6/5)
Nr. 13	Neferefre	4/3 Quarte	53,13°	53,13°?	RS (75/100)
Nr. 14	Djedkare	80/63 übergroße Terz	51,78°	50,6°	RS (28/23)
Nr. 15	Unas	3/2 Quinte	56,30°	56° angegeben	RS (28/19)
Nr. 16	Teti	4/3 Quarte	53,13°	4 RSe fehlen	
Nr. 17	Pepi I.	4/3 Quarte	53,13°	4 RSe fehlen	
Nr. 18	Pepi II.	4/3 Quarte	53,13°	4 RSe fehlen	
Nr. 19	Merenre	4/3 Quarte	53,13°	4 RSe fehlen	
Nr. 20	Amenemhet I.	7/5 kleiner Tritonus	54,46°	52,69°	RS (21/16)
Nr. 21	Sesostris I.	7/6 Kleinstterz	49,4°	49,24°	RS (29/25)
Nr. 22	Amenemhet II.	7/5 kleiner Tritonus	54,46°	55,035°	RS (143/100)
Nr. 23	Sesostris II.	14/15 kleiner Halbton	43,02°	42,92°	RS (48,825/52,5)
Nr. 24	Sesostris III.	7/6 Kleinstterz	49,4°	49,24°	RS (29/25)
Nr. 25	Amenemhet III. (Dahschur)	10/7 großer Tritonus	55°	49,24°	RS (116/100)
Nr. 26	Amenemhet III. (Hawara)	8/7 übergroßer Ganzton	48,81°	47,84°	RS (116/105)
Nr. 27	Chendjer	10/7 großer Tritonus	55°	55°	RS (100/7)/1
Nr. 28	Unbekannt	4/3 Quarte	53,13°	53,13°	RS (4/3)
Nr. 29	Mazghuna – Süd	10/7 großer Tritonus	55°	55°	(75 m)/52,5 m

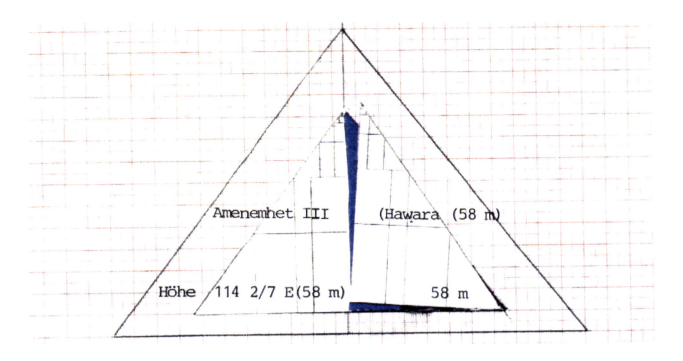

Amenemhet III (Hawara (58 m)

Höhe 114 2/7 E (58 m)   58 m

Richtige Böschungswinkel				Falsche Böschungswinkel und Rücksprünge		
Nr. 1	Meidum	80/63 übergroße Terz	51,78°	51,84°	RS (28/22)	
Nr. 2	Knickpyramide	10/9 kleiner Ganzton	48,01°			
Nr. 3	Dahschur – Nord	20/21 kleiner Halbton	43,60°	45°	RS (28/28)	
Nr. 4	Cheops	80/63 übergroße Terz	51,78°	51,84°	RS (28/22)	
Nr. 5	Djedefre	7/4 kleiner Septime	60,25°	52°?	RS? (14/11)	
Nr. 6	Königsgrab	80/63 übergroße Terz 20/21 kleiner Halbton 4/3 Quarte	51,78° 43,60° 53,13°	51,84°	RS (14/11)	
Nr. 7	Chephren	4/3 Quarte	53,13°	53,13°	RS (4/3)	
Nr. 8	Mykerinus	5/4 große Terz	51,34°	51,84°	RS (28/22)	
Nr. 9	Userkaf	4/3 Quarte	53,13°	53,13°	RS (4/3)	
Nr. 10	Sahure	80/63 übergroße Terz	51,78°	50,19°	RS (90/75)	
Nr. 11	Neferirkare	7/5 kleiner Tritonus	54,46°	54° angegeben	RS (7/5)	
Nr. 12	Niuserre	80/63 übergroße Terz	51,78°	50,19°	RS (6/5)	
Nr. 13	Neferefre	4/3 Quarte	53,13°	53,13°?	RS (75/100)	
Nr. 14	Djedkare	80/63 übergroße Terz	51,78°	50,6°	RS (28/23)	
Nr. 15	Unas	3/2 Quinte	56,30°	56° angegeben	RS (28/19)	
Nr. 16	Teti	4/3 Quarte	53,13°	4 RSe fehlen		
Nr. 17	Pepi I.	4/3 Quarte	53,13°	4 RSe fehlen		
Nr. 18	Pepi II.	4/3 Quarte	53,13°	4 RSe fehlen		
Nr. 19	Merenre	4/3 Quarte	53,13°	4 RSe fehlen		
Nr. 20	Amenemhet I.	7/5 kleiner Tritonus	54,46°	52,69°	RS (21/16)	
Nr. 21	Sesostris I.	7/6 Kleinstterz	49,4°	49,24°	RS (29/25)	
Nr. 22	Amenemhet II.	7/5 kleiner Tritonus	54,46°	55,035°	RS (143/100)	
Nr. 23	Sesostris II.	14/15 kleiner Halbton	43,02°	42,92°	RS (48,825/52,5)	
Nr. 24	Sesostris III.	7/6 Kleinstterz	49,4°	49,24°	RS (29/25)	
Nr. 25	Amenemhet III. (Dahschur)	10/7 großer Tritonus	55°	49,24°	RS (116/100)	
Nr. 26	Amenemhet III. (Hawara)	8/7 übergroßer Ganzton	48,81°	47,84°	RS (116/105)	
Nr. 27	Chendjer	10/7 großer Tritonus	55°	55°	RS (100/7)/1	
Nr. 28	Unbekannt	4/3 Quarte	53,13°	53,13°	RS (4/3)	
Nr. 29	Mazghuna – Süd	10/7 großer Tritonus	55°	55°	(75 m)/52,5 m	

Mit der geläufigen Elle 0,525 m ist
114 2/7 × 0,525 = 60 Meter.

		Arnolds Liste (S. 200)			Vom Autor korrigierte Liste (geänderte Werte kursiv)			
	Pyramide	Neigung	Basis	Höhe	Abstand 210 zur Basislänge	Korrigierte Basislängen in *kursiver* Schrift	Korrigierte Pyramidenhöhen in *kursiver* Schrift	Rücksprungverhältnis: Höhe/Basishälfte
1.	Meidum M3	51°51'	275 (144,32)	(92)	210 × 46/35 =	*276 E (144,9 m)*	*175/21 E (92 m)*	80/63
2.	Knickpyramide (Snofru) oben	54°31' 44°30'	360 (189)	200 (105)	210 × 12/7 =	360 E (189 m)	200 E (105 m)	10/9
3.	Dahschur-Nord	45°	420 (220)	200 (105)	210 × 2/1 =	420 E *(220,5 m)*	200 E (105 m)	20/21
4.	Cheops 51,84°	51°50'40'''	440 (230,36)	280 (146,50)	210 × 21/10 =	*441 E (230,36 m)*	280 E (146,26 m)	80/63
5.	Djedefre	60°	200 (105)	175 (92)	210 × 20/21 =	200 E (105 m)	175 E *(91,875 m)*	7/4
6.	Königsgrab in Zawiet el-Arjan	?	210 (110)	? *drei Versionen möglich*		210 E *(110,25 m)* 210 E *(110,25 m)* 210 E *(110,25 m)*	*133 1/3 E (70 m)* *100 E (52,5 m)* *140 E (73,5 m)*	80/63 20/21 4/3
7.	Chephren	53°10'	410 (215,29)	275 (143,87)	210 × 41/21 =	410 E *(215,25 m)*	*273 1/3 E (143,5 m)*	4/3
8.	Mykerinus	51°	200 (105,5)	125 (65,55)	210 × 20/21 =	200 E *(105,5 m)*	125 E *(65,9375 m)*	5/4
9.	Userkaf	53°	140 (73,3)	94 (49)	210 × 2/3 =	140 E *(73,5 m)*	*93 1/3 E (49 m)*	4/3
10.	Sahure	50°45'	150 (78,5)	(50)	210 × 5/7 =	150 E *(78,75 m)*	*95 5/21 E (50 m)*	80/63
11.	Neferirkare	54°30'	200 (105)	(72,8)	210 × 20/21 =	200 E (105 m)	*140 E (73,5 m)*	7/5
12.	Niuserre	52°	150 (78,90)	(50)	210 × 5/7 =	150 E *(78,75 m)*	*95 5/21 E (50 m)*	80/63
13.	Neferefre	?	125 (65)	?	210 × 25/42 =	125 E *(65,625 m)*	*83 1/3 E (43,75 m)*	4/3
14.	Djedkare	52°	150 (78,90)	?	210 × 5/7 =	150 E *(78,75 m)*	*95 5/21 E (50 m)*	80/63
15.	Unas	56°	110 (57,70)	(43)	210 × 11/21 =	110 E *(57,75 m)*	*82 ½ E (43,3125 m)*	3/2
16.	Teti	?	150 (78,75)	100 (52,5)	210 × 5/7 =	150 E (78,75 m)	100 E (52,5 m)	4/3
17.	Pepi I.	53°	150 (78,6)	100 (52,4)	210 × 5/7 =	150 E (78,6 m)	100 E (52,4 m)	4/3
18.	Pepi II.	53°13'	150 (78,75)	100 (52,5)	210 × 5/7 =	150 E (78,75 m)	100 E (52,5 m)	4/3
19.	Merenre	?	175 (90–95)	?	210 × 5/6 =	175 E *(91,875 m)*	*116 2/3 E (61,25 m)*	4/3
20.	Amenemhet I.	54°	160 (84)	112 (59)	210 × 16/21 =	160 E (84 m)	112 E *(58,8 m)*	7/5
21.	Sesostris I.	49°24'	200 (105,23)	116 (61,25)	210 × 20/21 =	200 E *(105 m)*	*116 2/3 E (61,25 m)*	7/6
22.	Amenemhet II.	?	160 (84)	?	210 × 16/21 =	160 E (84 m)	*112 E (58,8 m)*	7/5
23.	Sesostris II.	42°35'	200 (105,88)	48,65	210 × 20/21 =	200 E *(105 m)*	93 1/3 E (49 m)	14/15
24.	Sesostris III.	56°	200 (105)	(61,25)	210 × 20/21 =	200 E (105 m)	*116 2/3 E (61,25 m)*	7/6
25.	Amenemhet III. (Dahschur)	54–56°	200 (105)	143 (75)	210 × 20/21 =	200 E (105 m)	*142 6/7 E (75 m)*	10/7
26.	Amenemhet III. (Hawara)	48–52°	200 (101,75)	(58)	210 × 20/21 =	200 E *(101,5 m)*	114 2/7 E (58 m)	8/7
27.	Chendjer	55°	100 (52,5)	(37,35)	210 × 10/21 =	100 E (52,5 m)	*71 3/7 E (37,5 m)*	10/7
28.	Unbekannt	?	175 (92)	?	210 × 5/6 =	175 E *(91,875 m)*	*116 2/3 E (61,25 m)*	4/3
29.	Mazghuna-S		100 (52,5)	?	210 × 10/21 =	100 E (52,5 m)	*71 3/7 E (37,5 m)*	10/7

Berechnung der Höhe der Pyramide des Amenemhet III. Hawara, Nr. 26

(Altägyptischer Text kursiv) :Nach der Regel der Übungsaufgabe Nr. 57 Papyrus Rhind:

Gegeben sei eine Pyramide, die Grundkante ist 200 Ellen (101,5 m).
8/7 ist ihr Rücksprung. Wie ist ihre Höhe?
Um das auszurechnen, teile den Rücksprung durch 2, so erhältst du 8/14.
Nimm 8/14 von 200, das macht 200 x 8/14 = 114 2/7 Ellen (58 m.) Dies ist
ihre Höhe.

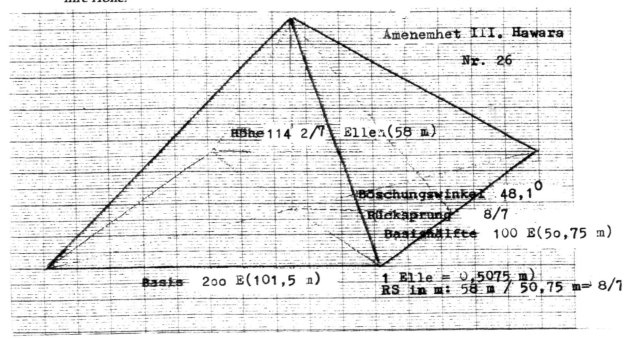

Ab hier: Zusatz von F.W. Korff:du kannst auch 8/7 mit 100 multiplizieren:= 114 2/7 E(75 m) Höhe.

Berechnung ausgegr. Grundkantenmaße der Amenemhetpyramide (Hawara)
210 x 20/21 = 200 Ellen ist die Basislänge. Die Basishälfte ist dann 100 Ellen
(50,75 m). Rücksprung ist, wie schon gesagt, H/(B/2),(114+2/7)/100 = 8/7.
Die Musikalität der Pyramide entsteht in einer Oktave antiker Tonart:
DIATONON MALAKON (1X x 8/7 x 10/9 x 21/20 x 9/8 x 8/7 x 10/9 x/ 21/20 = 2
Skalierung durch Boethius und Ptolemaios erhalten(2:1).

	c- Dur		
Basis 200 Ellen	c¹	200 Hz	
200:8/7	b	175	
175:10/9	a	157,5	Der Rücksprung aus Tönen d-c
157,5:21/20	g	150	formt die Amemhet III.-Pyramide (Hawara)
150:9/8	f	133 1/3	mit dem Intervall übergroßer Ganzton 8/7
133 1/3:10/9	e	120	114 2/7 / 100 = 8/7
120: 21/20	d	114 2/7	BW arctg (114 2/7 / 100) = 48,01°.
114 2/7: 8/7	c	100	Rücksprung in m: 58 m / 50,75 m = 8/7

Musikalische Intervalle sind zahlengleich den harmonischen Proportionen der Architektur

237

Kapitel 24, Nr. 27 Chendjer

Kapitel 24, Nr. 27

Pyramide des CHENDJER

71 3/7 E (37,5 m)   71 3/7 E   (37,5 m)

Die Pyramide des Chendjer ist 71 3/7 E, halb so hoch wie die Pyramide Nr. 25 142 6/7 E. Beide haben den Rücksprung 10/7.

Richtige Böschungswinkel				Falsche Böschungswinkel und Rücksprünge	
Nr. 1	Meidum	80/63 übergroße Terz	51,78°	51,84°	RS (28/22)
Nr. 2	Knickpyramide	10/9 kleiner Ganzton	48,01°		
Nr. 3	Dahschur – Nord	20/21 kleiner Halbton	43,60°	45°	RS (28/28)
Nr. 4	Cheops	80/63 übergroße Terz	51,78°	51,84°	RS (28/22)
Nr. 5	Djedefre	7/4 kleiner Septime	60,25°	52°?	RS? (14/11)
Nr. 6	Königsgrab	80/63 übergroße Terz 20/21 kleiner Halbton 4/3 Quarte	51,78° 43,60° 53,13°	51,84°	RS (14/11)
Nr. 7	Chephren	4/3 Quarte	53,13°	53,13°	RS (4/3)
Nr. 8	Mykerinus	5/4 große Terz	51,34°	51,84°	RS (28/22)
Nr. 9	Userkaf	4/3 Quarte	53,13°	53,13°	RS (4/3)
Nr. 10	Sahure	80/63 übergroße Terz	51,78°	50,19°	RS (90/75)
Nr. 11	Neferirkare	7/5 kleiner Tritonus	54,46°	54° angegeben	RS (7/5)
Nr. 12	Niuserre	80/63 übergroße Terz	51,78°	50,19°	RS (6/5)
Nr. 13	Neferefre	4/3 Quarte	53,13°	53,13°?	RS (75/100)
Nr. 14	Djedkare	80/63 übergroße Terz	51,78°	50,6°	RS (28/23)
Nr. 15	Unas	3/2 Quinte	56,30°	56° angegeben	RS (28/19)
Nr. 16	Teti	4/3 Quarte	53,13°	4 RSe fehlen	
Nr. 17	Pepi I.	4/3 Quarte	53,13°	4 RSe fehlen	
Nr. 18	Pepi II.	4/3 Quarte	53,13°	4 RSe fehlen	
Nr. 19	Merenre	4/3 Quarte	53,13°	4 RSe fehlen	
Nr. 20	Amenemhet I.	7/5 kleiner Tritonus	54,46°	52,69°	RS (21/16)
Nr. 21	Sesostris I.	7/6 Kleinstterz	49,4°	49,24°	RS (29/25)
Nr. 22	Amenemhet II.	7/5 kleiner Tritonus	54,46°	55,035°	RS (143/100)
Nr. 23	Sesostris II.	14/15 kleiner Halbton	43,02°	42,92°	RS (48,825/52,5)
Nr. 24	Sesostris III.	7/6 Kleinstterz	49,4°	49,24°	RS (29/25)
Nr. 25	Amenemhet III. (Dahschur)	10/7 großer Tritonus	55°	49,24°	RS (116/100)
Nr. 26	Amenemhet III. (Hawara)	8/7 übergroßer Ganzton	48,81°	47,84°	RS (116/105)
Nr. 27	Chendjer	10/7 großer Tritonus	55°	55°	RS (100/7)/1
Nr. 28	Unbekannt	4/3 Quarte	53,13°	53,13°	RS (4/3)
Nr. 29	Mazghuna – Süd	10/7 großer Tritonus	55°	55°	(75 m)/52,5 m

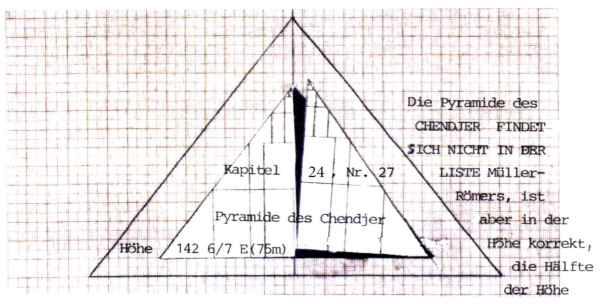

Kapitel 24 , Nr. 27

Pyramide des Chendjer

Höhe 142 6/7 E (75m)

Die Pyramide des CHENDJER FINDET SICH NICHT IN DER LISTE Müller-Römers, ist aber in der Höhe korrekt, die Hälfte der Höhe Amenemhet III (Dahshur).

142 6/7 E (75 m)

Richtige Böschungswinkel				Falsche Böschungswinkel und Rücksprünge	
Nr. 1	Meidum	80/63 übergroße Terz	51,78°	51,84°	RS (28/22)
Nr. 2	Knickpyramide	10/9 kleiner Ganzton	48,01°		
Nr. 3	Dahschur – Nord	20/21 kleiner Halbton	43,60°	45°	RS (28/28)
Nr. 4	Cheops	80/63 übergroße Terz	51,78°	51,84°	RS (28/22)
Nr. 5	Djedefre	7/4 kleiner Septime	60,25°	52°?	RS? (14/11)
Nr. 6	Königsgrab	80/63 übergroße Terz 20/21 kleiner Halbton 4/3 Quarte	51,78° 43,60° 53,13°	51,84°	RS (14/11)
Nr. 7	Chephren	4/3 Quarte	53,13°	53,13°	RS (4/3)
Nr. 8	Mykerinus	5/4 große Terz	51,34°	51,84°	RS (28/22)
Nr. 9	Userkaf	4/3 Quarte	53,13°	53,13°	RS (4/3)
Nr. 10	Sahure	80/63 übergroße Terz	51,78°	50,19°	RS (90/75)
Nr. 11	Neferirkare	7/5 kleiner Tritonus	54,46°	54° angegeben	RS (7/5)
Nr. 12	Niuserre	80/63 übergroße Terz	51,78°	50,19°	RS (6/5)
Nr. 13	Neferefre	4/3 Quarte	53,13°	53,13°?	RS (75/100)
Nr. 14	Djedkare	80/63 übergroße Terz	51,78°	50,6°	RS (28/23)
Nr. 15	Unas	3/2 Quinte	56,30°	56° angegeben	RS (28/19)
Nr. 16	Teti	4/3 Quarte	53,13°	4 RSe fehlen	
Nr. 17	Pepi I.	4/3 Quarte	53,13°	4 RSe fehlen	
Nr. 18	Pepi II.	4/3 Quarte	53,13°	4 RSe fehlen	
Nr. 19	Merenre	4/3 Quarte	53,13°	4 RSe fehlen	
Nr. 20	Amenemhet I.	7/5 kleiner Tritonus	54,46°	52,69°	RS (21/16)
Nr. 21	Sesostris I.	7/6 Kleinstterz	49,4°	49,24°	RS (29/25)
Nr. 22	Amenemhet II.	7/5 kleiner Tritonus	54,46°	55,035°	RS (143/100)
Nr. 23	Sesostris II.	14/15 kleiner Halbton	43,02°	42,92°	RS (48,825/52,5)
Nr. 24	Sesostris III.	7/6 Kleinstterz	49,4°	49,24°	RS (29/25)
Nr. 25	Amenemhet III. (Dahschur)	10/7 großer Tritonus	55°	49,24°	RS (116/100)
Nr. 26	Amenemhet III. (Hawara)	8/7 übergroßer Ganzton	48,81°	47,84°	RS (116/105)
Nr. 27	Chendjer	10/7 großer Tritonus	55°	55°	RS (100/7)/1
Nr. 28	Unbekannt	4/3 Quarte	53,13°	53,13°	RS (4/3)
Nr. 29	Mazghuna – Süd	10/7 großer Tritonus	55°	55°	(75 m)/52,5 m

		Arnolds Liste (S. 200)			Vom Autor korrigierte Liste (geänderte Werte kursiv)			
	Pyramide	Neigung	Basis	Höhe	Abstand 210 zur Basislänge	Korrigierte Basislängen in *kursiver* Schrift	Korrigierte Pyramidenhöhen in *kursiver* Schrift	Rücksprungverhältnis: Höhe/Basishälfte
1.	Meidum M3	51°51'	275 (144,32)	(92)	210 × 46/35 =	*276 E (144,9 m)*	*175/21 E (92 m)*	80/63
2.	Knickpyramide (Snofru) oben	54°31' 44°30'	360 (189)	200 (105)	210 × 12/7 =	360 E (189 m)	200 E (105 m)	10/9
3.	Dahschur-Nord	45°	420 (220)	200 (105)	210 × 2/1 =	420 E *(220,5 m)*	200 E (105 m)	20/21
4.	Cheops 51,84°	51°50'40'''	440 (230,36)	280 (146,50)	210 × 21/10 =	*441 E (230,36 m)*	280 E (146,26 m)	80/63
5.	Djedefre	60°	200 (105)	175 (92)	210 × 20/21 =	200 E (105 m)	175 E *(91,875 m)*	7/4
6.	Königsgrab in Zawiet el-Arjan	?	210 (110)	? *drei Versionen möglich*		*210 E (110,25 m)* *210 E (110,25 m)* *210 E (110,25 m)*	*133 1/3 E (70 m)* *100 E (52,5 m)* *140 E (73,5 m)*	80/63 20/21 4/3
7.	Chephren	53°10'	410 (215,29)	275 (143,87)	210 × 41/21 =	410 *(215,25 m)*	*273 1/3 E (143,5 m)*	4/3
8.	Mykerinus	51°	200 (105,5)	125 (65,55)	210 × 20/21 =	200 E (105,5 m)	125 E *(65,9375 m)*	5/4
9.	Userkaf	53°	140 (73,3)	94 (49)	210 × 2/3 =	140 E *(73,5 m)*	*93 1/3 E (49 m)*	4/3
10.	Sahure	50°45'	150 (78,5)	(50)	210 × 5/7 =	150 E *(78,75 m)*	*95 5/21 E (50 m)*	80/63
11.	Neferirkare	54°30'	200 (105)	(72,8)	210 × 20/21 =	200 E (105 m)	*140 E (73,5 m)*	7/5
12.	Niuserre	52°	150 (78,90)	(50)	210 × 5/7 =	150 E *(78,75 m)*	*95 5/21 E (50 m)*	80/63
13.	Neferefre	?	125 (65)	?	210 × 25/42 =	125 E *(65,625 m)*	*83 1/3 E (43,75 m)*	4/3
14.	Djedkare	52°	150 (78,90)	?	210 × 5/7 =	150 E *(78,75 m)*	*95 5/21 E (50 m)*	80/63
15.	Unas	56°	110 (57,70)	(43)	210 × 11/21 =	110 E *(57,75 m)*	*82 ½ E (43,3125 m)*	3/2
16.	Teti	?	150 (78,75)	100 (52,5)	210 × 5/7 =	150 E (78,75 m)	100 E (52,5 m)	4/3
17.	Pepi I.	53°	150 (78,6)	100 (52,4)	210 × 5/7 =	150 E (78,6 m)	100 E (52,4 m)	4/3
18.	Pepi II.	53°13'	150 (78,75)	100 (52,5)	210 × 5/7 =	150 E (78,75 m)	100 E (52,5 m)	4/3
19.	Merenre	?	175 (90–95)	?	210 × 5/6 =	175 E *(91,875 m)*	*116 2/3 E (61,25 m)*	4/3
20.	Amenemhet I.	54°	160 (84)	112 (59)	210 × 16/21 =	160 E (84 m)	112 E *(58,8 m)*	7/5
21.	Sesostris I.	49°24'	200 (105,23)	116 (61,25)	210 × 20/21 =	200 E *(105 m)*	*116 2/3 E (61,25 m)*	7/6
22.	Amenemhet II.	?	160 (84)	?	210 × 16/21 =	160 E (84 m)	*112 E (58,8 m)*	7/5
23.	Sesostris II.	42°35'	200 (105,88)	48,65	210 × 20/21 =	200 E *(105 m)*	93 1/3 E (49 m)	14/15
24.	Sesostris III.	56°	200 (105)	(61,25)	210 × 20/21 =	200 E (105 m)	*116 2/3 E (61,25 m)*	7/6
25.	Amenemhet III. (Dahschur)	54–56°	200 (105)	143 (75)	210 × 20/21 =	200 E (105 m)	*142 6/7 E (75 m)*	10/7
26.	Amenemhet III. (Hawara)	48–52°	200 (101,75)	(58)	210 × 20/21 =	200 E *(101,5 m)*	*114 2/7 E (58 m)*	8/7
27.	Chendjer	55°	100 (52,5)	(37,35)	210 × 10/21 =	100 E (52,5 m)	*71 3/7 E (37,5 m)*	10/7
28.	Unbekannt	?	175 (92)	?	210 × 5/6 =	175 E *(91,875 m)*	*116 2/3 E (61,25 m)*	4/3
29.	Mazghuna-S		100 (52,5)	?	210 × 10/21 =	100 E (52,5 m)	*71 3/7 E (37,5 m)*	10/7

244

Berechnung der Höhe der Pyramide des Unbekannt Nr 28, Nr . 19

(Altägyptischer Text kursiv) Nach der Regel der Übungsaufgabe Nr. 57 Papyrus Rhind:

Gegeben sei eine Pyramide, die Grundkante ist 175 Ellen (91,875 m.)

4/3 ist ihr Rücksprung. Wie ist ihre Höhe?

Um das auszurechnen, teile den Rücksprung durch 2, so erhältst du 2/3.

Nimm 2/3 von 175, das macht 2/3 x 175 = 116 2/3 Ellen (61,25 m). Dies ist ihre Höhe.

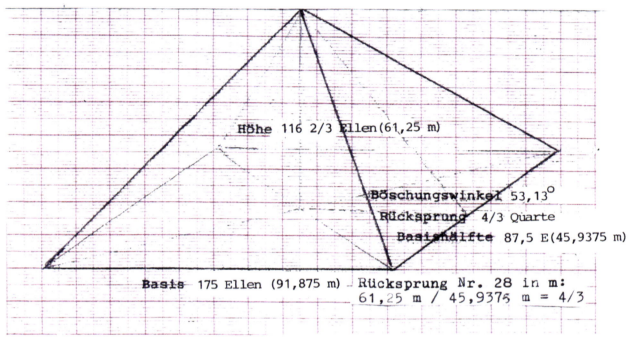

Höhe 116 2/3 Ellen (61,25 m)

Böschungswinkel 53,13°

Rücksprung 4/3 Quarte

Basishälfte 87,5 E(45,9375 m)

Basis 175 Ellen (91,875 m) - Rücksprung Nr. 28 in m:
61,25 m / 45,9375 m = 4/3

Ab hier: Zusatz von F.W. Korff: Du kannst auch 4/3/ von 87,5 nehmen: = 116 2/3 Ellen Höhe.

Berechnung der ausgegrabenen Grundkantenmaße der Pyramide Unbekannt

210 x 5/6 = 175 Ellen ist die Basislänge. Die Basishälfte ist dann 87,5 Ellen (45,9375 m) lang. Der Rücksprung ist, wie schon gesagt, H/(B/2),(4/3).

Die Musikalität der Pyramide entsteht in einer Oktave antiker Tonart:

DIATONON MALAKON (1 x 21/20 x 10/9 x 8/7 x 9/8 x 21/20/ x 10/9 x 8/7 x 10/9 = 2)

Skalierung durch Boethius(2:1) erhalten. Die Pyramide Unbekannt Nr. 28 ist baugleich mit Sesostris III. und Merene Nr. 19.

	C-Dur		
Basis 175 Ellen	c^1	175 Hz	
175: 10/9	h	157,5	
157,5:21/20	a	150	Rücksprung der
150 :9/8	g	133 1/3	Pyramide des Unbekannt (4/3)
133,333:8/7	f	116 2/3	Quarte
116 2/3 :10/9	e	105	71 3/7 / 50 = 4/3
105:21/20	d	100	BW arctg (4/3) = 53,13°
100: 8/7	c	87,5	

Musikalische Intervalle sind zahlengleich den harmonischen Proportionen der Architektur

Berechnung der Höhe der Pyramide Unbekannt (Nr.28) / Nr. 19)
Höhe 116 2/3 E ; Basis 175 E (91,875 m);1 E= 0,525 m.

Nach der in Ellen vereinfachten Regel in Übungsaufgaben Nr. 57 des Pap.Rhindt:
„Gegeben sei eine Pyramide, die Grundkante ist 175 Ellen. Der Rücksprung ist 4/3 Ellen. Wie ist ihre Höhe?

Um das auszurechnen, teile den Rücksprung durch 2, so erhältst Du 2/3. Nimm 2/3 von 100, das macht 175 x 2/3 Ellen =116 2/3 Ellen. Dies ist ihre Höhe."
Der Neigungswinkel ist arctg (4/3) = 53,13°°, eine Quarte.

Ich ergänze die antike Regel: Der Tonabstand auf der Nay-Flöte ist ein Intervall 4x35/16 zu 3x35/16 = 4/3. (Siehe dazu die Abbildung auf den nächsten Seiten.) Erweitert man Zähler und Nenner nacheinander durch den gemeinsamen Faktor(Ef = 40/3), so liefern Abstände der Höhe und der Basishälfte gemeinsam die Quarte (4/3) in der Neigung (53,13°) der Pyramide. Ist dann 116 2/3 E die Höhe, so ist 3x35/16 x 40/3 = 87,5 Ellen die Basishälfte .

4 x 35/16 x 40/3 = 116 2/3 E (37,5 m) Höhe der Pyramide

3 x   35/16 x 40/3 = 87,5 E (45,9375 m) ihre Basishälfte

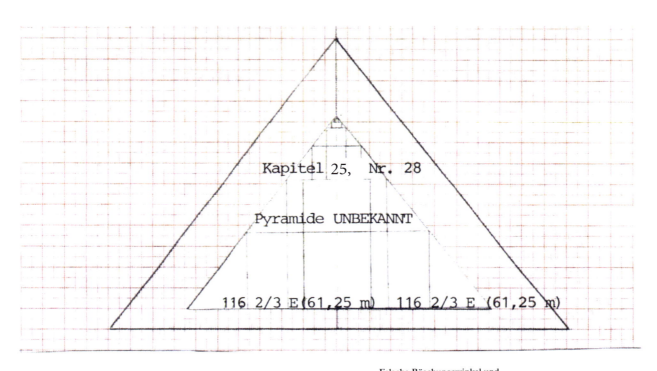

Kapitel 25, Nr. 28

Pyramide UNBEKANNT

116 2/3 E (61,25 m)   116 2/3 E (61,25 m)

Richtige Böschungswinkel				Falsche Böschungswinkel und Rücksprünge	
Nr. 1	Meidum	80/63 übergroße Terz	51,78°	51,84°	RS (28/22)
Nr. 2	Knickpyramide	10/9 kleiner Ganzton	48,01°		
Nr. 3	Dahschur – Nord	20/21 kleiner Halbton	43,60°	45°	RS (28/28)
Nr. 4	Cheops	80/63 übergroße Terz	51,78°	51,84°	RS (28/22)
Nr. 5	Djedefre	7/4 kleiner Septime	60,25°	52°?	RS? (14/11)
Nr. 6	Königsgrab	80/63 übergroße Terz 20/21 kleiner Halbton 4/3 Quarte	51,78° 43,60° 53,13°	51,84°	RS (14/11)
Nr. 7	Chephren	4/3 Quarte	53,13°	53,13°	RS (4/3)
Nr. 8	Mykerinus	5/4 große Terz	51,34°	51,84°	RS (28/22)
Nr. 9	Userkaf	4/3 Quarte	53,13°	53,13°	RS (4/3)
Nr. 10	Sahure	80/63 übergroße Terz	51,78°	50,19°	RS (90/75)
Nr. 11	Neferirkare	7/5 kleiner Tritonus	54,46°	54° angegeben	RS (7/5)
Nr. 12	Niuserre	80/63 übergroße Terz	51,78°	50,19°	RS (6/5)
Nr. 13	Neferefre	4/3 Quarte	53,13°	53,13°?	RS (75/100)
Nr. 14	Djedkare	80/63 übergroße Terz	51,78°	50,6°	RS (28/23)
Nr. 15	Unas	3/2 Quinte	56,30°	56° angegeben	RS (28/19)
Nr. 16	Teti	4/3 Quarte	53,13°	4 RSe fehlen	
Nr. 17	Pepi I.	4/3 Quarte	53,13°	4 RSe fehlen	
Nr. 18	Pepi II.	4/3 Quarte	53,13°	4 RSe fehlen	
Nr. 19	Merenre	4/3 Quarte	53,13°	4 RSe fehlen	
Nr. 20	Amenemhet I.	7/5 kleiner Tritonus	54,46°	52,69°	RS (21/16)
Nr. 21	Sesostris I.	7/6 Kleinstterz	49,4°	49,24°	RS (29/25)
Nr. 22	Amenemhet II.	7/5 kleiner Tritonus	54,46°	55,035°	RS (143/100)
Nr. 23	Sesostris II.	14/15 kleiner Halbton	43,02°	42,92°	RS (48,825/52,5)
Nr. 24	Sesostris III.	7/6 Kleinstterz	49,4°	49,24°	RS (29/25)
Nr. 25	Amenemhet III. (Dahschur)	10/7 großer Tritonus	55°	49,24°	RS (116/100)
Nr. 26	Amenemhet III. (Hawara)	8/7 übergroßer Ganzton	48,81°	47,84°	RS (116/105)
Nr. 27	Chendjer	10/7 großer Tritonus	55°	55°	RS (100/7)/1
Nr. 28	Unbekannt	4/3 Quarte	53,13°	53,13°	RS (4/3)
Nr. 29	Mazghuna – Süd	10/7 großer Tritonus	55°	55°	(75 m)/52,5 m

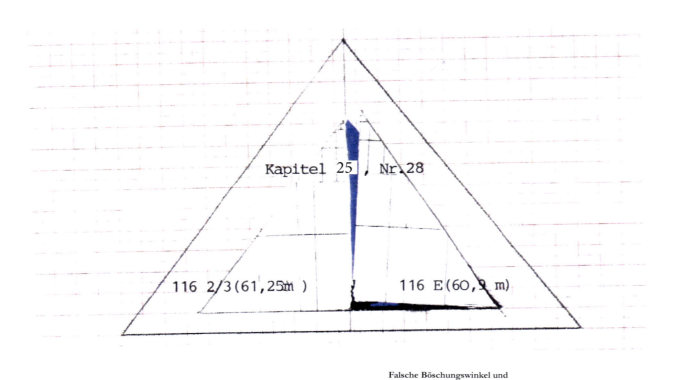

Kapitel 25 , Nr. 28

116 2/3 (61,25m)   116 E (60,9 m)

	Richtige Böschungswinkel			Falsche Böschungswinkel und Rücksprünge	
Nr. 1	Meidum	80/63 übergroße Terz	51,78°	51,84°	RS (28/22)
Nr. 2	Knickpyramide	10/9 kleiner Ganzton	48,01°		
Nr. 3	Dahschur – Nord	20/21 kleiner Halbton	43,60°	45°	RS (28/28)
Nr. 4	Cheops	80/63 übergroße Terz	51,78°	51,84°	RS (28/22)
Nr. 5	Djedefre	7/4 kleiner Septime	60,25°	52°?	RS? (14/11)
Nr. 6	Königsgrab	80/63 übergroße Terz 20/21 kleiner Halbton 4/3 Quarte	51,78° 43,60° 53,13°	51,84°	RS (14/11)
Nr. 7	Chephren	4/3 Quarte	53,13°	53,13°	RS (4/3)
Nr. 8	Mykerinus	5/4 große Terz	51,34°	51,84°	RS (28/22)
Nr. 9	Userkaf	4/3 Quarte	53,13°	53,13°	RS (4/3)
Nr. 10	Sahure	80/63 übergroße Terz	51,78°	50,19°	RS (90/75)
Nr. 11	Neferirkare	7/5 kleiner Tritonus	54,46°	54° angegeben	RS (7/5)
Nr. 12	Niuserre	80/63 übergroße Terz	51,78°	50,19°	RS (6/5)
Nr. 13	Neferefre	4/3 Quarte	53,13°	53,13°?	RS (75/100)
Nr. 14	Djedkare	80/63 übergroße Terz	51,78°	50,6°	RS (28/23)
Nr. 15	Unas	3/2 Quinte	56,30°	56° angegeben	RS (28/19)
Nr. 16	Teti	4/3 Quarte	53,13°	4 RSe fehlen	
Nr. 17	Pepi I.	4/3 Quarte	53,13°	4 RSe fehlen	
Nr. 18	Pepi II.	4/3 Quarte	53,13°	4 RSe fehlen	
Nr. 19	Merenre	4/3 Quarte	53,13°	4 RSe fehlen	
Nr. 20	Amenemhet I.	7/5 kleiner Tritonus	54,46°	52,69°	RS (21/16)
Nr. 21	Sesostris I.	7/6 Kleinstterz	49,4°	49,24°	RS (29/25)
Nr. 22	Amenemhet II.	7/5 kleiner Tritonus	54,46°	55,035°	RS (143/100)
Nr. 23	Sesostris II.	14/15 kleiner Halbton	43,02°	42,92°	RS (48,825/52,5)
Nr. 24	Sesostris III.	7/6 Kleinstterz	49,4°	49,24°	RS (29/25)
Nr. 25	Amenemhet III. (Dahschur)	10/7 großer Tritonus	55°	49,24°	RS (116/100)
Nr. 26	Amenemhet III. (Hawara)	8/7 übergroßer Ganzton	48,81°	47,84°	RS (116/105)
Nr. 27	Chendjer	10/7 großer Tritonus	55°	55°	RS (100/7)/1
Nr. 28	Unbekannt	4/3 Quarte	53,13°	53,13°	RS (4/3)
Nr. 29	Mazghuna – Süd	10/7 großer Tritonus	55°	55°	(75 m)/52,5 m

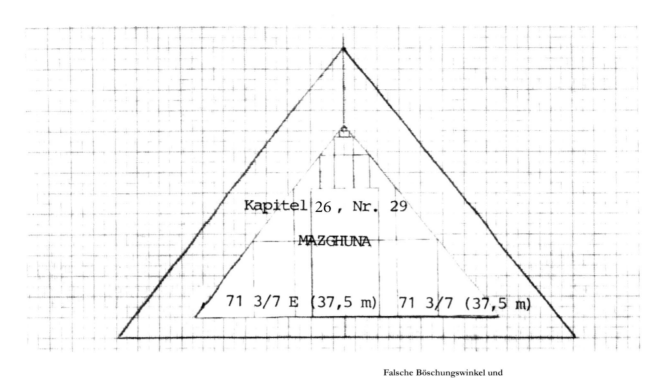

Kapitel 26 , Nr. 29

MAZGHUNA

71 3/7 E (37,5 m)   71 3/7 (37,5 m)

		Richtige Böschungswinkel		Falsche Böschungswinkel und Rücksprünge	
Nr. 1	Meidum	80/63 übergroße Terz	51,78°	51,84°	RS (28/22)
Nr. 2	Knickpyramide	10/9 kleiner Ganzton	48,01°		
Nr. 3	Dahschur – Nord	20/21 kleiner Halbton	43,60°	45°	RS (28/28)
Nr. 4	Cheops	80/63 übergroße Terz	51,78°	51,84°	RS (28/22)
Nr. 5	Djedefre	7/4 kleiner Septime	60,25°	52°?	RS? (14/11)
Nr. 6	Königsgrab	80/63 übergroße Terz 20/21 kleiner Halbton 4/3 Quarte	51,78° 43,60° 53,13°	51,84°	RS (14/11)
Nr. 7	Chephren	4/3 Quarte	53,13°	53,13°	RS (4/3)
Nr. 8	Mykerinus	5/4 große Terz	51,34°	51,84°	RS (28/22)
Nr. 9	Userkaf	4/3 Quarte	53,13°	53,13°	RS (4/3)
Nr. 10	Sahure	80/63 übergroße Terz	51,78°	50,19°	RS (90/75)
Nr. 11	Neferirkare	7/5 kleiner Tritonus	54,46°	54° angegeben	RS (7/5)
Nr. 12	Niuserre	80/63 übergroße Terz	51,78°	50,19°	RS (6/5)
Nr. 13	Neferefre	4/3 Quarte	53,13°	53,13°?	RS (75/100)
Nr. 14	Djedkare	80/63 übergroße Terz	51,78°	50,6°	RS (28/23)
Nr. 15	Unas	3/2 Quinte	56,30°	56° angegeben	RS (28/19)
Nr. 16	Teti	4/3 Quarte	53,13°	4 RSe fehlen	
Nr. 17	Pepi I.	4/3 Quarte	53,13°	4 RSe fehlen	
Nr. 18	Pepi II.	4/3 Quarte	53,13°	4 RSe fehlen	
Nr. 19	Merenre	4/3 Quarte	53,13°	4 RSe fehlen	
Nr. 20	Amenemhet I.	7/5 kleiner Tritonus	54,46°	52,69°	RS (21/16)
Nr. 21	Sesostris I.	7/6 Kleinstterz	49,4°	49,24°	RS (29/25)
Nr. 22	Amenemhet II.	7/5 kleiner Tritonus	54,46°	55,035°	RS (143/100)
Nr. 23	Sesostris II.	14/15 kleiner Halbton	43,02°	42,92°	RS (48,825/52,5)
Nr. 24	Sesostris III.	7/6 Kleinstterz	49,4°	49,24°	RS (29/25)
Nr. 25	Amenemhet III. (Dahschur)	10/7 großer Tritonus	55°	49,24°	RS (116/100)
Nr. 26	Amenemhet III. (Hawara)	8/7 übergroßer Ganzton	48,81°	47,84°	RS (116/105)
Nr. 27	Chendjer	10/7 großer Tritonus	55°	55°	RS (100/7/1)
Nr. 28	Unbekannt	4/3 Quarte	53,13°	53,13°	RS (4/3)
Nr. 29	Mazghuna – Süd	10/7 großer Tritonus	55°	55°	(75 m)/52,5 m

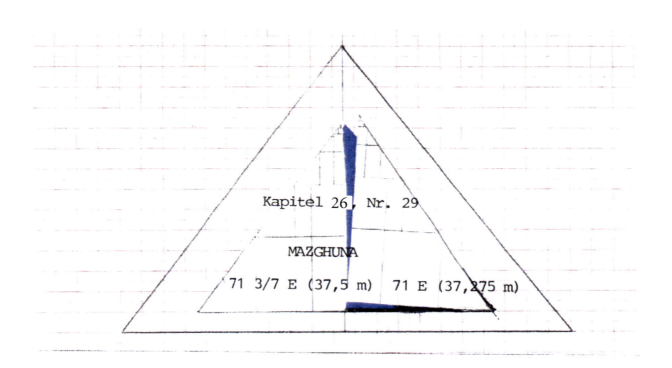

Kapitel 26, Nr. 29

MAZGHUNA

71 3/7 E (37,5 m)   71 E (37,275 m)

		Richtige Böschungswinkel			Falsche Böschungswinkel und Rücksprünge	
Nr. 1	Meidum	80/63 übergroße Terz	51,78°	51,84°	RS (28/22)	
Nr. 2	Knickpyramide	10/9 kleiner Ganzton	48,01°			
Nr. 3	Dahschur – Nord	20/21 kleiner Halbton	43,60°	45°	RS (28/28)	
Nr. 4	Cheops	80/63 übergroße Terz	51,78°	51,84°	RS (28/22)	
Nr. 5	Djedefre	7/4 kleiner Septime	60,25°	52°?	RS? (14/11)	
Nr. 6	Königsgrab	80/63 übergroße Terz 20/21 kleiner Halbton 4/3 Quarte	51,78° 43,60° 53,13°	51,84°	RS (14/11)	
Nr. 7	Chephren	4/3 Quarte	53,13°	53,13°	RS (4/3)	
Nr. 8	Mykerinus	5/4 große Terz	51,34°	51,84°	RS (28/22)	
Nr. 9	Userkaf	4/3 Quarte	53,13°	53,13°	RS (4/3)	
Nr. 10	Sahure	80/63 übergroße Terz	51,78°	50,19°	RS (90/75)	
Nr. 11	Neferirkare	7/5 kleiner Tritonus	54,46°	54° angegeben	RS (7/5)	
Nr. 12	Niuserre	80/63 übergroße Terz	51,78°	50,19°	RS (6/5)	
Nr. 13	Neferefre	4/3 Quarte	53,13°	53,13°?	RS (75/100)	
Nr. 14	Djedkare	80/63 übergroße Terz	51,78°	50,6°	RS (28/23)	
Nr. 15	Unas	3/2 Quinte	56,30°	56° angegeben	RS (28/19)	
Nr. 16	Teti	4/3 Quarte	53,13°	4 RSe fehlen		
Nr. 17	Pepi I.	4/3 Quarte	53,13°	4 RSe fehlen		
Nr. 18	Pepi II.	4/3 Quarte	53,13°	4 RSe fehlen		
Nr. 19	Merenre	4/3 Quarte	53,13°	4 RSe fehlen		
Nr. 20	Amenemhet I.	7/5 kleiner Tritonus	54,46°	52,69°	RS (21/16)	
Nr. 21	Sesostris I.	7/6 Kleinstterz	49,4°	49,24°	RS (29/25)	
Nr. 22	Amenemhet II.	7/5 kleiner Tritonus	54,46°	55,035°	RS (143/100)	
Nr. 23	Sesostris II.	14/15 kleiner Halbton	43,02°	42,92°	RS (48,825/52,5)	
Nr. 24	Sesostris III.	7/6 Kleinstterz	49,4°	49,24°	RS (29/25)	
Nr. 25	Amenemhet III. (Dahschur)	10/7 großer Tritonus	55°	49,24°	RS (116/100)	
Nr. 26	Amenemhet III. (Hawara)	8/7 übergroßer Ganzton	48,81°	47,84°	RS (116/105)	
Nr. 27	Chendjer	10/7 großer Tritonus	55°	55°	RS (100/7)/1	
Nr. 28	Unbekannt	4/3 Quarte	53,13°	53,13°	RS (4/3)	
Nr. 29	Mazghuna – Süd	10/7 großer Tritonus	55°	55°	(75 m)/52,5 m	

Anhang

Gutachten aus Kairo

In diesem siebten Kapitel folgen jetzt zwei Kurzfassungen meiner Studie, in denen es mir darauf ankam, zwei Ägyptologen mit der antiken Musiktheorie vertraut zu machen, die meine Studie begutachten sollten. Bei dieser Darstellung der Pyramidenneigungen nach den Proportionen der Partial- und Obertonreihe, auffindbar im Diagonalenwinkel von Plutarchs Intervallflächen, dargestellt bei Platon in den „Nomoi", im Dialog „Timaios" 35 b ff., in „Epinomis" 990 e und in den antiken Tonarten, erhalten bei Ptolemaios, wird manches aus den Kapiteln I–VI wiederholt, jedoch auch vertieft und flankiert durch graphische Synopsen aus einem aktuellen Handbuch zur Musik und der Oberton-Analyse aus der „Wikipedia"-Enzyklopädie im Internet. Es galt, verständliche Formen der Anschauung zu finden, um die naturwissenschaftlich komplexen Zusammenhänge zwischen der Geometrie des Dreiecks, Arithmetik, Akustik und Musiktheorie zu klären.

Meine Studie und ihre Kurzfassungen lagen zunächst den Gutachtern Prof. Dr. Josef Dorner und Prof. Dr. Rainer Stadelmann (Deutsches Archäologisches Institut (DAI))in Kairo vor. Sie teilten mir gemeinsam mit, daß meine ursprünglich gewählte Elle von 0,5229 m in der Basislänge der Cheopspyramide (441 x 0,5299 = 230,5989 m) unzutreffend sei. Vorhandene Vorzeichnungen auf dem Pflaster legten eine Basiskante von 230,36 m fest, an der „nicht gerüttelt" werden könnte.

Das habe ich eingesehen und korrigierte Flinders Petries und Ludwig Borchardts Ellenlänge von ursprünglich 0,5229 Ellen geringfügig um einen halben Millimeter auf 0,52236 m, worauf, statt mit einer alten von 440 Ellen, eine neue Basislänge von 441 x 0,52236 m = 230,36 m wieder erreicht war und die aktuelle Kantenlänge bestätigte.

Daraufhin luden mich die Ägyptologen ein, nach Ägypten zu kommen, um meine Thesen an den Pyramiden zu überprüfen. Inzwischen hatte ich noch restliche Einwände widerlegen können. Auch diese Widerlegungen sind hier beigefügt.

Auf mehrfache Weise, logisch, geometrisch, arithmetisch und sogar über Fehlerquellen als meßtechnische Folge bei einer Verwendung der Elf, bewies ich, daß die Elf nicht in der Cheopspyramidenbasis vorkommen kann und daß die Kantenlänge der Cheopspyramide nicht in 440 x 0,523545 m = 230,36 Meter eingeteilt ist, sondern in 441 x 0,52236 m = 230,36 Meter.

Nach einer Aussprache in Kairo schrieb mir Prof. Stadelmann, inzwischen von meinem Fund begeistert, ein positives Gutachten. Dieser erfreuliche Verlauf wird hier im siebten Kapitel dokumentiert. Zunächst also das Gutachten und dann die beiden Zusammenfassungen:

Re: Pyramidenberechnungen

Thema: Re: Pyramidenberechnungen
Datum: 18. 06. 2006 16 : 17 : 21 Westeuropäische Normalzeit

Herr Professor Dr. F. W. Korff hatte mir im Frühjahr dieses Jahres ein Manuskript über das binomiale System der Pyramiden mit dem aufregenden Titel: ‚Platon und die Cheopspyramide' zugeschickt und mich gebeten, dazu Stellung zu nehmen.

Ich muß gestehen, daß ich zunächst wenig Neigung dafür aufbringen konnte. Ich hielt es fälschlicher Weise für eine der vielen hermeneutisch-esoterischen Hypothesen zum Pyramidenbau, mit denen ich regelmäßig überschwemmt werde. Ich befand mich gerade auf der Grabung am Kom el-Hettân, wo wir dieses Jahr wieder ganz besonders sensationelle Funde machten. Glücklicherweise befand sich in unserem Team Herr Dr. Josef Dorner, Professor für Vermessungskunde und Archäologe, der beste Forscher und Kenner der Materie. Er hat das Manuskript mit viel Verständnis gelesen und mit mir durchdiskutiert. Wir beide haben Herrn Korffs profundes Wissen und Kenntnis der antiken Schriftsteller sehr bewundert, waren aber nicht voll überzeugt von seinen Schlüssen und Ergebnissen. Wir haben unsere Einwände geschrieben und vor allem darauf bestanden, daß Herr Korff seine Thesen an den Pyramiden selbst erprobt. Dies geschah anläßlich eines Besuches im Juni, wo Herr Korff Giza, Dahschur und Meidum besucht hat. Eine anschließende Stunden lange Besprechung, mehr vielleicht ein Vortrag und Vorführung seiner Ergebnisse, hat mich dann sehr überzeugt. Herr Korff hat in der Tat das alte Berechnungssystem des Pyramidenbaus wieder entdeckt, ein Verfahren, durch das mittels Summierungen von Binomialkoeffizienten im ‚Pascalschen' Dreieck Höhen, Basen und die Schnittlängen von Pyramiden und Pyramidenstümpfen in ganzzahligen Ellenlängen berechnet und eingerichtet werden konnten. Diese Entwurfsverfahren gehen letztlich alle zurück auf die Geometrie des Dreiecks und der echten Pyramide. Und sie sind somit als zahlenkongruente Berechnungsweisen überprüfbar. Die dabei in Dreiecken figurierten Zahlen, ihre Summen und Summen von Summen berechnete man mit arithmetischen Formeln. Diese sind bei Platon im „Timaios", in den „Nomoi" und in den Arithmetiken der neuplatonischen Mathematiker Nikomachos von Gerasa, Theon von Smyrna, aber auch in der „Institutio mathematica" des neuplatonischen Musiktheoretikers Boëthius überliefert. Ihre Ergebnisse sind die Formeln für die Abmessungen und den Inhalt der Pyramide und des Pyramidenstumpfes, so wie man sie in den Übungsaufgaben des Papyrus Rhind und Tourajew findet. Die hier auftretenden Zahlen, sowohl in den Übungsaufgaben wie in den Rücksprüngen (Sekeds) der Pyramiden, zielen allesamt auf eine gemeinsame Tatsache, daß die Ägypter im äußeren Konturbereich echter Pyramiden nur Produkte aus n-ersten fünf Primzahlen (1, 2, 3, 5, 7) aus dem harmonischen Anfang der Partial- und Obertonreihe (1 : 2 : 3 : 4 : 5 : 6 : 7) wählten, Binomialkoeffizienten also, die in den ersten zehn Reihen des Pascalschen Dreiecks vorkommen und die zugleich Zahlen des ägyptischen Meß- und Maßsystems (l Elle = 7 Handbreit = 28 Finger, 1 Elle = $5\frac{1}{4}$ Fäuste = 21 Finger, 1 Remen = 5 Handbreit = 20 Finger) sind.

Das gesamte Konvolut dieser Zahlen (1 x 2 x 3 x 4 x 5 x 6 x 7 = 5040 = 7!) ist bei Platon in den „Nomoi" ausführlich diskutiert. Es steht im Kontext seines Lobpreises ägyptischer Mathematik und der ägyptischen Fähigkeit, an einmal eingeführten Gesetzen nicht zu rütteln. Der Fakultätszahl 5040 = 1 x 2 x 3 x 4 x 5 x 6 x 7 = 7! widmet Platon in einer Liste der „Nomoi" große Aufmerksamkeit. Denn sie läßt sich, ihrer Zusammensetzung aus Produkten der ersten fünf Primzahlen (1, 2, 3, 5, 7) gemäß, in 60 ganzzahlige Teilprodukte unterteilen, in übersichtliche und einfache Zahlen also, die allesamt für die Güter- und Landverteilung, für die Verfassung eines Staats, für harmonische Regelung in Rechtsansprüchen, für die Logistik seiner Versorgung in Friedens- und Kriegszeiten, für die Stadtplanung, Aufmarsch von Heeren u. dergl. für Platons Entwurf seines utopischen Staats „Magnesia" auf Kreta in den „Nomoi" nützlich und verwendbar sind.

Wie aus Strabons Bericht und aus den „Nomoi" selbst hervorgeht, hat Platon die Verwendung dieser Zahl während einer sechszehnmonatigen Reise durch Ägypten in Heliopolis von den Priestern kennengelernt. In den 60 ganzteiligen Teilern der Zahl 5040, die in einer Liste zu logistischen Zwecken in den „Nomoi" erwähnt wird, findet sich auch das Teilprodukt 80 x 63 = 5040, eine rechteckige Intervallfläche mit der Höhe von 80 Ellen und einer Breite von 63 Ellen. Die Diagonale in diesem Rechteck enthält den Rücksprung $\frac{\text{Pyramidenhöhe}}{\text{Basishälfte}}$ ($\frac{280}{220,5} = \frac{80}{63}$) mit dem Böschungswinkel der Cheopspyramide (arctg $\frac{80}{63}$ = 51,78°). Das Intervall $\frac{80}{63}$ sei überdies ein musikalisches Intervall einer großen Terz aus einer Tonart *Diatonon malakon*, die bei Ptolemaios erhalten ist und in der die musikalischen Rücksprünge von allein zwanzig altägyptischen Pyramiden stehen. Das neue Rücksprungsintervall $\frac{80}{63}$ der Cheopspyramide finde sich in noch vier weiteren Pyramiden Ägyptens, in Meidum, Königsgrab in Zawiet el Arjan(Version A), Sahure und Djedkare.

Damit hat Herr Korff eine Theorie der Pyramidenneigungen entdeckt, die überzeugend wirkt, auch wenn sie zunächst beinahe schockierend wirkt.

Um diese Theorie abzusichern, ist Herr Korff gezwungen, ein kleine Korrektur an den Abmessungen der Cheopspyramide vorzunehmen: eine Elle in der Basis, anstelle von 440 Ellen 441 Ellen und ca. 3 Minuten im Böschungswinkel, d. h. 51,78° anstelle von bisher gemessenen 51,84°.

Die Theorie selber mache diese Korrektur zwingend, weil die Primzahl 11 weder in den ersten 10 Reihen des Pascalschen Dreiecks, noch im ägyptischen Meß- und Maßsystem, noch als Intervalle in den in der Antike geläufigen Tonarten vorkommt und überdies das Intervall $\frac{14}{11}$ Klirrfaktoren ungradzahliger Harmonischer und damit rauh klingende Intervalle auf dem Monokord entstehen läßt. Die vorstehende Berechnung nach antiken Dreiecks- und Pyramidenzahlen aus Binomialkoeffizienten dient H. Korff zum Nachweis, daß aus geometrischen und arithmetischen Gründen die Zahl 11 nicht im Rücksprung und daher auch nicht in der Basis der Cheopspyramide vorkommen kann. Die Basis (440 Ellen) stimme daher nicht. Richtig ist die Basis von

441 Ellen. Denn in den ersten zehn Reihen des Pascalschen Dreiecks kommen nur Produkte, gebildet aus den ersten fünf Primzahlen (1, 2, 3, 5, 7) des ägyptischen Meß- und Maßsystems vor. Auch die Summe der ersten sieben „Pyramidenzahlen", die in Theons und Nikomachos' Arithmetiken (um 100 v. bis 150 n. Chr.) zum Entwurf der Pyramiden erwähnt und abgeleitet werden, bilden nur Summen und Produkte aus den ersten fünf Primzahlen (1 + 4 + 10 + 20 + 35 + 56 + 84 = 210 = 1 x 2 x 3 x 5 x 7).

Flinders Petrie und Ludwig Borchardt hatten in der sogenannten verlassenen „Königinkammer" der Cheopspyramide ein Ellenmaß von 0,5229 gefunden, es aber verworfen, weil es zu kurz für eine Basislänge von 440 Ellen war und nicht in die inzwischen empirisch festgestellte Basislänge von 230,36 m paßte. Sie nahmen daher irrtümlich eine Durchschnittselle von 0,535454 m an, indem sie 230,36 durch 440 teilten. Nach Korffs geometrischer und arithmetischer Ableitung, die beweist, daß eine Primzahl 11 nicht in der Basiskante vorkommen kann, ist die Basiskante nunmehr 441 Ellen lang und das ursprünglich richtig aufgefundene Ellenmaß (0,5229 m) aus der sogenannten „Königinkammer" muß daher um einen halben Millimeter auf 0,5224 m, also um eine archäologische „Unmessbarkeit" modifiziert werden. Der daraus sich ergebende Böschungswinkel (arctg $\frac{80}{63}$ = 51,78°) ist hervorgegangen aus dem Diagonalenwinkel einer großen Terz in einer antiken Tonart Diatonon malakon in Platons Intervallfläche 80 x 63 = 5040 E^2 = 7! = 1 x 2 x 3 x 4 x 5 x 6 x 7 E^2).

Herrn Korffs Berechnungen und seine These erscheinen mir zwingend. Dieses Berechnungssystem ist eine ganz großartige (Wieder)Entdeckung der antiken Berechnungen aufgrund altägyptischer Rechenmethoden und der bei Platon überlieferten Harmonielehre. Für Ägyptologen ist das sicher schwer zu verstehen, aber das ist ja auch der Bau der Pyramiden.

Rainer Stadelmann

Pyramiden in Primzahlen zerlegt und ausgekürzt:

Meidum: $\frac{175\,5/21}{138} = \frac{2^4 \times 5 \times 23}{3^2 \times 7 \times 23} = \frac{80}{63}$ Chephren: $\frac{273\,1/3}{205} = \frac{2^2 \times 5 \times 41}{3 \times 5 \times 41} = \frac{4}{3}$

Niuserre: $\frac{95\,23/224}{75\,1/7} = \frac{3^4 \times 7 \times 263}{2^5 \times 7 \times 263} = \frac{81}{64}$ Unas: $\frac{82,5}{55} = \frac{3 \times 5 \times 11}{2 \times 5 \times 11} = \frac{3}{2}$

> Aus den vorhandenen Rücksprüngen und Basislängen ist zu schließen, daß die Ägypter sie mit Bedacht auswählten, denn nur die Primzahlen 23, 41, 263 u. 11 können hier die ausschließliche Verwendung der 5 Primzahlen erhalten.

Nachweis, daß in den Rücksprüngen von 29 Pyramiden nur die ersten fünf Primzahlen (1), 2, 3, 5, 7 vorkommen. Die (1) bleibt dabei aus der Zählung.[1]

	Pyramide	Basis	Primzahlen in der Basis	Höhe	Primzahlen in der Höhe	Rücksprung
1.	Meidum M3	276 E (144,9 m)	$1 \times 2^2 \times 3 \times 23$ E	175 5/21 E (92 m)	$2^5 \times 5 \times 23/(3 \times 7)$	80/63
2.	Knickpyramide (Snofru) oben	360 E (189 m)	$2^3 \times 3^2 \times 5$ E	200 E (105 m)	$2^3 \times 5^2$ E	10/9
3.	Dahschur-Nord (Snofru)	420 E (220,5 m)	$2^2 \times 3 \times 5 \times 7$ E	200 E (105 m)	$2^3 \times 5^2$ E	20/21
4.	Cheops	441 E (230,36 m)	$3^2 \times 7^2$ E	280 E (146,26 m)	$2^3 \times 5 \times 7$ E	80/63
5.	Djedefre	200 E (105 m)	$2^3 \times 5^2$ E	175 E (91,875 m)	$5^2 \times 7$ E	7/4
6.	Königsgrab in Zawiet el-Arjan	a) 210 E (110,25 m) b) 210 E (110,25 m) c) 210 E (110,25 m)	$1 \times 2 \times 3 \times 5 \times 7$ E	133 1/3 E (70 m) 100 E (52,5 m) 140 E (73,5 m)	$2^4 \times 5^2/3$ E $2^2 \times 5^2$ E $2^2 \times 5 \times 7$ E	80/63 20/21 4/3
7.	Chephren	410 E (215,25 m)	$2 \times 5 \times 41$	273 1/3 E (143,5 m)	$2^2 \times 5 \times 41/3$ E	4/3
8.	Mykerinus	200 E (105,5 m)	$2^3 \times 5^2$ E	125 E (65,9375 m)	5^3 E	5/4
9.	Userkaf	140 E (73,5 m)	$2^2 \times 5 \times 7$ E	93 1/3 E (49 m)	$2^3 \times 5 \times 7/3$ E	4/3
10.	Sahure	150 E (78,75 m)	$2 \times 3 \times 5^2$ E	95 5/21 E (50 m)	$2^4 \times 5^3/(3 \times 7)$ E	80/63
11.	Neferirkare	200 E (105 m)	$2^3 \times 5^2$ E	140 E (73,5 m)	$2^2 \times 5 \times 7$ E	7/5
12.	Niuserre	150 2/7 E (78,9 m)	$2^2\,263/7$ E	95 23/224 E (49 $\frac{1189}{1280}$ m)	$3^4 \times 263/(2^5 \times 7)$ E	81/64
13.	Neferefre	125 E (65,625 m)	5^3 E	83 1/3 E (43,75 m)	$2 \times 5^3/3$ E	4/3
14.	Djedkare	150 E (78,75 m)	$2 \times 3 \times 5^2$ E	95 5/21 E (50 m)	$2^4 \times 5^3/(3 \times 7)$ E	80/63
15.	Unas	110 E (57,75 m)	$2 \times 5 \times 11$ E	82 1/2 E (43,3125 m)	$3 \times 5 \times 11/2$ E	3/2
16.	Teti	150 E (78,75 m)	$2 \times 3 \times 5^2$ E	100 E (52,5 m)	$2^2 \times 5^2$ E	4/3
17.	Pepi I.	150 E (78,6 m)	$2 \times 3 \times 5^2$ E	100 E (52,4 m)	$2^2 \times 5^2$ E	4/3
18.	Merenre	175 E (91,875 m)	$5^2 \times 7$ E	350/3 E (61,25 m)	$2 \times 5^2 \times 7/3$ E	4/3
19.	Pepi II.	150 E (78,75 m)	$2 \times 3 \times 5^2$ E	100 E (52,5 m)	$2^2 \times 5^2$ E	4/3
20.	Amenemhet I.	160 E (84 m)	$2^5 \times 5$ E	112 E (58,8 m)	$2^4 \times 7$ E	7/5
21.	Sesostris I.	200 E (105 m)	$2^3 \times 5^2$ E	116 2/3 E (61,25 m)	$2 \times 5^2 \times 7/3$ E	7/6
22.	Amenemhet II.	160 E (84 m)	$2^5 \times 5$ E	112 E (58,8 m)	$2^4 \times 7$ E	7/5
23.	Sesostris II.	200 E (105 m)	$2^3 \times 5^2$ E	93 1/3 E (49 m)	$2^3 \times 5 \times 7/3$ E	14/15
24.	Sesostris III.	200 E (105 m)	$2^3 \times 5^2$ E	116 2/3 E (61,25 m)	$2 \times 5^2 \times 7/3$ E	7/6
25.	Amenemhet III. (Dashur)	200 E (105 m)	$2^3 \times 5^2$ E	1000/7 E (75 m)	$2^3 \times 5^3/7$ E	10/7
26.	Amenemhet III. (Hawara)	200 E (101,5 m)	$2^3 \times 5^2$ E	800/7 E (58 m)	$2^5 \times 5^2/7$ E	8/7
27.	Chendjer	100 E (52,5 m)	$2^2 \times 5^2$ E	500/7 E (37,5 m)	$2^2 \times 5^3/7$ E	10/7
28.	Unbekannt	175 E (91,875 m)	$5^2 \times 7$ E	116 2/3 E (61,25 m)	$2 \times 5^2 \times 7/3$ E	4/3
29.	Mazghuna-S	100 E (52,5 m)	$2^2 \times 5^2$ E	500/7 E (37,5 m)	$2^2 \times 5^3/7$ E	10/7

[1] ἔξω λόγου τῆς μονάδος τιθεμένης (die Eins bleibt aus der Zählung), Plutarch, de animae procreatione in Timaeo Platonis (1017 E), Ausg. H. Cherniss, 1976, S. 270.

19

Die obige Tabelle im ersten Buch, 2008, S. 19, abgedruckt, hätte Frank Müller-Römer dazu dienlich sein können, größere Primzahlen als 1,2,3,5,7, nicht anzunehmen und auch zu vermeiden, da die 11, 19, 23 usw. nicht Bestandteil des ägytischen Meß- und Maßsystems sind.

Daher habe ich auch in Nr. 12 (Niuserre) die Primzahl 263 gegen den Rücksprung (80/63) in der baugleichen Pyramide Nr. 14 (Djedkare) austauschen müssen.

DANKSAGUNG

Die stets zur Hilfe Bereiten, die das Entstehen des dritten Buchs
miterlebt und mit Rat und Tat unterstützt haben:

Jan Assmann, Rainer Stadelmann, J. Dorner, Sigi und ToTo von Holst,
Manfred Kaufmann, Klaus-Jürgen Grundner, Assunta und Peter Nickel,
und Stefan Arndt, sage ich herzlich Dank.

F. W. Korff
im Mai 2021

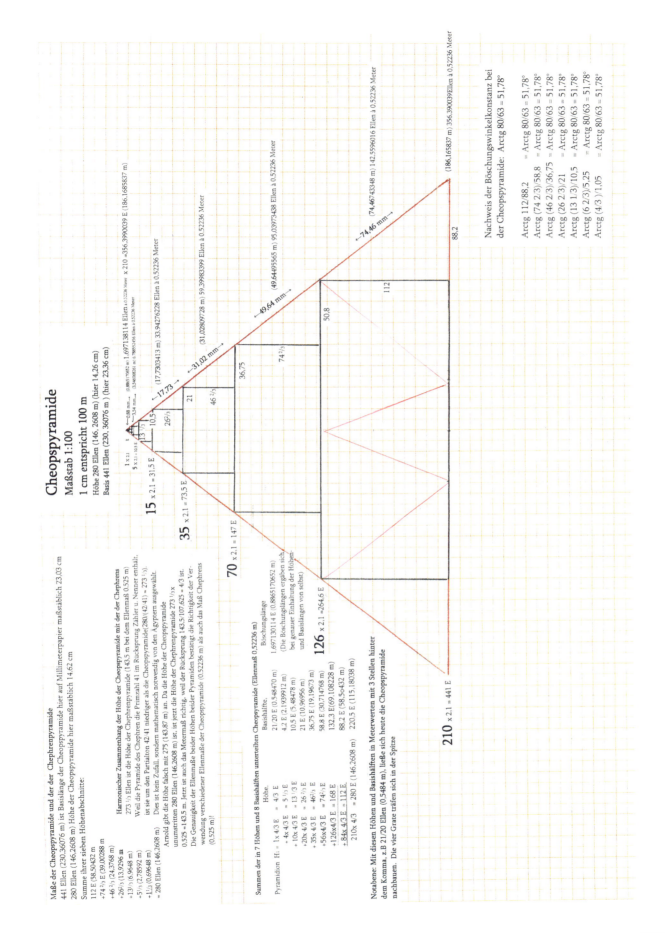

Cheopspyramide

Maßstab 1:100
1 cm entspricht 100 m
Höhe 280 Ellen (146, 2608 m) (hier 14,26 cm)
Basis 441 Ellen (230, 36076 m) (hier 23,36 cm)

Maße der Cheopspyramide und der der Chephrenpyramide

441 Ellen (230,36076 m) ist Basislänge der Cheopspyramide hier auf Millimeterpapier maßstablich 23,03 cm
280 Ellen (146,2608 m) Höhe der Cheopspyramide hier maßstablich 14,62 cm
Summe ihrer sieben Höhenabschnitte:
112 E (58,50432 m)
+74 2/3 E (39,00288 m)
+46 2/3 (24,3768 m)
+26 2/3 (13,9296 m)
+13 1/3 (6,9648 m)
+5 1/3 (2,78592 m)
+1 1/3 (0,69648 m)
= 280 Ellen (146,2608 m)

Harmonischer Zusammenhang der Höhe der Cheopspyramide mit der der Chephrens

273 1/3 Ellen ist die Höhe der Chephrenpyramide (143,5 m bei dem Ellenmaß 0,525 m)
Weil die Pyramide des Chephren die Primzahl 41 im Rücksprung Zähler u. Nenner enthält,
ist sie um den Partialton 42/41 niedriger als die Cheopspyramide(280/(42/41) = 273 1/3).
Dies ist kein Zufall, sondern mathematisch notwendig von den Ägyptern ausgewählt.
Arnold gibt die Höhe falsch mit 275 (143,87 m) an. Da die Höhe der Cheopspyramide
unumstritten 280 Ellen (146,2608 m) ist, ist jetzt die Höhe der Chephrenpyramide 273 1/3 x
0,525 = 143,5 m. jetzt ist auch das Metermaß richtig, weil der Rücksprung 143,5/107,625 = 4/3 ist.
Die Genauigkeit der Ellenmaße beider Höhen bestätigt die Richtigkeit der Verwendung
verschiedener Ellenmaße der Cheopspyramide (0,52236 m) als auch das Maß Chephrens
(0,525 m)!

Summen der in 7 Höhen und 8 Basishälften unterteilten Cheopspyramide (Ellenmaß 0,52236 m)

	Höhe.	Basishälfte.	Böschungslänge.
Pyramidion H: 1x 4/3 E	= 4/3 E	21/20 E (0,54847o m)	1,697130114 E (0,8865170652 m)
+ 4x 4/3 E	= 5 1/3 E	4,2 E (2,1939912 m)	(Die Böschungslängen ergaben sich
+10x 4/3 E	= 13 1/3 E	10,5 E (5,48478 m)	bei genauer Einhaltung der Höhen
+20x 4/3 E	= 26 2/3 E	21 E (10,96956 m)	und Basislängen von selbst)
+35x 4/3 E	= 46 2/3 E	36,75 E (19,19673 m)	
+56x4/3 E	= 74 2/3 E	58,8 E (30,714768 m)	
+126x4/3 E	= 168 E	132,3 E (69,108228 m)	
+84x 4/3	= 112 E	88,2 E (58,5o432 m)	
210x 4/3	= 280 E (146,2608 m)	220,5 E (115,18038 m)	

Notabene: Mit diesen Höhen und Basishälften in Meterwerten mit 3 Stellen hinter
dem Komma, z.B 21/20 Ellen (0,5484 m), ließe sich heute die Cheopspyramide
nachbauen. Die vier Grate träfen sich in der Spitze

Nachweis der Böschungswinkelkonstanz bei der Cheopspyramide: Arctg 80/63 = 51,78°

Arctg 112/88,2 = Arctg 80/63 = 51,78°
Arctg (74 2/3)/58,8 = Arctg 80/63 = 51,78°
Arctg (46 2/3)/36,75 = Arctg 80/63 = 51,78°
Arctg (26 2/3)/21 = Arctg 80/63 = 51,78°
Arctg (13 1/3)/10,5 = Arctg 80/63 = 51,78°
Arctg (6 2/3)/5,25 = Arctg 80/63 = 51,78°
Arctg (4/3)/1,05 = Arctg 80/63 = 51,78°

Prof. Dr. Dr. h. c. Hans Lenk schrieb mir:

Die überraschende Idee „klingt" nicht nur überzeugend, sondern wird auch durch eigene verbesserte Nachmessungen der Elle und viele treffende Argumente und Literaturzitaten belegt und bestätigt. Doch warum „kann" die 11 in allen Pyramiden nicht als eine Primzahl bei den Ägyptern gelten, selbst wenn das faktisch so ist. Hier fehlt mir ein zwingender Grund, selbst wenn das Faktum gegeben scheint? (Das Stadelmann-Gutachten ist glänzend!)

Hans Lenk.

Zu Deiner Frage zu der Zahl 11: Warum darf sie nicht aufkommen?

Die Ägypter haben für den Aufbau der Pyramiden nur die ersten fünf Primzahlen benutzt, wie das auch ihr Produkt zeigt: $(1 \times 2 \times 3 \times 5 \times 7) = 210$. Deshalb ist die Ausgangszahl für alle Pyramidenbauten 210, wie das in der großen Tabelle bei allen Pyramiden in der 5. Spalte angezeigt ist. Der Faktor 21/10 mit 210 multipliziert ist gleich 441 Ellen. 441 Ellen ist aber die Basislänger der Cheopspyramide.

„Wir aber haben unserer Meinung nach jetzt völlig zu Recht die Zahl 5040 gewählt, die alle Teilungen zuläßt, von der Eins angefangen bis zur Zwölf, aus genommen die Elf –"

Dass Platon an dieser Stelle (Nomoi 771c) eine Verlegenheitslösung vorschlägt, soll uns nicht stören. Aber er führt uns zu der Zahl $80 \times 63 = 5040$.

Du siehst, lieber Hans, wie Platon mogelt, um seine 5040 Bürger unterzubringen. Aber er schildert die Lösung und den Erhalt der Pyramidenmaße, wenn wir eine Pyramide ausgraben, von der nur die Basis erhalten, alles andere Trümmer sind. Denken wir uns also von der Cheopspyramide, sie sei nur ein Haufen Steine. Die ausgegrabene Basislänge ist $210 \times 21/10 = 441$ Ellen und nicht 440 Ellen. Der Erweiterungsfaktor, den wir in der Übungsaufgabe Nr. 57 Papyrus Rhind mit 10 2/3 gefunden haben, zeigt uns auf dem Abstand der Flöte 26,25 zu 20,671875 gleich 80/63. Das ist der Rücksprung der Cheopspyramide. Eine Höhe ist stets Basishälfte Rücksprung. $441/2 = 220,5$. Also $220,5 \times 80/63 = 280$. Du siehst, lieber Hans, auf S. 55 die Höhe der Cheopspyramide von 280 Ellen.

„Heisenberg weist in seinem Essay, „Gedanken der antiken Naturphilosophie in der modernen Physik" darauf hin, dass diese Entdeckung einer der stärksten Impulse menschlicher Wissenschaft überhaupt gewesen sei."

Zitat aus: Peter Bamm, *Adam und der Affe*, Titelummer 1508, Deutsche Verlagsanstalt Stuttgart, Stuttgart 1969, S. 43.

„Dieser Gedanke tritt uns zum ersten Mal deutlich entgegen in den Lehrern der Pythagoreer, und er erschließt sich diesem Kreis durch die Entdeckung der mathematischen Bedingtheit der Harmonie. Bei Untersuchungen über die Schwingungen der Saiten finden die Pythagoreer, daß zwei angeschlagene Saiten dann harmonisch zusammenklingen, wenn (bei sonst gleichen Eigenschaften) ihre Länge in einem einfachen rationalen Verhältnis stehen. Dies bedeutet, daß dem menschlichen Ohr eine Gesamtheit von Tönen dann sinnvoll und harmonisch scheint, wenn in ihm einfache mathematische Beziehungen verwirklicht sind, obwohl diese Beziehungen dem Hörenden nicht bewußt werden. Diese Entdeckung gehört zu den stärksten Impulsen menschlicher Wissenschaft überhaupt, und wer den Blick einmal für die gestaltende Kraft mathematischer Ordnung geschärft hat, erkennt ihr Wirken in der Natur wie in der Kunst auf Schritt und Tritt. Als besonders einfaches und augenfälliges Beispiel hierfür sei das Kaleidoskop erwähnt, in dem durch eine einfache mathematische Symmetrie aus bloß Zufälligem etwas Sinnvolles und Schönes entsteht; wertvollere und wichtigere Beiträge liefert die Analyse jedes bedeutenden Kunstwerkes oder in der Natur das Studium der Kristalle. Wenn in einer musikalischen Harmonie oder einer Form der bildenden Kunst die mathematische Struktur als Wesenskern erkannt wird, so muß auch die sinnvolle Ordnung der uns umgebenden Natur ihren Grund in dem mathematischen Kern der Naturgesetze haben. Diese Überzeugung findet ihren ersten Ausdruck in der Lehre der Pythagoreer von der Sphärenharmonie und in der Zuordnung der regulären Körper zu den Elementen – Plato erklärt im Timaios die Atome von Erde, Feuer, Luft und Wasser als Kubus, Tetraeder, Oktaeder, Ikosaeder. Letzten Endes beruht aber die ganze mathematische Naturwissenschaft auf dieser Überzeugung."

Zitat aus: Werner Heisenberg, „Gedanken der antiken Naturphilosophie in der modernen Physik", in: *Gesammelte Werke / Collected Works*, hrsg. v. Walter Blum, Hans-Peter Dürr und Helmut Rechenberg, Abteilung C, Allgemeinverständliche Schriften / Philosophical and Popular Writings, Band I, Physik und Erkenntnis 1927–1955, Ordnung der Wirklichkeit, Atomphysik, Kausalität, Unbestimmtheitsrelationen u. a., S. 118–124, Piper München 1984, S. 121 f.

Das Neue, das entdeckt ist: Alle 28 ägyptischen Pyramiden haben als Höhe geteilt durch Basishälfte harmoniespendende Intervalle bzw. Proportionen. Der Grund dafür, dass die Basis des Pascalschen Dreiecks bei $(a+b)^{10}$ Harmonien hervorbringt und die Basis $(1 \times 2 \times 3 \times 5 \times 7 = 210$ Ellen) nur aus Varianten der ersten fünf Primzahlen harmonisch zusammengesetzt ist, erklärt die Harmonie. Diese Entdeckung hat es bislang in Bezug auf die Pyramiden nicht gegeben und zeigt das hohe Niveau des damaligen mathematischen Pythagorismus. Es muss hervorgehoben werden, dass diese Entdeckung insgesamt bautechnisch relevant und nicht etwa theoretisch ist. Es zeigt, dass der Pythagorismus eine ernstzunehmende Wissenschaft war und keine Spinnerei, wie man allgemein zu sagen wagt.

F. W. Korff

Abbildungsverzeichnis

Das Thumbnail auf dem Cover und die Abbildung „Painted relief depicting a flute player and a singer at a funerary banquet, from the Tomb of Nenkhefetka, Saqqarah, Old Kingdom, c.2400 BC (wall painting)" auf den Seiten 8 und 116 wurden freundlicherweise bereitgestellt von Bridgeman Images.

Die Abbildung „C Partial- und Obertonreihe" auf den Seiten 24, 28, 37, 44, 47, 57, 69, 106, 116, 121, 127, 140, 152, 159, 160, 174, 184, 189 stammt aus: Ulrich Michels, *dtv-Atlas zur Musik*, Tafeln und Texte, Band 1 Systematischer Teil, Historischer Teil: Von den Anfängen bis zur Renaissance, 16. Auflage, München 1995, S. 88. *Mit freundlicher Genehmigung von dtv Verlagsgesellschaft mbH & Co. KG.*

Die Abbildung „Zeitstrahl, Cheironomie, Musikinstrumente" auf den Seiten 83, 85, 94 stammt aus: Ulrich Michels, *dtv-Atlas zur Musik*, Tafeln und Texte, Band 1 Systematischer Teil, Historischer Teil: Von den Anfängen bis zur Renaissance, 16. Auflage, München 1995, S. 164. *Mit freundlicher Genehmigung von dtv Verlagsgesellschaft mbH & Co. KG.*

Die Abbildung auf der Seite 84 stammt aus: Ulrich Michels, *dtv-Atlas zur Musik*, Tafeln und Texte, Band 1 Systematischer Teil, Historischer Teil: Von den Anfängen bis zur Renaissance, 16. Auflage, München 1995, S. 165. *Mit freundlicher Genehmigung von dtv Verlagsgesellschaft mbH & Co. KG.*

Die Abbildung „Pyramides de Memphis" auf der Seite 104 stammt aus: Rare Book Division, The New York Public Library. „Pyramides de Memphis. Vue de la seconde pyramide, prise du côté du levant." The New York Public Library Digital Collections. 1822. https://digitalcollections.nypl.org/items/510d47e0-20a6-a3d9-e040-e00a18064a99.

Abbildungen entnommen aus: Rainer Stadelmann, *Die ägyptischen Pyramiden : vom Ziegelbau zum Weltwunder, Kulturgeschichte der antiken Welt*, Band 30, 3. aktualisierte und erweiterte Auflage., Mainz am Rhein, von Zabern 1997:

Tafel 19 Dahschur/Süd. Blick vom sog. Taltempel des Snofru im Wüstental nach SW auf die Knickpyramide.

Tafel 29 Dahschur/Nord. Grabpyramide des Snofru. Die Spitze der Pyramide, das Pyramidion, wurde zerschlagen im Schutt der Ostseite gefunden. Die Steinräuber des Mittelalters hatten verborgene Schätze darin vermutet. Es ist das einzige Pyramidion des Alten Reiches, das bisher gefunden worden ist. Es besteht aus einem Block feinsten Turakalksteins und hat keine Inschriften. Die rötliche Verfärbung ist die natürliche Patina des Steins. Möglicherweise war die Spitze mit einem feinen Metallblech bedeckt. Die vier Seiten des Pyramidions weisen verschiedene Böschungswinkel auf. Dies zeigt uns, daß zwangsläufig auftretende Meßfehler gegen die Spitze zu ausgeglichen werden mußten.

Tafel 31 Dahshur/Nord. Blick von Osten auf die Rote Pyramide und die Ausgrabungen des Deutschen Archäologischen Instituts Kairo an der Ostseite. Die Schuttmassen, die vom Abbau der Kalksteinverkleidung im Mittelalter herrühren, reichen an den Pyramidenflanken bis zu 17 Meter hoch und bedeckten die Fundamentreste des Totentempels.

Tafel 48 Abu Rowasch. Ausschachtung und unterste Lagen des Kernmauerwerks der Pyramiden des Djedefre. Im letzten Jahrhundert stand die niemals vollendete Pyramide noch mehrere Meter hoch an. Moderner Steinraub und heute der Abbau des Kalksteins von Abu Rowasch zur Zementgewinnung haben den nur ungenügend ausgegrabenen Pyramidenbezirk schlimm verwüstet.

Tafel 53 Zawiet el Arian. Große Aushebung und Grabschacht für eine Pyramide der 4. Dynastie. Der Schachtboden war mit Granit- und Kalksteinblöcken ausgelegt, in die ein ovaler Basaltsarkophag vertieft war.

Tafel 61 Kopf einer Kolossalstatue des Userkaf aus seinem Totentempel in Sakkara. Die Statue stand frei im Hof des Verehrungstempels und stellt den vergöttlichten König als Kultempfänger dar. Granit 67 cm. Ägyptisches Museum Kairo.

Tafel 62 Kopf des Userkaf aus seinem Sonnenheiligtum in Abusir. Gegenüber dem Kolossalkopf aus dem Totentempel wirkt der des Sonnenheiligtums weicher, so daß man auch schon an eine Darstellung der Göttin Neith gedacht hat. Sicher spielt dabei der jeweilige Ort der Aufstellung und die Wahl des Materials eine formende Rolle. Grauwacke. 45 cm. Ägyptisches Museum Kairo.

Tafel 63 a Sakkara. Pyramide des Userkaf. Blick von Süden über das Hofpflaster und die Fundamentreste des Verehrungstempels auf die Pyramide. Ausnahmsweise lag der Verehrungstempel nicht auf der Ost- sondern auf der Südseite. Der sichtbare Verfall der Pyramide ist auf die von nun an häufig schlechte Bauweise des Pyramidenkerns zurückzuführen; allerdings hatte die Verkleidung der Pyramide aus gutem Turakalkstein den Bau gehalten; erst durch den Steinraub im arabischen Mittelalter ist der Verfall der Pyramiden des späten Alten Reiches eingeleitet worden.

Tafel 64 a Abusir. Pyramiden des Sahure, Neferirkare und Neuserre (von rechts nach links).

Tafel 64 b Abusir. Pyramide und Totentempel des Sahure. Blick von Osten über den basaltgepflasterten Hof, dessen Säulengang durch Palmsäulen aus Rosengranit gebildet wurde.

Tafel 65 Relief aus dem Totentempel des Sahure. Göttin den König säugend. Diese Darstellung fand sich jeweils am Durchgang vom öffentlichen Verehrungstempel zum Totenopfertempel und am Eingang des Taltempels. Der tote König wird in den Kreis der Götter aufgenommen; wiedergeboren wird er von seiner göttlichen Mutter gesäugt und betritt seinen Jenseitspalast.

Tafel 66 Abusir. Unvollendete Pyramide des Neferefre. Der Totentempel auf der Ostseite der Pyramide wurde in den letzten Jahren durch eine tschechische Grabungsmission der Karls-Universität Prag freigelegt.

Tafel 67 Abusir. Blick über den Totentempel des Neferirkare und die unvollendete Pyramide des Neferefre nach Süden auf die Pyramiden von Sakkara/Süd und Dahschur.

Tafel 71 Sakkara. Grabkammer des Unas mit Basaltsarkophag. Die Grabkammern des Unas sind erstmals mit den Pyramidentexten dekoriert, einer Sammlung von Hymnen und Ritualen, die bei dem königlichen Begräbnis rezitiert wurden. Die Decke ist als Sternenhimmel gestaltet. Um den Sarg ist auf Alabasterblöcken die Nischendekoration des Jenseitspalastes dargestellt.

Tafel 72 a Sakkara/Süd. Pyramide und Totentempel des Djedkare Asosi.

Tafel 72 b Sakkara/Süd. Blick von den pylonartigen Eingangsmassiven des Tempels des Djedkare auf den nördlichen davon liegenden Pyramidenstumpf der Königin und ihren Totentempel.

Tafel 73 Sakkara. Pyramide des Unas. Blick von Osten auf den Eingang des Totentempels. Gegen die Pyramide zu, erkennt man die Nische der Prunkscheintür des Totenopferraumes.

Tafel 74 a Sakkara. Taltempel des Unas.

Tafel 74 b Relief aus dem Aufweg des Unas. Verhungernde Beduinen. Mit eindringlichem Naturalismus wird die Not der außerhalb Ägyptens und seiner geordneten Welt lebenden Völker dargestellt.

Tafel 77 a Lahun. Pyramide des Sesostris II. Das sternförmige Kalksteingerippe ist auf der Südseite deutlich erkennbar. Erstmals wurde als Füllung Ziegel verwandt.

Tafel 77 b Dahschur. Ziegelpyramide des Sesostris III. Sesostris hat die Konstruktionsweise mittels eines Steingerippes wieder aufgegeben und eine reine Ziegelpyramide mit Kalksteinverkleidung errichtet.

Tafel 78/79 Dahschur. Ziegelpyramide des Amenemhet III., sog. Schwarze Pyramide. Die bizarre Form dieser Pyramide ist durch starke Verwitterung und den modernen, gewaltsamen Abbau der luftgetrockneten Ziegel, deren Ziegelerde man zur Düngung auf den Feldern verwandte, entstanden.

Ebenfalls lieferbar:

Friedrich Wilhelm Korff

Das musikalische Aufbauprinzip der ägyptischen Pyramiden
Ein Nachruf auf die zeitgenössische deutsche Ägyptologie
1. Auflage 2015
Leinengebunden und mit zahlreichen Abbildungen
ISBN 978-3-487-08567-8

„Eine Entdeckung von Weltrang" (FAZ)

Das vorliegende Buch enthält zum ersten Mal in der Geschichte des Fachs keine Deutung mehr, keine Interpretation, sondern lückenlos eine mathematisch schrittweise vorgehende kausale Ableitung sämtlicher Pyramidenkonstruktionen nach dem Paradigma des Aufbaus der Cheopspyramide. Die untersuchten Daten sind dem Regelwerk physikalischer Akustik unterworfen und überprüfbar. Sie beweisen damit unwiderlegbar die Existenz jener antiken Einheit aus Musiktheorie, Geometrie und Mathematik, die heute unbekannt und durch Fachspezialisierung verloren scheint, denn sonst hätte die zeitgenössische Ägyptologie Korffs Erkenntnisse schon in seinem ersten Buch „Der Klang der Pyramiden" (2008) gewürdigt und nicht ignoriert, – obwohl man durch Zustimmung bedeutender Ägyptologen wie Rainer Stadelmann und Jan Assmann gewarnt war. Wer das zweite Buch liest, wird jetzt jedoch das erste um so besser verstehen!

Aus dem musikalischen Zusammenspiel, dass die Höhen aller Pyramiden in ganzen Zahlen, der Partial- und Obertonreihe gemäß, ein rationales Verhältnis zu ihren Basishälften besitzen und damit sichtbar architektonische Proportionen bilden, die zahlengleich auch als musikalische Intervalle auf altägyptischen Instrumenten spiel- und hörbar sind, sprießen 14 Neuigkeiten, die die Grundfesten des Fachs erschüttern werden. So stehen die Terzfrequenzen der Cheopspyramide in der reinen Stimmung A-Dur!

Jan Assmann schreibt am 1. Juni 2015 an F. W. Korff: „Gestern brachte mir der Postbote eine große Überraschung ins Haus: das Manuskript eines neuen Buchs von Dir, Reiner Stadelmann und mir gewidmet! Hab herzlichsten Dank! Ich wünsche dem Buch den verdienten Erfolg. Schon mit Deinem ersten Buch hast Du ja großes Aufsehen erregt. Jeder denkende Mensch außerhalb des engen Kreises [der Ägyptologen, F. W. K.] wird angeregt, sogar fasziniert sein von den Zusammenhängen, die Du auftust zwischen Baukunst, Mathematik und Musiktheorie. Die meisten Pyramidenbücher beziehen sich auf die esoterischen „Geheimnisse" der Cheopspyramide, die anderen auf Fragen der Konstruktion und handwerklichen Technik. Fast alle sind von Außenseitern geschrieben. Für die Ägyptologie spielt die „Pyramidologie" dieselbe Rolle wie für die Anglisten die jährlich erscheinenden Bücher mit neuen Antworten auf die Frage „Wer war Shakespeare?" Kein professioneller Anglist stellt sich diese Frage. Shakespeare war Shakespeare, wer sonst? Wo ist das Problem? Die Anglisten reagieren auf diese nicht abreißenden Shakespeare-Theorien mit derselben Allergie, die Dir von den Ägyptologen entgegenschlägt. Der Fall der Pyramiden liegt aber insofern anders, als es hier ja wirklich Probleme gibt. Die sieht aber der normale Ägyptologe (wie ich selbst) gar nicht. Um die zu sehen – z.B. die Frage, wie es zu schaffen ist, dass die Linien in einer Spitze zulaufen – bedarf es mathematischer, geometrischer und bautechnischer Bildung, über die wir nicht verfügen. Du bringst dann auch noch die Musiktheorie ins Spiel, in der wir uns nun schon gar nicht auskennen. Dabei liegt diese Beziehung doch sehr nahe, da es bei Böschungswinkeln um Verhältnisse geht und Verhältnisse sich in Intervallen ausdrücken lassen. Ich finde das nicht nur naheliegend, sondern auch überzeugend und ästhetisch ansprechend..."

„Korff führt den Nachweis, dass die Neigungen sämtlicher altägyptischer Pyramiden aus Intervallen antiker Tonarten gebildet sind, so dass, da man den Anblick der Pyramiden ja nicht hören kann, jetzt das Rätsel gelöst ist, warum sie in den Augen klingen." (FAZ, 2009)

„Herrn Korffs Berechnungen und seine These erscheinen mir zwingend. Dieses Berechnungssystem ist eine ganz großartige (Wieder)Entdeckung der antiken Berechnungen aufgrund altägyptischer Rechenmethoden und der bei Platon überlieferten Harmonielehre." (Prof. Dr. Rainer Stadelmann, Deutsches Archäologisches Institut (DAI) Kairo)

„Der Tellerrand der Ägyptologen ist so reich bestückt, daß es den meisten von ihnen äußerst schwer fällt, über ihn hinaus zu blicken." (Hans Magnus Enzensberger, in einem Brief vom 25. Juli 2011)